Michael Schetsche · Renate-Berenike Schmidt (Hrsg.)

Sexuelle Verwahrlosung

Michael Schetsche
Renate-Berenike Schmidt (Hrsg.)

Sexuelle Verwahrlosung

Empirische Befunde –
Gesellschaftliche Diskurse –
Sozialethische Reflexionen

VS VERLAG

Bibliografische Information der Deutschen Nationalbibliothek
Die Deutsche Nationalbibliothek verzeichnet diese Publikation in der
Deutschen Nationalbibliografie; detaillierte bibliografische Daten sind im Internet über
<http://dnb.d-nb.de> abrufbar.

1. Auflage 2010

Alle Rechte vorbehalten
© VS Verlag für Sozialwissenschaften | Springer Fachmedien Wiesbaden GmbH 2010

Lektorat: Frank Engelhardt

VS Verlag für Sozialwissenschaften ist eine Marke von Springer Fachmedien.
Springer Fachmedien ist Teil der Fachverlagsgruppe Springer Science+Business Media.
www.vs-verlag.de

Umschlaggestaltung: KünkelLopka Medienentwicklung, Heidelberg
Gedruckt auf säurefreiem und chlorfrei gebleichtem Papier
Printed in Germany

ISBN 978-3-531-17024-4

Inhalt

Gefühlte Gefahren. Sexuelle Verwahrlosung zur Einführung

Michael Schetsche und Renate-Berenike Schmidt

Unterwegs im Bermuda-Dreieck von Sexualverhalten, Sexualmoral und sexueller Sozialisation

Wenn man dem Buchtitel folgt, handelt dieser Sammelband von ‚sexueller Verwahrlosung' – was immer dies auch genau heißen mag. Mit dieser Eingangsbemerkung ist bereits eine erste Problemlage markiert: Der dem Buch den Titel gebende Begriff ist voraussetzungsreich, er ist mehrdeutig, moralisch wertend – und er ist, aus wissenschaftlicher wie aus lebensweltlicher Sicht, alles andere selbsterklärend[1]. Dies haben wir schnell bemerkt, als wir eine Vielzahl von Wissenschaftlern und Wissenschaftlerinnen anfragten, einen Beitrag zu diesem oder jenem Thema für unseren Band zu schreiben. Schon der im Betreff unser Anfragen genannte Buchtitel generierte einigen Erklärungsbedarf, ließ manchmal sogar die Kommunikation ins Stocken geraten, ohne dass das mitgelieferte Exposé überhaupt gelesen worden wäre. Wir mussten erläutern, was wir überhaupt meinen, wenn wir diesen Begriff verwenden, wir mussten unser Ansinnen und unsere Motive legitimieren und wir mussten (ausführlicher, als es normalerweise am Beginn eines solchen Buchprojekts üblich ist) festlegen, welches denn die erwartete ‚Stoßrichtung' der Beiträge sein sollte.

Nach einige Debatten (unter uns und mit anderen) war klar, dass die zentrale Fragestellung des Buches notwendig eine doppelte sein musste: Zum einen fragen wir, nun gemeinsam mit unseren Autorinnen und Autoren, wie die Idee einer aktuell beobachtbaren ‚sexuellen Verwahrlosung' von Kindern und Jugendlichen – aber auch mancher Erwachsenen – in die Öffentlichkeit und einige Fachmedien gekommen ist: ‚Sexuelle Verwahrlosung' – was ist das überhaupt für ein Deutungsmuster? Wo kommt es her und wie hat es sich entwickelt? Wer hat es in seiner aktuellen Variante in die Welt gesetzt und was bezwecken die betreffenden Akteure damit? Warum stößt diese Deutung auf ein so großes Medieninteresse und generiert ent-

---

[1] Alles Gründe, um den Terminus – was zugegebenermaßen sprachlich unschön ist – zumindest in dieser Einleitung durchgehend in Anführungszeichen zu setzen; dies verdeutlicht gleichzeitig unser analytisch-reflexives Verhältnis zur betreffenden Debatte.

sprechende öffentliche Aufmerksamkeit? Und: Welches Handeln verlangt dieses Deutungsmuster von verschiedenen Personengruppen und Institutionen? Alle diese Fragen beziehen sich auf das, was soziologisch die *diskursive* Dimension einer Gefahrenwahrnehmung genannt werden kann. Auf der anderen Seite fragen wir aber auch: Was ist tatsächlich dran an den im Kontext der These einer ,sexuellen Verwahrlosung' der Jugend und anderer Bevölkerungsgruppen behaupteten Phänomenen? Welche Veränderung bei sexuellen Verhaltensstandards in den letzten Jahren lassen sich empirisch belegen und welche Behauptungen werden durch wissenschaftliche Befunde eher widerlegt? Also etwa: Steigt die Zahl der Sexualpartner bei Jugendlichen unentwegt an? Sinkt das Alter beim ,Ersten Mal' weiter? Sind traditionelle Partnerschaftsmodelle wirklich passé? Aber auch: Ist der Medienkonsum Heranwachsender durch und durch ,sexualisiert'? Was hat das Web 2.0 hier wirklich verändert? Und was richten die Neuen Medien in den Köpfen der Subjekte an? Hier geht es um die faktische oder *tatsachenbezogene* Dimension des Phänomens. Diesen doppelten Blick – Daten und Diskurse – ergänzen wir schließlich noch um Fragen nach der sozialethischen Bedeutung der Befunde: Was sagen sie uns (sexual-)moralisch? Auf welche Werteordnung können wir sie beziehen? Und was für Konsequenzen sollten gezogen werden, namentlich aus sexualpädagogischer Perspektive (die nicht nur uns Herausgebern besonders am Herzen liegt)?

Dabei nutzen wir, dies geben wir gern zu, die aktuelle öffentliche Aufmerksamkeit für das Thema auch, um generelles Interesse für den bis heute in den Sozialwissenschaften gern übersehenen Themenkomplex rund um Sexualität, Sexualmoral und sexuelle Sozialisation zu wecken. Der Band fragt deshalb, über die kritische Auseinandersetzung mit der These der ,sexuellen Verwahrlosung' hinaus, auch allgemein nach dem Stand der Forschung zum *Spannungsfeld zwischen Sexualverhalten und Sexualmoral* in unserer Gesellschaft – nicht nur, aber primär bezüglich der Heranwachsenden. Was ist dazu aus wissenschaftlicher Sicht zu sagen, welches ist der empirische Stand der Dinge und mittels welcher theoretischen Konzepte können wir die wissenschaftlichen Daten deuten und verstehen?

Und angesichts eines weiteren inzwischen (seit Beginn des Jahres 2010) vehement diskutierten Problems – wir meinen den sexuellen Missbrauch von Kindern und Jugendlichen in pädagogischen Institutionen – erscheint uns die grundsätzliche Frage nach dem Verhältnis zwischen Sexualität und Moral aktueller denn je. Die neue Debatte ist nicht Thema unseres Buches und so müssen wir uns hier auf die kurze Feststellung beschränken, dass beide Diskurse aus problemsoziologischer Sicht zweifellos gewisse Parallelen aufweisen – nicht nur hinsichtlich des medial gut skandalisierbaren Themenkomplexes Jugend-Sexualität-Gewalt, sondern auch bezüglich der sich schnell zeigenden Versuche bestimmter Akteure, die jeweiligen Debatten für ihre sexualideologischen Bestrebungen zu funktionalisieren. Sie unterscheiden sich aber auch zumindest in einer Hinsicht grundlegend voneinander:

Während der Verwahrlosungsdiskurs argumentativ an jene Debatten der letzten zwei Jahrhunderte über Jugendgefährdung anschließt, in denen Kinder für ihre missliche Lage mit verantwortlich erscheinen[2], bewahrt der Diskurs über institutionellen Missbrauch die moralisch eindeutige Distinktion zwischen Tätern hier und Opfern dort, wie sie in den Debatten über den intrafamilialen Missbrauch seit den achtziger Jahren des vergangenen Jahrhunderts herausgearbeitet worden ist (vgl. Schetsche 1993: passim). Von daher besetzen beide Diskurse zunächst einmal nur das gleiche Themenfeld in der öffentlichen Wahrnehmung. Immerhin aber belegen sie damit gemeinsam, dass Sexualität nicht so langweilig ist, wie es beispielsweise Foucault (wenn man ihn etwas verkürzt liest) gelegentlich behauptete. Im Gegenteil vermag ‚das Sexuelle' immer und immer wieder aufs Neue die Aufmerksamkeit der Medien und ihrer Rezipienten (und Rezipientinnen) auf sich zu ziehen. Der von uns hier aufgenommene Diskurs um die ‚sexuelle Verwahrlosung' ist letztlich nur einer von vielen, durch welche ‚die Sexualität', mal mehr, mal weniger pauschal (und auch mal mehr und mal weniger begründet) als schwerwiegendes Lebensrisiko der modernen Gesellschaft in den Blick gerät.

Sexualität – gefährliche Untiefen des Sozialen?

Aus historischer Sicht handelt es sich bei der aktuellen Debatte um die ‚sexuelle Verwahrlosung' (nicht nur der Jugend) zweifelsfrei um eine weitere Variante jener großen Risikoerzählung, die seit dem 18. Jahrhundert zyklisch alle paar Jahrzehnte die Öffentlichkeit der westlich-industriellen Gesellschaftlichen überfällt. Einzelne Ausprägungen dieses Diskurses – mit jeweils spezifischen Deutungsmustern – finden sich etwa in der Antimasturbationspädagogik vom 18. bis zum 20. Jahrhundert, in den Debatten um die „Lex Heinze" am Beginn des 20. Jahrhunderts, in den Diskussionen um Buchzensur und Filmkontrolle in den fünfziger Jahren der Bundesrepublik, in den ideologischen Kämpfen um die Große Strafrechtsreform sowie um die schulische Sexualerziehung (sechziger und siebziger Jahre) und nun eben in den Warnungen vor einer ‚Generation Porno' und ihrer ‚wahllosen Frühsexualität'. Eine historische Komparatistik zeigt schnell, dass die verschiedenen Ausprägungen dieses Gefahrendiskurses einem durchgängigen Muster aus mindestens sechs Elementen folgen:

(1) Das Sexuelle und viele seiner tausendfältigen Praxisformen erscheinen primär als schwerwiegende Gefährdung – als religiöse (des Seelenheils der Menschen), als medizinische (der Gesundheit der Individuen oder ‚des Volkes') oder auch

---

[2] Der hier bedeutsame historische Kontext ist die Entstehung einer religiös motivierten Bewahr- und Besserungspädagogik.

als sozialethische (der ,guten Ordnung' der Gesellschaft). Die verschiedenen Risiken werden dabei jeweils als Folge einer Diskrepanz zwischen sozialen Tatsachen – etwa von Lebensbedingungen oder Verhaltensweisen – und einer fraglos für gültig erklärten Werteordnung der Gesellschaft angesehen.

(2) Riskiert erscheinen immer nur ganz bestimmte Teile der Bevölkerung – fast immer sind dies Kinder und Heranwachsende, hinzu kommen dann (je nach Ausprägung der Gefahrenwahrnehmung) noch weitere Gruppen der Bevölkerung: die Frauen, das Proletariat, die ungebildeten Schichten usw. Hingegen sind die ,oberen Schichten' der Gesellschaft, etwa das Bildungsbürgertum oder die staatstragenden Eliten, kaum jemals selbst in Gefahr, noch wird deren Verhalten als riskant für andere angesehen[3] (ein Tatbestand auf den in verschiedenen Beiträgen des Bandes noch eingegangen werden wird).

(3) Der Gefahrendiskurs wird stets von individuellen und kollektiven Akteuren mit identifizierbaren Eigeninteressen getragen – dies kann etwa der Wunsch nach Etablierung einer noch jungen Profession (wie der Pädagogik am Ende des 18. Jahrhunderts) sein, die Institutionalisierung der eigenen Tätigkeit in einem nachfrageunabhängigen öffentlichen Amt, die Förderung eines politischen Programms oder eben auch die Verfolgung konkreter oder abstrakter religiöser Ziele (wie wir es heute teilweise beobachten).

(4) Die Debatte nimmt fast immer von bestimmten kurz- oder mittelfristigen (also von den Akteuren in ihrer Lebenszeit beobachtbaren) Veränderungen im gesellschaftlichen Zusammenleben ihren Ausgang: Änderungen bei Wohnverhältnissen und sonstigen Lebensbedingungen, in der Verfügbarkeit von Medien bzw. im Medienkonsum (gefährlich erschienen historisch in dieser Reihenfolge: das Buch, der Film, das Fernsehen, das Internet – und heute das Web 2.0), bei der dominierenden Sexualmoral oder auch bei den vom Staat gesetzten Sexualnormen.

(5) Das Interesse der Öffentlichkeit (im zwanzigsten Jahrhundert primär der Massenmedien) an der behaupteten Gefahrenlage wird durch die immergleichen Diskursstrategien herzustellen versucht, etwa die selektive Auswahl von Fallbeispielen, das Jonglieren mit möglichst großen Betroffenenzahlen, durch extrem moralisierende Zuschreibungen und die Fokussierung auf Schuldfragen oder auch durch den Einbau von beliebten Alltagsmythen in das aktuelle Deutungsmuster.

(6) Der Diskurs basiert stets auf einer spezifischen Denkweise, derer er sich bedient, während er sie gleichzeitig verbreitet und auch jeweils in erneuerter

---

[3] Der aktuelle Diskurs zum Missbrauch durch katholische Priester (die zweifelsohne als gesellschaftliche Elite angesehen werden müssen) stellt hier eine soziologisch höchst spannende Ausnahme dar, die sich aus der Entstehung eines konkurrierenden Modus sexualbezogener Risikodiskurse am Ende des zwanzigsten Jahrhunderts erklärt. (Alles Weitere hierzu gehört in eine spätere Veröffentlichung.)

Form mit hervorbringt. Wir haben dieses Denken an anderer Stelle (Schmidt/ Schetsche 2009: 10–11) *Mystifikation der Sexualität* genannt.

Auf den letzten Punkt wollen wir kurz etwas näher eingehen, weil es hier um die Wissensbestände und Denkformen geht, ohne deren Kenntnis wohl weder die aktuellen noch die historischen Debatten wissenschaftlich und gesellschaftspolitisch zu verstehen sind. Sexualbezogene Gefahrendiskurse, wie der hier beobachtete, beruhen fast immer auf einer traditionalistischen Sexualideologie[4]. Diese sieht das sexualbezogene Denken, Fühlen und Handeln in einem unauflöslichen Dauerkonflikt zwischen den individuellen ‚triebgesteuerten' Bestrebungen des Menschen einerseits und den gesellschaftlichen (kulturellen) Werten, Zielen und Normen andererseits gefangen[5]. Ein solch dualistisches Denken über die Sexualität ist nicht nur seit Jahrhunderten in unserer Gesellschaft weit verbreitet, sondern dominierte auch die Sexualwissenschaft seit ihrer Entstehung als Disziplin. Die alte Idee des ewigen Kampfes des ‚sexuellen Triebes' mit den Anforderungen ‚der Kultur' konnte in der Kulturwissenschaft erst überwunden werden, nachdem Michel Foucault sein (heute würde man sagen: sozialkonstruktivistisches) Gegenmodell postuliert hatte: Nicht das triebhafte Sexuelle in uns bringt, stets gegen die Widerstände der Kultur, die konkreten Formen der gelebten Sexualität hervor, sondern umgekehrt definiert und bestimmt die Sexualität als kultureller Erkenntnisbereich den Sex – also unsere Einstellungen, Gefühle und Handlungsweisen. In diesem Modell kämpft nicht das Individuum (und damit auch nicht die Gesellschaft) gegen das Animalisch-Triebhafte um Zivilisierung überhaupt erst hervorbringen zu können, sondern die Zivilisation stellt die „Matrizen" (Günter Anders) bereit, nach denen sexuell empfunden, gedacht und gehandelt werden kann und darf.[6]

Es leuchtet schnell ein, dass ein solches Verständnis erhebliche Konsequenzen für die Frage nach der ‚sexuellen Verwahrlosung' – sei es der Heranwachsenden oder anderer Gruppen der Gesellschaft – zeitigt: Zum einen macht diese Position es schwer ‚sexuelle Zustände' in der Gesellschaft oder bestimmten Gruppen bzw. Subkulturen ohne Weiteres moralisch zu bewerten (weil es eben keine natürliche Ordnung ‚guter' oder ‚richtiger' Sexualität geben *kann*). Aus erfahrungswissenschaftlicher Sicht ist eine Bewertung gänzlich unmöglich, aus pädagogischer oder

---

[4] Zur grundsätzlichen Bedeutung und Struktur von Sexualideologien vgl. Lautmann 2002: 285–290.
[5] Dabei steht ersteres gleichzeitig für die Idee einer ursprünglichen, wilden Natur des Menschen, seine ‚niederen' Instinkte bzw. seine animalischen Bedürfnisse – letzteres hingegen für die Kraft (und Macht) der Zivilisierung, die Befreiung des Menschen von seiner tierischen Abkunft, für seine kulturell-religiöse Erhöhung und Überhöhung. Affekt vs. Vernunft also ... und letzteres hat, so das seit Beginn der Aufklärung nur selten in Frage gestellte Postulat, im alltäglichen Handeln gefälligst die Oberhand zu behalten.
[6] Detaillierte Ausführungen zu diesem Sexualitätsverständnis finden sich bei Schmidt/Schetsche 2009: 9–14 und Schmidt 2010.

gesellschaftspolitischer Warte setzt sie notwendig die vorgängige Bestimmung einer *Werteordnung* voraus, an welcher konkrete Verhaltensweisen und ggf. auch die Ziele eingreifenden Handelns gemessen werden können. (Für uns akzeptable Werte wären hier etwa das Recht und die Fähigkeit zur Selbstbestimmung des Individuums oder auch eine – noch näher zu definierende – Geschlechtergerechtigkeit). Zum anderen kann, jenseits der moralischen Fragen, das Fühlen, Denken und Handeln der Individuen nach unserem Verständnis nur vor dem Hintergrund der Strukturen und Prozesse der jeweiligen Gesellschaft verstanden werden. Für die ‚sexuelle Verwahrlosung‘ bedeutet dies, dass die unter diesem Stichwort geführte Debatte, ebenso wie die soziale Wirklichkeit, auf die zu berufen sie sich behauptet, nach unserer Überzeugung wissenschaftlich nur verstanden werden kann, wenn viele in unserer Gesellschaft weit verbreitete Vorannahmen über das ‚Wesen der Sexualität‘ (eben etwa über deren ‚Triebnatur‘) korrigiert, das Denken über die Sexualität gleichsam vom Kopf auf die Füße gestellt wird.

Wenn man dies einmal nicht ganz generell, sondern nur in Bezug auf die aktuelle Debatte tut, müssen dazu analytisch notwendig die oben bereits angedeuteten zwei Dimensionen unterschieden werden: Erstens die Frage nach der empirisch vorfindbaren sozio-sexuellen Wirklichkeit und zweitens jene nach der sozial-ethischen Beurteilung jener ‚Fakten‘. In dem einen Fall geht es darum, ob die vom Diskurs über die ‚sexuelle Verwahrlosung‘ aufgestellten Tatsachenbehaupten einer wissenschaftlichen Prüfung standhalten; im anderen darum, auf Grundlage welcher ethisch-moralischen Prämissen Unwerturteile ausgesprochen werden sollten und könnten. In einem Satz: Stimmt es, dass das Sexualverhalten (etwa von Jugendlichen) sich in den letzten Jahren radikal gewandelt hat – und falls ja: ist dies ein Grund moralisch zu verzweifeln und Abhilfe zu verlangen?

Die Orientierung zwischen den sexualmoralischen Klippen

Die Autorinnen und Autoren des vorliegenden Bandes gehen diesen beiden Fragen aus ganz unterschiedlicher Warte und in differierendem Maße nach. *Im ersten Teil* des Bandes geraten dabei die verschiedenen Diskurse in den Fokus der Aufmerksamkeit, die zu verschiedenen Zeiten und auch in unterschiedlich verfassten Gesellschaften über das Verhältnis Sexualität, Moral und Sozialisation geführt worden sind.

Den Anfang macht *Christian Niemeyer*, der in seinem Beitrag dem diskursiven Phänomen ‚sexuelle Verwahrlosung‘ aus einer stark historischen Perspektive nachgeht. Er zeigt zunächst anhand verschiedener Beispiele aus den letzten drei Jahrhunderten auf, dass (wir hatten oben schon darauf hingewiesen) jene ‚sexuelle Verwahrlosung‘ kein neues Phänomen ist. Sie ist in der Vergangenheit immer wieder diagnostiziert worden, wenn Sexualverhalten generell oder die sexuelle

Sozialisation im Besonderen von den gewohnten Verhaltensstandards abwich. Dabei ließen sich die von Niemeyer gewählten Beispiele gut ergänzen (einiges davon findet sich in einer frühen Arbeit des Herausgebers; Schetsche 1993). Der Beitrag „Deutschlands sexuelle Moralpaniken. Eine Tragödie in sechs Akten, aufzuführen unmittelbar vor Betreten der rettenden Arche" will jedoch ohne Anspruch auf Vollständigkeit historische und aktuelle Debatten verknüpfen: pointiert, ironisch und manchmal auch mit Bedacht provozierend. Damit regt der Aufsatz zum Nachdenken auch jenseits des aktuellen Zeithorizonts an und erscheint uns deshalb als guter Einstieg in das Thema.

Während im ersten Beitrag historische Aspekte im Mittelpunkt stehen, geht es *Lorenz Böllinger* (sein Aufsatz trägt den Titel „Strafrechtliche Normierungen von Sexualität im Kontext der Debatte über ‚sexuelle Verwahrlosung'") um ganz aktuelle Debatten und ihre Folgen. In den Fokus geraten insbesondere die durch die Umsetzung des EU-Rahmenbeschlusses zur Bekämpfung der sexuellen Ausbeutung von Kindern und der Kinderpornographie notwendig gewordenen Strafrechtsänderungen der letzten Jahre. Und so muss der Blick zurück in die Geschichte in diesem Fall nicht weit reichen – sondern nur bis hin zu den Reformen des bundesdeutschen Sexualstrafrechts zwischen den sechziger und neunziger Jahren des 20. Jahrhunderts. Dabei wird deutlich, dass die heutigen Debatten und die mit ihnen verbundenen Pönalisierungen eher in der Tradition der *Verschärfungen* des Sexualstrafrechts stehen – und entsprechend einer Argumentationslogik folgen, die (jedenfalls wenn man sich an in den „Großen Strafrechtsreformen" zwei Jahrzehnte zuvor entwickelten Rationalitäts- und Begründungstandards orientiert) schon in den neunziger Jahren juristisch und rechtspolitisch höchst zweifelhaft waren. Die immer weitere Ausdehnung der Prinzipien des Kinderschutzes geht, so kann dieser Vergleich zeigen, letztlich zu Lasten des Prinzips der sexuellen Selbstbestimmung, die eigentlich das zentrale Rechtsgut im deutschen Sexualstrafrecht darstellt bzw. darstellen sollte. Die Verwahrlosungsdebatte liefert in diesem Kontext nur weitere Munition für ‚Weiterentwicklungen' des Strafrechts in eine höchst zweifelhafte Richtung.

Eine ganz besondere historische Perspektive liefert der Beitrag von *Kurt Starke*, wenn er die Frage „Sexuelle Verwahrlosung in der DDR?" aufwirft. Er kann dabei zeigen, dass es in der DDR zwar durchaus Debatten (systemgemäß eher fachliche als öffentliche) gab, in denen Themen verhandelt wurden, die im Westen Deutschlands bis heute unter dem Topos ‚sexuelle Verwahrlosung' geführt werden – dass die hier gemeinten Phänomene jedoch nur partiell mit den im Westen skandalisierten identisch waren. Diese Unterschiede waren offenbar systembedingt: Zum ersten hatte das engmaschigere Netz sozialer Kontrolle manche Phänomene in der DDR einfach nicht in der gleichen Prägnanz hervortreten lassen. Zum zweiten war die Ausbildung mancher Verhaltensstandards aufgrund der völlig differenten Lebensbedingungen in der DDR faktisch unmöglich. Und drittens

schließlich – und dies scheint für Kurt Starke das wichtigste Argument – hatte
ein anderes Moralsystem die DDR-Gesellschaft manche Verhaltensweisen gerade
auch unter Jugendlichen mit deutlich größerer Gelassenheit sehen lassen, als die
lange Zeit von christlich-konservativer Moral dominierte bundesrepublikanische
Gesellschaft dies konnte. In einem Satz: Für sexualbezogene Moralpaniken war
in der DDR nur wenig Raum.

Im zweiten Teil des Buches geht es um die tatsächlichen oder auch nur vermeintlichen Einstellungen und Verhaltensweisen (Jugendlicher), die in der Debatte über
‚sexuelle Verwahrlosung' in der Öffentlichkeit immer wieder in der Vordergrund
gerückt werden – bislang oftmals wenig fachkundig, wie die hier versammelten,
empirisch gesättigten Beiträge zeigen können.

Der Abschnitt beginnt mit einem Überblicksartikel von *Alexandra Klein*
und *Christin Sager* zum „Wandel der Jugendsexualität in der Bundesrepublik".
Aufgezeigt wird zunächst, wie sich die Jugendsexualität und die sexualbezogenen
Einstellungen Heranwachsender im 20. Jahrhundert und am Beginn des 21. Jahrhundert generell entwickelt haben. Anschließend wird exemplarisch anhand
der in den öffentlichen Debatten immer wieder angesprochenen vermeintlichen
Problemfelder (etwa das Alter beim ersten Koitus, die Motive für die Aufnahme
sexueller Beziehungen, das Verhütungsverhalten) aufgezeigt, was sich beim sexuellen Verhalten Jugendlicher in den letzten Jahrzehnten ganz konkret getan hat.
Die seit den 80er Jahren des vergangenen Jahrhunderts mehrfach durchgeführten
Replikationsstudien der Bundeszentrale für gesundheitlich Aufklärung sowie
die Untersuchungen der Forschungsgruppe um Gunter Schmidt liefern für dieses
Gebiet ein ebenso methodisch abgesichertes wie von den Tendenzen her eindeu-
tiges empirisches Datenmaterial. Die Autorinnen können deshalb zu einem Fazit
kommen, das in starkem Widerspruch zu den öffentlichen Alarmmeldungen der
vergangenen Jahre steht: Gerade heute ist jugendliches Sexualverhalten in hohem
Maße in Liebe, Partnerschaft und sehr solide (bürgerliche) Moralstandards eingebunden. Das in der Öffentlichkeit gezeichnete Gegenbild ist aus wissenschaftlicher
Sicht nichts weiter als ein Mythos.

Dies gilt in gewisser Weise auch für das folgende Thema. „Mit 14 ein Baby
im Bauch. Teenagerschwangerschaften nehmen weiter zu" – diese Überschrift
eines Beitrags in der Badischen Zeitung aus dem Juni 2005 steht stellvertretend
für eine Vielzahl von Artikeln, die sich seit dem Sommer 2004 meist sehr ver-
einfachend mit diesem komplexen Thema beschäftigten. Die wissenschaftlichen
Fakten zu diesem Vorläufer-Diskurs in Sachen Anomie und Verwahrlosung der
Jugend liefern *Silja Matthiesen* und *Gunter Schmidt* in ihrem Beitrag „Jugendschwangerschaften – kein Indikator für sexuelle Verwahrlosung". Am Beginn ihrer
Erörterung stehen dabei die empirischen Daten, die zeigen, dass der am Anfang
des 21. Jahrhunderts feststellbare Anstieg der Zahl Teenagerschwangerschaften
erstens statistisch so gut wie bedeutungslos und zweitens auch schon wieder vorbei

war, als die mediale Aufmerksamkeit ihren Höhepunkt erreicht hatte. Im weiteren Verlauf des Beitrags wird deutlich, dass sich das Phänomen der Teenagerschwanger-schaften – ganz unabhängig von kurzzeitigen Schwankungen in deren statistischer Häufigkeit – auch deshalb nur schwer als Argument für eine ‚Verwahrlosung der Jugend' eignet, weil die Frühschwangerschaften eine ganze Reihe von Ursachen haben und den Betroffenen ein ‚verantwortungsloser Umgang' mit Sexualität nicht pauschal unterstellt werden kann.

Während der Problemdiskurs über Teenagerschwangerschaften wenigstens an seinem Beginn noch auf empirischen Befunden (wenn auch interessengeleitet überinterpretierten) beruhte, wird die Debatte um die Gefahren sexualbezogener Medien regelmäßig ohne jeden Bezug zum aktuellen wissenschaftlichen Kenntnis-stand geführt. Diesem Mangel versucht *Ralf Vollbrecht* mit seinem Beitrag „Wirkung pornographischer Mediendarstellungen" abzuhelfen, in welchem er sich ebenso grundsätzlich wie kritisch mit Annahmen, Theorien und Befunden der Medien-wirkungsforschung auseinandersetzt. Dabei erweisen sich viele der bis heute in den Massenmedien wie im politischen Raum kolportierten kausalen Wirkmodelle als mangelhafte Rezeption von inzwischen lange veralteten Daten und Theorien. Wie Vollbrecht zeigt, liefern die heute in der Medienwirkungsforschung dominierenden komplexen und multikausalen Modelle zwar keine so einfachen (und damit auch leicht funktionalisierbaren) Wirkungsthesen, erklären die in den letzten sechs Jahr-zehnten gewonnenen empirischen Daten dafür aber deutlich besser. Eine nicht nur für die aktuelle Debatte, sondern gerade auch für pädagogisches Handeln wichtige Erkenntnis ist dabei, dass Jugendliche sich heute, deutlich besser als gemeinhin unterstellt, reflexiv mit Medieninhalten auseinander zu setzen vermögen. Dass Heranwachsende – namentlich auf sexuellem Gebiet – alles für bare Münze neh-men und unmittelbar umzusetzen versuchen, was sie medial rezipieren, ist keine wissenschaftliche Erkenntnis, sondern eine den Befürchtungen der Erwachsenen entspringende, irreführende Alltagsannahme.

Ähnlichen Fragen wendet sich aus etwas anderer Perspektive und mit anderer Schwerpunktsetzung *Alexandra Klein* in ihrem Beitrag „Jugend, Medien und Pornographie" zu. Im Mittelpunkt ihrer Überlegungen steht die Frage nach der Bedeutung von Medien für die Sozialisation – namentlich der von sexualbezoge-nen Darstellungen für die Entwicklung sexueller Identitäten und Lebensstile. Hier gerät insbesondere das Internet in den Fokus des Interesses, ein neues Medium, das in den letzten anderthalb Jahrzehnten nicht nur Ausgangspunkt für verschie-dene öffentliche Diskurse über sexualbezogene Risiken darstellte, sondern auch in der Lebenswelt der Heranwachsenden zunehmende Bedeutung erhalten hat. Das World Wide Web muss heute als zentrale soziale Austauschplattform für die große Mehrheit der Jugendlichen in unserem Lande angesehen werden. Dessen Nutzung hat zweifellos Auswirkungen auf Einstellungen, soziale Aktivitäten und Moralstandards der Heranwachsenden – allerdings nicht immer diejenigen, die von Öffentlichkeit und Politik vorschnell erwartet bzw. befürchtet werden. Der Beitrag von Alexandra Klein zeigt unter Verweis auf zahlreiche, methodisch gut abgesicherte Befunde, dass die Zusammenhänge zwischen sexualbezogenen Darstellungen, ihrer Rezeption durch Heranwachsende und deren Verhaltens- standards erheblich weniger eindeutig sind, als es namentlich gerade die (ja mit dem Internet auch ökonomisch konkurrierenden) traditionellen Massenmedien uns glauben machen wollen.

Für diejenigen von uns, die nicht schon in die „Google-Gesellschaft" (Leh- mann/Schetsche) hineingeboren wurden, ist es zweifellos oftmals irritierend, was Jugendliche (und junge Erwachsene) via Internat so alles von sich preisgeben. Dazu gehören vielfach auch erotisch konnotierte Fotos von sich selbst, Fotos, die die Betreffenden in traditioneller (ausbelichteter) Form ihren Eltern oder auch anderen ‚Erwachsenen' nicht präsentieren würden. In den Fotocommunities der Netzwelt hingegen glauben sie sich – kontrafaktisch – unter sich, halten ihre Kommunikate für einen Austausch unter Gleichaltrigen und Gleichgesinnten. Die umfangreichste und beliebteste dieser Fotoplattformen ist aktuell www.flickr.com. Was dort zu sehen ist, untersucht *Birgit Richard* in ihrem Beitrag „Sexualisierte jugendliche Netzkulturen? Egoshots und zarte Körperbilder bei flickr". Dabei geht es ihr nicht nur um die (lange bekannte und vielfach gescholtene) Reproduktion (geschlechts-)stereotyper Körpermodelle, sondern ebenso um die auch vorfindbaren Abweichungen vom Bekannten, um die Kreativität im persönlichen Ausdruck und um die vielfältigen Experimente mit verschiedensten künstlerischen Sujets. Die Selbstdarstellungen bei *flickr* erweisen sich dabei letztlich als so vielfältig, wie es die von dieser kommerziellen Plattform vorgegebenen Abbildungsregeln nur gestatten. Entsprechend fällt das Fazit der Autorin aus: Pornographisierung der Selbstrepräsentationen ist eher ein (massen-)medialer Mythos. Die dem Beitrag zugrunde liegende empirische Studie der Autorin zeigt ein ganz anderes Bild des Umgangs von Jugendlichen mit dem Selbst, der eigenen Körperlichkeit und der Sexualität.

Sprache ist bei Jugendlichen, so scheint es jedenfalls vor dem Hintergrund der verschiedenen Befunde, oftmals eindeutiger als Bilder. So ist es zum Teil schon ziemlich ‚harter Stoff', der uns in jener Musikrichtung entgegentritt, über die *Konrad Weller* in seinem Aufsatz „Explizite Lyrik. Porno-Rap aus jugendsexuologischer Perspektive" berichtet. Explizit können die entsprechenden Texte allemal genannt werden – manchem Erwachsenen werden sie sogar schockierend erscheinen. Und dennoch gelangt der Autor aus wohldurchdachten Gründen schließlich zu einer (sexual-)pädagogischen Gesamteinschätzung dieser Musikrichtung, die eher zur Gelassenheit rät. Aus Wellers Sicht sind sexualisierte Sprache und Aggressivität des Ausdrucks eher ein Oberflächenphänomen, das die alles andere als antisozia- len Funktionen von Liedern und Texten allzu schnell zu verdecken droht. Hinter den – oftmals mit Bedacht – provozierenden Songs lassen sich nicht nur gewisse

‚Ventilfunktionen', sondern eben auch Identitätsfindungsprozesse einer sich sozial deklassiert wie geschlechterpolitisch benachteiligt fühlenden Jugendsubkultur entdecken. Und auch die Wirkung der entsprechenden Texte auf den (durchaus großen) Kreis von Zuhörern und Zuhörerinnen ist eher vielschichtig und mit einfachen Kausalmodellen letztlich nicht zu (er-)klären. Porno-Rap ist weder ein so gemeinter Aufruf zu sexuellen Gewalthandlungen, noch vermag er diese in der Realität tatsächlich anzuleiten. Er ist aber durchaus ein Indiz dafür, dass die heute öffentlich dominierenden Geschlechter- und Sexualitätsdiskurse auch Verlierer kennen – zumindest aber junge Menschen, die sich dafür halten. Dass ein noch restriktiverer Jugendschutz hier eine adäquate gesellschaftliche Antwort darstellt kann, bezweifelt der Autor wohl zu Recht.

Auch wenn die Autorinnen und Autoren im zweiten Teil dieses Buches sich mit persönlichen Interpretationen, theoretischen Einordnungen und ethischen Reflexionen weder zurückhalten sollten noch zurückgehalten haben, stand im Zentrum ihres ‚Arbeitsauftrags' doch die Darlegung der jeweils spezifischen empirischen Befunde ihrer Arbeitsgebiete. Unsere Bitte an die zwei Autoren und eine Autorin des dritten und letzten Abschnitts war eine etwas andere: Sie sollten über mögliche *Konsequenzen* aus den vielfältigen empirischen Befunden – den diskursbezogenen wie den sachverhaltsbezogenen – nachdenken: über gesellschaftstheoretische und sexualpädagogische, über gesellschaftspolitische und sozialethische.

Den Anfang macht hier *Birgit Menzel*. In ihrem Beitrag „Verwahrlosung und die Legitimation sozialer Ungleichheit" nimmt sie die aktuelle Debatte aus einer gesellschaftsdiagnostischen Warte in den soziologischen Blick. Sie findet nicht nur eine lange Tradition, jugendliche Verhaltensweisen und jugendkulturelle Stile zu problematisieren. Sie kann, im Kontext des soziologischen Wissens über die Konstruktion abweichenden Verhaltens, auch etwas über die sozialen und politischen Funktionen solcher Diskurse berichten. Der von ihr gewählte Fokus der sozialen Ungleichheit muss hier nicht der einzig mögliche und sinnvolle sein, kann aber manches von der eklatanten Diskrepanz zwischen ‚Daten und Diskursen' erklären und macht damit zumindest eine der zunächst verborgenen Leitdimensionen der aktuellen Verwahrlosungsdebatte deutlich. Ob die aus dieser Erklärung zumindest indirekt folgende Prognose eines baldigen Auslaufens zumindest dieser Variante des Problem- und Gefahrendiskurses zutreffend ist, wird die Zukunft schnell erweisen.

Manche hinter der Debatte lauernde Kernfragen (etwa die nach Aufgaben, Möglichkeiten und Grenzen der Sexualerziehung generell) werden uns nach Auffassung von *Uwe Sielert* hingegen noch lange verfolgen. Sein Beitrag „Sexuelle Verwahrlosung. Interventionsnotwendigkeiten und -möglichkeiten aus pädagogischer Perspektive" geht von der Idee aus, dass die von der öffentlichen Meinung so negativ verhandelten Phänomene einfach auch als Ausdruck einer anderen, *jugendeigenen Sexualkultur* interpretiert werden können. Falls diese Annahme richtig sein sollte, würde es wenig Sinn machen, das beobachtete

Handeln auf Basis der Moralstandards der Erwachsenengesellschaft zu be- oder gar zu verurteilen. Diese Erkenntnis enthebt die Erwachsenenkultur jedoch nicht der Pflicht zur Grenzziehung oder zur Reaktion auf bestimmte Verhaltensweisen und Interaktionsformen. Sie lässt uns allerdings die Fragen erstens nach der ethischen Begründung für solche Reaktionen und zweitens nach den angemessenen Handlungsstrategien durchaus anders beantworten. In letzterer Hinsicht geht es dabei zunächst um die Entscheidung über den generellen Modus von Eingriffen: strafrechtliche Normierung und Sanktionierung hier – deutendes (ja vielleicht gelegentlich sogar empathisches) Verstehen und pädagogisches Handeln dort. Und daran, dass pädagogische Intervention in dem einen oder anderen Falle notwendig ist, lässt der Autor keinen Zweifel. Er plädiert nicht für generelles Wegsehen und erst Recht nicht für ein unreflektiertes und damit unverantwortliches Laissez-faire. Die von Uwe Sielert favorisierte pädagogische Perspektive setzt vielmehr auf einen Dreiklang von Verstehen, kritisch-reflektierendem Begleiten und Befähigen. Seine Vorschläge hierzu sind ebenso konkret[7] wie pragmatisch, an der realen Lebenswelt der Heranwachsenden wie an den Wertentscheidungen unserer freiheitlichen Gesellschaftsordnung orientiert.[8]

Die wohl schwierigste Aufgabe hatten wir Rüdiger Lautmann übertragen. Er sollte – in Ergänzung und gewisser Weise auch Vervollständigung unserer Einleitung – im Rückblick alle Beiträge noch einmal aus sexualsoziologischer Sicht kritisch Revue passieren lassen. Leider lagen ihm aus organisatorischen Gründen bei Fertigstellung seines Schlusskapitels zwar die meisten, aber eben nicht alle Aufsätze vor. Der Rückblick musste deshalb hier und da unvollständig bleiben. Wir denken aber, dass es ihm trotz dieser erschwerten Rahmenbedingungen gelungen ist, die zentralen Verbindungslinien zwischen Daten und Diskursen kenntlich zu machen, viele zunächst lose erscheinende Fäden aufzunehmen und manche erhoffte, aber auch manche unerwartete neue Verknüpfungen herzustellen. Er

---

[7] Noch konkreter wird an einigen Stellen Johannes Gernert (2010) in seinem parallel zur Arbeit an diesem Band entstandenen Buch „Generation Porno“. Das Sachbuch beruht auf Diskussionen mit Fachleuten aus Pädagogik, Wissenschaft und Politik, vor allem aber auf Gesprächen mit einer Vielzahl von Jugendlichen. Sein Band mahnt, ebenso wie der unsere, zur Gelassenheit und liefert im letzten Kapitel einige höchst überlegenswerte Vorschläge für pädagogische Gespräche mit Jugendlichen zum Thema Sexualität und Pornographie.

[8] Dass bei allem diesem Handeln – so möchten wir als Herausgeber aus aktuellem Anlass ergänzen – der klassischen pädagogischen Institution Schule zukünftig eine erhöhte Bedeutung zukommen wird, ergibt sich ganz unmittelbar aus der tendenziellen Umstellung des Schulbetriebs auf die „Ganztagsform" in zahlreichen Bundesländern. Mit der schlagartigen Expansion der täglichen ‚Schulzeit' der Kinder und Jugendlichen, mit der zunehmenden Verschmelzung schulpädagogischer und freizeitpädagogischer Funktionen und Aufgaben, sowie mit der verstärkten Integration der Neuen Medien in den Schulbetrieb werden sich nicht nur die Möglichkeiten schulischen Sexualpädagogik in vielerlei Hinsicht verbessern, sondern auch ihre Verantwortung für die sexuelle Sozialisation der heranwachsenden Generation wird faktisch zunehmen.

hat dies mit dem charakteristischen Weitblick des seit Jahrzehnten im komplizierten Feld des sexuellen Begehrens und dessen gesellschaftlicher Normierung forschenden Soziologen getan und damit unseren Band um ein in mehrfachem Sinne unverzichtbares Schlusskapitel bereichert. Wir danken ihm und natürlich auch allen anderen Autoren und Autorinnen, die sich mit uns auf das ‚Wagnis Sexuelle Verwahrlosung‘ eingelassen haben.

Alternative Peilungen

Soweit eine kurz Vorstellung dessen, was Leser und Leserinnen in diesem Band erwartet. Damit wollen wir es aber nicht belassen, sondern unsere Einleitung mit *drei ergänzenden Thesen* zum Diskurs ‚sexuelle Verwahrlosung‘ abschließen – einer historischen, einer kausal-erklärenden und einer strukturellen. Sie sollen zum einen exemplarisch deutlich machen, welche Fragen über die im Band explizit diskutierten hinaus sich wissenschaftlich noch an das Thema herantragen ließen (wir markieren damit auch gewisse perspektivische Leerstellen, die von anderen gefüllt werden müssen). Zum anderen wollen wir damit aber auch deutlich machen, dass wir – bei allem Bemühen um eine wissenschaftlich-neutrale Sicht auf den Untersuchungsgegenstand – doch nicht vergessen, dass zumindest aus pädagogischer Sicht eine sozialethische Einordnung der vorfindbaren sozialen Tatsachen unverzichtbar ist (jedenfalls wenn sie Handlungsziele formulieren und praktisch umsetzen will). Wir fordern also gerade nicht, sich angesichts von ‚dramatischen‘ Veränderungen der sexuellen Verhaltensstandards (wenn es diese denn gibt) jeder Bewertung zu enthalten, sondern wir fordern vielmehr zum Nachdenken darüber auf, welches die Maßstäbe einer solchen Bewertung sein können und sein sollen. Erst vor einem solchen Hintergrund kann die gesellschaftliche (und gesellschaftspolitische) Relevanz des ‚sexuelle Verwahrlosung‘ genannten Phänomens ihrerseits bewertet werden. Hier unsere Thesen:

1. *Der Terminus ‚sexuelle Verwahrlosung‘ ist historisch belastet und schon deshalb höchst problematisch.* Noch unmittelbar vor Beginn der hier interessierenden Debatte, konnten Gehltomholt und Hering (2006: 123) schreiben: „Die Auseinandersetzung mit den Merkmalen ‚sexueller Verwahrlosung‘ von Mädchen mag zu Beginn des 21. Jahrhunderts etwas Befremdliches, weil völlig Veraltetes haben, die historiographischen Beschäftigung damit zeigt aber, wie wirksam die Zuschreibung im Sinne von Diskriminierung und Ausgrenzung noch bis in das letzte Drittel des 20. Jahrhunderts hinein gewesen sind." Im Letzteren haben die Autorinnen sicherlich Recht, mit der ersteren Bemerkung hingegen sind sie einer Fehleinschätzung aufgesessen. Totgeglaubte leben länger – dies gilt nicht nur für wissenschaftlich und sozialethisch scheinbar

lange überholte Termini wie etwa ‚Schändung' oder ‚Sittenstrolch', die am Ende des zwanzigstens Jahrhunderts eine unheilvolle Wiederauferstehung feierten, sondern auch für den Begriff ‚sexuelle Verwahrlosung'. Im Kopf zu behalten ist dies (und eigentlich auch wissenschaftlich näher zu untersuchen wäre es) insbesondere im historischen Kontext der Bedeutung dieses Terminus in der NS-Zeit. Generell war „Jugendverwahrlosung" hier der zentrale Begriff, unter dessen ideeller Herrschaft man gegen alle unkontrollierten Freizeitaktivitäten von Jugendlichen außerhalb von HJ und BDM vorging (so Schiefelbein 1996: 103, 110). Eine besondere Bedeutung kam dabei dem Topos ‚sexuelle Verwahrlosung' zu, mit dem praktisch jedes vom NS-Staat unerwünschte Verhalten Heranwachsender moralisch verurteilt und sozial stigmatisiert werden konnte: Tanzveranstaltungen, Jugendfahrten, private Partys, Musikkonsum, Freundschaften zu ‚Nicht-Ariern' oder ‚Fremdarbeitern'. Alle diese Aktivitäten wurden nicht nur von der HJ und ihrem (teils gefürchteten, teils belächelten) Streifendienst, sondern auch von Jugendämtern, Polizeibehörden, ja sogar von der Gestapo überwacht und sanktioniert (vgl. Schiefelbein 1996; Hepp 1997: 250; Fackler 2002; Uhlmann 2002; Merten/ Limbächer 2005: 21; Gehltomholt/Hering 2006: 51–52). Den unangepassten, angeblich ‚sexuell verwahrlosten' Jugendlichen drohten drakonische Strafen; nach Beginn des Krieges endeten manche von ihnen in den „Jugendschutzlagern" (ehrlicher ist es wohl, sie als Jugendkonzentrationslager zu bezeichnen) Mohringen für Jungen und junge Männer bzw. Uckermark für Mädchen und junge Frauen. Zumindest für letzteres ist heute bekannt, dass der Vorwurf der ‚sexuellen Verwahrlosung' die zentrale Begründung für die Einweisung in dieses Lager darstellte (vgl. Guse 2000: 43; Strebel 2003: 367; Merten/ Limbächer 2005: 16–20, 25). Dabei, so wird in der Literatur immer wieder betont, ging es primär nicht um straffällig gewordene Heranwachsende, sondern um junge Frauen, deren Lebensstil (nicht nur im sexuellen Bereich) im Widerspruch zur NS-Moral und -Ideologie stand. Vor dem Hintergrund mancher Kontinuitäten (ideologischer wie personeller) ist es nicht verwunderlich, dass das Werturteil ‚sexuell verwahrlost', welches in der NS-Zeit für die so attribuierten Mädchen und jungen Frauen im tatsächlichen Sinne des Wortes lebensbedrohend sein konnte, in der Bundesrepublik in den fünfziger und sechziger Jahren fast nahtlos seine Geltung beibehielt – und in seinen individuellen Konsequenzen auch ohne Todesdrohung schrecklich genug sein konnte. Erst die Jugendhilfereformen in den dann folgenden Jahrzehnten machte dieser Tradition ein Ende. Wie sich nun zeigt, nur für eine gewisse Zeit. Es scheint uns bemerkenswert, dass ein Begriff, dem unter der NS-Herrschaft prominente Bedeutung für die politische Verfolgung des Unerwünschten zukam, am Beginn des 21. Jahrhunderts erneut Karriere machen kann, ohne dass dies zumindest in der Fachöffentlichkeit mit Verweis auf jenen historischen

Hintergrund von Beginn an als politisch inakzeptabel markiert wird. (Dass wir den Begriff trotz dieses historischen Kontextes in unserem Buch – sogar im Titel – nutzen *müssen*, ist allein der rekonstruktiven Perspektive unseres Vorhabens geschuldet.)

2. *Die neue Sichtbarkeit individuellen Sexualverhaltens täuscht eine Veränderung sexueller Standards vor, die es real gar nicht gibt.* Gerade der Schlüsselbegriff „Generation Porno" der aktuellen Gefahrendebatte wirft die Frage auf, worum es bei den inkriminierten Zuständen der Gesellschaft tatsächlich geht. Um eine reale Veränderungen der Verhaltensstandards oder nur um ein Problem von Sichtbarwerdung des bisher Verborgenen? Wir denken, dass eine der wesentlichen Ursache der aktuellen Moralpanik in den Innovationen bei den Abbildungstechnologien und den Kommunikationsmedien in den letzten zwei Jahrzehnten zu finden ist: Die Erfindung und Verbreitung der digitalen Fotografie und Filmtechnik einerseits und die Fortentwicklung des Internet zum so genannten Web 2.0 andererseits. Beides zusammen generiert bislang unbekannte Möglichkeiten, ganz persönliches Erleben öffentlich zu machen – und zwar nicht nur auf dem Feld des Sexuellen (dies betrifft ebenso religiöse oder andere existenzielle Erfahrungen). Folge ist nicht nur eine zunehmende Bedeutung der medial vermittelten Kommunikation für das Sexualverhalten in unserer Kultur, sondern auch die Verschleifung zwischen den seit Beginn der Moderne strukturell geschiedenen Lebens- und Kommunikationssphären intim, privat und öffentlich. Dies führt dazu, dass das bisher im Raum des Intimen bzw. Privaten Verborgene nun plötzlich öffentlich wahrnehmbar wird. Folge ist scheinbar eine (um in der gewählten ozeanischen Metaphorik zu bleiben) ‚Überflutung' der Gesellschaft mit sexuellen Kommunikaten, die den Anschein erweckt, als hätten in weiten Teilen der Gesellschaft grundlegende Änderungen im Sexualverhalten stattgefunden – obwohl sich doch lediglich die Quantität und die Qualität geändert haben, in denen dieses Verhalten *kommuniziert* wird. Die eigenen sexuellen Wünsche und Praktiken werden nicht nur in Blogs beschrieben und kommentiert, sondern auch in Bildern und Filmen mal mehr mal weniger explizit zur Schau gestellt (zu den Details vgl. Schetsche 2009, 2010). Die daraus (vermeintlich) ablesbaren Änderungen der Verhaltensstandards fallen bei Heranwachsenden schlicht deshalb besonders ins Auge, weil dies die Bevölkerungsgruppe ist, in der es in den letzten zwei Jahrzehnten die massivsten Veränderungen im Kommunikationsverhalten gegeben hat. Jugendliche und junge Erwachsene sind es, welche die Möglichkeiten des Web 2.0 am intensivsten, am fraglosesten und manchmal wohl auch am naivsten nutzen. Die Kritik an solchen Änderungen in der Kommunikationsordnung macht zwar sexualideologisch, nicht aber sexualsoziologisch Sinn: „Wenn sexuelle Standards einer Kultur sich ändern, etwa im Kontext der beschriebenen Tendenz zur Veröffentlichung des früher

Intimen, ist dies sexualnormativ betrachtet weder gut noch schlecht, kann es auch gar nicht sein, weil es hier ja gerade die gesellschaftlichen Normen selbst sind, die einer Änderungen unterliegen." (Schetsche 2010: 335–336)

3. *Grundlage fast aller sexualbezogenen Gefahrenwahrnehmungen ist bis heute das Ideal einer sexuellen Ökonomie des Mangels:* Aufgefallen ist uns bei der Beschäftigung mit dem Thema ‚sexuelle Verwahrlosung' schließlich noch, dass die beschriebenen Gefährdungslagen (zumindest in fast[9] allen Varianten dieses Diskurses in den letzten Jahrhunderten) stets ein ‚Zuviel', nie aber ein ‚Zuwenig' an sexuellem Begehren und sexualbezogenen Aktivitäten kritisieren. Das ist die Kontinuität. Was sich im Laufe der Zeit änderte war lediglich der Maßstab, an dem dieses ‚Zuviel' gemessen wurde. Dies konnten – in der Debatte über die Gefahren der Onanie – solosexuelle Aktivitäten per se sein, oder nur die ab einer bestimmten Häufigkeit. Oder es war die lebenszeitlich zu frühe Aufnahme sexueller Beziehungen (Verwahrlosung bei Jugendlichen) bzw. ihre zu lange andauernde Fortführung (Verwahrlosung im Alter). Es konnte eine zu geringe Einschränkung in der Wahl der Sexualpartner sein (etwa was deren Geschlecht oder Familienstand angeht) oder eine zu hohe Zahl unterschiedlicher Sexualpartner bzw. -partnerinnen in einem bestimmten Zeitraum (Stichwort „hwG"). Immer jedoch galt die – nie explizit benannte, dafür aber umso wirksamere – (Denk-)Norm, nach der sexuelle Interaktionen aus (im weitesten Sinne) weltanschaulichen Gründen zu verknappen seien. Warum im Bereich des Sexuellen stets eine solche Ökonomie des Mangels gefordert wurde, ja vielleicht aus strukturellen Gründen gefordert werden musste, ist eine soziologisch höchst interessante Frage. Hier ließen sich (vielleicht etwas vorschnell) Thesen über den Zusammenhang von Sexual-ökonomie und Arbeitsökonomie, über Sex und Konsum oder über Sexual-moral und protestantische Ethik formulieren – verschiedene Autorinnen und Autoren haben dies in der Vergangenheit immer wieder getan. Es ließe sich jedoch auch fragen, wie denn eine ‚Gefährdungslage' im sexuellen Bereich aussehen könnte, die auf der entgegengesetzten Idee beruhte: eine zu späte Aufnahme sexueller Aktivitäten, zu wenige Sexualpartner im Leben, man-gelnde Erfahrungen mit unterschiedlichen geschlechtlichen Konstellationen und bei konkreten Sexualpraktiken usw. usf. Welche Werte könnte man sich hier verletzt denken, welches wären die zu befürchteten Schäden und was für Bekämpfungsmaßnahmen könnten greifen? Allgemeiner gefragt: Wie hängen die konkrete Sexualmoral und die ihr unterliegenden Sexualitätsmodelle mit der Veränderung und der Bewertung sexueller Verhaltensstandards zusammen?

---

[9] Wir sind uns lediglich nicht sicher, ob dies in dem von uns oben bereits erwähnten (in den achtziger Jahren des 20. Jahrhunderts erstmals aufgetretenen) alternativen Modus der Gefahrenwahrnehmung ebenfalls bzw. in gleichem Maße der Fall ist.

Was bedingt dabei was oder besser: Wie wirken die verschiedenen Faktoren zusammen? Das ist eine ‚große Frage' der Sexualsoziologie – wir können sie hier nur benennen, nicht aber beantworten.[10]

Zu ergänzen wäre schließlich noch, dass aus sexualpädagogischer Sicht in unserer Gesellschaft manches im Argen liegt – dass dies aber gerade nicht das ist, was wir erwarten sollten, in massenmedialen Problemdiskursen skandalisiert zu finden. Ohnehin sind nach unserer festen Überzeugung Moralisieren, Dramatisieren und Skandalisieren zwar durchaus erfolgreiche, aber weder wissenschaftlich noch sozialethisch akzeptable Strategien, um in einer Gesellschaft, die sich so viel auf ihre Aufgeklärtheit einbildet wie die unsere, mit sexuellen (und auch mit anderen sozialen) Problemlagen umzugehen. Lassen wir also den Massenmedien hier und da ihre Alarmrufe, Zuspitzungen und Übertreibungen – vermeiden wir dabei aber tunlichst, das politische, rechtliche und auch das pädagogische Handeln an dem zu orientieren, was sie uns als vermeintliche soziale Wirklichkeit zu suggerieren versuchen. Dass der wissenschaftliche Blick regelmäßig zu ernüchtern, ja hier und da sogar Panik in Gelassenheit zu verwandeln vermag, ist eine Erkenntnis, die ebenso nützlich ist, wie sie es verdient, immer wieder aufs Neue betont zu werden. Wir hoffen, dass dieser Band ein wenig zu dieser Gelassenheit beizutragen vermag.

Literatur

Fackler, Guido (2002): Die „Swing-Jugend": Oppositionelle Jugendkultur im nationalsozialistischen Deutschland. In: Barber-Kersovan, Alenka; Uhlmann, Gordon (Hg): Getanzte Freiheit – Swingkultur zwischen NS-Diktatur und Gegenwart, Hamburg: Dölling und Galitz, S. 33–50.

Gehltomholt, Eva; Hering, Sabine (2006): Das verwahrloste Mädchen – Diagnostik und Fürsorge in der Jugendhilfe zwischen Kriegsende und Reform (1945–1965), Opladen: Barbara Budrich.

Gernert, Johannes (2010): Generation Porno. Jugend, Sex, Internet, Köln: Fackelträger.

Guse, Martin (2000): „Alles war darauf gerichtet, den eigenen Willen und das Selbstbewusstsein zu vernichten!" Zur Inhaftierung von Mädchen und Frauen im Jugend-KZ Uckermark 1942–1945. In: Knab, Eckhard; Werener, Nikolai; Scheiwe, Norbert (Hg): Für die Zukunft lernen, Freiburg: Bundesverband katholischer Einrichtungen und Dienste der Erziehungshilfen e. V., S. 32–61.

---

[10] Erste Antworten auf jene Frage finden sich möglicherweise in einer sexualsoziologischen Anthologie, die genau in den Tagen erschienen ist, in denen wir diesen Abschnitt der Einleitung formuliert haben: Thorsten Benkel, Fehmi Akalin (Hg.) (2010): Soziale Dimensionen der Sexualität. Gießen: Psychosozial-Verlag.

Hepp, Michael (1997): Vorhof zur Hölle. Mädchen im ‚Jugendschutzlager' Uckermark. In: Ebbinghaus, Angela (Hg): Opfer und Täterinnen. Frauenbiographien des Nationalsozialismus, Frankfurt am Main: Fischer (Taschenbuchausgabe, 2. Aufl.), S. 239–270.

Lautmann, Rüdiger (2002): Soziologie der Sexualität: Erotischer Körper, intimes Handeln und Sexualkultur, Weinheim und München: Juventa.

Merten, Maike; Limbächer, Katja (2005): Das Jugendschutzlager Uckermark: ein Experimentierfeld für die Umsetzung rassenhygienischer Utopien an Mädchen und jungen Frauen. In: Limbächer, Katja; Merten, Maike; Pfefferle, Bettina (Hg.): Das Mädchenkonzentrationslager Uckermark, Münster: Unrast, 2. Aufl., S. 16–43.

Schetsche, Michael (1993): Das ‚sexuell gefährdete Kind'. Kontinuität und Wandel eines sozialen Problems, Pfaffenweiler: Centaurus.

Schetsche, Michael (2009): Das sexuelle Geheimnis. In: Schmidt, Renate-Berenike, Tuider, Elisabeth; Timmermanns, Stefan (Hg.): Vielfalt wagen, Berlin: Logos, S. 59–73.

Schetsche, Michael (2010): Das Internet, das sexuelle Geheimnis und das Ende der Pornografie. In: Benkel, Thorsten; Akalin, Fehmi (Hg.): Soziale Dimensionen der Sexualität, Gießen: Psychosozial-Verlag, S. 319–337.

Schiefelbein, Dieter (1996): Spurensuche. Zur Verfolgung der Frankfurter Swing-Szene durch die Gestapo. In: Institut für Stadtgeschichte (Hg:): Frankfurt am Main, Lindenstraße. Gestapozentrale und Widerstand, Frankfurt am Main: Campus, S. 101–141.

Schmidt, Renate-Berenike (2010): Sexuelle Sozialisation. Theoretische Annäherung an ein unbequemes Thema. In: Benkel, Thorsten; Akalin, Fehmi (Hg.): Soziale Dimensionen der Sexualität, Gießen: Psychosozial-Verlag, S. 251–268.

Schmidt, Renate-Berenike; Schetsche, Michael (2009): Sexuelle Sozialisation. Sechs Annäherungen, Berlin: Logos.

Strebel, Bernhard (2003): Das KZ Ravensbrück. Geschichte eines Lagerkomplexes, Paderborn: Schöningh.

Uhlmann, Gordon (2002): Observierte Lebenslust: Bewegungsräume von Swingjugendlichen in der Diktatur. In: Barber-Kersovan, Alenka; Uhlmann, Gordon (Hg): Getanzte Freiheit – Swingkultur zwischen NS-Diktatur und Gegenwart, Hamburg: Dölling und Galitz, S. 64–78.

I. Diskurse

Deutschlands sexuelle Moralpaniken

Eine Tragödie in sechs Akten, aufzuführen unmittelbar vor
Betreten der rettenden Arche

Christian Niemeyer

Prolog

Zwei Vorbemerkungen scheinen mir erforderlich, die eine betrifft die Überschrift:
Natürlich ist im Folgenden nicht nur von Deutschland und Deutschen die Rede,
und vermutlich wäre die Vokabel „sexualitätsbezogen" grammatikalisch korrekter
gewesen, aber ich konnte der Versuchung einfach nicht widerstehen, den Titel eines
einschlägigen Bestsellers zu persiflieren. Und zweitens: Vielleicht hat es ja etwas
Entlastendes, auf die im Folgenden zur Besichtigung freigegebene Tragödie mit
einer Satire einzustimmen, also etwa wie folgt zu beginnen: Ein Gespenst geht um
in Deutschland, es trägt die ausgemergelten Züge sexueller Verwahrlosung, und
aus seinem von Wollust verzerrten Munde spricht es fast à la Zarathustra, nämlich
wie folgt: „Leib bin ich ganz und gar und Nichts außerdem!" Unterhalten und
ausgestattet wird dieses Gespenst von dem Theologen Thomas Schirrmacher, der
davon redet, dass „[e]ine Tragödie [...] ihren Lauf" nähme, denn: „Die verheißene
sexuelle Befreiung ist längst völlig aus dem Ruder gelaufen", das „Böse" erhebe
erneut sein Haupt, aber es könne „überwunden" werden, wenn man, „im Geist der
christlichen Nächstenliebe" „in die Realität hinabsteigt und den Menschen dort
hilft, wo sie tatsächlich leben" (Schirrmacher 2008: 8–9).

Wo man derlei heutzutage noch lesen kann, könnten Sie nun dazwischen-
fragen? Nun: Im Vorwort des Buches eines „gelernten Kaufmann[s]" mit nach-
folgender „theologische[r] Ausbildung bei der Heilsarmee" aus Berlin-Hellersdorf
namens Bernd Siggelkow, der 1995 das christliche Kinder- und Jugendzentrum
Arche e. V. gründete. Siggelkow, seit 2008 mit einem weiteren Kreuz (dem
Bundesverdienstkreuz) bewehrt, dürfte inzwischen der bekannteste Sozialarbeiter
Deutschlands sein. Er pflegt enge Freundschaft mit vielen Journalisten, z. B. mit
Kai Diekmann, der sich in Berlin mit einer am Gebäude eines Nicht-Boulevard-
Blattes *(taz)* angebrachten Parodie auf Sinn und Zweck (s)einer Penisverlängerung
herumzuschlagen hat und ansonsten Verantwortung trägt für ein Periodikum *(Bild)*,
das mit Fotos offenkundig sexuell verwahrloster junger Mädchen nicht schlecht
verdient. Wichtiger freilich als dieser kleine Widerspruch: Für das Jahr 2022 hat

der das Gespenst der sexuellen Verwahrlosung befeuernde Geist, neudeutsch auch Ghostwriter genannt, per Internet eine große Heimsuchung in Aussicht gestellt, resultierend aus den ins Rebellische abdriftenden Betätigungen der dann erwachsen gewordenen Vertreter der ,Generation Porno' aus dem Umfeld jener Arche e. V. Wie diese schreckliche neue Welt aussehen könnte, kann man in ersten Umrissen den folgenden Zeilen entnehmen: „Vergewaltigungen und Gewalt in der Sexualität werden eine immer größere Rolle spielen. Kleine Geschwister werden Opfer ihrer größeren Brüder und Schwestern werden [...]. Auch die Spielplätze sind dann nicht mehr sicher." (Siggelkow/Büscher 2008: 183) Was da hilft, könnte man vielleicht noch fragen? Nun, schaden würde es in jedem Fall nicht, wenn wir den gefährdeten Kindern „einen Gott vorstellen, der Geborgenheit ist" nach dem Schema von Psalm 121: „Der Herr behüte dich vor allem Bösen, er behüte dein Leben." (S. 135–136) Hoffentlich, so ist man fast versucht zu ergänzen, haben wir bis 2022 auch eine neue Arche, nein: nicht e. V., sondern eher à la Noah, gedacht für jene, die bis zu diesem Datum gleich den christlichen Rettern Schirrmacher und Siggelkow auszusprechen wissen: „Geist bin ich ganz und gar und Nichts außerdem!"

Übrigens, und so könnte die Satire weitergehen und sich allmählich umgestalten in eine Art Vorschau: Erstmalig wurde der Ghostwriter dieses Gespenstes 1782 gesichtet unter dem Namen Johann Heinrich Pestalozzi (2. Akt), dann wieder – und damit möchte ich beginnen – 1851 unter dem Namen Johann Hinrich Wichern (1. Akt), seines Zeichens Begründer des Hamburger ,Rauhen Hauses', der Rettungshausbewegung und der Inneren Mission (heute: Diakonisches Werk). Damit bin ich übrigens schon mitten in meinem Stück, wie gesagt: einer Tragödie, in deren Verlauf noch ein Blick geworfen werden soll auf zwei Gegen-Gespenster (3. Akt) sowie die dunkelste Epoche der deutschen Geschichte (4. Akt) und deren Folgen (5. Akt). Am Ende stehen ein Einblick in jenes Sodom und Gomorrha namens Berlin-Hellersdorf 2008 (6. Akt) sowie ein Epilog, der den Prolog aufnimmt und schließlich, vielleicht etwas überraschender, die Skizze liefert für eine Arche ganz neuen Typs.

1. Akt: 9. Juli 1851: Wichern sichtet Sodom und Gomorrha in Berlin sowie Hamburg und anderswo

Wir schreiben den 9. Juli 1851, als in der *Evangelischen Kirchenzeitschrift* aus der Feder des damals wohl berühmtesten ,Sozialarbeiters' Deutschlands ein Beitrag mit dem Titel „Ein Votum über das heutige Sodom und Gomorrha" erscheint (vgl. zum Folgenden auch Niemeyer 2010: 59–80). Schon der Einstieg lässt die Zähne des Lesers klappern: „Gibt es einen Notstand unserer Zeit, der unbekannt ist und dann, wenn er zur Kunde kommt, nur von wenigen geglaubt wird, so ist es das

Maß der Unzuchtssünden, welches unsere Christenwelt erfüllt. Der Gegenstand ist so scham- und ekelerregend, daß es schier unmöglich bleibt, darüber so im einzelnen, als es sonst nötig wäre, öffentlich zu reden." (Wichern 1851: 214) Gott sei Dank redet Wichern dann doch noch ein wenig und erstattet Bericht über „den maßlosen Verfall ehrbarer Sitten" (ebd.) auf dem Lande, aber auch über die Großstadt als „den eigentlichen Glutherd für die [...] nächtlichen Feuer des Verderbens", insonderheit über Hamburg und Berlin als „Knotenpunkte des weitverzweigten Netzes der Hurerei"; im Einzelnen: über „Soldaten in Berlin", die der Unzucht derart verfallen seien, „daß angeblich in der letzten Zeit ganze Kompanien zum Marschieren unfähig gewesen sein sollen" (S. 215); darüber, „daß der größte Teil unserer, namentlich ärmern Jugend der Onanie verfallen ist" (S. 216); über „Zustände der Schamlosigkeit", vor denen einem „das Blut in den Adern erstarrt"; über „heidnische Orgien greulichster Art" (S. 220), die es als „Werke des Satans" (S. 222) zu lesen gelte und angesichts derer nur eine Lektion bleibe, die Wichern dann auch mit seinem letzten Satz andeutet: „Zerstören wir nicht Sodom und Gomorrha, so zerstört Sodom und Gomorrha uns, und davor bewahre uns der gnädige Gott!" (S. 225).

Mir kommt es nun nicht auf das an, was hier Fakt ist und was Fiktion, sprich: wie sich Wicherns Szenario ausnimmt vor dem Hintergrund der Daten einer von ihm diskutierten, 1850 vorgelegten Untersuchung über den Zusammenhang von Prostitution und Syphilis. Mir geht es um die Mentalität, die sich hier bekundet und die man vielleicht wie folgt beschreiben kann: Es dominiert so etwas wie die atemlose Spannung des gehemmten Voyeurs, der sich beim Beobachten verbietet, anregend zu finden, was er da sieht, und der jeden diesbezüglichen Verdacht des Lesers mit einer nicht enden wollenden Suada aus biblischem Empörungsvokabular zu erschlagen sucht. Inhaltlich geht es dabei um eine durchaus pietistische Kritik der Kultur unter dem Signum ihrer Gottesferne, und dies im Blick auf ein weiteres Gespenst zusätzlich zu dem im Prolog genannten: Es geht um das Gespenst des Kommunismus, das damals in Europa kursierte und dem auch Wichern auf der Fährte war, wie sein Satz belegt: „Diese Schlangenbrut der heimlichen Hurerei ist keine der geringsten Brutstätten der roten Republik." (Wichern 1851: 216) Klingt dies nicht, so ist man fast versucht zu fragen, durchaus aktuell angesichts der Republik, die Bernd Siggelkow für das Jahr 2022 in Aussicht stellt für den Fall, dass man der gegenwärtigen sexuellen Verwahrlosung keinen Einhalt gebietet?

Ich schlage vor, diese Frage zunächst als eine rhetorische gelten zu lassen und ersatzweise zu untersuchen, wie Wichern auf dem im Vorhergehenden skizzierten Schlachtfeld im unmittelbaren pädagogischen Geschäft agierte. Der Befund ist niederschmetternd, wie schon Wicherns Beschreibung eines von „Krämpfen" heimgesuchten, im Zuchthaus einsitzenden Mädchens belegt. Denn sein Kommentar – „dies Leiden ist die Folge entsetzlichen, durch die schwersten, vom Vater veranlaßten Sünden verschuldeten Elends, die Frucht ist nicht ausgeblieben, das

Gewissen schlägt" (zit. n. Niemeyer 2010: 66) – ist zwar extrem verklausuliert, trotzdem wird soviel klar: Gemeint ist ein Fall sexuellen Missbrauchs („schwerste Sünden"), bei dem die Tochter zwar das Opfer war, aber sich auch zu eigener Aktivität ‚veranlasst' sah, was nicht ohne leibliche Folgen („Frucht") blieb und auch die Zuchthausstrafe und die „Krämpfe" (= Epilepsie) nach sich zog. Da die Epilepsie damals zumal in theologischer Sicht als Gottesstrafe galt, wollte Wichern also mit diesem Fallbeispiel zeigen, dass (1) sexueller Missbrauch unter den dargelegten Konditionen das Strafgericht Gottes nach sich ziehen muss, sowie: dass (2) in Gestalt der den Vater sexuell provozierenden und insoweit dessen Triebhaftigkeit kopierenden Tochter erbsündhafte Verstrickung zur Herrschaft gelangt. Beide Aspekte sorgten je für sich dafür, dass das Mädchen sowohl um medizinische Behandlung als auch um – damals allerdings kaum verfügbare – psychologische Beratung gebracht wurde und allein der (Gefängnis-) Seelsorge unterlag, die mitunter nichts weiter intendierte als eine Art Exorzismus des Bösen nach dem folgenden, im Dritten Jahresbericht des Rauhen Hauses vom April 1837 vorgelegten Schema. Hier heißt es:

> „Wir haben hier eine Symptomatik des innern verhaltenen Bösen kennengelernt, welche uns ziemlich sicher leitet. Gewisse […] Sünden, so wie sie eine gemeinschaftliche Natur annehmen, versetzen den von ihr Besessenen in einen […] konvulsivischen Zustand; wir lernen schon aufmerken, wenn bei gewissen Leuten ein unbändiges Heulen, Schreien, Wälzen und Tumultuieren sich zeigt, wenn tägliche Widerspenstigkeit, verhaltner Groll, selbst der Versuch zu täglichem Vergreifen gegen Vorgesetzte, die gröbste Misshandlung der Kameraden und anderes mehr sich hervortut; dann währt es nicht lange, bis ein alle Glieder des Hauses in Anspruch nehmendes Ereignis eintritt; bis zu einem Wälzen in dem Kot steigert sich mitunter die wilde Unbändigkeit der im geheimen brütenden wilden Kräfte." (Wichern 1837: 70)

Wichern weiter: „[M]itunter gelingt es, den Dämon zu beschwören, oft aber soll die böse Frucht zur Reife kommen." (ebd.) Diese von Wichern hier praktizierte Dämonisierung des Zöglings und die dem inne wohnende Auslegung des Erziehungsgeschäftes als eine Art Exorzismus des Bösen macht die dunkle Seite des für Wichern maßgeblichen Erbsündedogmas offenkundig.

Dies nun führt zu der Frage, ob eigentlich über Pädagogik und Sexualität dort anders und gleichsam entspannter geredet wird, wo dieses Dogma nicht mehr als maßgeblich anerkannt wird. Anders gewendet: Wie hält es die Pädagogik eigentlich mit Rousseau?

2. Akt: 3. Oktober 1782: Pestalozzi sichtet Sodom und Gomorrha bei Rousseau und zieht daraus (sozial-)pädagogische Konsequenzen – die nicht ohne Konsequenzen sind

Eines vorweg: Dass Pädagogen unter Berufung auf den ersten Satz von Rousseaus Erziehungsutopie *Émile* (1762) das Kind für gut erklärten, die Gesellschaft aber für verdorben, musste eine christliche Anthropologie irritieren, die, unter Verweis auf die Erbsünde, eher von der primären Verderbtheit des Kindes zu reden gewohnt war. Entsprechend zügig wurde Rousseau ins Abseits gerückt, auch von Wichern, gemäß der in theologischen Kreisen gängigen Lesart, wonach Rousseau den Eltern, Lehrern und Erziehern „entsetzliche Sünde und Verantwortung" (v. Raumer 1872: 173) aufgetragen habe.

Aber auch im engeren, sich allmählich formierenden pädagogischen Diskurs stand es mit Rousseau nicht zum Besten, und verantwortlich dafür war im Wesentlichen Kant. Eine deutliche Sprache spricht hier seine Formel: „Der Mensch kann nur Mensch werden durch Erziehung. Er ist nichts, als was die Erziehung aus ihm macht." (Kant 1803: 699) Denn allzu deutlich erkennbar ist hier der Bezug zu jener Passage, in der Rousseau ein Vierteljahrhundert zuvor über sich selbst gesagt hatte: „Er ist das, als was die Natur ihn geschaffen hat: die Erziehung hat ihn nur sehr wenig verändert." (Rousseau 1776: 413) Dies war zum Missbehagen der sich damals zur Wissenschaft erhebenden Pädagogik deklariert, im Gegensatz zu jenem zuvor erwähnten Wort Kants, das im Übrigen dadurch an Attraktivität gewann, weil es in beides eingebettet war: in „den Prospekt zu einem künftigen glücklichern Menschengeschlecht", sowie in die Versicherung, dass beim Menschen, „wegen seines Hanges zur Freiheit, eine Abschleifung seiner Rohigkeit nötig (ist)" (Kant 1803: 699–700). Damit konnte sich die Pädagogik autorisiert wähnen als ein menschheitsgeschichtlich relevantes Gewerbe, in dem es im Interesse des Fortschritts um Domestizierung zu gehen habe, dies immer gefährdet von dem Einspruch, der denn später, nach Freud, auch kommen sollte, etwa in Gestalt der Bemerkung des Psychoanalytikers Heinrich Meng, der 1928 hoffnungsfroh skandierte: „Hatte Kant an der Wende des achtzehnten Jahrhunderts die Onanie als Sünde schlimmster Art gebrandmarkt, bei der sich der Mensch ‚unter das Vieh herabwürdigt', so trat mit der Forschung Freuds an der Wende des neunzehnten Jahrhunderts eine Forschung ins Leben, die im Laufe der letzten dreißig Jahre die Grundlage zu einer menschenwürdigen und affektfreien Betrachtung des Problems gab." (Meng 1927/28: 113) Der Satz selbst war nicht schlecht, taugte aber kaum als Prognose, wie nach 1933 in Deutschland und nach 1938 in Österreich deutlich wurde, als man Leute, die so ähnlich redeten und dachten wie Meng, systematisch verfolgte, sprich: im schlimmsten Fall tötete.

Pestalozzi – und damit komme ich auf den mich eigentlich hier bewegenden Punkt (vgl. zum Folgenden auch Niemeyer 2010: 25–29) – wird man wohl eher

dem Lager Kants, denn jenem Rousseaus zuzuordnen haben. Dafür spricht, dass
er – dies zur Seite Kants – die Erziehung schon 1797 als Kunst der „Verstümmelung"
(Pestalozzi 1797: 93) definierte und im Übrigen in Sachen Rousseau um einen
weiteren, durchaus populären Angriffspunkt nicht verlegen war: Rousseau, so
plauderte Pestalozzi am 3. Oktober 1782 in No. 40 der von ihm edierten Wochenschrift *Ein Schweizer-Blatt* unter Bezug auf die gerade erschienene erste deutsche
Übersetzung der Bücher I–VI von Rousseaus Autobiographie *Les Confessions*
aus, sei ein Träumer gewesen, „der in den Armen der Frau von Warrens das
Pflichtgefühl für ein ordentliches Leben und einen häuslichen Beruf in sich selber
verdunkelte, und hiermit die Grundlagen der Leiden seines Lebens legte". Mehr
als dies und nun in die pädagogische Zentrallektion übersetzt: „Wer nicht in seiner
Jugend in den festen Schranken eines ordentlichen Hauses gewandelt, und nicht
von seinen Eltern zu seinem Nahrungs-Erwerb sorgfältig angeführt, vorbereitet,
und ausgebildet worden, der wird sich mit allem Guten und allen Anlagen, die er
haben mag, auf einen mißlichen Fuß in diese arme Welt hineingeworfen sehen."
(1782: 296) Also sprach der Sozialpädagoge Pestalozzi – und erklärte damit indirekt
letztlich zugleich, warum zumal der 1787 vorgelegte vierte Teil seines sozialpädagogischen Lehrstücks *Lienhard und Gertrud* mittels seines Protagonisten Arner
eine „Keuschheits-Gesetzgebung" gegen „die Verwirrungen des Geschlechtstriebs,
vom Liebäugeln hinauf bis zum Kindermord" (1785/87: 408) für notwendig hält, die
im Ergebnis darauf abstellt, den „bösen Geist", als welcher der Geschlechtstrieb
vorgestellt wird, „an die reinliche Ordnung […] zu gewöhnen, und ihn allfällig,
wenn er poltern wollte, an die Kette zu legen" (409). Auch an Situationen, bei denen
diese Sanktion zu spät kam, ist dabei gedacht: „Die Knaben des Dorfs durften einer
Schandtochter vier Wochen nach der Kindbett einen Zigeuner-Tanz tanzen" (412),
lesen wir da beispielsweise in Arners menschlich/unmenschlichem Ehrenkodex.

Um zur Pointe zu kommen: In der einschlägigen Forschungsliteratur ist
erstaunlicherweise zu lesen, Pestalozzi habe „ein unverstelltes, lebenszugewand-
tes Verständnis von Sexualität" (Hoof 1996: 111) vertreten und „Perspektiven
für ein glückliches Sexualleben aller Menschen" gewiesen (108), mehr als dies:
Pestalozzi habe Handlungsvorschläge unterbreitet, „die man unter Verwendung
heutiger Begriff einer sexualpädagogischen Sozialarbeit zuordnen kann" (112).
Das Gegenteil ist richtig: Pestalozzi inszenierte, ähnlich wie Wichern, aber nicht
ganz so christlich-fundamentalistisch, Moralpanik (vgl. Klein 2009: 24), um Platz
zu schaffen für ein rigides Konzept vor-aufklärerischer Leibfeindlichkeit – auf
deren Altar er Rousseau zum Opfer brachte.

Wer über die Geschichte der Sexualpädagogik orientiert ist (vgl. etwa Koch
2008), wird wissen, dass das zuletzt am Beispiel Pestalozzi Erörterte für die Regel
steht. Auch Niemeyer ist hier nicht auszunehmen, oder, um etwas deutlicher zu
sprechen: August Herrmann Niemeyer (1796), der mit seinen skurrilen Vorschlägen
in Sachen der Identifikation von beharrlichen Onanisten unter seinen Schülern

verdientermaßen Aufnahme fand in die von Katharina Rutschky (1977) vor vielen Jahren erstellte Galerie der ‚Schwarzen Pädagogik‘, in die aufgenommen zu werden durchaus auch Friedrich Wilhelm Foerster verdiente, eingedenk seiner erstmals 1904 vorgelegten *Jugendlehre,* in der er behauptete, „daß es vom rein pädagogischen Standpunkt besser wäre, wenn die (sexuelle; d. Verf.) Aufklärung erst unmittelbar vor dem Eintritt ins Leben geschähe; denn der Zustand der ‚Unschuld‘ hat den Vorteil, daß er die Phantasie und die Reflexion des Heranwachsenden von den betreffenden Organen und Tatsachen fern hält, was manchmal ein größerer Schutz für dieselben ist, als das gründlichste Wissen" (Foerster 1906: 613). Denken könnte man schließlich auch, ohne Anspruch auf Vollständigkeit, an Eduard Spranger mit seiner wüsten Kritik an den „großstädtischen Verhältnissen", in deren Atmosphäre die „Frank-Wedekind-Figuren" gediehen, die „sich in ihrem Schlamm teilweise recht wohl (fühlten)", wenngleich diese Art von ‚Fortschritt‘ „unter dem Aspekt der Volksgesundheit" betrachtet werden müsse, was dann nur einen Schluss erlaube: „hier bereitet sich der ‚Untergang des Abendlandes‘ vor" (Spranger 1925: 137). Auch eine Abteilung ‚Schwarze Sozialpädagogik‘ schiene mir nach dem zu Pestalozzi und Wichern Gesagten nicht sinnlos, dies etwa auch unter Aufnahme Paul Natorps, der um 1900, durchaus in Anlehnung an Pestalozzi, seine spezifische ‚sozialpädagogische‘ Antwort zu geben suchte auf die ‚soziale Frage‘. Denn Natorp sah beharrlich davon ab, dass zeitgleich neben dieser Frage auch jene – von Kant über Pestalozzi bis hin zu Wichern auf so skandalöse Weise beiseite gesetzte – ‚sexuelle Frage‘ als eine dringlich der Antwort bedürftige herausgestellt wurde (vgl. Niemeyer 2006). Dabei hat man bei dieser sexuellen Frage natürlich vor allem an Freud zu denken, der allerdings, wenn auch mitunter ‚unbewusst‘, Nietzsche nachfolgte. Beide, so meine ich, kann man zumindest in der hier thematischen Frage in die RousseauNachfolge einrücken – was Katastrophen ja nicht ausschließt. Damit ist das Thema des folgenden 3. Aktes benannt.

3. Akt: 1896: Freud entdeckt Sodom und Gomorrha in Wien – aber Nietzsche war eigentlich einen Schritt schneller gewesen (mit bitteren Folgen)

Fangen wir mit den (ersten) bitteren Folgen an: Hamburg und Berlin – und mithin die Städte, auf die, wie gesehen, Wichern 1851 fokussierte – als Maßstab genommen, soll sich um 1900 „jeder Mann im Schnitt mehr als einmal mit Gonorrhoe infiziert haben, jeder dritte einmal mit Syphilis" (Geuter 1994: 20). In der Folge wurde die Sorge vor dem „rassisch-nationalen Niedergang [...] zum großen Motor bei der Bekämpfung der Geschlechtskrankheiten", zumal sich deren medizinische Bekämpfung, speziell die der Syphilis, erst in den Anfängen befand und „erst 1942 mit der Entdeckung des Penicillins ein wirksames Heilmittel erschlossen (wurde)" (Linse 1985: 251). Zu spät für Nietzsche: Er erlag am 25. August 1900 nach langem Siechtum und a-typischem Krankheitsverlauf dieser Krankheit, wohl infolge eines einmaligen Bordellbesuchs in studentischer Zeit, über den er in verklausulierter Form in *Also sprach Zarathustra* Bericht erstattet hat, und zwar im halb-pornographischen Lied *Unter Töchtern der Wüste* (vgl. hierzu Niemeyer 2007a: 116–118).

Ohne nun behaupten zu wollen, dass das eine mit dem anderen etwas zu tun habe, ist es jedenfalls auffällig, dass Nietzsche, der Pastorensohn, 1881, im Sterbejahr Wicherns, verlauten ließ, es sei dem Christentum gelungen, „aus Eros und Aphrodite – großen idealfähigen Mächten – höllische Kobolde und Truggeister zu schaffen, durch die Martern, welche es in dem Gewissen der Gläubigen bei allen geschlechtlichen Erregungen entstehen ließ" (Nietzsche 1881: 73). Um die Pointe war Nietzsche nicht verlegen: „Zuletzt hat diese Verteufelung des Eros einen Komödien-Ausgang genommen: der ‚Teufel' Eros ist allmählich den Menschen interessanter als alle Engel und Heiligen geworden, Dank der Munkelei und Geheimnisthuerei der Kirche in allen erotischen Dingen." (S. 73–74). So gesehen überrascht es nicht, dass Nietzsche in *Also sprach Zarathustra* die wohl schärfste Abrechnung mit dem Typus des Klerikers offeriert, die uns überliefert ist (vgl. Drewermann 1989: 91–92): Von Kirchen als „süssduftenden Höhlen" ist da die Rede, vom „verfälschte(n) Licht" und „verdumpfte(r) Luft", von „verrenkten Augen ihrer Scham und Andacht", von ihren Reden, aus denen er, Zarathustra, „noch die üble Würze von Todtenkammern" (Nietzsche 1883–85: 118) rieche, und schließlich davon, dass die Priester zumal als Tugendlehrer und Hirten versagten, denn: „In ihrem Mitleid war ihr Geist ertrunken" – mit naheliegenden Folgen: „Eifrig trieben sie und mit Geschrei ihre Heerde über ihren Steg: wie als ob es zur Zukunft nur Einen Steg gäbe! Wahrlich, auch diese Hirten gehörten noch zu den Schafen!" (S. 119) Damit korrespondiert, dass Zarathustra zwar das Streben Jugendlicher nach geistiger Höhe lobt, aber hinzusetzt, dass auch die „schlimmen Triebe" resp. die „wilden Hunde" nach Freiheit dürsten und „vor Lust in ihrem Keller (bellen), wenn dein Geist alle Gefängnisse zu lösen trachtet." (S. 53) Dies klingt nach einer verklausulierten Anerkennung der Sexualität als gesonderte Macht im Seelenhaushalt des Pubertierenden.

Hieran nun, so meine ich, hätte Freud anknüpfen können, wenn man etwa bedenkt, dass sein vorübergehender Lieblingsschüler Siegfried Bernfeld 1931 ein Buch mit dem Titel *Trieb und Tradition im Jugendalter* vorlegte, in welchem es ganz trocken heißt: „Onanieregister führen sehr viele Jugendliche. Sei es, daß sie in ihren Kalendern die Onanietage – oder auch die ‚sündenfreien' Tage – durch Zeichen anmerken, sei es, daß sie in eigenen Heften mit Systemen von Chiffren oder in Geheimschrift Buch führen über Onanie, über Versuchung, Sündenfall oder Sieg." (1934: 59) Über derartiges – unter der Überschrift ‚Tagebuchforschung' – Kunde zu geben, war damals durchaus noch ungehörig, wie Bernfeld selber monierte: „Keines der von Stern [...] und Bühler [...] publizierten Tagebücher nennt die Onanie, ja ich finde nicht einmal eine manifeste Andeutung der Onanie in ihnen. Anscheinend schweigt auch das Wiener Material von Bühler darüber so völlig, daß Bühler die Onanie in ihrer Jugendpsychologie kaum zu erwähnen braucht." (1931: 100) Der tiefere Sinn dieses Vorwurfs, auf den Charlotte Bühler (1931: 333) unmittelbar und durchaus im Sinne einer Art Selbstkorrektur reagierte, liegt auf der Hand: Stern und Bühler, so Bernfeld, haben die Datenlage verfälscht, und zwar aus Gründen der Prüderie, aber auch um der ‚Sexualpsychoanalyse' nicht mehr Auftrieb als nötig zu geben.

Diesen Fall pars pro toto genommen, hatte sich die Provokation Freuds offenbar einigermaßen im Sande des Mainstream verlaufen. Dabei war der Impuls wahrlich kräftig gewesen, etwa jener von 1905, als Freud behauptete, „daß die Sexualität der Schlüssel zum Problem der Psychoneurosen wie Neurosen überhaupt ist", um hinzuzufügen: „Wer ihn verschmäht, wird niemals aufzuschließen imstande sein." (1905: 278) Oder jener von 1908, als Freud beiläufig meinte, dass das Ziel des Sexualtriebes nicht auf Fortpflanzung gerichtet sei, sondern auf Lustgewinn, und dies auch in Gestalt ganz verschiedener Formen desselben (1908: 151); und dies korsettiert von der These, unter der Herrschaft kultureller Sexualmoral könne Gesundheit und Glück beeinträchtigt sein (143), aber auch die Wahrheitserkenntnis, insofern die meisten seiner Kollegen bei ihren Theorien den wichtigsten Faktor missachteten: den der Sexualunterdrückung (S. 148).

Die eigentliche Provokation lag zu dieser Zeit schon Jahre zurück: In einem Aufsatz von 1896 meinte der damals noch recht unbekannte Wiener Nervenarzt, an 13 Fällen – darunter zwei Männer, alle mit vieljähriger Krankheitsdauer, einige nach längerer Anstaltsbehandlung – als Ursache von späteren Erkrankungen Traumen in früher Kindheit festgestellt zu haben, und zwar durchweg schwere sexuelle Schädigungen, wobei die Täter oft Kinderfrauen gewesen seien, Gouvernanten etc. pp. (Freud 1896: 380). In sieben Fällen allerdings, so Freud weiter und offenbar weiterhin auf einen schockartigen Reflex seiner Leserschaft setzend, seien die Täter „schuldlose kindliche Attentäter" gewesen, meist Brüder, die oft über Jahre hinweg sexuelle Beziehungen mit ihren Schwestern gepflegt hatten. Vorhergegangen sei oft der Missbrauch dieses Täters durch eine Person weiblichen Geschlechts, wodurch „vorzeitig die Libido geweckt wurde", womit einige Jahre später die Wiederholung desselben mit der Schwester erklärbar sei. Des Weiteren meinte Freund postulieren zu können, dass Masturbation nicht Ursache, sondern Folge dieses Missbrauchs sei; dass nicht selten beide Teile des kindlichen Paares später an Zwangsvorstellung (Bruder) bzw. Hysterie (Schwester) erkrankten; dass der Schädigungszeitraum zwischen eineinhalb bis zwei Jahre und acht bis zehn Jahre betragen habe (S. 381). Kurz, und um nun nicht mehr von Freud, sondern von den Wirkungen dieses Textes bei Freud-Kritikern zu sprechen: Wenn man die hier mitgeteilten Daten zu Grunde legt, bleibt kein anderer Schluss als der, dass

Wien sich offenbar zwischenzeitlich in jenes Sodom und Gomorrha verwandelt hatte, welches Wichern gut fünfzig Jahre zuvor, mit Blick auf Hamburg, meinte diagnostizieren zu müssen.

Nun wissen wir inzwischen, dass Freud mit dieser ‚Verführungsannahme' grandios irrte, einerseits, was die vermeintliche Unschuld des missbrauchten Kindes angeht, andererseits, was das Wörtlichnehmen des Analysanden betrifft, so dass man Freuds Festlegung von 1926, „daß die Mitteilungen nur Entstellungen des Gesuchten sind" (1926: 249), ebenso als Zeichen der Bewältigung dieser Krise lesen kann wie seine Definition der Psychoanalyse als Forschungsrichtung. Gleichwohl: Im Bewusstsein mancher Freud-Kritiker blieb doch haften, dass Freud als Kritiker der viktorianischen Sexualmoral hatte reüssieren wollen und zu diesem Zweck das Schreckensbild einer Missbrauchsgesellschaft herausstellte. Wie auch immer: Freud blieb im Gedächtnis als jemand, der überall nur Sexualität witterte, und dies gleichsam – so die Kritik aus völkischer Sicht – als Effekt seines Judentums. In der Folge wurde zumal im völkischen Zweig der Jugendbewegung die angeblich erhöhte Sinnlichkeit ‚des' Juden immer häufiger herausgestellt, mit der Endfolge der Warnung in Hitlers *Mein Kampf* vor der „Verführung von Hunderttausenden von Mädchen durch krummbeinige, widerwärtige Judenbankerte" (1925/27: 457). Kurz gesagt: Der Vorhang hebt sich für den vierten Akt der Tragödie.

4. Akt: 1. Januar 1934: Herman Nohl sorgt sich um den „Erbstrom" des deutschen Volkes, andere planen die Endlösung der ‚sexuellen Frage' und verfolgen bzw. ermorden die schlimmsten Bewohner von Sodom und Gomorrha sowie deren Protagonisten

Die lange Überschrift ruft nach einer Erklärung, und diese könnte, zumindest was den Schlusspassus angeht, wie folgt aussehen (vgl. zum Folgenden auch Niemeyer 2008): 1932 erschien in der von Herman Nohl mit herausgegebenen *Zeitschrift für Kinderforschung* ein kurzer, streitbarer Beitrag von Josef K. Friedjung, in welchem über ein 2 ½-jähriges Mädchen berichtet wurde, das seit dem 16. Monat bis zum Orgasmus onaniere; über ein weiteres 2 ½-jähriges Mädchen, das seinem gleichaltrigen Freund hinter einem Busch einmal die Hose zu öffnen suchte; sowie über einen kleinen Jungen, der sich mit 7 ½ Jahren in eine 20jährige Studentin verliebt hat und als Dreijähriger, von seiner Mama öfter einmal mit ins Bett genommen, dort, auf ihrem entblößten Unterleib liegend, coitusähnliche Bewegungen ausübte und der abwehrenden Mama mit der Bemerkung entgegentrat: „Kann Papi auch." (Friedjung 1932: 491) Der Autor, ein Kinderarzt und Psychoanalytiker jüdischen Glaubens aus Wien, hatte schon einige Jahre zuvor ähnliches berichtet und war dafür von einem Kinder- und Jugendpsychiater aus Tübingen namens Werner Villinger (1926: 293) deftig abgestraft worden, nämlich wie folgt: „Es ist durchaus wahrscheinlich, daß die Eigenart der Wiener Bevölkerung eine größere Häufigkeit sexueller Frühreife und autoerotischer Betätigung im Kindesalter bedingt, als wir es hier in Württemberg sehen." Die Provokation verbirgt sich zwischen den Zeilen: Worauf Villinger anspielte, ist das in Antisemitenkreisen gängige Klischee, wonach ‚der' Jude als besonders sinnenfroh zu gelten habe und dies zumal dort sei, wo er sich – wie eben in Wien – in gleichsam gedrängter Form aufhalte. 1938, mit dem ‚Wiederanschluss' Österreichs, war Schluss mit lustig. Am Exempel der beiden hier interessierenden Namen gesprochen: Friedjung blieb zwar – im Gegensatz zu vielen seiner (jüdischen) Kollegen – der Tod im KZ erspart (ihm gelang die Emigration nach Israel), aber seine berufliche Existenz war vernichtet, im Gegensatz zu jener seines Kontrahenten: Villinger machte Karriere als Chefarzt der Bodelschwinghschen Anstalten in Bethel (1934–1939) und als Mitherausgeber der *Zeitschrift für Kinderforschung*, in welcher er eine Art ‚Endlösung' nun auch der ‚sexuellen Frage' propagierte, insofern er zumal im Blick auf „sexuell verwahrloste weibliche Fürsorgezöglinge" (Villinger 1938: 12) die Notwendigkeit eines ‚Reichsbewahrungsgesetzes' meinte unterstreichen zu können, um ansonsten dafür zu plädieren, dem Volkskörper, auch mittels „eugenische(r) Ausmerze", „Schädlinge und Schmarotzer" (S. 20) fernzuhalten.

Soweit die Erklärung zum zweiten Teil der Überschrift, deren erster sich herleitet aus dem Vorlesungsskript *Die Grundlagen der nationalen Erziehung*, das Herman Nohl in den Wintersemestern 1933/34 und 1935/36 an der Universität Göttingen zum Vortrage brachte. Nohl (1933/34: 9) nämlich redete hier, angetrieben von der damals politisch herrschend gewordenen „Sorge um den Erbstrom und die vitale Substanz unseres Volkes", der Zwangssterilisation das Wort, wie das Gesetz zur Verhütung erbkranken Nachwuchses dies fordert, das am 1. Januar 1934 in Kraft getreten war. Dass dies so rasch ging, lag auch an der Vorarbeit Hitlers, der in *Mein Kampf* gefordert hatte: „Der völkischen Weltanschauung muß es im völkischen Staat endlich gelingen, jenes edlere Zeitalter herbeizuführen, in dem die Menschen ihre Sorge nicht mehr in der Höherzüchtung von Hunden, Pferden und Katzen erblicken, sondern im Emporheben des Menschen selbst." (Hitler 1935/27: 449) „Der Staat" – so Hitler weiter – „hat, was irgendwie ersichtlich krank und erblich belastet ist, zeugungsunfähig zu erklären und dies praktisch auch durchzusetzen [...]. Wer körperlich und geistig nicht gesund und würdig ist, darf sein Leid nicht im Körper seines Kindes verewigen" (S. 447). Diese Einsicht gelte es „ohne Rücksicht auf Verständnis oder Unverständnis, Billigung oder Mißbilligung" (S. 448) durchzusetzen. So geschah es denn auch, mit der Folge, dass zwischen 1933 und 1945 über 400.000 Zwangssterilisationen durchgeführt wurden, mit erschütternden Folgen für die Betroffenen und getragen von einer Ideologie, der Nohl (1933/34: 18) selbst Vorschub geleistet hatte: „Die Sterilisation der Erbkranken, die nicht Kastration, also kein Angriff auf die Persönlichkeit des Menschen, sondern nur die Verhinderung seiner Zeugungsunfähigkeit ist, nimmt ihm nicht das Glück der geschlechtlichen Liebe, nur das der Elternschaft." Diese durchaus abenteuerliche Argumentation, die fast nahtlos jener (Selbst-)Beruhigungsstrategie korrespondiert, wie sie Villinger zeitgleich in der *Zeitschrift für Kinderforschung* zum Vortrage brachte, krönte Nohl noch durch den Hinweis, dass er auch nichts gegen die Sterilisation bei „grobem Alkoholismus" habe, und zwar nicht so sehr wegen der „kranke(n) Erbmasse", sondern wegen der „Bedenkenlosigkeit und Rücksichtslosigkeit dieser Gruppen im geschlechtlichen Verkehr" (S. 19).

Nachzutragen bleibt noch die allerletzte ‚Pointe' dieser Tragödie: Villinger – um von Nohl hier ganz abzusehen – schadeten derlei Äußerungen nach 1945 nicht, er, der 1939 einem Ruf von Bielefeld nach Breslau folgte, von wo aus er Euthanasie-Gutachten verfertigte (vgl. Kappeler 2000: 318), hatte keine Probleme, 1946 Ordinarius in Marburg zu werden und in der Folge bis zu seinem Unfalltod im August 1961 zum führenden Vertreter der Jugendpsychiatrie in der Adenauerära aufzusteigen. In dieser Eigenschaft schien ihm nichts dringlicher als die gleichsam unverdrossene Wiederaufnahme des Kampfes gegen die psychoanalytische Triebpsychologie resp. gegen die – wie Villinger 1956 im ersten Band des von ihm begründeten Nach-folgeorgans der 1944 eingestellten *Zeitschrift für Kinderforschung* schrieb – den „seit einem halben Jahrhundert allzu sehr nach abwärts auf das Vital-Organische, das <Es>hafte, Primitive gerichteten Blick(s)", um ersatzweise dem Charakter „als Inbegriff stabiler Gewohnheiten, Gesinnungen, Wertskalen" und mithin als „Zucht-produkt der Gesellschaft" ebenso das Wort zu reden (Villinger 1956: 18) wie einer Pädagogik, die sich wieder traue, „Führung und Bindung" (S. 25) zu vermitteln. In der Linie dieser Mentalität wurde noch bis weit in die 1960er Jahre hinein die Mär verbreitet, Onanie könne zur Rückenmarkserweichung führen – eine späte Folge jener Sexualitätsverfolgung, die sich, wie das Beispiel Villinger lehrt, in der Zeit des Nationalsozialismus Bahn brach.

Damit freilich, so könnte man noch ergänzen, war wenig später Schluss, konkret: in den Jahren 1969/70, als Led Zeppelin mit *Whole lotta love* wochenlang die Charts anführten. Denn dieses Lied war in seiner ungebärdigen, testosteron-geschwängerten Brutalität eigentlich der richtig Soundtrack zur nun anhebenden sexuellen Revolution, die sich allerdings – der aufmerksame Leser wird es geahnt haben – durchaus auch als Tragödie beschreiben lässt, genau genommen: als dessen fünfter Akt.

5. Akt: April 1971: Sodom und Gomorrha, neu und attraktiv ausbuchstabiert von Jerry Rubin, kehren zurück – nun als Projekt des akademischen Proletariats (und nicht ohne Tragik)

Im Januar 1968 hielt Klaus Mollenhauer, damals mit Ende Dreißig einer der jungen Wilden unter den (sozial-)pädagogischen Nachwuchshoffnungen, einen Vortrag, der eine ganz hübsche Pointe hat: Er beginnt mit einem langen Zitat aus einem pädagogischen Text des 15. Jahrhunderts, und er endet letztlich mit dem nämlichen Zitat, nur dass nun das Vorzeichen vertauscht ist: Befürchtet wird nicht, sondern erhofft wird eine Jugend, „die mit überschäumendem Gelächter genießen gelernt hat, eine scharfe Zunge zu führen versteht, einen feinschmeckerischen Gaumen hat, einen raschen Gang liebt und in ihrem begründeten Zorn unnachgiebig ist" (Mollenhauer 1968: 118). Wenig später scheint sich diese Hoffnung erfüllt zu haben. Diesen Rückschluss erlaubt jedenfalls ein autobiographischer Text Mollenhauers von 1998, in dem dieser über seine Zeit als Frankfurter Ordinarius (1969–1972) berichtet und sich dessen meint erinnern zu können, dass „Andreas Baader und Gudrun Ensslin mit ihren Zigaretten unachtsam Löcher in unsere Polstermöbel brannten oder der familiäre Haushalt von ‚entwichenen Heimzöglingen' überschwemmt wurde, meine Frau sich um das infantile Innenleben dieser Jungs und den Dauerbedarf an ‚Frühstück' kümmerte, ich hingegen mit den studentischen Meinungsführern über Pädagogik und Politik diskutierte oder meine Kinder […] angesichts eines im LSD- oder auch nur Haschisch-Rauschs auf dem Boden ausgestreckten und eine meiner Schallplatten hörenden Jugendlichen fragten: ‚Was macht der denn da?'" (Mollenhauer 1998: 531) Was immer hier Dichtung sein mag und was Wahrheit – eines scheint außer Frage zu stehen: Es waren schöne Zeiten damals, die Zeiten von Flower Power, Minirock, Oben-ohne-Kampagne sowie des ‚coolen' Slogans: „Wer zwei mal mit derselben pennt, gehört schon zum Establishment!"

Warum ich dies erzähle? Nun, weil mir scheint, als drohe dem Genre der Fiktion resp. der Utopie im Zeitalter von Aids und Weltuntergangsprophezeiung gleichsam der Kältetod, im Vergleich jedenfalls zur westeuropäischen und nordamerikanischen Studenten- und Hippie- resp. Yippiebewegung (Letztere als politische Fortentwicklung der Ersteren). Zunächst einmal scheint mir dabei die Beobachtung wichtig, dass diese Bewegung weite Kreise zog bis ins – von ihr verspottete – Establishment hinein. Dies belegt allein schon der Umstand, dass der an sich renommierte Rowohlt-Verlag im April 1971 die deutsche Übersetzung eines ursprünglich beim nicht minder angesehenen New Yorker Verlag Simon and Schuster herausgekommenen Bestsellers – *Do it! Scenarios für die Revolution* von Jerry Rubin – mit der fettgedruckten Leseempfehlung herausgehen ließ: „Read this book stoned".

Wie aber auch immer: Dass der Verlag nicht zu viel versprochen hatte, wird schon nach wenigen Zeilen klar, nur einiges sei hier in Erinnerung gerufen aus der Feder eines damals gut Dreißigjährigen, der später als Unternehmer zu reüssieren suchte sowie, noch später (1994), von einem Auto überfahren wurde. Dazu gehören allererst Slogans vom Typ: „Werdet nicht erwachsen. Erwachsen werden heißt Träumen aufgeben." (Rubin 1971: 87) Oder: „Eine Gesellschaft, die das Abenteuer verdrängt, macht die Verdrängung eben dieser Gesellschaft zum einzigen Aben-

teuer." (ebd.) Berühmt geworden sind aber auch Rubins Träume, sein fröhlicher
Ausblick auf das zukünftige ‚Yippieland' nach dem Muster:

> „Die Welt wird eine einzige große Kommune werden, in der Nahrung und Unterkunft
> frei sind und in der alles geteilt wird. Alle Uhren werden vernichtet werden. Friseure
> werden Rehabilitierungslager aufsuchen und dort ihre Haare wachsen lassen [...]. Die
> Menschen werden morgens Landwirtschaft betreiben, nachmittags Musik machen
> und vögeln, wo und wann sie wollen." (S. 256)

Übrigens scheint es mir auch heute erst nicht abwegig, das verehrte Lesepubli-
kum den eigentlich verantwortlichen Autor suchen zu lassen für die Klage, dass
in „Hinsicht auf das ganze moralische Geschwätz der einen über die Anderen [...]
der Ekel an der Zeit" sei, insbesondere aber für die Fortführung: „Ueberlassen
wir diess Geschwätz und diesen üblen Geschmack Denen, welche nicht mehr zu
thun haben, als die Vergangenheit um ein kleines Stück weiter durch die Zeit zu
schleppen und welche selber niemals Gegenwart sind, – den Vielen also, den Allermeisten! Wir aber wollen Die werden, die wir sind, – die Neuen, die Einmaligen, die
Unvergleichbaren, die Sich-selber-Gesetzgebenden, die Sich-selber-Schaffenden!"
Dieses Zitat ist aus Nietzsches Aphorismensammlung *Die Fröhliche Wissenschaft*
(1882: 563), es hätte aber auch von Rubin stammen können, dem seitens seiner
Eltern in den 1950er Jahren die Botschaft vermittelt wurde, das „Ende der Geschichte" (Rubin 1971: 87) sei erreicht, die beste aller Welten sei nun endlich da,
er könne würdig und mit Kraft in das Bestehende eintreten und es tradieren – so
wie dies Nietzsche in den 1850er Jahren durch seine Mutter vermittelt wurde, mit
der Folge, dass er 1874 in *Vom Nutzen und Nachteil der Historie für das Leben*
die Jugend rehabilieren wird, ihrer „stärksten Instincte" wegen: „Feuer, Trotz,
Selbstvergessen und Liebe [...] die Hitze ihres Rechtsgefühles [...], die Begierde
langsam auszureifen [...], die Ehrlichkeit und Keckheit der Empfindung." (Nietzsche
1874: 323) Auch dies klingt nach Rubin, ebenso wie der folgende Auftrag: „Formt
in euch ein Bild, dem die Zukunft entsprechen soll, und vergesst den Aberglauben,
Epigonen zu sein." (S. 295) Nimmt man noch hinzu, dass es Nietzsche gewesen
war, der ein „kommende[s] Zeitalter" beschworen hatte, „welches wir das bunte
nennen wollen und das viele Experimente des Lebens machen soll" (Nietzsche
1880: 48), könnte man fast versucht sein, ihn im Nachhinein als den eigentlichen
Ideengeber der Hippiebewegung zu inthronisieren.

    Bei derlei – von der Pointe her vielleicht recht lustigen – Zurechnungen, in
deren Logik es liegt, Nietzsche als Anti-Spießbürger par excellence aufzubereiten
(vgl. Niemeyer 2007b), sollte man allerdings das im eingangs gegebenen Textdoku-
ment Mollenhauers sich in den Namen Gudrun Ensslin und Andreas Baader schon
andeutende tragische Motiv nicht außer Acht lassen: Die Generation, der Rubin,
Jg. 1938, zugehörte, litt möglicherweise ähnlich wie jene Nietzsches (Jg. 1844)

unter dem ihr jeweils auf differente Art vermittelten Eindruck, dass das ‚Ende der Geschichte' erreicht sei und Neues und zumal Besseres zu gestalten weder möglich noch nötig sei. Aber die Generation Rubins litt zusätzlich noch unter dem dieser Botschaft fundamental widersprechenden Schock des Vietnamkrieges und mithin unter der sichtbaren und gleichwohl im Kriegsinteresse verleugneten Infragestellung aller Werte, für die sie erzogen worden war, woraus für Rubin nichts weniger folgte, als dass sehr wohl noch vieles, wenn nicht alles zu ändern und zu verbessern sei. Es dürfte diese insgesamt schizophrenogene Ausgangssituation gewesen sein, aus der heraus sich die Radikalität der von Rubin vertretenen Position erklärt – ebenso wie jene der westdeutschen 68er Bewegung, die sich zusätzlich noch ins Abseits getrieben sah durch die systematische Verleugnung dessen, was sich in Wahrheit an Gräueln hinter den beschönigenden Stichworten „Jahre der Gewaltherrschaft", „deutsche Katastrophe" und „deutscher Zusammenbruch" verbarg.

Bei dem Versuch, hiergegen gleichsam in einem Block das ganz Neue, deutlicher: das nun aber endlich und für alle Zukunft „richtige Leben" zu setzen, ging mancherlei schief, angefangen von der Setzung der Jugend als des einzig tragbaren Dauerzustandes nach dem Slogan: „Trau keinem über 30!" Der beste Beleg hierfür ist Rubin selbst, der gerade jene Altersschwelle überschritten hatte und entsprechend vorsichtig erwog: „Alter – was ist Alter? – wir haben nicht einmal eine Uhr. Niemand fragt jemals einen Bruder Langhaar, wie alt er ist. Das ist eine konterrevolutionäre Frage. Lange Haare und Bärte lassen alle gleich aussehen [...]. Wir kennen uns nur mit *Vor*namen. Wir leben *jetzt*." (Rubin 1971: 89) Der hier grundgelegte Typus des ‚permanenten Jugendlichen' wurde in der Folge auch an westdeutschen Hochschulen populär und begegnet einem in Gestalt des vom Jugendwahn angesteckten Professor, der seinen Studis das Du anbietet, Leistungsanforderungen als ‚Scheinfragen' bagatellisiert und auch ansonsten auf Nähe und Solidarität setzt – so wie es in der Hochschulkultur der 1970er Jahre eher die Regel denn die Ausnahme war. Einen lebhaften Eindruck gibt hier der Band *Kritische Schule* von Hans-Jochen Gamm (1970: 73) mit dem Ratschlag:

> „Die kritische Schule muß [...] unter dem ‚Plädoyer für eine menschenfreundliche Sexualität' stehen. Sie wird das um so eher können, je mehr sie den Austausch über die Freuden der Geschlechtlichkeit in ihr Programm aufnimmt. Das ist kaum anders möglich, als daß der Lehrer [...] sich selbst als geschlechtsabhängige Figur in den Erkenntnisprozeß einbringt und sein eigenes Geschlechtsleben [...] nicht verheimlicht [...]".

Nicht abgesehen werden kann bei diesem Einblick in die Flegeljahre jener Disziplin, der ich zugehöre, vom *Jahrbuch der Sozialarbeit 1976*, in dem zu lesen ist:

„Angesichts der rigorosen Unterdrückung freier sexueller Betätigung in Fürsorge-
heimen wurden im Verlauf der Heimkampagne mit Nachdruck Forderungen erhoben
wie ‚Abschaffung sexueller Repression', ‚Koedukative Heime', ‚Abschaffung zöliba-
tärer Erzieher', ‚Öffnung der Heime Tag und Nacht', ‚unkontrollierter Besuch durch
Mädchen und Jungen'." (Barabas u. a. 1975: 343)

Spätestens dieses Beispiel belegt, dass die vor allem von Mollenhauer beeinflusste
studentenbewegte Gründergeneration der BRD-Sozialpädagogik offenbar nur
unvollständig verstanden hat, was die Vokabel „richtiges Leben" meint: nämlich
nicht nur „gutes Leben" im Sinne vorgeblicher sexueller Befreiung à la Jerry
Rubin, sondern ein Leben in Selbstaufgeklärtheit im „Denken und Handeln" und
mit dem Ziel, „daß Auschwitz sich nicht wiederhole, nichts Ähnliches geschehe"
(Adorno 1966: 358). Wichtig ist dabei gleich der erste Satz der in diesem Zusammenhang zentralen, 1944, auf dem Höhepunkt des nationalsozialistischen Grauens,
begonnenen Aphorismensammlung *Minima Moralia* (1951), also der Hinweis
Adornos, wonach die „traurige Wissenschaft", aus der er nun einiges darbiete,
sich auf einen Bereich beziehe, „der für undenkliche Zeiten als der eigentliche
der Philosophie galt: die Lehre vom richtigen Leben", zumal dem folgt: „Was
einmal dem Philosophen Leben hieß, ist zur Sphäre des privaten und dann bloß
noch des Konsums geworden." (1951: 13) Denn dies schon erlaubt die Ableitung,
dass man, wie hier geschehen, zwischen der primären Frage nach dem „richtigen"
und der eher sekundären Frage nach dem „guten" Leben unterscheiden darf. In
welche Richtung dabei zu fragen ist, deutet der auf Jahr 1935 datierte Aphorismus
Nr. 123 mit dem Titel *Der böse Kamerad* an, wo Adorno den Faschismus aus der
Erinnerung seiner Kindheit meinte ableiten zu können mittels der (rhetorischen)
Frage: „Die fünf Patrioten, die über einen einzelnen Kameraden herfielen, ihn
verprügelten und ihn, als er beim Lehrer sich beklagte, als Klassenverräter diffa-
mierten – sind es nicht die gleichen, die [...] grinsend und verlegen den jüdischen
Schutzhäftling umstanden und sich mokiert [haben], wenn er allzu ungeschickt
sich aufzuhängen versuchte?" (S. 219). Die Formel „Erziehung nach Auschwitz"
markiert, aus Perspektive dieser Kindheitserinnerung betrachtet, den Auftrag, erzie-
herisch das Handeln aus einem beschädigten Leben heraus zu beenden, aus einem
Leben jedenfalls, das falsch ist und der Richtigkeit entbehrt. An dessen Stelle hat
ein auch durch Erziehung zu bewirkendes „richtiges Leben" zu treten, ein Leben
in Offenheit für das Andere und den Anderen. Im Prinzip war dies auch schon
die Frage Freuds, dem es mittels der von ihm ins Zentrum gerückten sexuellen
Frage nicht nur – wie etwa Natorp in der Linie der sozialen Frage – um das „gute"
Leben ging, sondern (auch) um das „richtige". Denn Freud war es nicht nur um
die Anerkennung des Sexuellen als Lebensmacht im Verlauf des Biographischen
zu tun, sondern sein früher Kampf gegen Repression und für sexuelle Aufklärung
war immer auch schon Teil eines Kampfes im Dienste soziologischer Aufklärung

und insoweit ein Kampf ums „richtige Leben". Kritische Theorie ist, so betrachtet, mit Psychoanalyse zumindest in dieser Frage weitgehend einig gewesen, und dies, so meine ich, hat die Sozialpädagogik in ihrer Orientierung allein auf das „gute Leben" vorübergehend vergessen. Wie man dem abhelfen kann, sei im Folgenden angedeutet, ausgehend vom letzten Akt der Tragödie.

6. Akt: Februar 2007: Sodom und Gomorrha kehren erneut zurück – nun als Gespenst des nicht-akademischen Prekariats

Welche Tragödie? Nun, vielleicht ist es ganz hilfreich, sich vorab noch einmal des Standes der Forschung zu erinnern. Dazu gehört, dass man noch 2005 dem Beitrag eines in der Regel wohl informierten Kollegen folgende Sachverhalts-feststellung entnehmen konnte: „Probleme des Sexualverhaltens stehen nicht auf den vorderen Rängen der sozialarbeiterischen Agenda – jedenfalls heute nicht. Vorneweg marschieren vielmehr die Folgen, die sich aus den Komplexen Armut/Arbeitslosigkeit/Randständigkeit einerseits, Delinquenz/Kriminalität andererseits ergeben." (Lautmann 2005: 237) Zwei Jahre später war der Satz offenbar das Papier nicht mehr wert, auf dem er geschrieben stand. Als einer der Ersten schlug der Sozialarbeiter Thomas Rühl vom Jugendhilfe-Netzwerk der Arbeiterwohlfahrt in Essen-Katernberg Alarm, und der *Stern* öffnete bereitwillig seine Pforten und brachte Schlagzeilen unters Volk wie: „Eltern schauen mit ihren Kindern Hardcore-Filme", „14-Jährige treffen sich zum Gruppensex", „Ihre Idole singen von Vergewaltigung", „Ein Teil der Gesellschaft driftet ab in die sexuelle Verwahr-losung" (Wüllenweber 2007). Im September 2008 schließlich, auf dem Höhepunkt einer seit Juni laufenden Pressekampagne, erschien unter dem reißerischen Titel *Deutschlands sexuelle Tragödie* (Siggelkow/Büscher 2008) das Buch zu diesem Vorspiel mit einer Erstauflage von 25. Tausend. Als Hauptautor dieses Bestellers fungiert der uns bereits aus dem Prolog bekannte Pastor, der in Berlin-Hellersdorf die Arche e. V. leitet, eine Anlaufstelle für Kinder aus dem Prekariat. Und seitdem wird eigentlich *nur noch* über Probleme des Sexualverhaltens gesprochen: mit Blick auf die Kinder, darunter Elfjährige, die über Gruppensex und GangBang-Treffs berichten; mit Blick aber auch auf Erwachsene, die, nicht eben selten allein lebend und erziehend und arbeitslos und frustriert, vom Sofa nicht mehr herunter finden und mit ihren minderjährigen Kindern Pornos gucken. Dieser – wie es in einem etwas fragwürdig beleumundeten Organ namens *Gigi* nicht ganz unzutreffend heißt – „Christenporno" ist inzwischen dermaßen oft abgenudelt worden, dass ich hier auf weitere Details verzichten kann, zumal der wissenschaftliche Wert der hier zusammengetragenen Anekdoten außer Frage steht: Es gibt ihn nicht. Oder in der Langfassung gesprochen: Den Autoren ist anzulasten, im offenkundigen Bemühen um *sensation making* das ihnen von einem Kind über seine sexuelle

Verwahrlosung gesprächsweise Berichtete für bare Münze genommen und nicht
zureichend in Betracht gezogen zu haben, welche Funktion es möglicherweise
erfüllt – im Hier und Jetzt, also in der Gesprächssituation, aber auch im Blick auf
die jeweilige Konstellation in der Einrichtung oder Herkunftsfamilie.

Damit sei nicht behauptet, dass es das Phänomen, um das gestritten wird, gar
nicht gibt. Natürlich – um nur dies zu erwähnen – ist die Verfügbarkeit von Pornos
in Zeiten des Internet (Stichwort: mediale Verwahrlosung) nicht mehr mit jenen
Zeiten zu vergleichen, als der Filius sich mühsam und heimlich durch die Abgründe
der väterlichen Bibliothek wühlen musste. Vermutlich hinkt dieses Beispiel etwas,
wenn man bedenkt, dass die Vokabeln ,Vater' und ,Bibliothek' heutzutage sehr viel
häufiger als damals allenfalls noch mit Ironie benutzt werden können. Dies soll uns
aber nicht stören im Blick auf die Hauptsache: Ich behaupte, dass die Geschichte
insgesamt, jenseits der einzuräumenden gestiegenen Häufigkeit sexueller Kontakte
unter Frühreifen, in aller Regel umgekehrt funktioniert wie von Siggelkow und
Büscher unterstellt: Erst kommt das Bedürfnis nach Liebe, dann, vielleicht, der
Sex. An einem zugegebenermaßen etwas älteren Fall aus dem Bereich des längst
schon etablierten Nachdenkens über Defiziterfahrungen in Sachen Zuwendung
in Einrichtungen der Kinder- und Jugendhilfe gesprochen, der dem Unterzeich-
nenden aus nahe liegenden Gründen besonders vertraut ist: Es kommt wahrlich
nicht selten vor, dass einem Heimjugendlichen vom zuständigen Heimpsychologen
oder von gänzlich überforderten Gruppenerziehern ein geradezu unstillbares, in
den gängigen Abläufen des Alltags nicht zu befriedigendes und (deswegen?) als
pathologisch etikettiertes Bedürfnis nach Zuwendung und Nähe attestiert wird.
Und es ist vielleicht auch nicht eben selten, dass der so rubrizierte und am Ende
als überfordernd und maßlos ausgegrenzte dreizehnjährige Markus schließlich
gleichsam reaktiv sexuell verwahrlost, an diesem Fall gesprochen: seinem Begehren
im Strichermilieu am Bahnhof Zoo nachgeht, denn, so eine Erzieherin, der endlich
dämmerte, worum es wirklich ging und sich auf Aussagen dieses Jungen bezie-
hend: „Für ihn sind diese Leute interessant und z. Z. wichtig. Die Versprechungen,
die ihm gemacht wurden, sind für ihn maßgebend. Er fühlt sich bei den ,Homos'
geborgen und sicher." (zit. n. Niemeyer 1993: 54) Schon diese wenigen Hinweise
verdeutlichen, dass Markus tatsächlich erst Liebe und Zuwendung seitens seiner
Gruppenerzieher suchte, und zwar durchaus in Analogie zu August Aichhorns
über achtzig Jahre alte Beobachtung, wonach sich hinter „Hemmungslosigkeit"
und „Lusthunger" häufig ein „verdecktes, aber desto größeres Verlangen nach
Zuneigung" (Aichhorn 1925: 130) verberge.

Gleichsam indirekt scheint dies auch die von Sabine Andresen geleitete, im
März 2009 vorgestellte *Bepanthen-Kinderarmutsstudie* zu bestätigen. Denn exakt
in jenem Sommer 2008, in welchem Siggelkow/Büscher bei den Medien mit Vorab-
Ergebnissen ihres Buches hausieren gingen, wurde insgesamt 78 Kinder zwischen
6 und 13 Jahren aus dem Umfeld jener angeblich so sehr von der ,Generation Porno'

durchseuchten Berliner Arche e. V. zusammen mit 90 weiteren Kindern aus der Hamburger Filiale des nämlichen Trägers befragt. Das Staunen der Experten über die Ergebnisse dieser wissenschaftlichen Studie war nicht schlecht: Befragt, was ein Kind für ein „gutes Leben" brauche, wurden komischerweise als erstes nicht Kondome, Pornos, meinetwegen auch Fahrräder oder Handys oder Laptops genannt, sondern „verlässliche Beziehungen" oder, noch komischer, „von den Eltern geliebt zu werden". Selbst auf die ganz klar auf Materielles abstellende Frage nach „den drei wichtigsten Dingen, die Dir gehören", gab die Mehrheit (18 %) trotzig Immaterielles zur Antwort, also etwa Personen im Nahbereich. Wenn man so will, dementierten die Probanden mittels dieser Antworttendenz das Untersuchungsdesign und machten klar, dass es ihnen weniger dass es ihnen weniger auf „gutes" denn auf „richtiges" Leben ankomme. Wirklich überraschend ist dieses Ergebnis indes nicht, wenn man sich der Studie *Kindheit und Armut* erinnert (vgl. etwa Hetzer 1937), aber auch der „World Vision Kinderstudie" *Kinder in Deutschland 2007* von Sabine Andresen und Klaus Hurrelmann: Nur 6 % der hier befragten Kinder aus intakten Familien (mit einem erwerbstätigen Elternteil) gaben an, dass ihre Eltern zu wenig Zeit für sie haben, gegenüber 28 % aus Familien mit arbeitslosen Eltern (*Berliner Morgenpost* v. 25.10.2007: 1). Defiziterfahrungen in Sachen Zuwendung sind also offenbar auch ein spezifisches Problem des Prekariats: Wer arm ist und/oder arbeitslos, also eigentlich Zeit haben müsste für seine Kinder, findet sie – die Zeit, die Kraft, letztlich die Kinder – offenbar nicht oder viel zu selten. Dies ist traurig, aber ernst zu nehmen – ernster jedenfalls als jene angebliche sexuelle Verwahrlosung.

Epilog

Das Fazit kann kaum fraglich sein, und dies zumal im Rückblick auf den Prolog, den ich nun gerne etwas variieren würde, nämlich wie folgt: „Leib bin ich ganz und gar und nichts außerdem", lässt Zarathustra in der gleichnamigen Rede die ‚Verächter des Leibes' wissen – wohl, um sie zu ärgern. Dieser Schluss liegt jedenfalls nahe, wenn man für Zarathustra ‚ein junges Mädchen aus Berlin-Hellersdorf' und für die Verächter des Leibes den Pastor ‚Bernd Siggelkow' einsetzt. Damit aber läge auch schon die Pointe auf der Hand: Die Aufregung des letztgenannten Herrn, sichtbar werdend anhand von Vokabeln wie ‚sexuelle Verwahrlosung', ist offenbar eine inszenierte, eine bewusst die Intention jenes jungen Mädchens ignorierende. Aller Wahrscheinlichkeit nach wollte es nämlich etwas ganz anderes erreichen als Provokation, etwa Nachdenklichkeit über den Satz als solchen und das Paradigma, das er in sich birgt. Zarathustra jedenfalls hatte dies so gemeint. Ihm ging es in jener Rede nicht um Berichterstattung in Sachen Häufigkeit und Intensität des von ihm praktizierten ‚Gang bang', sondern um ein neues Menschenbild. „Wir haben umgelernt. […] Wir leiten den Menschen nicht mehr vom ‚Geist', von der ‚Gottheit' ab, wir haben ihn unter die Thiere zurückgestellt", wird Nietzsche (1888: 180) hierzu später nachtragen. Und vielleicht wollte eben dies auch jenes junge Mädchen, andeutend, dass auch ihm an einem Forschungsprogramm läge, an dessen Ende man – wie dies für Nietzsche behauptet werden darf (vgl. Niemeyer 2009), aber nicht mehr gezeigt werden kann – umgelernt hat in Sachen Menschenkunde und einer subtilen Psychologie (durchaus à la Freud) näher gekommen ist als jemals zuvor. Hand aufs Herz: Wäre es nicht schön, heutzutage, in jener so sehr von Amokläufern wie von selbsternannten Pornokraten schwangeren Zeit, auch in Berlin-Hellersdorf über mehr Lehrer und Sozialarbeiter zu verfügen, die sich auf eine derartige Psychologie verstehen? Und dies anstelle jener, die sich die Haare raufen über diese Jugend und deren Vorbilder: Sido, Bushido sowie, nicht zu vergessen, Mama: gescheitert in der Ehe und an der tagtäglichen Arbeit, dafür aber mit Töchterchen nachmittags prima Porno guckend, den „Arschficksong" im Ohr?

Damit, so meine ich, ist das Thema umrissen, um welches es in Zukunft wirklich zu gehen hätte, ebenso wie die These: Es gilt, die Mär von der sexuellen Verwahrlosung der heutigen großstädtischen Unterschicht-Jugend als eine zu lesen, die darauf zielt, die Botschaft unters Volk bringen, dass erfolgreiches pädagogisches Handeln im Glauben gründe und in nichts außerdem. Ersatzweise muss der Ruf nach einer neuen, sozialpädagogisch folgenreichen Aufklärung ins Zentrum rücken, kürzer gesprochen: einer Sozialpädagogik nach Auschwitz Kontur zu geben. Denn die ‚sexuelle Frage' meint im weiteren Sinne fraglos nicht mehr und nicht weniger als die von Adorno als Post-Auschwitz-Lektion ins Zentrum gerückte Frage nach dem ‚richtigen' Leben. Nicht nur um die fernen, hehren Werte sollte es uns dann primär zu tun sein, nicht um die Frage nach Gewährleistung des ‚guten' Leben (für unsere Klientel und uns). Sondern es sollte uns allererst zu tun sein um die Sicherstellung ‚richtigen' Lebens (auch im beruflichen Alltag) und beispielsweise um die Frage, wie wir gerecht urteilen lernen und im Wissen um den Abgrund in uns und nicht umgetrieben von Affekten und Klugheitserwägungen. Dazu gehört die Forderung nach Psychologie im Blick auf die Leiblichkeit statt Metaphysik unter Ausblick auf das Geistige und Höhere am Menschen. Und dazu gehört möglicherweise auch ein Denken jenseits von Gut und Böse. Denn vielleicht liegt dort doch nicht nur – wie viele seit Nietzsche meinen – das Land der Gottlosen, der Nihilisten, der Übermenschen, der blonden Bestien. Sondern vielleicht liegt dort das Land jener, die über sich und andere nicht in moralischen Kategorien denken gelernt haben, sondern in streng psychologischen und denen Nietzsche, seinem andernorts skizzierten Arche-Noah-Prinzip zufolge (vgl. Niemeyer 1998: 50–56), eine Arche Noah neuer Bauart zudachte: eine, konzipiert für eine erst noch zu rekrutierende „Gemeinschaft freier Einzelner", die dem „Zeitalter der Barbarei", in das auch die Wissenschaft hineingezogen werde, zu trotzen vermag und das Bildungsgut der neuen Zeit zu sichern weiß, gruppiert um die Einsicht, dass es „keinen Gott" (Nietzsche 1880–81: 395–396) mehr gäbe.

Literatur

Adorno, Theodor W. (1951): Minima moralia. Reflexionen aus dem beschädigten Leben. In: Gesammelte Schriften, Bd. 4, Frankfurt am Main: Suhrkamp 1997.

Adorno, Theodor W. (1966): Negative Dialektik. In: Gesammelte Schriften, Bd. 6, Frankfurt am Main: Suhrkamp 1997, S. 7–408.

Aichhorn, August (1925): Verwahrloste Jugend. 10. Aufl., Bern: Huber 1987.

Barabas, Friedrich u. a. (1975): Jahrbuch der Sozialarbeit 1976. Projekte, Konflikte, Recht, Reinbek b. Hamburg: Rowohlt.

Bernfeld, Siegfried (1931): Trieb und Tradition im Jugendalter. Kulturpsychologische Studien an Tagebüchern, Leipzig: Johann Ambrosius Barth.

Böhnisch, Lothar (2005): Das Projekt Sexualwissenschaft. Eine historische Retrospektive. In: Funk, Heide; Lenz, Karl (Hg.): Sexualitäten. Diskurse und Handlungsmuster im Wandel, Weinheim u. München: Juventa, S. 55–68.

Bühler, Charlotte (1931): Kindheit und Jugend. Genese des Bewusstseins. Dritte, umgearb. u. erw. Aufl., Leipzig: S. Hirzel.

Drewermann, Eugen (1989): Kleriker. Psychogramm eines Ideals, Olten: Walter-Verlag.

Foerster, Friedrich Wilhelm (1904): Jugendlehre. Ein Buch für Eltern, Lehrer und Geistliche, Berlin: Georg Reimer.

Foucault, Michel (2003): Die Anormalen. Vorlesungen am Collège de France (1974–1975), Frankfurt am Main: Suhrkamp.

Freud, Sigmund (1896): Weitere Bemerkungen über die Abwehr-Neuropsychosen. In: Gesammelte Werke, Bd. I, London: Imago 1952, S. 379–403.

Freud, Sigmund (1905): Bruchstück einer Hysterie-Analyse. In: Gesammelte Werke, Bd. V, London: Imago 1942, S. 161–286.

Freud, Sigmund (1908): Die ‚kulturelle' Sexualmoral und die moderne Nervosität. In: Gesammelte Werke, Bd. VII, London: Imago 1941, S. 141–167.

Freud, Sigmund (1926): Die Frage der Laienanalyse. In: Gesammelte Werke, Bd. XIV, London: Imago 1948, S. 207–286.

Friedjung, Josef K. (1932): Über sexuelle Konstitutionen. Z. f. Kinderforschung 40, S. 489–492.

Gamm, Hans-Jochen (1970): Kritische Schule. Eine Streitschrift für die Emanzipation von Lehrern und Schülern, München: List.

Geuter, Ulfried (1994): Homosexualität in der deutschen Jugendbewegung. Jungenfreundschaft und Sexualität im Diskurs von Jugendbewegung, Psychoanalyse und Jugendpsychologie am Beginn des 20. Jahrhunderts, Frankfurt am Main: Suhrkamp.

Hetzer, Hildegard (1937): Kindheit und Armut. Psychologische Methoden in Armutsforschung und Armutsbekämpfung. 2., neubearb. Aufl. Leipzig: S. Hirzel.

Hitler, Adolf (1933): Mein Kampf. XXVI. Aufl., München: Franz Eher Nachfolger.

Hoof, Dieter (1996): Pestalozzis Entwurf sexualpädagogischer Sozialarbeit und Familienhilfe – Historische Verfrühung oder Utopie? In: Hager, Fritz; Tröhler, Daniel (Hg.): Pestalozzi – wirkungsgeschichtliche Aspekte, Bern: Haupt, S. 107–120.

Kant, Immanuel (1803): Über Pädagogik. In: Werkausgabe. Bd. XII. Frankfurt am Main: Suhrkamp 1982, S. 697–761.

Kappeler, Manfred (2000): Der schreckliche Traum vom vollkommenen Menschen. Rassen-hygiene und Eugenik in der Sozialen Arbeit, Marburg: Schüren.

Klein, Alexandra (2009): Die Wiederentdeckung der Moralpanik. ‚Sexuelle Verwahrlosung‘ und die ‚neue Unterschicht‘. Soziale Passagen 1, S. 23–34.

Koch, Friedrich (2008): Zur Geschichte der Sexualpädagogik. In: Schmidt, Renate-Berenike; Sielert, Uwe (Hg.): Handbuch Sexualpädagogik und sexuelle Bildung, Weinheim u. München: Juventa, S. 23–38.

Lautmann, Rüdiger (2005): ‚Gibt es nichts Wichtigeres?‘ Sexualität, Ausschluss und Sozial-arbeit. In: Anhorn, Roland; Bettinger, Fritz (Hg.): Sozialer Ausschluss und Soziale Arbeit, Wiesbaden: VS Verlag für Sozialwissenschaften, S. 237–252.

Linse, Ulrich (1985): ‚Geschlechtsnot der Jugend‘. Über Jugendbewegung und Sexualität. In: Koebner, Thomas; Janz, Rolf-Peter Janz; Trommler, Frank (Hg.): „Mit uns zieht die neue Zeit“. Der Mythos der Jugend, Frankfurt am Main: Suhrkamp, S. 245–309.

Lisberg-Haag, Isabell (1998): ‚Die Unzucht – das Grab der Völker‘. In: Röper, Ursula; Jüllig, Carola (Hg.): Die Macht der Nächstenliebe, Berlin: Jovis, S. 130–137.

Meng, Heinrich (1927/28): Das Problem der Onanie von Kant bis Freud. Zeitschrift für psychoanalytische Pädagogik II, S. 112–114.

Mollenhauer, Klaus (1968): Jugend und Schule im Spannungsfeld gesellschaftlicher Wider-sprüche. In: Ders.: Erziehung und Emanzipation. Polemische Skizzen, München: Juventa, S. 97–118.

Mollenhauer, Klaus (1998): Ego histoire: Sozialpädagogik 1948–1970. Neue Praxis 28, S. 525–534.

Niemeyer, Christian (1993): Markus stört. Sozialpädagogische Kasuistik von Ausgrenzungs-prozessen auf attributionstheoretischer Grundlage. In: Peters, Friedhelm (Hg.): Pro-fessionalität im Alltag. Entwicklungsperspektiven in der Heimerziehung II, Bielefeld: KT-Verlag, S. 37–76.

Niemeyer, Christian (1998): Nietzsches andere Vernunft. Psychologische Aspekte in Bio-graphie und Werk, Darmstadt: Wissenschaftliche Buchgesellschaft.

Niemeyer, Christian (2006): Sozialpädagogik zwischen sexueller und sozialer Frage. Zur fortdauernden Ambivalenz eines Grundkonflikts. In: Dörr, Margret; Müller Burkhard (Hg.): Nähe und Distanz. Ein Spannungsfeld pädagogischer Professionalität, Weinheim u. München: Juventa, S. 97–111.

Niemeyer, Christian (2007a): Friedrich Nietzsches „Also sprach Zarathustra“, Darmstadt: Wissenschaftliche Buchgesellschaft.

Niemeyer, Christian (2007b): „Der Spießbürger führt das Wort.“ Zu einigen Merkwürdig-keiten (sozial-)pädagogischer (Jugendbewegungs-)Historiographie. In: Dollinger, Bernd; Müller, Carsten; Schröer, Wolfgang (Hg.): Die sozialpädagogische Erziehung des Bürgers. Entwürfe zur Konstitution der modernen Gesellschaft, Wiesbaden: VS Verlag für Sozialwissenschaften, S. 245–256.

Niemeyer, Christian (2008): Vom Nutzen und Nachteil der Säuglingsonanie für das (Über-) Leben. Oder: Herman Nohl und die Zeitschrift für Kinderforschung zwischen 1923 und 1938. In: Hering, Sabine; Schröer, Wolfgang (Hg.): Sorge um die Kinder. Bei-träge zur Geschichte von Kindheit, Kindergarten und Kinderfürsorge, Weinheim u. München: Juventa, S. 53–66.

Niemeyer, Christian (2009): Psychologie. In: Ders. (Hg.): Nietzsche-Lexikon, Darmstadt: Wissenschaftliche Buchgesellschaft, S. 385–392.

Niemeyer, Christian (2010): Klassiker der Sozialpädagogik. Einführung in die Theoriegeschichte einer Wissenschaft. 3., aktualisierte Aufl., Weinheim u. München: Juventa.

Nietzsche, Friedrich (1874): Vom Nutzen und Nachtheil der Historie für das Leben. In: Sämtliche Werke. Bd. 1, München: dtv 1988, S. 243–334.

Nietzsche, Friedrich (1880): L' Ombra di Venezia. (= Nachgelassene Fragmente. Frühjahr 1880). In: Sämtliche Werke. Bd. 9, München: dtv 1988, S. 47–102.

Nietzsche, Friedrich (1880–81): Nachgelassene Fragmente Winter 1880–81. In: Sämtliche Werke. Bd. 9, München: dtv 1988, S. 384–413.

Nietzsche, Friedrich (1881/87): Morgenröthe. Gedanken über die moralischen Vorurtheile. In: Sämtliche Werke. Bd. 3, München: dtv 1988, S. 9–331.

Nietzsche, Friedrich (1882/87): Die fröhliche Wissenschaft. In: Sämtliche Werke. Bd. 3, München: dtv 1988, S. 343–638.

Nietzsche, Friedrich (1883–85): Also sprach Zarathustra I–IV. In: Sämtliche Werke. Bd. 4, München: dtv 1988.

Nietzsche, Friedrich (1888): Der Antichrist. Fluch auf das Christenthum. In: Sämtliche Werke. Bd. 6, München: dtv 1988, S. 165–254.

Nohl, Herman (1933/34): Die Grundlagen der nationalen Erziehung. UB Göttingen, Cod. Ms. H. Nohl 830: 1a.

Pestalozzi, Johann Heinrich (1782): Ein Schweizer-Blatt. In: Sämtliche Werke. Bd. 8, Berlin u. Leipzig: de Gruyter 1927.

Pestalozzi, Johann Heinrich (1785/87): Lienhard und Gertrud. 3. Teil 1785. 4. Teil 1787. In: Sämtliche Werke. Bd. 3, Berlin u. Leipzig: de Gruyter 1928.

Pestalozzi, Johann Heinrich (1797): Nachforschungen über den Gang der Natur in der Entwicklung des Menschengeschlechts. In: Sämtliche Werke. Bd. 12, Berlin u. Leipzig: de Gruyter 1927.

Raumer, Karl v. (1872): Geschichte der Pädagogik. Zweiter Theil. Vierte Aufl., Gütersloh: C. Bertelsmann.

Rousseau, Jean-Jacques (1776): Rousseau richtet über Jean-Jacques. In: Schriften, Bd. 2, Frankfurt am Main u. a.: Ullstein 1981, S. 253–636.

Rubin, Jerry (1971): Do it! Scenarios für die Revolution, Reinbek b. Hamburg: Rowohlt.

Rutschky, Katharina (Hg.) (1977): Schwarze Pädagogik. Quellen zur Naturgeschichte der bürgerlichen Erziehung, Frankfurt am Main, Berlin: Ullstein.

Schirrmacher, Thomas (2008): Vorwort. In: Siggelkow, Bernd; Büscher, Wolfgang (2008): Deutschlands sexuelle Tragödie, Asslar: Gerth Medien, S. 7–10.

Siggelkow, Bernd; Büscher, Wolfgang (2008): Deutschlands sexuelle Tragödie. Wenn Kinder nicht mehr lernen, was Liebe ist, Asslar: Gerth Medien.

Spranger, Eduard (1925): Psychologie des Jugendalters. Vierte durchges. Aufl., Leipzig: Quelle & Meyer.

Villinger, Werner (1926): Erwiderung auf vorstehende Arbeit ‚Über Onanie im Kindesalter' von J. K. Friedjung. Z. f. Kinderforschung 31, S. 293–295.

Villinger, Werner (1938): Die Notwendigkeit eines Reichsbewahrungsgesetzes vom jugendpsychiatrischen Standpunkt aus. Z. f. Kinderforschung 47, S. 1–20.

Villinger, Werner (1956): Vom anthropologischen Hintergrund der seelisch-geistigen
    Situation unserer Jugend. Jahrbuch für Jugendpsychiatrie 1, S. 9–25.
Wichern, Johann Hinrich (1837): Dritter Jahresbericht des Verwaltungsrates der Rettungs-
    Anstalt für sittlich verwahrloste Kinder in Hamburg. In: Ausgewählte Schriften. Bd. II,
    Gütersloh: Gütersloher Verlagshaus 1979, S. 51–90.
Wichern, Johann Hinrich (1851): Ein Votum über das heutige Sodom und Gomorrha. In:
    Sämtliche Werke. Bd. II, Berlin u. Hamburg: Lutherisches Verlagshaus 1965, S. 214–225.
Wüllenweber, Walter (2007): Sexuelle Verwahrlosung: Voll Porno! In: Stern Nr. 6 v. 21.
    Februar (online abgerufen am 5.11.2009).

Strafrechtliche Normierung von Sexualität im Kontext der Debatte über ‚sexuelle Verwahrlosung'

Lorenz Böllinger

Die folgenden Überlegungen befassen sich mit der Frage, inwiefern Politik, Gesetzgebung und Justiz durch Strafrecht zu ‚bekämpfen' versuchen, was augenscheinlich politisch und medial als „zunehmende sexuelle Verwahrlosung der Jugend" befunden wird. Es geht dabei insbesondere um im Internet zugängliche Kinder- und Jugendpornographie. Nicht nachgegangen werden kann hier den Prozessen der Konstruktion dieses definierten Sozialproblems. Zugrunde gelegt wird die These, dass es sich bei den ‚Schadensbefunden' und den angeblich daraus resultierenden Sachzwängen um auf vielfältigen gesellschaftlichen Bedingungen beruhende Konstrukte handelt, zumindest um Übertreibungen und Verzerrungen. Zu interpretieren sind diese insbesondere als Resultate eines politisch-medial-populistischen Verstärkerkreislaufs von Profit- und Machtinteressen sowie Ängsten, vor denen auch die Wissenschaft nicht gefeit ist.

Zu vergegenwärtigen ist vorab das verfassungsrechtlich begründete Selbstverständnis des Freiheitsentzug androhenden und vollziehenden Strafrechts als *ultima ratio*, als die Extremform staatlicher Grundrechtseingriffe zum Schutz vor Verletzung bürgerlicher und überindividueller Rechte und Werte: *Rechtsgüterschutz* als oberstes Ziel. Rechtsstaatlich legitimiert wird die organisierte Schmerz- und Übelszufügung der Strafe durch so genannte *Strafzwecke*: Kollektiv abschreckende und gesellschaftliche Normen bestätigende Wirkungen (*Generalprävention*) erhofft man sich davon ebenso wie individuell abschreckende und resozialisierende Wirkung (*Spezialprävention*).

Untersucht werden soll zunächst die aktuelle strafrechtsdogmatische Struktur des strafrechtlichen Jugendschutzes. Kritisiert wird sodann die Konstruktion des „Sachzwangs EU-Rahmenbeschluss". Schließlich werden Überlegungen angestellt zur Interpretation dessen, was als ‚Re-Moralisierung' strafrechtlicher Kontrolle von Sexualität im Gegensatz zu einem adäquat komplexen, interdisziplinär begründeten und sozialpolitisch vernetzten Umgang mit realistisch evaluierten Sozialproblemen und Pathologien gesehen werden kann.

Probleme des strafrechtlichen Kinder- und Jugendschutzes

Mit seinem 13. Abschnitt, in dem die wesentlichen Regelungen des Sexualstrafrechts enthalten sind (§§ 174–184f), beansprucht das StGB spezifische *Rechtsgüter* zu schützen: ganz allgemein die *„sexuelle Selbstbestimmung"* der Bürger und insbesondere die „ungestörte sexuelle Entwicklung" von Kindern und Jugendlichen. Mit der epochalen „Großen Strafrechtsreform" von 1973 (4. Strafrechtsreformgesetz) wurde, beruhend auf gesellschaftlichem Wandel und empirisch begründetem Expertenwissen, der 13. Abschnitt des Strafgesetzbuches immerhin vom moralisierenden Unzuchtsbegriff befreit. In Anerkennung der Frühzeitigkeit sexueller Entwicklung kam es dem Gesetzgeber vernünftigerweise spezifisch darauf an, die sexuelle Entwicklung und Selbstbestimmung vor direkter Beeinträchtigung bzw. indirekt vor Fremdbestimmung, Zwang und Abhängigkeit zu schützen: Sexueller Missbrauch in verschiedenen Varianten (§§ 174–176b, 182); Vergewaltigung und sexuelle Nötigung (§§ 177–179); Förderung sexueller Handlungen von Minderjährigen und Ausbeutung von Prostituierten (§§ 180–181a); Exhibitionistische Handlungen (§ 183); Verbreitung pornographischer Schriften (§§ 184–184c). In der konkreten Ausgestaltung blieb der 13. Abschnitt jedoch widersprüchlich und weit entfernt von einem stimmigen kriminalpolitischen mit zweckdienlichen sozialpolitischen Maßnahmen zu vernetzenden Konzept. Durch die zahlreichen, jeweils von aktueller medialer Dramatisierung schwerwiegender Sexualdelikte angestoßenen, Änderungen seit den neunziger Jahren hat sich außerdem ein Dickicht aus *Wertungswidersprüchen* und *Überkriminalisierung* entwickelt. Durch die zahlreichen Novellierungen des Sexualstrafrechts in den letzten Jahren wurden einige *„Strafbarkeitslücken"* geschlossen, vor allem aber bei verschiedenen Bestimmungen Strafrahmen und Strafmaße verschärft. Die für das Thema relevanten Novellierungen werde ich im Folgenden genauer betrachten.

Das 27. Strafrechtsänderungsgesetz vom 23.07.1993

Man kann den Beginn der neuen Karriere oder, kritisch gesagt, ‚Inflationierung' des Sexualstrafrechts mit der deutschen Einheit datieren, welche eine Neufassung der Jugendschutznormen erforderte, die mit dem 27. Strafrechtsänderungsgesetz (StRÄndG) erfolgte. Zu begrüßen war dabei die überfällige Abschaffung des Verbots der „Verführung eines unbescholtenen" Mädchens unter 16 Jahren und der männlichen Homosexualität mit unter 16-Jährigen. Zugleich wurden aber der Strafrahmen für die Verbreitung kinderpornographischer Schriften auf eine Freiheitsstrafe bis zu drei Jahren erhöht, sowie Besitz und Besitzverschaffung kinderpornographischer Darstellungen erstmals pönalisiert.

Auch wenn dies angesichts gewachsenen Bewusstseins und Respekts für die Opferbelange zufriedenstellend erscheinen mag, so muss doch aus rechtsstaatlicher, verfassungsrechtlicher und strafrechtsdogmatischer Perspektive Kritik angemeldet werden. An sich gilt im deutschen Strafrecht das Tatprinzip, wonach ein rechtsstaatliches Strafrecht eigentlich nur an Tathandlungen anknüpfen darf (Pieroth/Schlink: § 32 Rn 1089). Der strafrechtliche Handlungsbegriff wird im Sinne einer präventiven Vorverlagerung der Strafbarkeit in den Bereich schlichter Gefährdung von Rechtsgütern hier – im Gegensatz zu anderen Strafrechtsbereichen, z. B. dem Vermögensschutz – sehr weit ausgelegt (BVerfGE 25, 286). Auch die Kritik, dass Gefährdungsdelikte bei lediglich geringfügiger, zudem noch durch Selbstgefährdung vermittelter Fremdgefährdung gegen das verfassungsrechtliche Verbot reiner Verdachtsstrafen verstoßen, findet derzeit keinen Widerhall in der präventiv orientierten Kriminalpolitik (vgl. Deiters 2004: 61).

Kritikwürdig erscheint das 27. StrÄndG auch im Hinblick auf den sich in der Straf- und Verfassungsrechtsprechung bedauerlicherweise immer weiter auflösenden, auf den Schutz individueller Grundrechte abstellenden substantiellen Rechtsgutsbegriff. Denn grundsätzlich darf nach dem Strafverständnis unserer Rechtsordnung nur fremd- bzw. sozialschädliches Verhalten mit der gesellschaftlichen Extremsanktion Strafe geahndet werden. Im Zweifel über die substantiell nachzuweisende Sozialschädlichkeit muss auf Freiheitsstrafe androhende Maßnahmen verzichtet werden (vgl. Jäger 1957: 3; Hassemer/Neumann 2010: Rn 108 ff.). Erklärte Zielsetzung der Novellierung des § 184 war es (und bleibt es auch in der heute ausdifferenzierten Logik der §§ 184–184d), die Konsumenten von Kinderpornographie für den Missbrauch an Kindern zum Zwecke der Herstellung von kinderpornographischem Material verantwortlich zu machen und dadurch die Nachfrage beziehungsweise den Missbrauch weiterer Kinder für die Produktion derartigen Materials zu verhindern. Auch wenn der Staat rein selbstschädigendes oder selbstgefährdendes Verhalten kraft in Art. 2 Abs. 1 Grundgesetz gewährleisteter allgemeiner Handlungsfreiheit nicht pönalisieren darf, so schwingt doch in der Strafbarkeit des Pornographie-Besitzes auch ein moralisierendes, paternalistisch-volkserzieherisches Moment mit.

Unter keinem dieser Aspekte und Zwecksetzungen ist die Funktionalität der Gesetze an sich empirisch belegbar – erst Recht nicht ihrer Verschärfungen. Empirisch-kriminologisch kann ein Kausalzusammenhangs von Pornographiebesitz/-konsum und Vorbildfunktion für und Nachahmung durch andere einerseits, sowie andererseits Missbrauch kindlicher/jugendlicher Darsteller/Opfer nicht erbracht werden (Scheffler 2008: 636; Gropp 2007: 259). Die Annahme, dass Nachfrage erst das Angebot erzeuge, ist alltagstheoretisch und krude. Schon aus rein sozio-ökonomischer Sicht sind die Zusammenhänge überaus komplex und nur als Interaktionsprozess zu verstehen. Hinzu kommt gerade im Bereich der Sexualität die psychowissenschaftliche

Problematik des Verstehens von Motivation und Handlungsbereitschaft als nur sehr begrenzt kognitiv steuerbar.

Auch die alltagstheoretische Annahme, der Konsum von Kinderpornographie verändere die sexuellen Phantasien oder gar die Persönlichkeit, ist empirisch nicht begründbar. Umgekehrt könnte man mit der so genannten Ventilfunktion auch argumentieren, dass eben der Konsum von Kinderpornographie die Konsumenten davon abhält, sich selbst an Kindern zu vergehen. Die moderne empirische Wirkungsforschung vermag bislang keine schlüssigen Beweise für diese Schadensvermutungen des Gesetzgebers zu liefern und wird dies aller Voraussicht nach auch in Zukunft nicht können. Alle Erkenntnisse der Medienforschung (vgl. dazu den Beitrag von Vollbrecht in diesem Band) laufen darauf hinaus, dass nicht der Medieninhalt als solcher den Pornographiekonsumenten ‚gefährdend' wirkt, sondern, in einem komplexen Interaktionsprozess, die primäre Persönlichkeitsstruktur, Einstellungen und Sehgewohnheiten der Betrachter sowie situative Bedingungen (vgl. Kunczik 1998, 2005; König 2004: Rn 104). Wenn Strafrechtspraktiker oder forensische Psychiater vom Gegenteil überzeugt sind, so liegt das an ihrer verzerrten Wahrnehmung der Gesamtpopulation qua Selektivität ihrer Stichprobe. Da jeder Mensch aber seine eigene Persönlichkeit und jeweils individuelle Erfahrungen hat, wird er Medieninhalte auch dementsprechend individuell rezipieren und verarbeiten. Der Rezeptionsprozess und der Wirkungsprozess sind so komplex und subtil, dass Auswirkungen im Grunde gar nicht nachweisbar geprüft werden können. Die Untersuchungsergebnisse werden auch zu pauschal interpretiert. Deshalb sollten diese immer mit Vorbehalt betrachtet werden.

Auch schon rein rechtslogisch und -dogmatisch ist diese Konstruktion des Gesetzes schief. Dem Pornographiekonsumenten den bereits abgeschlossenen Kindesmissbrauch zuzurechnen, konstruiert die unmögliche Rechtsfigur einer rückwirkenden Anstiftung (vgl. Jäger 1993: 232). Fremdschädigung als Voraussetzung der Strafbarkeit besteht zum Zeitpunkt, in dem der Konsument sich kinderpornographische Darstellungen anschaut, gar nicht mehr. Rechtlich ist es ausgeschlossen, Nachfragern für Kinderpornographie den bereits begangenen Missbrauch zuzurechnen (Heinrich 2005: 362).

Behauptet wird als zu schützendes Rechtsgut vor allem der *Schutz der abgebildeten Kinder*. Konsumenten von Kinderpornographie wird als Unterstützern des Marktes für Kinderpornographie mittelbar Verantwortung für den zukünftigen Missbrauch anderer Kinder zugerechnet. Geschützt würden also die kindlichen Opfer, die als ‚Darsteller' für die weitere Produktionen von Kinderpornographie fungieren müssen. Dahinter steht, wie gesagt, die Annahme, dass die Nachfrage das Angebot kinderpornographischen Materials bedingt. Eine solche normative *Ursachenzuschreibung* arbeitet – abgesehen von der eben skizzierten empirischen Unhaltbarkeit – mit normativ unvertretbaren Konstrukten. Im Sinne einer doppelt indirekten, durch mittelbare Täterschaft vermittelten Gefährdungshaftung soll der

Besitztäter für unvorhersehbare und von ihm nicht steuerbare Verläufe strafrechtlich haften (vgl. Scheffler 2008: 637; ähnlich schon Schroeder 1993: 2581). Darüber hinaus wäre bei größeren Auflagen entsprechender Materialien die strafrechtsdogmatisch erforderliche *Kausalität* im Einzelfall nicht zu konstruieren. Nicht umsonst hat die rechtsstaatliche Strafrechtsdogmatik dem *regressus ad infinitum*, einer tendenziell uferlosen Kausalitätskonstruktion, durch die Auslegungsfigur der *Objektiven Zurechnung* Grenzen gesetzt. Diese scheidet nämlich dann aus, wenn der Kausalbeitrag eines Handelns unerheblich ist, vor allem aber bei Dazwischentreten fremden, eigenverantwortlichen Handelns.

Veranschaulicht werden kann die fachgerechte Dogmatik und Methodik (Systematische Auslegung) durch Vergleiche mit dem Waffen- und Drogenrecht. Strafrechtlich legitim weil Rechtsgüter schützend ist die Pönalisierung des Besitzes von gefährlichen Gegenständen, also der reinen Gefährdungshaftung, lediglich dann, wenn diese potentiell direkt, mit hoher Wahrscheinlichkeit und im Sinne der Bedeutung des Rechtsguts in sehr hohem – quantitativen und qualitativen – Maße fremdgefährdend sind (vgl. Nestler 1998: 732). Nach § 53 I Nr. 3a WaffG beispielsweise beginnt die Strafbarkeit des bloßen Besitzes von Schusswaffen erst bei halbautomatischen Selbstladewaffen (Schroeder 1990: 300). Der Grund der Strafbarkeit liegt hier in der Gefahr der Benutzung durch einen Unberechtigten und der daraus resultierenden hochgradigen Körper- und Lebensgefahr für Dritte. Dafür gibt es keine Entsprechung beim Besitz von Kinderpornographie. Die Gefahr des Missbrauchs realisiert sich erst in dem Moment, wo ein anderer zum Täter im Sinne von § 176 StGB wird (Scheffler 2008: 637; Heinrich 2005: 362; Duttge u. a. 2004: 1071). Eines demgegenüber *extrem vorverlagerten* Schutzes des Rechtsguts bedarf es mithin nicht.

Noch deutlicher zeigt sich die Widersprüchlichkeit des Gesetzgebers bei der Pönalisierung des Besitzes illegaler Drogen (Scheffler 2008: 645). Offizieller Rechtsgrund ist dort die Annahme, Drogenbesitz berge die Gefahr der Weitergabe an Dritte sowie der Nachahmung des selbstschädigenden Verhaltens durch Dritte. Beides verkennt, dass solche eventuellen Selbstschädigungen jedenfalls nur als durch eigenverantwortliches und damit nicht strafbares Handeln der Dritten objektiv zurechenbar verursacht gewertet werden können (Nestler 1998: passim). Anstiftung oder Beihilfe zu straflos selbstschädigendem Verhalten sind aber gleichfalls straflos.

Im Sinne des *ultima-ratio*-Prinzips der Verfassung muss das Strafrecht logischerweise auf die Pönalisierung *tatsächlicher Verletzung* substantieller, also selbst grundgesetzlich umschriebener Individualrechtsgüter begrenzt bleiben (Hassemer/Neumann 2010: Rn. 108 ff). Der Schutz irgendwelcher *Moralen* durch das Strafrecht ist ausgeschlossen, wenn nicht auch ein substantielles Rechtsgut verletzt ist (vgl. Jäger 1957). Strafrechtliche Haftung für die *reine Gefährdung* solcher Rechtsgüter muss engstens beschränkt bleiben auf qualitativ hochrangige Rechtsgüter, hohe Wahrscheinlichkeit des Schadenseintritts und unmittelbare

Kausalität (Nestler 1998: 830). Auch die bei der Strafrechtsanwendung methodisch zu praktizierende systematische und teleologische Auslegung des Begriffs „sich verschaffen" in § 184b Abs. 4 gebietet eine enge Begrenzung: Einer Pönalisierung bedarf es nicht, weil beim Erwerb und Besitz kinderpornographischer Erzeugnisse die eigentliche Rechtsgutsverletzung bereits mit der Vortat, der *Herstellung* der Abbildungen nämlich, abgeschlossen ist.

Um solche Wertungswidersprüche zu vermeiden, müsste der Gesetzgeber auf die Pönalisierung des reinen Besitzes und der Besitzverschaffung als strafbare Handlungen verzichten. Dies wäre auch unproblematisch, denn der Darsteller-schutz, also der Schutz der Kinder und Jugendlichen, ist ausreichend durch andere Vorschriften gewährleistet.

Gesetz zur Änderung der Vorschriften über die Straftaten gegen die sexuelle Selbstbestimmung vom 27.12.2003

Das am 1.4.2004 in Kraft getretene Gesetz erweitert, unter Berufung auf inter-nationale Vorgaben, den Strafrahmen für *Besitzverschaffung* bzw. Weitergabe kinderpornographischer Schriften an einen anderen auf fünf Jahre, für deren Besitz auf zwei Jahre. Verhindert werden soll dadurch die Weitergabe solcher Materialien in kleinen Kreisen ebenso wie im großen Maßstab (BT-Drs 16/2439: 11). Abge-sehen von den bereits erwähnten grundsätzlichen Einwänden gegen die Besitz-Strafbarkeit muss die gesetzgeberische Annahme einer erhöhten und entsprechend strafwürdigen Gefahr durch gemeinsame „Nutzung" des Besitzes im kleinen Kreis angezweifelt werden. Wer innerhalb einer geschlossenen Benutzergruppe ein kinderpornographisches Bild verschafft, kann am Marktgeschehen nicht stärker beteiligt sein als der Empfänger (Hörnle 2003: 311; Jäger 1993: 232). Auch hier geht es eher um Moralschutz als um Rechtsgüterschutz (Duttge u. a. 2004: 1069). Vermutlich wurde die Strafverschärfung rein aus Beweiserleichterungsgründen vorgenommen. Um ein gesteigertes Handlungsunrecht gegenüber dem Empfänger der kinderpornographischen Dateien begründen zu können, müsste man davon ausgehen, dass der Versender zugleich Produzent ist, was gegen das Verbot einer Verdachtsstrafe verstoßen würde (BGH NJW 1999: 1982). Auch die beabsichtigte generalpräventive Wirkung ist auszuschließen: Soweit nämlich die Benutzer rational kalkulieren, werden sie in erster Linie auf die fehlende Entdeckungswahrschein-lichkeit vertrauen, weniger auf die Höhe des Strafrahmens (Matzky 2003: 168).

Gesetz vom 16.08.2008 zur Umsetzung des Rahmenbeschlusses des Rates der Europäischen Union zur Bekämpfung der sexuellen Ausbeutung von Kindern und der Kinderpornographie

Das am 5.11.2008 in Kraft getretene Gesetz (BGBl 2008 I Nr. 50) bezieht sich auf den Rahmenbeschluss 2004/68/JL des Rates der EU zur Bekämpfung der sexuellen Ausbeutung von Kindern und der Kinderpornographie. Neu pönalisiert wurden Jugendpornographie (§ 184c StGB) und das sexuell aufreizende Posieren von Kindern (§ 176 Abs. 4 Nr. 2). Durch § 184d wurde insbesondere auch die Internet-Pornographie anvisiert.

Besonderes Merkmal ist die neue Schutzaltergrenze von 18 Jahren. Die Bedeutung des sexuellen Selbstbestimmungsrechts des Kindes bzw. Jugendlichen wächst mit dem Alter. Während bei Kindern wegen des Fehlens der Fähigkeit zur sexuellen Selbstbestimmung sicherlich ein umfassender Schutz vor Sexualkontakten geboten ist, kann dies bei Jugendlichen eine unzulässige Einschränkung ihres Rechts auf sexuelle Selbstbestimmung bedeuten (Böse 2006: 756). Diese über das Ziel hinaus schießende Umsetzung des EU-Rahmenbeschlusses eröffnet eine weitgehende Kriminalisierung der Sexualität Jugendlicher (Böllinger 2001: 243). Dabei sind Jugendliche anderweitig ausreichend geschützt, z. B. durch § 232 Abs. 1 S. 2 (Menschenhandel zum Zweck sexueller Ausbeutung; vgl. Schroeder 2005: 1395). Ansonsten geht es systemwidrig um *Moralschutz* (Thiee 2006: 132).

Der Gesetzgeber wahrt zwar formal die sexuelle Selbstbestimmung von Jugendlichen, indem er es als nicht strafwürdig angesehen hat, dass Jugendliche innerhalb einer sexuellen Beziehung in *gegenseitigem Einverständnis* pornographische Schriften von sich herstellen und austauschen (BT-Drucks. 16/3439: 39). Im Ergebnis wird eine straflose Handlung mit der Aufzeichnung derselben aber doch unter Strafe gestellt. Durch die mangelnde Differenzierung zwischen dem Straftatbestand des § 184b (Verbreitung, Erwerb und Besitz kinderpornographischer Schriften) und § 184c (Mediale Verbreitung pornographischer Darbietungen) werden im Übrigen ‚Taten‘ mit Opfern im Alter von vier oder 17½ Jahren ganz unsachgemäß gleichgesetzt (Böllinger 2001: 244). Problematisch ist auch der gesetzliche Begriff des *„Scheinjugendlichen"* (EU-RB Abl. 2004/68/JI: 1; BGHSt 47: 62). Diese Pönalisierung ignoriert wissenschaftliche Erkenntnisse über die zumindest äußerlich zunehmende Frühreife von Jugendlichen (Hörnle 2008: 3525). Der Darstellerschutz kann ansonsten für den „Scheinjugendlichen" keine Bedeutung haben, da er nicht unter das Schutzalter fällt (Baier 2004: 45; Böse 2006: 757). Im Übrigen war die Erweiterung der Strafbarkeit auch auf die Verschaffung von Eigenbesitz durch den Wortlaut des als Grundlage angeführten Rahmenbeschlusses nicht einmal erzwungen. Aus verfassungsrechtlichen Gründen hätte der deutsche Gesetzgeber sich dem entziehen können.

Zu beachten gewesen wäre auch das verfassungsrechtliche Verhältnismäßigkeitsgebot, dessen Bestandteil „Erforderlichkeit" die Auswahl weniger eingreifender Mittel zur Zweckerreichung gebietet. Zu nennen wäre hier insbesondere das Bundesdatenschutzgesetz. Zu konstatieren sind diesbezüglich systemische und systematische Vollzugsdefizite, z. B. hinsichtlich der Kontrolle von Datenschutzverletzungen. Vernachlässigungen bestimmter sozialer Vorsorge- und Schutzmaßnahmen durch den Staat erzeugen Strafbarkeitslücken, welche wiederum den Gesetzgeber veranlassen, mit harten Strafdrohungen symbolisch, jedoch ineffektiv zu intervenieren. Dementsprechend widersinnig erscheint, dass die Verbote der Kinder- und Jugendpornographie zum Gegenstand des Strafrechts gemacht wurden, während die Prävention von auch nicht-sexuellen Gewaltdarstellungen als Aufgabe eines außerstrafrechtlichen Jugendmedienschutzes durch das JugendschutzG definiert ist. Dieses wirkt damit potentiell effektiver und weniger stigmatisierend.

Durch § 176 Abs. 4 Nr. 2 sollte weiter die Strafbarkeitslücke beim sexuellen Missbrauch von Kindern ohne Körperkontakt geschlossen werden (BT-Drs 16/3439: 11; kritisch: Hörnle 2008: 3522; Reinbacher/Wincierz 2007: 195). Kritikwürdig erscheint zunächst die Unbestimmtheit der in § 184f StGB vorausgesetzten sexuellen Handlungen. Viele Spielarten altersgemäßen und entwicklungsspezifischen Normalverhaltens werden potentiell und gänzlich unverhältnismäßig pönalisiert (Thiee 2006: 133). Zum Beispiel können nun Bilder, die sich unverfänglich und straflos in den Urlaubsdateien eines Familienvaters befinden, auf der Festplatte eines pädosexuell Motivierten als strafbar gelten. Es besteht die Gefahr subjektiver und willkürlicher Zuschreibung subjektiv-sexueller Phantasien durch Polizei und Justiz. Allein aufgrund der *subjektiv empfundenen* sexuellen Einfärbung der dargestellten Handlung in ambivalent beschreibbaren Fällen würde für einen an pädosexuellen Neigungen Leidenden eine kontextbezogene Sonderstrafbarkeit entstehen, die sexuell nicht abweichende Personen nicht treffen würde. Dies führt zu einer einzelfallabhängigen Bestimmung dessen, was eine sexuelle Handlung ist, wobei auf die verzerrte Wahrnehmungsstruktur von Menschen mit pädosexuellen Neigungen abgestellt wird. Der Bewertungsspielraum, den der Begriff der sexuellen Handlung offen lässt, ist anfällig für moralische Wertungen (ebd.).

In der praktischen Umsetzung wurde übrigens die Strafverfolgung der früher als „Harte Pornographie" eingestuften Gewalt- und Kinderpornographie seit 2002 enorm intensiviert. Die Ziffern der Verdächtigen und Verurteilungen wegen Verschaffen und Besitz von Kinderpornographie haben sich von 2002–2007 von 2000 auf 8830 mehr als vervierfacht und steigen weiter, erwartungsgemäß insbesondere auch durch die neu 2008 gestaltete Verfolgung der Jugendpornographie.

Exkurs: Müssen europarechtliche Vorgaben vorbehaltlos umgesetzt werden?

Zu kritisieren sind die letztgenannten Gesetzesänderungen auch wegen ihres bedingungslosen und überschießenden Gehorsams gegenüber europarechtlichen Vorgaben, insbesondere des Rahmenbeschlusses des Rates der EU vom 22.12.2003 (Abl. EU Nr. L13 v. 20.1.2004, S. 44).

Rahmenbeschlüsse (RB) sind ein, durch die EU-Verträge von Maastricht (1992) und Amsterdam (1997) eingeführtes und auch nach Inkrafttreten des Vertrags von Lissabon (2010) weiter geltendes Instrument zur europäischen Rechtsangleichung im Bereich der sogenannten „Dritten Säule" der EU, der polizeilichen und justiziellen Zusammenarbeit. Kraft der Art. 23 bis 25 Grundgesetz ist Deutschland zwar zur Befolgung dieser Vorgaben verpflichtet, auch ohne dass für diesen Regelungsbereich Souveränitäts- und Hoheitsrechte förmlich übertragen wurden. Jedoch muss begrenzend mitgedacht werden, dass das Strafrecht auch weiterhin eine Sonderrolle spielt. Es gibt keine einheitliche, gemeinsame Kriminalpolitik, weil in den Mitgliedstaaten vielfältige gewachsene, gesellschaftlich und kulturell tief verankerte Werthaltungen existieren, welche nicht durch zentrale Steuerung ignoriert oder modifiziert werden können (vgl. Weßlau 2010: 253). Andernfalls müsste man, insofern in Begriffen der Postkolonialismus-Theorie, an eine Variante der Kolonisierung denken (vgl. Herzog 2010: 288).

Im Übrigen besteht das Bundesverfassungsgericht auch weiterhin auf dem *Vorrang der deutschen Verfassung*. Die nationalgesetzliche Umsetzung des RB muss jedenfalls diesbezüglich, aber auch immanent europarechtlich genau geprüft werden. Zunächst einmal verstößt die deutsche Gesetzesnovelle von 2008 gegen EU-Recht und damit auch gegen das Grundgesetz, denn es werden pauschal alle Konstellationen von sexuellem Kindesmissbrauch erfasst und nicht nur diejenigen Formen „sexueller Ausbeutung von Kindern", die als „organisierte Kriminalität" einzustufen sind. Nur für letztere ist die EU zuständig.

Durch die Vorgaben des RB wird aber auch deutsches Verfassungsrecht tangiert. Das *ultima-ratio*-Prinzip gebietet eine besonders skrupulöse Prüfung. Strafrecht darf, wie gezeigt, keinesfalls zum Schutz irgendwelcher partikularen oder zeitbedingten Moralen missbraucht werden, sondern bleibt permanent an die Voraussetzung substantieller Individualrechtsgutsverletzungen geknüpft. Insbesondere hinsichtlich der ungestörten sexuellen Entwicklung von Kindern und Jugendlichen sind vom deutschen Gesetzgeber durch die auf gründlichen wissenschaftlichen Erwägungen gegründete Große Strafrechtsreform von 1973 die allgemeinen Erkenntnisse von Entwicklungspsychologie und Sexualwissenschaft zugrunde gelegt worden. In vernünftiger Abstufung nach Gewicht des Rechtsguts, Gefährdungswahrscheinlichkeit und -grad wurde die Schutzaltergrenze grundsätzlich auf 14 Jahre festgelegt (§ 176 StGB). Nur beim sexuellen Missbrauch von Schutzbefohlenen galt das Schutzalter 16 Jahre sowie bei Ausnutzung der Abhängigkeit 18 Jahre (§ 174 StGB). Alle EU-Mitgliedsstaaten haben praktisch dieselben Schutzaltergrenzen, einige sogar niedrigere. Es liegen keine neuen wissenschaftlichen Erkenntnisse vor, welche diesen Forschungsstand widerlegen (anders Frommel 2010: § 176 Rn 2).

Gegen diese seit langem etablierten und wohlbegründeten wissenschaftlichen Standards verstößt die Neuregelung insofern, als der Rechtsbegriff „Kind" jede Person unter achtzehn Jahren bezeichnet. Es werden also theoretisch „Taten" mit Opfern im Alter von beispielsweise vier oder 17½ Jahren gleichgesetzt. Ein Strafrecht, welches nach seinem Selbstverständnis auch das Normbewusstsein und die Normbefolgung der Bürger fördern will, verliert dadurch völlig an Glaubwürdigkeit und führt sich selbst ad absurdum. Daran ändert auch nichts, dass entsprechend UNO-Konventionen den normativen Kindbegriff bis zum Alter von 18 Jahren erstrecken.

Abgesehen von der eigentlichen Unzuständigkeit des EU-Rates sind auch die materiellrechtlichen Vorschriften teilweise problematisch (vgl. Hörnle 2003, 2008). Kann man in Übereinstimmung mit dem deutschen Sexualstrafrecht noch akzeptieren, dass Herstellung, Vertrieb, Zugänglichmachen und Besitz von Kinderpornographie strafbar sind (RB Art. 3 Abs. 1), so müsste aber doch der Begriff der Pornographie weniger diffus sein: Nach Art. 1 (b) genügt jegliche „bildliche Darstellung", also auch eine obszöne Zeichnung oder ein Kunstwerk. Auch erscheint die – bei unklarer Formulierung offenbar gemeinte – Strafbarkeit dann unangemessen, wenn die pornographisch dargestellte Person zwar über 18 ist, aber „wie ein Kind aussieht" (RB Art. 3 Abs. 2). Damit wird die hoch bedeutsame rechtsstaatliche Sicherung unterlaufen, dass der Täter die Tatsachen gekannt haben muss und ihm diese Kenntnis nachgewiesen werden muss (Beweislastumkehr). Der „Straftatbestand der sexuellen Ausbeutung von Kindern" (Art. 2) ist hinsichtlich der konkret bezeichneten, nicht jedoch hinsichtlich „sonstiger" die Kinderprostitution betreffenden Handlungen akzeptabel (Art. 2a). Er erscheint jedoch unter (b) zu weit und damit grundgesetzwidrig unbestimmt (§ 1 StGB und Art. 103 Abs. 2 GG). Denn es genügt bereits die „Verleitung" des Kindes zu „sexuellen Handlungen" – beides äußerst vage und schier uferlos anwendbare Begriffe. Mangels einer Regelung des Täteralters könnte übrigens absurderweise auch ein soeben strafmündig gewordener 14-jähriger Jugendlicher für die „Verführung" oder das Fotografieren eines knapp 18-jährigen „Kindes" belangt werden.

Einmal mehr bekommen wir vorgeführt, dass auf der EU-Ebene rechtsstaatliche und kriminalpolitische Prinzipien der Strafgesetzgebung, wie wir sie in Deutschland (noch) achten, unbekannt sind. Gehandelt wird nach dem populistischen Prinzip „Der Zweck heiligt die Mittel". Wie bereits viele andere Maßnahmen ist diese im Übrigen durch die UNO motiviert worden und damit indirekt durch die äußerst repressive Strafrechtspolitik der USA, welche sich in der UNO meist durchsetzen. Davon zeugen Formulierungen des RB, welche wörtlich mit US-Vorgaben übereinstimmen. Das kann man als moralische Kolonisierung bezeichnen. Hinzu kommt erschwerend der Opportunismus von populistischen Politikern. So, zum Beispiel, als der vorige Bundeskanzler Pädophile und Kindesmörder in einen Topf warf und unter ausdrücklicher Entwertung wissenschaftlicher Aufklärung umstandslos das „Wegsperren" aller forderte.

Einschätzungen

Leider wird man ja, wenn sich derart distanzierend, analytisch und kritisch zum Sexualstrafrecht äußert, schnell in die Ecke der Bagatellisierer oder heimlichen Befürworter von Kindesmissbrauch oder -pornographie gestellt (z. B. Frommel NK: § 176 Rn. 2). Deshalb vorsorglich doch die folgende Bemerkung: Selbstverständlich nicht in Frage gestellt wird die bereits der Reform von 1973 zugrunde liegende gesetzgeberische Schadenshypothese bezüglich sexuellen Kindesmissbrauchs in welcher Form auch immer, z. B. durch pornographische Darstellung. Diesseits der bereits oben kritisierten normativen Konstruktion einer Kausalität von Pornographiebesitz kennzeichnen aber zwei zusätzliche und durchaus problematische empirische Grundannahmen die umrissenen Gesetzesänderungen: Zum einen wird angenommen, Strafverschärfungen hätten eine gesteigerte generalpräventive Wirkung. Eine solche ist, jedenfalls was die Motivation und Handlungsbereitschaft bei Gewalt- und Sexualdelikten anlangt, vielfältig widerlegt (Schumann 1989). Zum anderen wird impliziert, die durch Videos und Internet ermöglichte Häufung der Wahrnehmung pornographischer Inhalte führe zu Gewöhnung und Desensibilisierung gegenüber solchen Inhalten (Habitualisierungsthese) und fördere dadurch Identifikation und Nachahmung (Kultivierungsthese) (vgl. Kunzcik 1998: 2005). Ich verweise dazu auf die kurzen Ausführungen oben. Im Übrigen gilt in den Augen des rechtsstaatlich orientierten Strafrechtswissenschaftlers weiterhin: *in dubio pro libertate*!

Lediglich Veränderungen in der gesellschaftlichen, medialen und politischen Bewertung (siehe den bereits angesprochenen Verstärkerkreislauf), nicht aber substantielle Revisionen empirischer Erkenntnisse über Schädigungspotentiale im Bereich von „Sexueller Selbstbestimmung" und „Ungestörter sexueller Entwicklung" gaben Anlass, gesetzliche Regelungen zu verändern. Solche Änderungen sollten sich jedoch, solange neue und grundlegende substantielle Erkenntnisse hinsichtlich sexueller Entwicklung und Schädigung nicht vorliegen, soweit erfahrungsgeleitet und im Sinne der Funktionalität und Rechtsstaatlichkeit erforderlich, auf Strafprozessrecht und flankierende sozial- und verwaltungsrechtliche Materien und vernetzte Maßnahmen beschränken.

Man mochte es begrüßen, dass seit 2001 auch auf EU-Ebene gegen die sexuelle Ausbeutung von Kindern vorgegangen und Maßnahmen ergriffen wurden.

Die Schutzgesetze sämtlicher EU-Mitgliedsstaaten erschienen bislang gleichwohl durchaus hinreichend, um des Übels Herr zu werden. Dies allerdings unter der Voraussetzung des *Gesetzesvollzugs* – dass nämlich die Anstrengungen von Polizei, Strafjustiz und -vollzug, Jugendschutz- und Sozialbehörden wirklich substantiell, vernetzt und angemessen komplex auf die Probleme fokussieren. Strafrechtsverschärfung ohne die bzw. anstelle der auf die *gesellschaftlichen Bedingungen* von Kindesmissbrauch bezogenen sozialen Maßnahmen ist reiner Populismus. Genau dies reproduzieren der EU-Rahmenbeschluss von 2003 und die unter anderem damit begründete nationale Gesetzgebung.

Trotz der nüchtern-sachlichen Etikettierung des 13. Abschnittes mit den *zweck-rationalen Konzepten* des Rechtsgüterschutzes, Tatstrafrecht und Resozialisierung schwang darin auch weiterhin latent etwas von der früheren moralischen Aufgeladenheit und Täterbezogenheit des auf „Sittlichkeit" abstellenden Moralstrafrechts mit. Solche Latenz endete mit der seit den neunziger Jahren sich verstärkenden Tendenz weg vom – am verfassungsrechtlichen Verhältnismäßigkeitsprinzip orientierten – begrenzenden Rechtsgüterschutz- und Resozialisierungsstrafrecht hin zu einem ‚modernen', globale gesellschaftliche Risikosteuerung beanspruchenden, zugleich Folgebereitschaft der Wähler anstrebenden und kostensparenden, populistischen und symbolischen *Risiko-, Sicherheits- und Präventions-Strafrecht* (Prittwitz 1993: 2010). Nicht von ungefähr erregt die Berichterstattung über Sexualdelikte unverändert brennende, quoten- und profitträchtige Neugier, sind verurteilte Sexualtäter im Strafvollzug doppelt marginalisiert, werden Vollzugslockerungen und Bewährung kaum noch gewährt, schießen die Unterbringungsziffern der Sicherungsverwahrung weiter in die Höhe. Umgangssprachliche Wendungen vom „Sexualverbrecher" oder „Kinderschänder" enthalten weiterhin ein im Vergleich zur ‚normalen' Kriminalität zusätzliches Maß an Abwertung und Distanzierung. Neu erscheint hingegen die Verbindung dieser Stereotypen mit einem pauschalen und plakativen Denken in Risikokategorien und entsprechenden Populationen von ‚Gefährdeten' und wegzuschließenden ‚Gefährdern'. Mehr oder weniger deutlich wird nun zwischen integrierbaren Straftätern und nicht integrierbaren Tätern oder gar „Feinden" unterschieden, wobei zu letzteren undifferenziert so ziemlich alle Sexualstraftäter zugeordnet werden (Jakobs 1985; krit. Prittwitz 2010).

Die Große Strafrechtsreform von 1973 kam nach gründlicher Beratung durch Experten zustande. Gegen alle wissenschaftliche Erkenntnis heißen die populistischen Alltagstheorien von Medien und Politik sowie des heutzutage beratungsresistenten Parlaments nunmehr: Aus den „zunehmend sexuell Verwahrlosten" von heute würden die Sexualverbrecher von morgen. Daraus wird, damit der sozialisationstheoretischen Annahme eigentlich widersprechend, gefolgert: Sexualstraftäter seien nahezu ausnahmslos nicht behandelbar und müssten deshalb „für immer weggeschlossen" werden; und: Strafrecht sei geeignet und erforderlich, diese Gefahren durch Prävention und Sicherung zu mindern.

Auch der reformierte 13. Abschnittes des Strafgesetzbuches war kriminalpolitisch, kriminologisch und sexualwissenschaftlich kritisiert worden, z. B. hinsichtlich der dogmatisch unzureichenden Konstruktion und Inhomogenität der Vorschriften und teilweise fortbestehenden *Moralschutz*, der Notwendigkeit einer weiteren Reform dieses Abschnitts, der empirischen Fehlbestände. Immerhin hatte sich der Gesetzgeber jedoch grundsätzlich für wissenschaftliche Erkenntnis zugänglich gezeigt (vgl. nur: Hanack 1974, Lautmann 1980; Jäger 1984, BverfGE 47: 109). Verbleibende Probleme ließen sich mit der unvermeidlichen Mechanik parteipolitischer Aushandelungsprozesse erklären. Heute wird nicht einmal mehr vom Bundesverfassungsgericht der Schein ordentlicher Strafgesetzgebung gewahrt: Immer heißt es nur noch, der Gesetzgeber habe hinsichtlich Geeignetheit und Erforderlichkeit von Freiheit einschränkenden Gesetzen zwar wissenschaftliche Erkenntnisse zugrunde zu legen, sollten jedoch verschiedene Erkenntnisse einander widersprechen, so bleibe dem Gesetzgeber die Entscheidungsprärogative, also das Vorrecht im Zweifel auch gegen die Freiheitsrechte zu entscheiden (BVerfG 1 BvR 2428/95).

Die Erfahrung zeigt, dass der heutige Gesetzgeber wissenschaftliche Erkenntnisse zwar gegebenenfalls noch in parlamentarischen Expertenanhörungen zur Kenntnis nimmt, sie jedoch kaum je substantiell berücksichtigt. Die faktische Aussichtlosigkeit der konstruktiven Einflussnahme auf den Gesetzgebungsprozess erspart uns jedoch nicht die Zusammenhänge zu analysieren. Im Hinblick auf die diagnostizierte *,punitive Wende'* in der Gesellschaft hin zu angeblich risikosteuerndem Sicherungs- und Präventionsstrafrecht, statt zu überfälligen ursachen- und prozessbezogenen, sozialstrukturellen und sozialpolitischen Maßnahmen, erscheint eine transdisziplinäre Perspektive auf das Gesamtphänomen Sexualstrafrecht erforderlich. Eine solche müsste über die abstrakten und formalen Aussagen der Definitionsansätze und der komplexen Begriffs- und Interaktionsanalysen des Konstruktivismus hinaus seine spezifischen sozialen und psychosozialen Funktionen und Funktionsweisen analysieren. Unter dem Aspekt der sozialen Kontrolle hätte eine solche Analyse im Interesse der Erfahrungsnähe inhaltlich die mit Sexualität auch heute noch einher gehenden emotionalen Schauder, Ängste und Erregungen aufzugreifen, die angesichts der scheinbaren Liberalisierung und Entsublimierung des Sexuellen in unserer Gesellschaft eher verleugnet werden. Angesichts augenscheinlich grenzenloser Freizügigkeit der Individuen im Zuge der Globalisierung und entsprechender Schwächung der klassischen nationalstaatlichen Instrumente der Handlungskontrolle (strafrechtlicher Tatbegriff) entwickelt sich eine *neue Intensität der präventiven Kontrolle* der individuellen Innenwelt durch Strafrecht. Zentrale Instrumente sind strafrechtliche Definitionen akzeptierter *Verhaltenmotivation* und deren Strafverfolgung (Gefährdungsdelikte) in den Bereichen von Sexualität und Drogengebrauch: Es droht der schleichende Übergang vom rechtsstaatlichen Tatstrafrecht zum verfassungswidrigen Täter- und Gesinnungsstrafrecht. Weil es weder um substantielle Schädigungsempirie noch um sachgerechte sozialpolitische Maßnahmen zur Abhilfe geht, handelt es sich dabei um symbolische Politik, welche den Wahlbürgern staatliche Problemlösungskompetenz lediglich suggeriert.

Eine gegenüber dieser Skizze wesentlich gründlichere gesellschaftstheoretische und rechtssoziologische Analyse dieses Strafrechts-Ausschnitts sowie die Reflexion der gesellschaftlichen und historischen Bedingungen und Folgen spezifischer Rechtsentwicklung, erscheinen mir als zentrale Voraussetzungen rationaler Kriminalpolitik. So wie die Ausformung von Normen nicht von deren Entstehungsgrundlagen und Inhalten zu trennen ist, müssen inhaltliche Zieldefinitionen der Kriminalpolitik mit den Wegen und Methoden zu ihrer Erreichung übereinstimmen. So kommen wir vielleicht auf längere Sicht zu materiellen Erklärungen für die eingangs konstatierte Widersprüchlichkeit des Sexualstrafrechts.

Ein gesondertes Sexualstrafrecht, welches nicht mehr die allgemeine Sittlichkeit und Moral zum Gegenstand hat, setzt mit dem Begriff der Sexualität eine die Realität verkürzende Segmentierung voraus, nämlich die im cartesianischen Denken verhaftete wissenschaftlich-artifizielle Herauslösung eines Aspekts menschlichen Handelns und Zusammenlebens aus seinem gesellschaftlichen Kontext. Als ,kritische' Forscher reflektieren wir heute die soziale Konstruktion von Realität einschließlich der Normen und der Wissenschaft. Wir wissen, dass konforme und perverse Sexualitäten nur verschiedene Aspekte normativer Konstruktion von Gesellschaft sind, dass also Aussagen über Sexualität immer schon Aussagen über gesellschaftliche Normen sind. Wir wissen aber noch wenig über Genese und Funktion unseres Sexualitätsbegriffs und dessen säkulare Wandlungsprozesse. Wir haben, nach Sigmund Freuds plausibler, wenn auch schwer prüfbarer Theorie von der Kulturnotwendigkeit der Sublimation der polymorph-sexuellen Grundstruktur, Hinweise von Adorno (1963/1997) auf die heutige Rolle von Sexualtabus und von H. Marcuse (1967) auf die Dialektik „repressiver Entsublimierung" im Kapitalismus. Wir kennen Foucaults (1983) umfassenden, wenn auch abstrakt und diffus bleibenden Versuch einer Analyse des Zusammenhangs von Sexualität und Macht. Auch Lautmann (2002) deutet die normativen Prozesse, die das sexuelle Leben modellieren, als Teil der sozialen Kontrolle bestehender Ordnung. Nach relativ liberalen Phasen in der Entwicklung der Sexualmoral in den 20–30er bzw. 60–70er Jahren des letzten Jahrhunderts kamen jeweils deutlich repressive Phasen. Kann man demnächst wieder mit einer Wende rechnen? Ein solcher Denkansatz wäre angesichts der Komplexität der Materie sicherlich zu krude. Wenn die oben angedeutete allgemeine Diagnose eines epochalen gesellschaftlichen Wandels zu verschärften Kontrollen der Intimsphäre und entsprechenden Strafen zutrifft, ist prognostisch jedenfalls nicht mit einer zyklischen Bewegung zu rechnen. Eher wird sich im Sinne einer weiter gehenden „repressiven Entsublimierung" die Aufspaltung in gut *kommerzialisierbare* ,freie' Sexualpraktiken und Pornographie einerseits und rigide kontrollierende, in die Innenwelt vorverlagerte, symbolische Grenzsetzungen andererseits fortsetzen.

Literatur

Adorno, Theodor W. (1997[1963]): Sexualtabus und Recht heute. In: ders.: Gesammelte Schriften 10.2. Frankfurt am Main: Suhrkamp.

Böllinger, Lorenz (1994): Grenzenloses symbolisches Strafrecht. Kritische Justiz 27, S. 391–342.

Böllinger, Lorenz (2001): Die EU-Kommission und die Sexualmoral. Kriminologisches Journal 33, S. 243–249.

Böse, Martin (2006): Die Europäisierung der Strafvorschriften gegen Kinderpornografie. In: Festschrift für Friedrich-Christian Schroeder zum 70. Geburtstag, Heidelberg: C. F. Müller, S. 342–352.

Deiters, Mark (2004): Zu Ken Eckstein, „Besitz als Straftat". Goldtammers Archiv 152, S. 58–67.

Duttge, Gunnar; Hörnle, Tatjana; Renzikowski, Joachim (2004): Das Gesetz zur Änderung der Vorschriften über die Straftaten gegen die sexuelle Selbstbestimmung. Neue Juristische Wochenschrift 57, S. 1065–1069.

Foucault, Michel (1983): Sexualität und Wahrheit, Frankfurt am Main: Suhrkamp.

Freud, Sigmund (1920/1940): Jenseits des Lustprinzips. Gesammelte Werke XIII, S. 1–70, London: Imago.

Frommel, Monika (2010): Kommentierung der §§ 174–184d StGB. In: Nomos-Kommentar zum StGB, 3. Aufl., Baden-Baden: Nomos.

Gropp, Walter (2007): Besitzdelikte und periphere Beteiligung. In: Dannecker, Gerhard; Langer, Winrich; Ranft, Otfried; Schmitz, Roland; Brammsen, Joerg (Hg.): Festschrift für Harro Otto zum 70. Geburtstag, Köln: Carl Heymanns, S. 278–299.

Hanack, Ernst-Walter (1974): Die Reform des Sexualstrafrechts und der Familiendelikte. Neue Juristische Wochenschrift 27, S. 1–9.

Hassemer, Winfried; Neumann, Ulfried (2010): Vorbemerkungen zu § 1 StGB. In: Nomos-Kommentar zum StGB, 3. Aufl., Baden-Baden: Nomos.

Heinrich, Manfred (2005): Neue Medien und klassisches Strafrecht – § 184b IV StGB im Lichte der Internetdelinquenz. Neue Strafrechtszeitschrift 25, S. 361–365.

Herzog, Felix: Postcolonial Studies. In: Pollähne, Helmut; Stöver, Heino (Hg.) (2010): Komplemente in Sachen: Kriminologie, Münster: Lit-Verlag, S. 285–292.

Hörnle, Tatjana (2008): Die Umsetzung des Rahmenbeschlusses zur Bekämpfung der sexuellen Ausbeutung von Kindern und der Kinderpornographie. Neue Juristische Wochenschrift 61, S. 3521–3525.

Hörnle, Tatjana (2003): Neue Medienangebote und alte Pornographieverbote. Die inadäquate Reform des § 184 StGB. Kritische Vierteljahresschrift des Rechts 86, S. 299–313.

Jakobs, Günther (1985): Kriminalisierung im Vorfeld einer Rechtsgutsverletzung. Zeitschrift für die gesamte Strafrechtswissenschaft 97, S. 751–780.

Jäger, Herbert (1957): Strafgesetzgebung und Rechtsgüterschutz bei Sittlichkeitsdelikten, Stuttgart: Enke.

Jäger, Herbert (1984): Möglichkeiten einer weiteren Reform des Sexualstrafrechts. In: Dannecker, Martin; Sigusch, Volkmar (Hg.): Sexualtheorie und Sexualpolitik, Beiträge zur Sexualforschung Bd. 59, Stuttgart: Enke, S. 67–79.

Jäger, Herbert (1993): Irrationale Kriminalpolitik. In: Festschrift für Horst Schüler-Springorum zum 65. Geburtstag, München: Beck, S. 229–243.

König, Sabine (2004): Kinderpornografie im Internet, Hamburg: Kovac.

Kunczik, Michael; Zipfel, Astrid (1998): Wirkungen von Gewaltdarstellungen. In: Dichanz, Horst (Hg.): Handbuch Medien: Medienforschung. Konzepte, Themen, Ergebnisse. Bonn: BMin. Familie, Soiales, Jugend, Gesundheit, S. 274–301.

Kunczik, Michael; Zipfel, Astrid (2004): Medien und Gewalt. Befunde der Forschung seit 1998, Berlin: BMin. Familie, Soiales, Jugend, Gesundheit.

Lautmann, Rüdiger (1980): Sexualdelikte – Straftaten ohne Opfer? Zeitschrift für Rechtspolitik 13, S. 44–49.

Lautmann, Rüdiger (2002): Soziologie der Sexualität, Weinheim und München: Juventa.

Marcuse, Herbert (1967): Triebstruktur und Gesellschaft, Frankfurt am Main: Suhrkamp.

Matzky, Ralph (2003): Kinderpornographie im Internet. Strafgesetzgeberischer Handlungsbedarf? Zeitschrift für Rechtspolitik, S. 167–171.

Nestler, Cornelius (1998): Betäubungsmittelstrafrecht, Grundlagen und Kritik. In: Kreuzer, Arthur (Hg.): Handbuch des Betäubungsmittelstrafrechts, München: Beck, § 11, S. 702–864.

Pieroth, Bodo; Schlink, Bernhard (2008): Grundrechte. Staatsrecht II. 24. Aufl., Heidelberg: C. F. Müller.

Prittwitz, Cornelius (1993): Strafrecht und Risiko, Frankfurt am Main: Klostermann.

Prittwitz, Cornelius (2010): Das rechtsstaatliche Strafrecht am Scheideweg. In: Pollähne, Helmut; Stöver, Heino (Hg): Komplemente in Sachen: Kriminologie, Münster: Lit-Verlag, S. 293–306.

Reinbacher, Tobias; Wincierz, Andrej (2007): Kritische Würdigung des Gesetzesentwurfs zur Bekämpfung von Kinder- und Jugendpornographie. Zeitschrift für Rechtspolitik 40, S. 195–200.

Scheffler, Uwe (2008): Zur Strafbarkeit des Betrachtens Kinderpornographischer Internet-Seiten auf dem PC. In: Festschrift für Rolf Dietrich Herzberg zum 70. Geburtstag. Tübingen: Mohr-Siebeck, S. 283–296.

Schroeder, Friedrich-Christian (1993): Das 27. Strafrechtsänderungsgesetz – Kinderpornographie. Neue Juristische Wochenschrift 46, S. 2581–2586.

Schroeder, Friedrich-Christian (1990): Pornographieverbot als Darstellerschutz? Zeitschrift für Rechtspolitik 23, S. 299–305.

Schumann, Karl F. (1989): Positive Generalprävention, Heidelberg: C. F. Müller.

Thiee, Philipp (2006): Keine Freiheit für Nabokov! Zur routinemäßigen Strafverschärfung von Kinder-Pornographie und der Strafpolitik der EU. Neue Kriminalpolitik 18, S. 131–135.

Weßlau, Edda: Von der Aufrechterhaltung der Moral über den Opferschutz zum Standortfaktor. In: Pollähne, Helmut; Stöver, Heino (Hg.): Komplemente in Sachen: Kriminologie, Münster: Lit-Verlag, S. 251–260

Sexuelle Verwahrlosung in der DDR?

Kurt Starke

Sexuelle Verwahrlosung ist ein medialer Begriff geworden, in dem sich heutige Sorgen um Jugendsexualität finden, allerlei Befürchtungen, eigene Unsicherheiten, zeitgemäße Dramatisierungen spiegeln und in den sexuelle Phantasmen aller Art verfrachtet werden können. So wie dieser Begriff heute gebraucht wird, kann er nicht auf die DDR gepresst werden. Gleichwohl kann gefragt werden, ob er in der DDR von Bedeutung war und wie er verwandt wurde. Die erste Aussage besteht darin, dass er massenmedial keine Rolle spielte. Das ist eine Behauptung. Aber es gibt keinerlei Quellen, die sie widerlegen, und so muss die bloße Erfahrung herhalten, um sie zur validen Feststellung zu machen. Es gab keinen öffentlichen Diskurs über sexuelle Verwahrlosung, was immer damit auch gemeint gewesen wäre und hätte gemeint sein können. Sexuelle Verwahrlosung, insbesondere der Jugend, passte nicht ins hehre Bild der realsozialistischen Gesellschaft, egal, ob es das, was damit zu benennen wäre, nun gab oder nicht. Dieses Schicksal teilte es mit anderen Phänomenen, zum Beispiel der Abtreibung, über die nicht öffentlich diskutiert wurde und die keineswegs mit Zahlen belegt werden durfte. Dabei gab es sie massenhaft: In den achtziger Jahren wurden 25 % aller Schwangerschaften abgebrochen, und Fachleute aller Art, darunter Sexualwissenschaftler, sahen sehr wohl Diskussionsbedarf (vgl. Aresin 1991).

Auch wenn in der DDR ‚sexuelle Verwahrlosung‘, wenn überhaupt, nur sozialhygienisch begriffen wurde, so wurde doch versucht, sie zu definieren, auch weil des Wort Verwahrlosung eine lange Gebrauchsgeschichte hatte. Wahrigs „Deutsches Wörterbuch" verweist auf das Althochdeutsche „waralos: achtlos" und das Mittelhochdeutsche „verwarlosen: unachtsam behandeln od. betreiben" (Wahrig 2008: 1592). In dem seit Ende des 19. Jahrhundert weit verbreiteten „Deutschen Wortschatz" von Schlessing/Wehrle, eine Art Synonymwörterbuch, steht in der Ausgabe von 1927 „verwahrlosen" in diesem synonymischen Kontext: „Nachlässig sein. bummeln. vernachlässigen. übersehen. entschlüpfen lassen. auslassen. verwahrlosen. missachten. geringschätzen. auf die leichte Schulter nehmen. fünfe grad' sein lassen". Verwahrlosen wird unter dem Stichwort ‚Nachlässigkeit‘ abgehandelt:

> „Vernachlässigung. Saumseligkeit. Fahrlässigkeit. Unterlassung. Versäumnis. Unbesonnenheit. Unbehutsamkeit. Sorglosigkeit. Oberflächlichkeit. Unklugheit, Torheit.

Übereiltheit. Rücksichtslosigkeit. Nachsicht. Unordentliches Wesen. Schlamperei. Schlotterigkeit. Schmiererei. Schmierigkeit." (Wehrle 1927: 97)

Setzt man „sexuell" vor diese Substantive, dann wird der Phantasie reicher Raum gegeben, Stellt man sich dabei noch jugendliches Sexualverhalten vor, wird ‚sexuelle Verwahrlosung' zum Schreckensbegriff.

Definitionen und Gebrauch des Begriffs

1964 erschien in der DDR das erste große Lexikon zur Sexualität, das „Wörterbuch der Sexuologie und ihrer Grenzgebiete" von Karl Dietz und Peter G. Hesse. Es kam im legendären Greifenverlag zu Rudolstadt heraus, dessen Gründer der Mitautor Karl Dietz war und in dem schon in den 20er Jahren Bücher zu sexuellen Themen erschienen waren. Der Jenaer und Weimarer „Facharzt für Hautkrankheiten und Sexualleiden" Peter G. Hesse, der 1964 auch die dreibändige „Sexuologie" mit herausgab (vgl. Hesse u. a. 1974) gehört zu den Pionieren der Sexualwissenschaft in der DDR. In seinem Wörterbuch wird das Stichwort „Verwahrlosung" wie folgt definiert:

> „Verwahrlosung: Kulturunfähigkeit. Starke Abwegigkeiten des charakterlichen Verhaltens auf Grund angeborener neuropathischer und psychopathischer Faktoren oder von bes. Milieuschädigungen. Verwahrlosungssymptome sind z. B. Schulschwänzen, Vagabundieren, Stehlen, Einbrechen, wahlloser Geschlechtsverkehr. Wesentlich ist, dass die V. an sich durch geeignete Behandlung behoben werden kann. Sex. V. äußert sich im sex. Verhalten und besteht vornehmlich in der Mißachtung der bestehenden Moralgesetze, in sex. Haltlosigkeit, Hörigkeit und der Unfähigkeit, dem Sexualleben den ihm gebührenden Platz im Gesamtleben zuzuweisen. Bes. gefährdet ist die Jugend, da sie noch nicht die notwendige Reife zur bewussten Gestaltung des Lebens besitzt. Deshalb ist die Erziehung, die eine sex. V. verhindert, von bes. Wichtigkeit." (Dietz/Hesse 1964: 363)

Diese disperse Begriffsbestimmung pathologisiert die sexuelle Verwahrlosung. Sie erklärt sie mit Angeborenheit und Charakter, folgt aber auch milieutheoretischen Konzepten. Durch Behandlung, und zwar geeignete, und durch Erziehung könne sie behoben bzw. verhindert werden – mit dem Ziel, dass die bestehenden Moralgesetze beachtet werden und dem Sexualleben der ihm gebührende Platz im Gesamtleben zugewiesen wird, was immer ein gebührender Platz auch sei. Die Jugend sei mit Unreife und mangelndem Bewusstsein geschlagen, neige zu Schulschwänzen und sexueller Haltlosigkeit und sei daher „bes. gefährdet" – genauso wie heute. Mit besonderem DDR-Denken hat das nichts zu tun.

Nicht nur das erste, auch das letzte sexuologische Nachschlagewerk der DDR, das 1990 erschienene „Lexikon der Humansexuologie", enthält das Stichwort „Verwahrlosung", und es greift auf Gedanken des ersten zurück. Verwahrlosung wird dabei nicht als gesellschaftliches Phänomen betrachtet, sondern auf das Individuum und sein Milieu bezogen und auf Jugend fokussiert:

> „Verwahrlosung: unterschiedl. in der wissenschaftl. Literatur definierter, primär psycholog.-psychopatholog. Begriff, der eine in ihrem Kern gestörte Persönlichkeitsstruktur erfassen soll. Sammelbegriff für eine Vielzahl organ. u. psychosozialer Auffälligkeiten des Kindes u. Jugendl., also in einem Stadium, in dem Auffälligkeiten gegen die Gesellschaft noch nicht im Mittelpunkt stehen. (Verweis) Dissozialität. Ständige Angst, Einnässen, Trotz, Nägelknabbern, Stottern, Eßstörungen u. exzessive Masturbation können Frühsymptome der V. sein. Später treten Lügen, Diebstahl, Faulheit, Schuleschwänzen, Weglaufen, Konzentrationsschwäche, sehr frühe Aufnahme sexueller Beziehungen mit wechselnden Partnern hinzu. Dispositionen zu derartigen Entwicklungen sind: 1. Formen eines emotionalen u. sozialen Mangelmilieus bzw. Milieuschadens, vor allem eine zerstrittene u. zerrüttete Familie, 2. Formen der Fehlerziehung, bes. der erzieher. Hohlraum u. die inkonsequente bzw. Pendelerziehung, 3. frühkindl. Hirnschaden, 4. eine psychophys. disharmon. Entwicklung bzw. Retardierung, 5. eine neg. Beeinflussung durch Gruppen Altersgleicher, 6. andere Besonderheiten in der Persönlichkeitsstruktur des Kindes bzw. Jugendlichen." (Aresin u. a. 1990: 208)

Ganz abgesehen davon, dass dieser Text in Inhalt und Diktion dem damaligen Erkenntnisstand und dem Umgang mit Sexualität, speziell mit Jugendsexualität, nicht entsprach, zeigt er, wie schwierig bis unmöglich es ist, ein Sprachkonstrukt wie ‚sexuelle Verwahrlosung' wissenschaftlich zu fassen.

In anderen Lexika, die Sexualität beinhalten, wird auf diesen verschwommenen Begriff verzichtet, so in den von Lykke Aresin und Annelies Müller-Hegemann herausgegebenen Jugendlexika „Junge Ehe" und „Jugend zu zweit" (Aresin/ Müller 1982, 1987). Neben sexuologischen Nachschlagewerken, lässt sich der Begriff „sexuelle Verwahrlosung" gelegentlich auch in anderen Lexika und Wörterbüchern der DDR entdecken. Beispielsweise wird im „Wörterbuch der Medizin" 1956 ff. ‚geschlechtliche Verwahrlosung' als besondere Form der Verwahrlosung betrachtet und Verwahrlosung kurz so bestimmt: „fehlende soziale Einordnung (bes. Form geschlechtliche V.), häufig in der Pubertät bei ungenügender Erziehung (Milieuschaden), wird begünstigt durch konstitutionelle Faktoren wie abnorme Triebhaftigkeit, Haltlosigkeit, auch Schwachsinn" (Zetkin/Schaldach 1964: 969). Das „Wörterbuch der Psychologie" schließt sich dem und dem „Wörterbuch der Sexuologie" weitgehend an, erwähnt immerhin aber auch Erwachsene:

„Verwahrlosung: Charakterliche Entgleisungen von Kindern, Jugendlichen und Erwachsenen, die zumeist durch unzureichende Erziehungsbedingungen entstanden sind. Konstitutionelle Faktoren, wie abnorme Triebhaftigkeit, Haltlosigkeit, auch Oligophrenie, können begünstigend wirken. Verwahrloste sind oft sexuell auffällig, es sind zum Beispiel Mädchen mit häufig wechselndem Geschlechtsverkehr; teilweise neigen Verwahrloste zu Alkoholismus oder Drogensucht, teilweise werden sie kriminell. Durch frühzeitige Prophylaxe, z. B. durch Betreuung gefährdeter, insbesondere asozialer Familien, ist V. weitgehend zu verhindern" (Clauß u. a. 1976: 568).

Die Verhinderung von Verwahrlosung ist hier wie in anderen Beschreibungen die ambitionierte Pointe: nicht hinnehmen, sondern verändern.

Ohne den Ausdruck sexuelle Verwahrlosung zu benutzen, war in den ersten Jahren der DDR der Blick auf das jugendliche Sexualleben eher kritisch. Dringende Appelle zu erzieherischen Aktivitäten sind häufig zu finden. 1947 hatte Erika Kretzschmar mit dem Aufbau „eines Mädchenerziehungsheimes für geschlechtlich gefährdete Mädels" begonnen, die nie auf „Gefahren sexueller Ausschweifungen" hingewiesen worden und geschlechtskrank geworden waren (Kretzschmar 1961: 5, 8). Die Problematik Jugendsexualität ließ sie nicht los, sie sammelte ihre Aufzeichnungen und 1950 vor allem Niederschriften „von Jugendlichen in Heimen der öffentlichen Jugendhilfe zu Fragen des sexuellen Verkehrs", und machte daraus ein Heft in der Reihe „Das aktuelle Traktat" des Greifenverlages. Obgleich ihr Material keineswegs rosig ist, verurteilt sie die Probanden nicht und kommt zu dem Schluss, dass „keineswegs von einer ‚verdorbenen Jugend' gesprochen werden darf" und ihre Befunde nicht verallgemeinert werden dürfen. „Unsere Jugendlichen bedürfen der sexualpädagogischen Hilfestellung!" (Kretzschmar 1961: 130)

Ein charakteristisches Beispiel ist das Heft „Das sexuelle Problem in der Jugenderziehung", ebenfalls in der Reihe des Greifenverlags „Das aktuelle Traktat. Beiträge zum Sexualproblem". Allein schon im Titel wird die Sexualität Jugendlicher als Problem gesehen, und zwar als eins, das in der Öffentlichkeit und in der Jugenderziehung viel zu wenig Beachtung fände. Der Hauptbeitrag, ein 1955 vor Lehrern, Juristen und Ärzten gehaltener Vortrag, stammt vom Jenaer Professor für Sozialhygiene, Rudolf Neubert, der mit dem Buch „Die Geschlechterfrage. Ein Buch für junge Menschen" 1956 ff. und dem legendären „Neuen Ehebuch" 1957 ff. in der DDR Aufklärungsgeschichte geschrieben hat. Sein Vortrag beginnt mit den Worten:

„In den letzten Jahren schien es, als bestünde in der Deutschen Demokratischen Republik keine Sexualfrage. Auch in den Kreisen der Pädagogen wurde über die Sexualpädagogik nicht gesprochen. Man beruhigte sich mit dem Hinweis, daß Makarenko in seinen Schriften die geschlechtliche Erziehung als Sonderproblem abgelehnt hat. Somit schien sich in den ersten Jahren nach dem Zusammenbruch des Hitlerregimes die

Geschlechterfrage zu erschöpfen in aktuellen medizinischen und sozialhygienischen Problemen, das heißt in der Bekämpfung der Geschlechtskrankheiten, in der Frage nach medizinischer oder sozialer Indikation der Schwangerschaftsunterbrechung." (Neubert/Weise 1957: 7)

Nach reiflicher Überlegung kommt Neubert zu dem Entschluss, den er sich keineswegs leicht macht, „den Jugendlichen zu raten, bis etwa zum 18. Lebensjahr nicht geschlechtlich zu verkehren" (Neubert/Weise 1957: 26). Dann wendet er sich der Erziehung zu und weist engagiert auf aktuelle Probleme hin:

„Das Ziel der Sexualpädagogik ist, daß die jungen Menschen in ihrem Liebesleben glücklich, daß sie durch die Liebe beflügelt und erhoben werden. Was aber sehen wir um uns? Das Liebesleben irrt zwischen Prüderie und Zügellosigkeit umher, die Menschen sind mit schlechtem Gewissen, Ekel, Überdruß, Angst oder auch Seelenkälte belastet. Diese Lage ist deshalb entstanden, weil sich mit den Grundlagen der bürgerlichen Gesellschaft auch die Normen des Geschlechtslebens auflösen. Auch unter unserer Jugend geistern allerlei liberalistische Ideen vom ‚Recht auf Liebe‘, vom ‚Sichausleben‘ herum, zugleich aber sind alte Vorstellungen von der ‚Sündhaftigkeit des Fleisches‘ noch wirksam. Daraus hat sich ein unheilvoller Wirrwarr gebildet, ein Geflecht, das sich um die Füße der Menschen windet." (Neubert/Weise 1957: 26)

Wer möchte, kann hier eine Beschreibung von Elementen sexueller Verwahrlosung erkennen. Neubert spricht davon aber nicht, so plastisch und warnend er ein sexuelles Elend der Jugend auch beschreibt. Neubert fordert Verbreitung von Wissen über Sexualität und eine auf dieses Wissen gestützte Sexualpädagogik. Allem voran stellt er die Sätze: „Die Sexualpädagogik ist nicht heikel. Solange jemand davon ausgeht, daß es sich um eine heikle Angelegenheit handelt, ist er durch das Gestrüpp noch nicht hindurch." (Neubert/Weise 1957: 26–27)

Peter G. Hesse bestätigt aus venerologischer Sicht Neubert. Er sieht die Anfänge der Sexuologie in der DDR eng mit der Nachkriegssituation verbunden (Hesse 1991: 51). Beide, Hesse wie Neubert, spüren aber, dass sich die gesellschaftliche Situation verändert und dass sich die Sexualwissenschaft neuen Themen stellen muss (vgl. Stumpe/Weller 1995). Die sexuelle Liberalisierung in den 70er Jahren, die einen ganz anderen Blick auf Jugend und auf das Geschlechterverhältnis mit sich brachte, sahen sie freilich nicht voraus.

Wird von heute auf die DDR geblickt, dann werden gewöhnlich eher die 70er und 80er Jahre und weniger die Nachkriegszeit und die 50er Jahre mit ihrem sexualmoralischen Extremen und Widersprüchlichkeiten gesehen. Gleichwohl reifte in dieser Zeit durch die veränderte Stellung der Frau in der Gesellschaft und in der Paargruppe, durch die Verbesserung der Lebensbedingungen und nicht zuletzt durch die Säkularisierung ein emanzipatorischer Wandel in der Einstellung zur Sexualität und zur Jugend heran. Statt des Verbots von Pärchenbildung, wie es in Internatsordnungen von Oberschulen zu finden war, und Warnungen vor frühen Sexualkontakten dominierte nun eine Akzeptanz von Liebesbeziehungen Jugendlicher einschließlich „vorehelichen" Geschlechtsverkehrs (vgl. Starke 1980).

Publikationen wie denen von Neubert folgten bald anders geartete. Der pädagogische Impetus blieb, aber die Inhalte und Bewertungen änderten sich rasch. In der Fachwelt und in der Öffentlichkeit spielten dabei nicht nur wissenschaftliche Arbeiten eine Rolle. Zu nennen sind populäre Schriften und Aufklärungsmaterialien – an Zahl klein, an Verbreitung und Ansehen groß. In einer Untersuchung des Zentralinstituts für Jugendforschung Leipzig 1972 zeigte sich die überragende Bedeutung von Druckerzeugnissen bei der Wissensvermittlung über Sexualität (Starke 1980: 110).

Abbildung 1   Quellen für das Wissen über die Zeugung bei Schülern der 8. Klasse (1972)

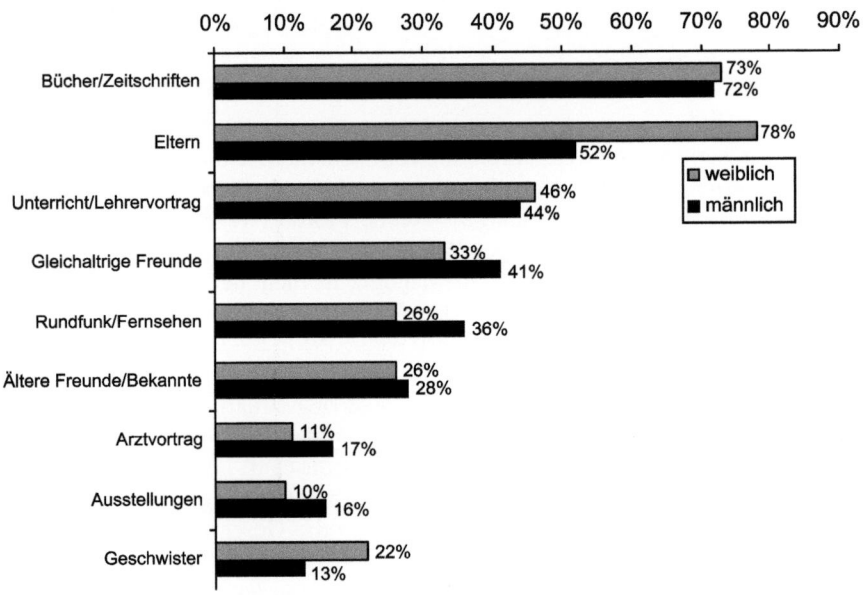

Zu nennen sind journalistische Aktivitäten, die in der Rubrik „Unter vier Augen" in der Tageszeitung „Junge Welt" ihren Höhepunkt fanden (vgl. Resch-Treuwerth 1996), Spiel- und Dokumentarfilme der DEFA, Ausstellungen (besonders beliebt die im Hygiene-Museum Dresden), Vorträge, Aufklärungsveranstaltungen, Beratung. In Bezug auf das letztere ist insbesondere das flächendeckende System der Ehe- und Sexualberatungsstellen (vgl. Aresin 1991) und die vom Rostocker Sozialhygieniker Karl-Heinz Mehlan 1968 gegründete Sektion Ehe und Familie (einschließlich der von Lykke Aresin geleiteten Arbeitsgemeinschaft Sexualität) zu würdigen, die Weiterbildungsveranstaltungen anbot. Am populärsten waren die Rostocker Fortbildungstage (Stumpe/Weller 1995: 14). Sexuelle Verwahrlosung stand hier wie anderswo nie auf der Tagesordnung. Sie war in jenen Jahren nie Gegenstand eines fachlichen Diskurses.

In der wissenschaftlichen Literatur der DDR zur Sexualität spielt der Begriff ‚sexuelle Verwahrlosung' im Grunde keine Rolle. In der genannten dreibändigen „Sexuologie" fehlt der Begriff im Sachwortverzeichnis, und auch in den einzelnen Beiträgen wird dazu nichts gesagt. Ebenso werden in den beiden ersten Monographien zur Jugendsexualität keine Phänomene einer sexuellen Verwahrlosung beschrieben. Stattdessen spricht der Pädagoge Rolf Borrmann in seinem Buch „Jugend und Liebe" von „Befähigung zur sittlichen Entscheidung" und mahnt:

> „Die Praxis vieler Eltern und Erzieher beschränkt sich zu einseitig auf passiven Gehorsam der Jugendlichen und gibt ihnen kaum Gelegenheit, ihr Verhalten selbst zu wählen und zu verantworten. Diese Methode hemmt die Entwicklung des Jugendlichen und beeinträchtigt besonders die Entstehung der sittlichen Motive, die dem späteren Handeln in allen Bereichen Ziel und Richtung geben, die Bereitschaft, Verantwortung zu übernehmen, und damit die Freude an eigenen Entscheidungen. Wer immer nur in den Grenzen des vom Erzieher Verbotenen oder Erlaubten handelt, wird kaum die Tragweite seines Handelns und dessen Konsequenzen überblicken lernen." (Borrmann 1966: 141–142)

In Heinz Grassels Buch „Jugend Sexualität Erziehung" ist zwar ein Abschnitt über „Sittlichkeitsverfehlungen" zu finden, nicht aber etwas zur sexuellen Verwahrlosung (Grassel 1967: 217–219). Ebenso verhält es sich mit Heinz Grassels und Kurt R. Bachs Buch „Kinder- und Jugendsexualität". Darin ist auch ein kleiner Abschnitt über „sogenannte unzüchtige Schriften" enthalten, die in Schulen kursieren können. Die pädagogisch engagierten Autoren empfehlen hierzu Information, ethische Erziehung und eine „aktive Immunisierung". Zugleich werden Ergebnisse einer „Inhaltsanalyse pornographischer Produkte" mitgeteilt, die bei Schülern gefunden und eingezogen wurden und die „fast ausschließlich aus westlicher Produktion" stammten. Dabei merken die Autoren an, dass „primär zu klären wäre, was denn nun eigentliche Pornographie ist" (Grassel/Bach 1979: 285). Also die ewige und unendliche Frage. Der Pädiater Heinrich Brückner, der gefragte Aufklärungsbücher geschrieben hat, hatte sich 1964 in seiner großen Untersuchung „Das Sexualwissen unserer Jugend" ebenfalls dem Kursieren von pornographischen Niederschriften in Schulklassen zugewandt. Er stellte außerdem fest, dass 3,40 % der 13–18-jährigen Mädchen und 13,50 % der Jungen sexuelle Witze „unterhaltsam" und weitere 13,11 % bzw. 29,38 % harmlos fanden (Brückner 1968: 120–123). Sofern nun, wie heute üblich, sexuelle Verwahrlosung mit Pornographiekonsum in Verbindung gebracht wird (siehe hinten), könnte man hier ein Indiz für sexuelle Verwahrlosung vermuten.

1966 fand eine Tagung zu Jugendproblemen in pädagogischer, medizinischer und juristischer Sicht statt. Dieses Zusammenwirken verschiedener Disziplinen war in der DDR auch für die Sexualwissenschaft und die Jugendforschung typisch. Der Greifswalder Psychiater Hanns Schwarz, der als einer der ersten in der DDR sexuelle Themen aufgriff (vgl. Schwarz 1953), referierte über die Pubertätskrise in klinischer Sicht. Obwohl er einzelne problematische Fälle vorstellte, pathologisierte er die Pubertät nicht und zog keinerlei Schlüsse auf die Gesamtheit der Pubertierenden, im Gegenteil. Er betonte, „daß es bei den meisten pubertierenden Menschen zu gar keinen Krisen kommt, daß bei anderen zwar Zustände auftreten, die man krisenhaft nennen könnte, die aber aus äußeren und inneren Gründen nicht in die klinische Sicht geraten" (Schwarz 1967: 135). Entscheidend sei „der Vorgang der persönlichen Individuation" (S. 133–134). Zur Sexualität in der Pubertät vertrat er – fernab von jeder skandalisierenden Attitüde – diese Ansicht:

> „Gewiss wäre es fehlerhaft, die Pubertätssexuologie in ihrem Einfluß auf Inwelt und Umwelt des reifenden Menschen unberücksichtigt zu lassen, aber die sexuelle Evolution und Revolution genügen nicht, um Irrungen und Wirrungen der Pubertätszeit phänomenologisch zu verstehen. Wir dürfen keineswegs Pubertät mit Sexualität gleichsetzen und damit alles, was in diesem gewaltigen Umbruch getan oder gelassen wird, auf einen sexogenen Generalnenner zu bringen versuchen." (S. 135)

Andere Redner der Tagung sprachen über jugendliche Straftäter. Aber auch sie betonten nicht eine Regel, sondern die Ausnahme (vgl. Schwarz 1967).

Einer, der sich aus medizinischer und juristischer Sicht intensiv mit Jugendkriminalität, Fehlentwicklungen und speziell „sexuellem Fehlverhalten" beschäftigte, war der Berliner forensische Psychiater Hans Szewczyk (vgl. Szewczyk/Burghardt 1978; Szewczyk 1982). An einer einzigen Stelle ist das Wort Verwahrlosung zu finden, und zwar in seinem Kapitel zu sexuell motivierten Handlungen und Strafrecht im Leitfaden „Sexualmedizin" für Medizinstudenten. Im Abschnitt „Sexualstraftaten aus einem dissozialen Haltungsstil" heißt es:

> „Unter diese Kategorie fallen Männer, bei denen weder auf sexualpsychopathologischem Gebiet, noch in intellektueller Hinsicht erhebliche Persönlichkeitsabweichungen bestehen. Sie sind meist etwas gefühlsflach und wenig kontaktfähig. Oft stammen sie aus einem ungünstigen sozialen Milieu mit fehlendem Vorbild und damit mangelnder

Möglichkeit, sich sozial zu identifizieren. Oft bleiben sie in diesen schlechten sozialen Verhältnissen und neigen zur Verwahrlosung…" (Aresin/Günther 1983: 136).

Der Psychologe, Sexualberater und Sexualwissenschaftler Siegfried Schnabl, der wohl bekannteste Sexualaufklärer der DDR, hat zwar viel über sexuelle Störungen geschrieben, aber ein Denken in Kategorien wie sexuelle Verwahrlosung war ihm völlig fremd. Sexuelles war ihm nie suspekt. Ihm ging es immer um ein glückliches Liebesleben (vgl. Schnabl 1971 und 1972).

Da nun die Suche nach sexueller Verwahrlosung in der DDR wenig ergiebig ist, soll die Aufmerksamkeit einer Abkürzung gelten, die in Definitionen von „Verwahrlosung" auftaucht und bei der Verbreitung von Geschlechtskrankheiten – der Ausdruck STD war damals nicht bekannt – eine Rolle spielte: hwG = häufig wechselnder Geschlechtsverkehr (eigentlich: häufig wechselnde Geschlechtspartner). In Deutschland war die hwG-Person traditionell ein Synonym für Prostituierte, so auch noch 1989 im Duden (West): „HwG-Mädchen, das ((Person mit) häufig wechselndem Geschlechtsverkehr) (Amtsspr.): Prostituierte", genauso im Brockhaus-Wörterbuch (1995). In der DDR wurde diese Gleichsetzung nicht aufrechterhalten.

Im Nachkriegsdeutschland hat das Attribut hwG eine handfeste sozialfürsorgerische, gesundheitsbehördliche, venerologische und juristische Bedeutung. Im Osten und in der frühen DDR waren nicht nur Geschlechtskrankheiten meldepflichtig, sondern auch ihre Träger. Wer den Kontroll- und Nachuntersuchungen nicht nachkam, dem drohte Haft. Erst nach und nach lockerte sich das:

„Es sei darauf hingewiesen, dass 1961 gegenüber 1947 eine Liberalisierung eingetreten ist. Geschlechtskranke werden nicht mehr namentlich gemeldet, sondern per Chiffre gemeldet. In Fortfall kamen die Haftstrafen bei Nichteinhalten der Kontrolluntersuchungen von HwG-Personen und der Nachuntersuchungen (lediglich Ordnungsstrafen). Die Haftstrafe blieb aber bei Ausübung des Geschlechtsverkehrs bei noch nicht abgeschlossener Behandlung einer Geschlechtskrankheit bestehen." (Hesse u. a. 1978: 229)

Die Sorge, sich beim Verkehr mit „fremden Mädchen" zu infizieren, drückt auf derbe Weise der „Morgengruß des Zimmermanns" aus, der noch in den 50er Jahren auf den Baustellen der DDR bekannt war: „Früh erwacht mit wüstem Schädel / neben Dir ein fremdes Mädel / in dem Nachtopf quillt es weg / an den Händen Fotzendreck / und im Herzen Trippersorgen / guten Morgen, guten Morgen."

Eine ausführliche Betrachtung von hwG gibt es in der sexuologischen Literatur der DDR nicht. Lediglich in der dreibändigen „Sexuologie" ist davon die Rede. In Band III, aus dem die oben zitierte Fußnote stammt, wird mit empirischen Befunden aus dem Jahr 1968 etwas näher auf hwG-Personen eingegangen. Sie stammten zum Beispiel oft aus ungünstigen Familienverhältnissen, waren weniger gebildet und sehr oft „Herumtreiberinnen". Der Ausdruck Verwahrlosung wird aber nicht verwendet. HwG-Personen werden so definiert:

> „Die hwG-Personen (Personen mit häufig wechselndem Geschlechtsverkehr) sind auf Grund ihres promiskuitiven Verhaltens noch keine Prostituierten. Sie sind vielmehr definiert durch den häufigeren Partnerwechsel in der Zeiteinheit als er sonst in der Population durchschnittlich üblich ist. Es ist berechtigt, sie nicht der Prostitution zuzurechnen, wenn sie keine materiellen Vorteile aus ihrem Verhalten ziehen. (Hesse u. a. 1978: 218)

Wichtig ist hier die polemische Abgrenzung des hwG-Verhaltens von der Prostitution. Prostitution war in der DDR verboten, aber nichtprostitutive Promiskuität, die in der Geschlechtskrankenfürsorge und der Venerologie mit hwG bezeichnet wurde, gab es.

Im Dietz-Hesseschen Wörterbuch der Sexuologie (1964) wird hwG nicht nur auf Prostitution, auch nicht nur auf Frauen, sondern ausdrücklich auch auf Männer bezogen. Aus dem hwG-Mädchen wurde definitorisch die hwG-Person. Das hängt zweifellos mit dem Klientel der Venerologen in der DDR zusammen. Sie konnten ihre Patienten schlechterdings nicht als Prostituierte einstufen und melden. Die auf Frauen („Mädchen") fokussierte hwG-Einstufung, nicht selten mit verächtlichem Unterton artikuliert, stieß sich zunehmend mit dem Frauenbild in der DDR und einem gleichberechtigten Geschlechterverhältnis.

Im letzten sexuologischen Wörterbuch der DDR findet sich hwG unter „dkv"; hwG wird als nicht mehr zeitgemäß betrachtet:

> „dkv: dauernd krankheitsverdächtig. Die Richtlinie zur Verhütung u. Bekämpfung der Geschlechtskrankheiten vom 12.10.1965 nennt die Bedingungen u. Umstände, wann eine Person als dkv gilt. Früher als hwg-Person (häufig wechselnde Geschlechtspartner) bezeichnet." (Aresin u. a. 1990: 42)

Interessant ist der Rückgriff auf hwG im aktuellen Pschyrembel:

> „HWG: (allg.) Abkürzung für Huren wehren sich gemeinsam; Vereinsname einer 1985 in Frankfurt am Main gegründeten Initiative von weiblichen Prostituierten. (jurist.) veraltete, in der Amtssprache übliche Abkürzung für häufig wechselnden Geschlechtsverkehr; früher verwendet zur Kennzeichnung von Prostituierten (sog. HWG-Personen), insbesondere im Rahmen ihrer Überwachung durch Gesundheitsbehörden; in Fürsorgebehörden auch für nichtkommerzielle Formen vermuteter Promiskuität, v. a. von Mädchen. Häufig diskriminierender (z. B. das Verhalten von Frauen u. Männern verschieden bewertender) Gebrauch, daher in der DDR ab 1965 durch die Abkürzung DKV (dauernd krankheitsverdächtig) ersetzt; heute unüblich,

ggf. durch die zutreffendere Beschreibung „wechselnde Sexualpartner" ersetzt."
(Pschyrembel 2002: 225)

Dass es sich bei dem Akronym hwG um ein eng fachliches, amtssprachliches
Verständigungskürzel von temporärer Bedeutung handelt, zeigt sich auch darin,
dass es im DDR-Duden und in allgemeinen Lexika der DDR nicht mehr vorkam.
Aber die Realität ‚hwG' ist von Bedeutung gewesen.

Empirische Befunde

Der heutige Gebrauch des Ausdrucks ‚sexuelle Verwahrlosung' leidet unter seiner
Neigung zur Verallgemeinerung – oder erfreut sich einer solchen. Aus Einzelfällen wird schnell eine nationale Tragödie. Zudem verführt er zur Verdunklung
von Sexuellem, dazu, dass es etwas im menschlichen und speziell jugendlichen
Sexualverhalten gäbe, was verwahrlosen kann und wogegen man sich verwahren
muss oder was gut verwahrt werden muss. Die Jugend wird skandalisierend ins
besorgte Blickfeld gerückt. Das Gespenst der sexuellen Verwahrlosung der Jugend
wird riesengroß. Wesentliche Jugendprobleme wie Bildungs- und Berufschancen
verkleinern sich.
　Im Folgenden geht es nicht um Einzelfälle oder Minderheiten, sondern um
Massenhaftes und Typisches in der entwickelten DDR, immer im Wissen um die
Gefahr, dass Trends Einzelfälle und Gegentrends vernachlässigen. Herausgegriffen
werden Verhaltensbereiche, die in der geschilderten Verwendung des Begriffs eine
Rolle spielen. Der Hintergrund sind empirische Untersuchungen (Starke 2005: 13;
Friedrich 1999: 396–419), ohne dass diese im Einzelnen hier dargestellt werden
können und ohne dass auf alle Streuungen eingegangen werden kann. Die DDR
war zwar eine ziemlich homogene Gesellschaft, nicht so differenziert wie und viel
weniger polarisiert als die alte BRD, z. B. in Bezug auf Bildung, Qualifikation,
Berufstätigkeit, Reichtum, Reproduktionsverhalten. Aber sie war durchaus nicht
ganz und gar unisono oder uniform.

Sexualpartnermobilität. Oder: Rausch und Rauch der vielen

An sich ist es jedem selbst überlassen, wie viele Sexualpartner er im Laufe seines
Lebens hat oder kriegt oder verschmäht – sofern der Sexualpartner einverstanden ist und seelisch nicht beschädigt wird. Aber die öffentliche Moral und die
herkömmliche Sitte neigen dazu, eine größere Sexualpartnermobilität kritisch
zu sehen und negativ zu bewerten. Das war auch in der DDR so. Dabei zeigen
empirische Untersuchungen immer wieder, dass in Liebe, Partnerschaft und

Sexualität Quantitäten nicht das Maß aller Dinge sein können. Sie taugen auch im Falle von Sexualpartnerzahlen nicht zu moralischen Bewertungen. Weder hohe noch niedrige Partnerzahlen waren generell ein Ausdruck von Qualität, Leistung, Stabilität, Befriedigung, Moral, Charakterstärke. Dazu waren die Persönlichkeiten und ihre Lebensaktivität in den vielfältigen Situationen des Lebens zu verschieden. Menschen mit nur einem oder sehr vielen Sexualpartnern können glücklich oder unglücklich sein, sofern man „Glück" als Bewertungskriterium gelten lässt.

Dazu einige Zahlen zum Sexualverhalten in der DDR: Jeder siebte bis neunte Koitus fand nicht in einer festen Partnerbeziehung statt. 4 von 10 Erwachsenen hatten während der aktuellen Partnerbeziehung Geschlechtsverkehr mit einer anderen Person. In den 80er Jahren waren sexuelle Kontakte neben der festen Partnerschaft häufiger geworden. Verheiratete und Unverheiratete gingen gleich häufig fremd.

Insgesamt erreichten die meisten DDR-Bürger keine astronomisch hohen Partnerzahlen. Grob kann man davon ausgehen, dass etwa 10 % mehr als 10 Sexualpartner hatten und etwa 10 % nur einen; von denen, die seit mehr als 35 Jahren noch in ihrer ersten Beziehung leben, hatte knapp die Hälfte nur einen Partner (Starke 2005: 195–197.). Die meisten Jugendlichen hatten sexuelle Erfahrungen mit nur einem Partner.

Bezüglich der Partnermobilität in der DDR lassen sich vier Tendenzen qualitativ unterscheiden:

(1) *Das Nacheinander von Beziehungen.* Mit ihm verband sich im Jugendalter das Einüben partnerschaftlicher und sexueller Verhaltensweisen, die Suche nach einer optimalen Partnerschaft mit hohem Anspruch an die Qualität der Beziehung, der oft auch zu ihrer Beendigung und dann zum Aufbau einer neuen Partnerschaft führte. Dieses Nacheinander war Ausdruck gewachsener Souveränität im Umgang mit Sexualität auf Grund gesellschaftlicher Entwicklungen, die zu einer Liberalisierung sexueller Normen geführt hatten. Mit dem ein- oder mehrmaligen Partnerwechsel im Laufe des Lebens verband sich das Ideal der Einheit von Liebe und Sexualität.

(2) Das Fremdgehen. Gelegentlich und selten dauerhaft wurden sexuelle Außenbeziehungen neben der festen Partnerbeziehung eingegangen. Fast immer wurden sexuelle Seitensprünge mit gut bekannten Partnern vollführt. Spontankontakte mit kaum oder gänzlich unbekannten Partnern, anonyme Sexualkontakte sind die große Ausnahme gewesen und wurden meist abgelehnt.

(3) *Der bezahlte Sex.* Die Gruppe mit prostitutiven Kontakten war in der DDR extrem klein. Sie beschränkte sich auf illegale Formen, auf eine bescheidene Hafenprostitution in Rostock, auf Kontakte während der Leipziger Messe sowie sonstige Gelegenheiten und auf Auslandsreisen. Angehörige aus dem sozialistischen und nichtsozialistischen Ausland wurden auch jenseits des bezahlten Sexes gar nicht so selten Sexualpartner. 1972, bei unserer ersten

Partnerstudie unter 16–25-Jährigen, gaben 18 % der Befragten an, solche Koituskontakte gehabt zu haben.[1]

(4) *Die Promiskuität*, der sehr häufige Wechsel von Sexualpartnern ohne feste Bindungen. Auch wenn, wie aufgezeigt, hwG-Personen später nicht mehr so hießen, hat es sie in der DDR gegeben. Wie groß ihr Anteil war, ist unbekannt. 1990 bei unserer Partnerstudie III unter 16–44-Jährigen ermittelten wir 1 % der Befragten mit 30 und mehr Koituspartnern (Partner III 1993: 136). Jeder zehnte männliche und jede zwanzigste weibliche Jugendliche unter 18 verkehrte mit mehr als drei Partnern (Weller 1992: 42). Weitere Formen der Partnermobilität wie Partneraustausch und Gruppensex sind vorgekommen, gehörten aber nicht zu den allgemein üblichen Praktiken.

Kohabitarche. Der frühe Start ins koitale Sexualleben

Denkt man bei vorehelichem Geschlechtsverkehr – und das noch unter 18 Jahren – an Sünde oder sexuelle Verwahrlosung, dann muss der DDR eine führende Position eingeräumt werden. So gut wie alle Jugendlichen tolerierten den vorehelichen Geschlechtsverkehr und praktizieren ihn auch. Die Akzeptanz des vorehelichen Geschlechtsverkehrs war total. Virginität wurde weder als Makel noch als Erfolg noch als irgendetwas Besonderes bewertet, das es für sich genommen zu bewahren gelte. Die Sexualität hatte sich von der Institution Ehe, nicht aber von der Liebesbeziehung gelöst, und sie hatte sich weitgehend von einer sexualfeindlichen christlichen Sexualmoral befreit.

Die jungen DDR-Bürger verliebten sich früh und gingen früh feste Partnerbeziehungen ein. In ihnen kam es rasch und einvernehmlich zu sexuellen Kontakten einschließlich Geschlechtsverkehr. Die Liebesbeziehung wurde als idealer Rahmen für die ersten sexuellen Kontakte betrachtet und war es auch. Ausnahmen gab es. In der dritten Partnerstudie 1990 sagten 13 % der männlichen und 7 % der weiblichen Befragten, sie hätten den ersten Partner ihres ersten Geschlechtsverkehrs nicht gern gehabt. 3 % der Frauen gaben an, gegen ihren Willen zum ersten GV gezwungen worden zu sein (Partner III 1990: 38, 44).

1 % waren beim ersten heterosexuellen Koitus noch nicht 14 Jahre alt, 5 % 14 Jahre alt (Partner III 1990: 37). Unter den sexuellen Frühstarten waren auch

---

[1] Bei den drei, vom Autor geleiteten, komplex angelegten Partnerstudien des Zentralinstituts für Jugendforschung Leipzig handelt es sich um schriftliche Befragungen im Gruppenverband zum Partner- und Sexualverhalten Jugendlicher und junger Erwachsener. PARTNER I (1972) schloss 2741 16–25-Jährige ein, PARTNER II (1980) 5449 16–30-Jährige und PARTNER III (1990) 3105 16–44-Jährige. Dazu kamen einige angelagerte Studien (vgl. Starke 1980; Starke/Friedrich 1984; Friedrich u. a. 1999).

solche, die ihre ersten sexuellen Erlebnisse unter ungünstigen Bedingungen und zu einem ungünstigen Zeitpunkt ihrer Persönlichkeitsentwicklung hatten; der erste GV war nicht selten nur in der Form ein sexuelles Geschehen, im Wesen aber eher ein Geschehenlassen.

Die meisten jungen Leute hatten ihren ersten Geschlechtsverkehr mit 16–19 Jahren, im Durchschnitt mit 17,4 Jahren. Nimmt man die Altersgrenze von 18 Jahren, dann bietet die Hamburg-Leipziger Studie über Beziehungsbiographien (vgl. Schmidt u. a. 2006) für die Jahrgänge 1942, 1957 und 1972 aufschlussreiche Daten im Ost-West-Vergleich, im Vergleich der beiden Geschlechtergruppen und im Generationenvergleich.

Für Jahrgang 1942 ergibt sich für den Start ins koitale Sexualleben unter 18 Jahren die Reihenfolge Männer Ost (37 %) – Frauen Ost (36 %) – Männer West (36 %) – Frauen West (21 %). Hier fallen die Frauen West aus dem ansonsten gleichen Bild heraus. Sie bewahrten ihre Jungfräulichkeit viel häufiger als ihre Altersgenossinnen aus dem Osten. 30 Jahre später zeigt sich für den Jahrgang 1972 diese Reihenfolge: Frauen Ost (72 %) – Männer Ost (63 %) – Frauen West (57 %) – Männer West (36 %). Diesmal fallen die Männer West besonders auf. Von ihnen hatten nur halb so viele ihr erstes Mal vor dem 18. Geburtstag wie die Frauen Ost (Starke 2005: 35–38).

Abbildung 2   Erster Koitus unter 18 Jahren

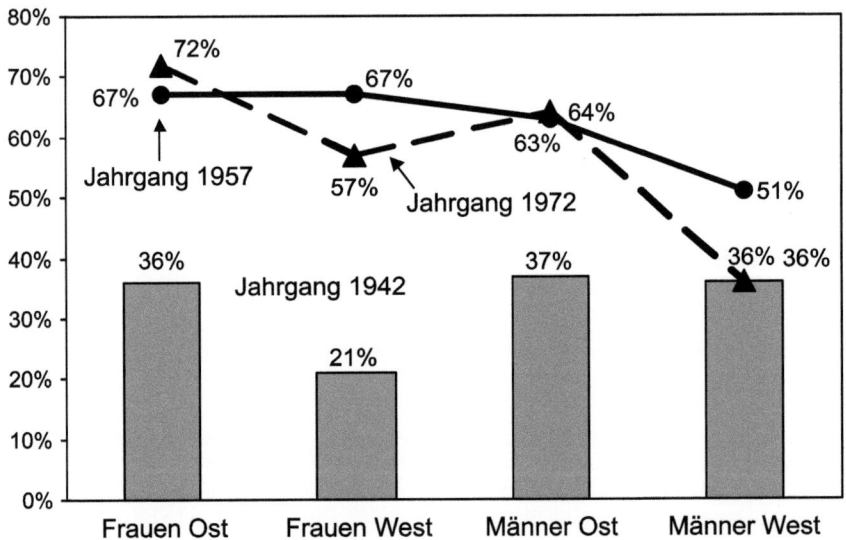

Insgesamt zeigt sich, wie sich generative Besonderheiten und gesellschaftliche Verhältnisse auf den Beginn des Sexuallebens auswirken, ohne dass irgendwie eine Diagnose „sexuelle Verwahrlosung" relevant wäre. Das uralte Scheinaxiom, dass Männer früher als Frauen ins koitale Leben starten, stimmte schon seit einigen Jahrzehnten nicht mehr, vor allem im Osten nicht (vgl. Starke/Friedrich 1984; Weller/Starke 1993). Im Durchschnitt hatten Frauen sogar früher als Männer ihren ersten Geschlechtsverkehr. Dass das Alter ‚beim ersten Mal' inzwischen weiter und weiter sinkt, kann aber nicht bestätigt werden (vgl. dazu auch Matthiesen/Schmidt in diesem Band).

Familiarisierung der Sexualität. Verwildern oder Verhäuslichen.

Pünktlich zur Vereinigung zeichnete der Hallenser Psychiater und Psychotherapeut Hans-Joachim Maaz ein vernichtendes „Psychogramm der DDR" (Maaz 1990: 1). Der sexuelle Alltag war darin einbegriffen und auch das „prüde und verlogene" Familienklima und „gehemmte Väter, die [...] sexuell frustriert waren" und „sexuell gehemmte Frauen" (Maaz 1990: 37). Konrad Weller hat sich damit auseinandergesetzt (Weller 1991: 35–41). Maaz schrieb:

> „Wegen der sexualfeindlichen Erziehung wurde die Pubertät für viele Jugendliche zur Qual. Vor allem forderte der sexuelle Triebschub jetzt partnerschaftliche Nähe, die aber war wegen der enttäuschenden Erfahrungen mit den Eltern durch schmerzliche Gefühle und Misstrauen verwehrt. So blieb als Ausweg nur sexuelle Aktivität ohne wirklich intime Beziehung, also Abbumsen, häufig wechselnde Partner, Sexualität unter Alkoholeinfluß, unter ungünstigen äußeren Bedingungen (z. B. im Park, in Hinterhöfen usw.)." (Maaz 1990: 10)

Ganz abgesehen davon, dass nichts gegen Sex im Park oder im Hinterhof einzuwenden ist, sofern es denn dem Liebespaar danach ist und niemand gestört wird, lassen sich die Maazschen Aussagen durch unsere Untersuchungen empirisch nicht belegen. Zum gleichen Zeitpunkt, also 1990, ermittelten unsere Studie Partner III und die Hamburg-Leipziger-Interviewstudie Jugendsexualität bis in die Einzelheiten ein ganz anderes Bild. Beispielsweise war für die sexuellen Erstkontakte keineswegs Alkoholeinfluss der Standard. Nur bei unter 5 % der Fälle war beim ersten Mal Alkohol im Spiele (Partner III: 321–322).

Die meisten Jugendlichen hatten einen Ort, in dem sie ungestört zusammen sein, Zärtlichkeiten austauschen und miteinander schlafen konnten. Das war in den allermeisten Fällen das eigene Zimmer in der elterlichen Wohnung oder das Zuhause des Partners. Verhäuslichung also statt Enthausung.

Zu den Eltern bestand eine meist enge emotionale Bindung (vgl. Bathke 1984). Bei Partner III sagten 95 %, dass die Mutter zu ihnen, 77 %, dass der Vater zu ihnen und 82 %, dass ihre Eltern zueinander liebevoll und zärtlich waren, nur ganz wenige, 1–5 %, verneinten dies (PARTNER III 1990: 21, 303–304). Insbesondere die Mutter, weniger der Vater, war die erste Vertrauensperson und der bevorzugte Kommunikationspartner auch in Liebesangelegenheiten. Zwei Drittel der Jungen wie der Mädchen sagen, dass sie mit ihrer Mutter offen über Sexualität reden konnten.

Die meisten Eltern akzeptierten die Partnerbeziehungen ihrer jugendlichen Kinder (auch im Osten, und auch wenn Maaz anderes nahelegen will). Das Übernachten der 16/17-jährigen Jungen erlaubten 81 % der Eltern im Osten und 77 % der im Westen; bei den Mädchen waren es 63 % bzw. 54 % (Schmidt 1993: 97). Zu etwa zwei Dritteln (bei 16/17-Jährigen) wussten sie um die sexuellen Kontakte ihrer jugendlichen Kinder.

Die Sexualität fand nicht heimlich irgendwo draußen, sondern gemütlich im eigenen Bett statt. Gunter Schmidt hat dies wiederholt als „Familiarisierung der Jugendsexualität" beschrieben, meinte damit, dass die Sexualität im Jugendalter „im Wortsinne ‚domestiziert'" werde, und er hat dabei vorsichtigerweise die Worte ‚familiarisiert' und ‚domestiziert' in Gänsefüßchen gesetzt (Schmidt 1993: 30). Nicht so ganz klar war (und ist), was dieser Prozess bedeutete und wie er zu bewerten sei: positiv oder weniger positiv, dem sexuellen Erleben förderlich oder weniger förderlich, der Ablösung vom Elternhaus entsprechend oder weniger entsprechend, den Entscheidungsspielraum der jungen Liebenden erweiternd oder einengend, die Sexualität verfriedlichend, entaggressivierend, entwildernd und damit womöglich verflachend, vergemütlichend und ihr wesentliche Erregungszustände nehmend – oder nicht. Jedenfalls spricht dieser Prozess, der in der DDR (und auch in der alten BRD) zu beobachten war, nicht für eine sexuelle Verwilderung oder Verwahrlosung, sondern eher für das Gegenteil.

Nacktheit. Die veränderte Scham

Ein äußeres Indiz für die Liberalisierung, insbesondere in den 70er Jahren der DDR, war der veränderte Umgang mit Nacktheit in der Familie und im öffentlichen Raum, verbunden mit einer veränderten Einstellung zum eigenen Körper und veränderten Lebensbedingungen: In der überheizten Neubauwohnung schritt niemand im Bademantel zum Bad; die kleine Wanne wurde zum beliebten Familientreff, zur warmen Nische, deren räumliche Enge durch herzliche Weite und gymnastisches Können ausgeglichen wurde. Die Atmosphäre im Elternhaus war offener geworden. Der Anteil der Eltern, die es vermieden, sich ihren heranwachsenden Kindern nackt zu zeigen, war stark gesunken. Die Tabellen 3 und 4 zeigen einen Befund von Partner II aus dem Jahre 1980. Bis 1990 sank dieser Anteil weiter (Weller/Starke 1993: 60).

Abbildung 3   16–19-Jährige zur Nacktheit der Mutter

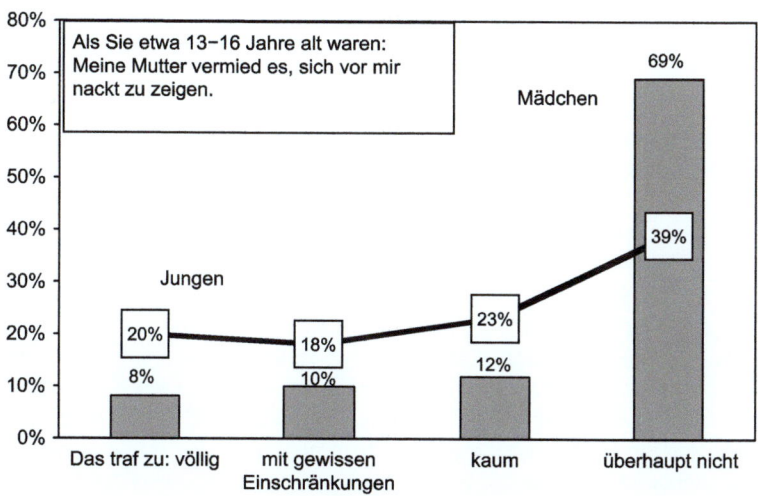

Abbildung 4   16–19-Jährige zur Nacktheit des Vaters

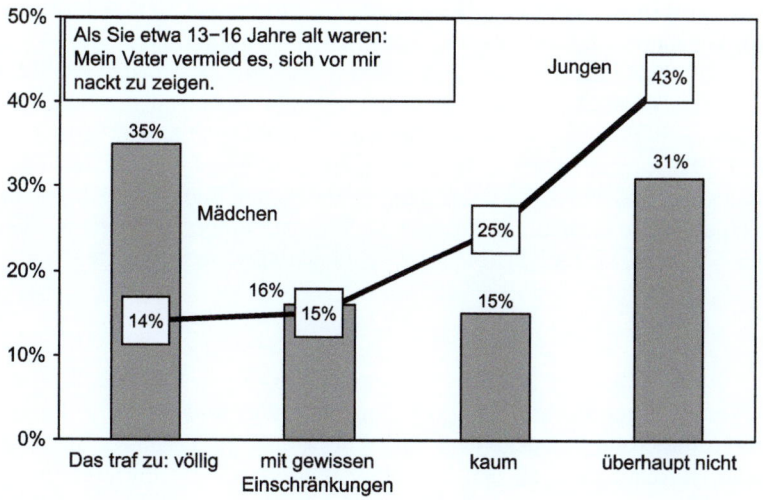

Dass sich die Familienmitglieder untereinander nackt zeigten, nahm genauso zu
wie die Vorliebe für FKK-Baden. Bei Partner I 1972 waren nur 2 % „sehr" und
4 % „etwas" gegen FKK (Starke 1980: 89). Dahinter verbargen sich verschiedene
kulturelle Momente, unter anderem der einer veränderten, freieren Einstellung
zum eigenen Körper und zum Körper des anderen. Sie waren keine „abstoßende
Nacktheit", geboren aus „vielfachen psychosomatischen Störungen der DDR-
Bürger", die sich „in den Körperdeformierungen unverhüllt" preisgaben, wie
Maaz (1990: 10) meinte.

Insbesondere Frauen waren die eigentlichen Motoren dieses souveränen Umgangs mit Nacktheit, so als ob die einst entfremdeten, vermarkt- und verwertbaren,
zu bloßen Lustobjekten des Mannes benutzten Frauenkörper gerade darauf gewartet
hätten, endlich das zu sein, was sie wirklich sind, nämlich der Körper eines Menschen. Sie entledigten sich mit der Schamverdeckung der falschen Scham und dem
Kleiderzwang. Die Kinder sahen von klein auf die unterschiedliche Beschaffenheit
von Mädchen/Frauen und Jungen/Männern in der Familie, am FKK-Strand, auch
im Kindergarten schon. Sie wurden pro-nackt sozialisiert. Die einst landläufige Unwissenheit, die dunkle Neugier, die Verklemmtheiten mit der Tendenz zur Neurose
traten gar nicht erst auf, genauso wie die als kindertypisch bewerteten Doktorspiele
und viele andere, als allgemein und entwicklungspsychologisch typisch geltende
Phänomene an Verbreitung und Bedeutung verloren, wie Penisneid, Kastrationsangst,
präödipale Konflikte, Virginitätskult, passagere Homosexualität, Pubertätskonflikte,
Gossensprache und Gossenaufklärung, Schwarmverhalten, Masturbationsängste,
pubertäre Nacktheitsscheu, retardierendes weibliches Lusterleben.

Zwei Fehlinterpretationen West sind in Bezug auf die DDR-Nacktheit im
Umlauf: 1) Schamlosigkeit – Verlust eines christlich-bürgerlichen Wertes – Sitten-
verfall – Rückfall in unzivilisierte Vorzeiten, 2) Stripteaseersatz. Wer FKK als
Stripteaseersatz belächelt oder verspottet, versteht die sozialistische DDR-Welt
nicht. Die DDR-Bürger waren im Übrigen gar nicht total gegen Striptease. Bei
Partner I 1972 stimmten sogar 37 % männlich (und 5 % weiblich) dafür und nur
16 % männlich (und 59 % weiblich) dagegen, und gegen Ende der DDR gab es zum
allgemeinen Gaudi auch allerlei Striptease-Veranstaltungen. Aber da war es dann
an den FKK-Fans, billigen Striptease zu belächeln und zu verspotten.

Pornographie

Spätestens seit dem Sternartikel „Voll Porno!" (Wüllenweber 2007) kommt das
aktuelle Gespräch über sexuelle Verwahrlosung schnell auf Pornographie (kjm 2009,
Siggelkow/Büscher 2008: 59–65, 181–185; vgl. Weller 2009). Pornographisierung
der Jugendsexualität und sexuelle Verwahrlosung scheinen teilidentische Unauf-
haltsamkeiten zu sein: Jugendsexualität ist pornographiebeladen und -belastet,

und sexuelle Verwahrlosung schließt Pornokonsum ein. Es mag verwegen sein, in diesem Zusammenhang die pornographieabholde DDR zu betrachten. Dennoch einige wenige Bemerkungen dazu (vgl. Starke/Weller 1994).

Pornographie war in der DDR keine Massenerscheinung, nie ein Thema öffentlicher Debatten, und selbst in der sexualwissenschaftlichen Diskussion und Forschung spielte sie kaum eine Rolle. Weder Pädagogen noch Juristen, weder die Kirche noch Politiker meldeten Definitions- und Entscheidungsbedarf an. Jugendliche wurden – wie DDR-Bürger generell – nach dem Konzept des vormundschaftlichen Staates so gut es eben ging vor allen „Gefahren des Westens" geschützt, ohne dass dabei der Pornographie besondere Beachtung gezollt worden wäre – außer beim Zoll.

Der Strafgesetzparagraph 125 verbot die Verbreitung pornographischer Schriften oder anderer pornographischer Aufzeichnungen, Abbildungen, Filme oder Darstellungen, ebenso die Anschaffung, Einfuhr oder Herstellung zu diesen Zwecken. Der Paragraph 146 fasste unter „kinder- und jugendgefährdenden Schund- und Schmutzerzeugnissen" auch solche, die geeignet sind, „geschlechtliche Verirrungen" hervorzurufen. Eine Diskussion über mögliche Wirkungen von Pornographie wurde nicht geführt, da klar schien, dass solche Produkte westlicher „Unkultur" an sich gesellschafts- und damit auch persönlichkeitsschädigend sein müssten.

Trotz haarsträubender Fälle der Anwendung des Porno-Paragraphen bis in die Endzeit der DDR hinein, schrumpfte doch die strafrechtliche Verfolgungspraxis in Zeiten der sexuellen Liberalisierung zusammen. Im Jahre 1970 wurden rund 700 Verurteilungen nach Paragraph 125 ausgesprochen, 1989 waren es noch ganze 70, obwohl die Verbreitung vor allem gedruckter Porno-Erzeugnisse in diesem Zeitraum enorm zugenommen hatte. Aber bis zur Grenzöffnung im November 1989 verblieb Pornonutzung und -verbreitung auf privater und nichtkommerzieller Ebene. Im letzten Jahr der DDR, also November 1989 bis Oktober 1990, schossen Videotheken wie Pilze aus dem Boden, und spätestens die Währungsunion machte die Anschaffung der dazu nötigen Recorder massenhaft möglich. Beate Uhse & Co. handelten zunächst ambulant und flächendeckend per Versand. Sex-Shops, z. T. in bester Geschäftslage, kamen schnell hinzu. Dort existieren häufig auch Videokabinen, während ausgesprochene Sex-Kinos sich nicht durchsetzen, wie überhaupt das Sex-Vergnügungsgewerbe, die sündigen Meilen, das Rotlichtmilieu nur schwer Fuß fassen konnten.

Die Bevölkerung der DDR reagierte auf Pornographie zwiespältig. Nach einer Studie des Hamburger Gewis-Instituts vom Dezember 1989 (vgl. Steigert/Starke 1990) befürworteten 52 % der DDR-Bürger die Freigabe der Pornographie in der DDR (58 % der Männer, 46 % der Frauen, 60 % der unter, 48 % der über 30-Jährigen). Die eine Hälfte der Bevölkerung trug den Realitäten Rechnung, erkannte die Absurdität eines de facto überholten Gesetzes, urteilte liberal und sprach sich für Freizügigkeit aus, während die andere Hälfte sich noch – und später wieder – dagegen verwahrte.

Hinter dem Votum für die Freigabe der Pornographie stand nicht so sehr der Wunsch, nun endlich selbst Pornos sehen zu dürfen. In der erwähnten Untersuchung äußerten nur 26 % der Männer und 12 % der Frauen dieses Verlangen. Vielmehr sprachen sich die bis zum Überdruss reglementierten DDR-Bürger damit gegen weitere staatliche Bevormundung aus: Sie wollten endlich selbst entscheiden, was sie sehen, hören und lesen – eine Haltung, die im Übrigen weitgehend erhalten geblieben ist.

Zwar war in der DDR mit einem allgemeinen auch ein erotographisches Konsumdefizit entstanden. Zwar bestand Interesse an den verschiedensten Produkten der Sex-Industrie. Zwar musste sich die Neugier vieler Ostdeutscher beim ersten Kennenlernen des Westens auch in diesem Bereich stillen. Doch konnten Pornos von den Ostdeutschen nicht als die sexuelle Befreiung und Freiheit schlechthin empfunden werden. Sie haben, wenigsten teilweise und mit falschen Vorstellungen, Pornographie vermisst, aber sie haben auch ohne sie lustvoll geliebt.

Umfassende Analysen zur Verbreitung, Nutzung und Wirkung der verschiedenen pornographischen Produkte in der DDR sind nicht vorhanden. Bei Partner I 1972 wurde erstaunlicherweise nach der Haltung zu Pornographie gefragt, und zwar in der Teilpopulation der Studenten zu Beginn des zweiten Studienjahres. Insbesondere weibliche Studenten waren sehr dagegen (79 %), männliche Studenten äußerten sich weniger ablehnend.

Abbildung 5   Einstellung von jungen Studenten zur Pornografie (1972)

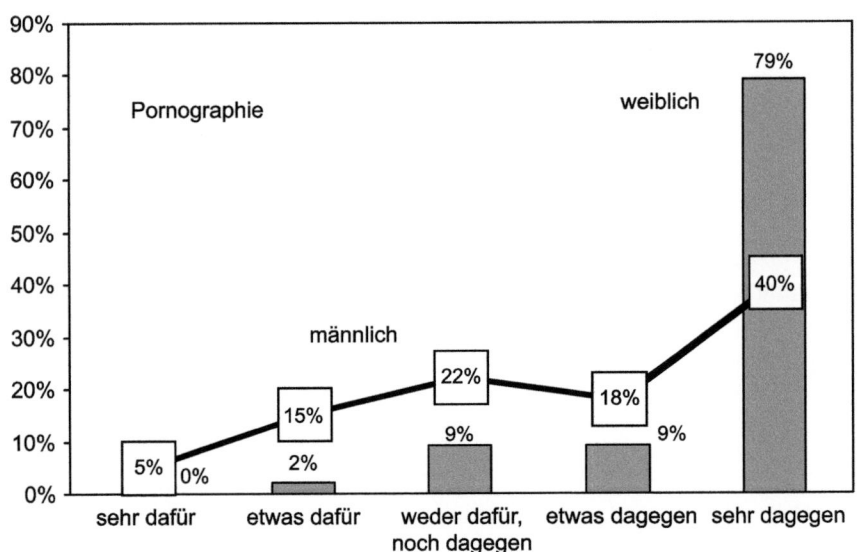

Bei Partner III, kurz vor Ende der DDR, im Frühjahr 1990, wurde das Thema Pornographie wiederum aufgegriffen. Gefragt wurde nach der Rezeption von Pornovideos/-filmen und Pornobildern/Zeitschriften. In der Teilpopulation der 17-Jährigen zeigt sich, dass vor allem Jungen damit Erfahrung hatten, und wenn nicht, danach strebten. Ablehnungen waren bei den Jungen selten, bei den Mädchen häufig.

Abbildung 6   Pornoerfahrung und -interesse von 17-Jährigen (Frühjahr 1990)

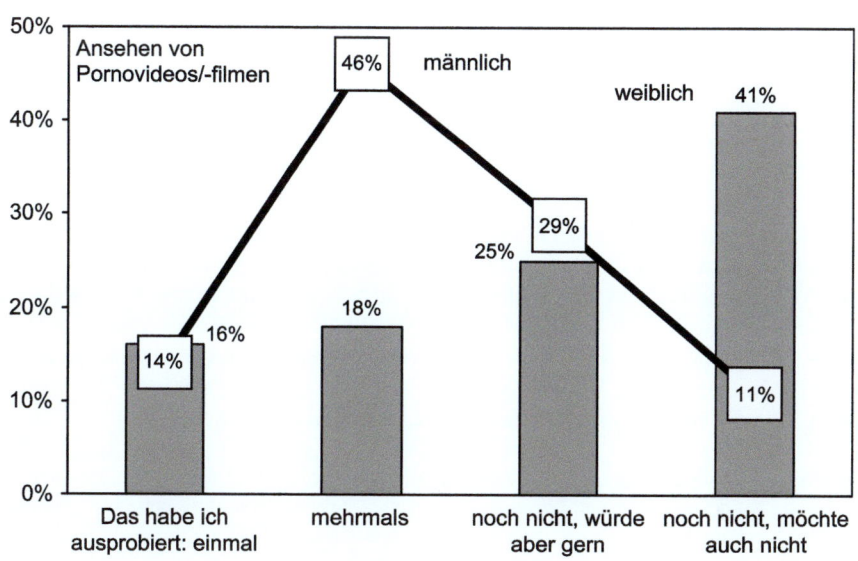

Die Erfahrung mit Pornobildern/Zeitschriften war zu diesem Zeitpunkt im Vergleich zu Pornovideos/-filmen weit größer. Sie lag bei 80% bei den männlichen und 70% bei den weiblichen Jugendlichen – und stieg bald rasch an.

Der Bewertung von Pornographie durch Jugendliche wurde im Herbst 1990 in der Hamburg-Leipziger-Interviewstudie unter 16- und 17jährigen Leipziger Schülern und Lehrlingen tiefer nachgegangen (vgl. Schmidt 1993; Starke/Weller 1994: 31–45). Dabei wurde eine überwiegende Toleranz der Jugendlichen gegenüber der Pornographie festgestellt. Sie wurde von den meisten als ein gewinnbringendes und deshalb der Marktwirtschaft zugehöriges Phänomen angesehen, dessen Nutzung oder Nichtnutzung dem Einzelnen freistehe und ihm allein überlassen sein sollte: „Muss jeder selber wissen." Einige wenige Jugendliche huldigten die mit der Grenzöffnung zugänglich gewordenen Produkte der Sex- und Pornoindustrie als Ausdruck neuer Freiheiten schlechthin: „Wir haben's 40 Jahre (!) nicht gehabt, warum sollen wir's jetzt nicht haben." Euphorie, ungeteilte Freude und platte Zustimmung in Äußerungen blieben aber die Ausnahme. Der allgemeinen Toleranz folgte zumeist die differenzierte Bewertung einzelner Aspekte der Pornographie, einschließlich der persönlichen Distanzierung gegenüber Einzelaspekten und ihrer Ablehnung. Nur ein geringer Teil der Jugendlichen lehnte Pornographie rigoros ab.

Die Differenziertheit in der Haltung zur Pornographie und eine gewisse Widersprüchlichkeit zeigen sich auch in der Einstellung zu Verboten. Da ein öffentlicher Diskurs über Pornographie fehlte und die PorNO-Kampagne die DDR nicht erreichte bzw. für sie gegenstandslos war, konnte es zu den damit verbundenen Sensibilisierungen und Verunsicherungen nicht kommen. Die DDR-Deutschen haben sich nach der Wende zunächst unbekümmert, naiv, unkritisch solchen Phänomenen zugewandt, sofern sie nicht die intolerante Uraltablehnung dieser als kapitalistische Unkultur bewerteten, unsozialistischen Verfallserscheinung intus hatten.

Die Loyalität gegenüber Darstellungen sexuellen Inhalts war auch einer aufgeschlossenen, positiven Haltung zur Sexualität geschuldet, einer Sexualität, die nicht als sündig, schmutzig, heimlich, verbotsrelevant betrachtet, sondern mit privatem, individuellem Glück assoziiert und idealerweise in einer Liebesbeziehung gelebt wurde.

1990 und danach erhöhte sich der Pornokonsum Jugendlicher rasch, vor allem zunächst in Gestalt von Videos. Aufgrund von Untersuchungen nach der Wende (vgl. U. Starke 1993) wurden seinerzeit folgende Aussagen gewonnen:

„Wenngleich bereits die Hälfte der 17jährigen Jungen und ein Viertel der ebenso alten Mädchen mehrfach Pornovideos gesehen haben, sollte daraus nicht vorschnell auf künftige Dauerkonsumenten und die erhebliche Gefährdung dieser Jugendlichen geschlossen werden. Der minderjährige Pornokonsument ist nicht an sich gefährdet, ebenso wenig wie der Volljährige automatisch immun ist. Dort, wo die in der gängigen Pornographie ins Bild gesetzten verlogenen Geschlechtsrollenklischees, die illusionären und z.T. gewalttätigen Schemata sexuellen Verhaltens auf Akzeptanz und Bewunderung stoßen und nicht Befremden auslösen, ist der Boden durch einen entsprechenden medienvermittelten Alltag schon bereitet. Dort hingegen, wo Jugendliche aus sexueller Neugier aufgrund eigener sexueller, häufig bereits partnerbezogener Aktivität die Erfahrung mit Pornographie suchen, sorgen diese realen Partner- und Liebesbeziehungen und die Gesamtheit der Sozialisationserfahrung dafür, daß dem Probieren von Pornographie häufig das Distanzieren folgt, daß zwischen der filmischen Fiktion und der Wirklichkeit unterschieden werden kann. Die Gruppe der Jugendlichen, die zu dieser Grenzziehung nicht in der Lage ist, ist klein. Es sind vor allem Jungen mit geringem Bildungsniveau. Die gegenwärtig geltende Schutzaltersgrenze von 18 Jahren ist praktisch irrelevant. Sie durch neue, schärfere Regelungen einer

‚erschwerten Zugänglichmachung' durchsetzen zu wollen, scheint aus den genannten Gründen aber weder möglich noch nötig. Auch aus sexualpädagogischer Sicht erheben sich Zweifel an der Zweckmäßigkeit des Vorhabens, den Kinder- und Jugendschutz durch die Verschärfung gesetzlicher Verbote und Einschränkungen verbessern zu wollen. In gewissem Grade wird sogar die Pornographie selbst geschützt. Denn sie behält den Nimbus, eines dieser Dinge zu sein, die den Erwachsenen vorbehalten sind, und die man als Heranwachsender somit anzustreben hat. Das gesetzliche Verbot begünstigt die Delegierung der Verantwortung Erwachsener, sich mit den Jugendlichen über die wirklichen Ursachen der Produktion und Konsumtion von Pornographie auseinanderzusetzen. Der Kinder- und Jugendschutz sollte deshalb verstärkt auf ein aktives Konzept emanzipatorischer Sexualpädagogik orientieren, bei dem es nicht um die Durchsetzung von außen gesetzter Normen und Verbote geht, sondern Argumente und Erklärungen angeboten werden, die die intellektuelle Durchdringung des Phänomens Pornographie befördern und so Distanz und Manipulationsresistenz erzeugen, die konsequente Koedukation zur Vermittlung der Geschlechterperspektiven und zum Aufbrechen sexistischer Klischees betreibt." (Starke/Weller 1994: 35–36)

Resümee: Die Pornowellen hatten den Ostseestrand erreicht, und manchen gefiel es, wenigstens gelegentlich darin zu plätschern. Die Aufregung bei denen, die mehr für eine ruhige See ohne Westwind waren, hielt sich in Grenzen. Andere Sorgen bewegten mehr. Die reißenden Fluten der Marktwirtschaft, die das Gewohnte hinwegspülten und in denen man zu ertrinken drohte, ließen die Pornowoge harmlos erscheinen – und verebben.

Schluss

Wenn Verwahrlosung bedeutet, aus der ordentlichen Gesellschaft herauszufallen, den Boden unter den Füßen zu verlieren, exkludiert zu werden, dann war es in der DDR schwer zu verwahrlosen, selbst wenn man das wollte und die Fähigkeit dazu hatte – es fehlte einfach die Gelegenheit. Die streng durchgesetzte Schulpflicht, die gesicherte berufliche Ausbildung, die Zuweisung eines Studienplatzes (wenn auch nicht immer des gewünschten), der gesicherte Arbeitsplatz nach der Ausbildung, das Recht auf und die Pflicht zur Arbeit waren im Verein mit einer allgemeinen Durchsichtigkeit des sozialen Gefüges kein guter Boden für Verwahrlosungen. Verwahr-Losungen wie „Jeden erreichen – keinen zurücklassen" hatten nicht nur eine humanistische, sondern auch eine dirigistische Botschaft. Die DDR war eine kontrollierte Gesellschaft. Aus dem Kollektiv herauszurutschen und abseits davon zu verwildern oder zu verkommen, war schwer. Sexuelle Freizügigkeit, frühe Freuden, freie Partnerwahl und eine grundsätzlich positive Einstellung zu Jugend und Jugendsexualität standen für sexuelle Selbstbestimmtheit einschließlich aller Risiken, für Risiken und Gefährdungen, die nicht zu einem massenhaften Problem wurden.

Fazit: DDR und sexuelle Verwahrlosung – das wollte nicht so recht zusammenpassen.

Literatur

Aresin, Lykke (1991): Ehe- und Sexualberatungsstellen und Familienplanung in der DDR. In: Hohmann, Joachim S. (Hg.): Sexuologie in der DDR, Berlin: Dietz-Verlag, S. 71–94.

Aresin, Lykke; Günther, Erwin (Hg.) (1983: Sexualmedizin. Ein Leitfaden für Medizinstudenten, Berlin: VEB Verlag Volk und Gesundheit.

Aresin, Lykke; Hörz, Helga; Hüttner, Hans; Szewcsyk, Hans (Hg.) (1990): Lexikon der Humansexuologie, Berlin: VEB Verlag Volk und Gesundheit.

Aresin, Lykke; Müller-Hegemann, Annelies (Hg.) (1982): Jugendlexikon Junge Ehe, Leipzig: VEB Bibliographisches Institut.

Aresin, Lykke; Müller-Hegemann, Annelies (Hg.) (1987): Jugendlexikon Jugend zu zweit, Leipzig: VEB Bibliographisches Institut.

Bathke, Gustav-Wilhelm (1984): Herkunftsbedingungen und Liebes- und Sexualverhalten. In: Starke, Kurt; Friedrich, Walter (1984): Liebe und Sexualität bis 30, Berlin: VEB Deutscher Verlag der Wissenschaften.

Borrmann, Rolf (1966): Jugend und Liebe, Leipzig/Jena/Berlin: Urania-Verlag.

Brückner, Heinrich (1968): Das Sexualwissen unserer Jugend, Berlin VEB Deutscher Verlag der Wissenschaften.

Clauß, Günter; Kulka, Helmut; Lompscher, Jochachim, Rösler, Hans-Dieter, Timpe, Klaus-Peter; Vorwerg, Gisela (1976): Wörterbuch der Psychologie, Leipzig: VEB Bibliographisches Institut.

Dietz, Karl; Hesse, Peter G. (1964): Wörterbuch der Sexuologie und ihrer Grenzgebiete, Rudolstadt: VEB Greifenverlag.

Friedrich, Walter; Förster, Peter; Starke, Kurt (Hg.) (1999): Das Zentralinstitut für Jugendforschung Leipzig 1966–1990. Geschichte, Methoden, Erkenntnisse, Berlin: edition ost.

Grassel, Heinz; Bach, Kurt R. (Hg.) (1979: Kinder- und Jugendsexualität, Berlin: VEB Deutscher Verlag der Wissenschaften.

Hesse, Peter G. (1991): Die Anfänge der Sexuologie in der DDR. In: Hohmann, Joachim S. (Hg.): Sexuologie in der DDR, Berlin: Dietz-Verlag, S. 51–61

Hesse, Peter G.; Grimm, Hans; Harig, Georg; Kaul, Friedrich Karl; Kuckhoff, Armin-Gerd; Tembrock, Günter (Hg.) (1974) Sexuologie. Geschlecht Mensch Gesellschaft, Leipzig: S. Hirzel Verlag.

Hesse, Peter G.; Harig, Georg; Kaul, Friedrich Karl; Kuckhoff, Armin-Gerd (Hg.) (1978): Sexuologie Band III, Leipzig: S. Hirzel Verlag.

Hesse, Peter G.; Tembrock, Günter (Hg.) (1974): Sexuologie Band I, Leipzig: S. Hirzel Verlag.

kjm – Kommission für Jugendmedienschutz der Landesmedienanstalten (2009): Was Pornografie mit Kindern macht: KJM für mehr Jugendschutz im Netz, www.kjm-online. de/de/pub/aktuelles/pressemitteilungen/pressemitteilungen_2009/pm_162009.cfm.

Kretzschmar, Erika (1961): Sexualprobleme Jugendlicher und erzieherische Hilfe. Stellungnahmen von Jugendlichen und ihre Auswertung, Rudolstadt: Greifenverlag.

Maaz, Hans-Joachim (1990): Der Gefühlsstau. Ein Psychogramm der DDR, Berlin: Argon Verlag.

Neubert, Rudolf (1956): Die Geschlechterfrage. Ein Buch für junge Menschen, Rudolstadt: Greifenverlag.

Neubert, Rudolf (1957): Das neue Ehebuch, Rudolstadt: Greifenverlag.

Neubert, Rudolf: Weise, Rudolf (Hg.) (1957): Das sexuelle Problem in der Jugenderziehung, Rudolstadt: Greifenverlag.

PARTNER III. Gesamttabellen (1993), Leipzig: Gesellschaft für Sexualwissenschaft e. V. Forschungsstelle Partner- und Sexualforschung (unveröffentlicht).

Pschyrembel Wörterbuch der Sexualität (2002), Berlin New York: Walter de Gruyter.

Resch-Treuwerth, Jutta (1996): Unter vier Augen. Liebesbriefe aus zwei Jahrzehnten, Berlin: Schwarzkopf & Schwarzkopf.

Schmidt, Gunter; Matthiesen, Silja; Dekker, Arne; Starke, Kurt (2006): Spätmoderne Beziehungswelten. Report über Partnerschaft und Sexualität in drei Generationen, Wiesbaden: VS Verlag für Sozialwissenschaften.

Schmidt, Gunter (Hg.) (1993): Jugendsexualität. Beiträge zur Sexualforschung 69, Stuttgart: Enke.

Schnabl, Siegfried (1971): Mann und Frau intim. Fragen des gesunden und des gestörten Geschlechtslebens, Berlin: VEB Verlag Volk und Welt.

Schnabl, Siegfried (1972): Intimverhalten Sexualstörungen Persönlichkeit, Berlin: VEB Deutscher Verlag der Wissenschaften.

Schnabl, Siegfried (1978): Plädoyer für die Liebe, Leipzig/Jena/Berlin: Urania-Verlag.

Schwarz, Hanns (1953): Die Sexualität im Blickfeld des Arztes, Berlin: VEB Verlag Volk und Gesundheit.

Siggelkow, Bernd; Büscher, Wolfgang (2008): Deutschlands sexuelle Tragödie, Asslar: Gerth Medien.

Starke, Kurt (1980): Junge Partner. Tatsachen über Liebesbeziehungen im Jugendalter, Leipzig/Jena/Berlin: Urania-Verlag.

Starke, Kurt (2005): Nichts als die reine Liebe. Beziehungsbiographien und Sexualität im sozialen und psychologischen Wandel: Ost-West-Unterschiede, Lengerich: Pabst Science Publishers.

Starke, Kurt; Friedrich, Walter (1984): Liebe und Sexualität bis 30, Berlin: VEB Deutscher Verlag der Wissenschaften.

Starke, Kurt; Siegel, Ulrike; Förster, Peter (1974): Junge Partner. Forschungsbericht, Leipzig: Zentralinstitut für Jugendforschung.

Starke, Kurt; Weller, Konrad (1994): Bedürfnis nach Normalität. Die Bedeutung von Pornographie für die Entwicklung der Sexualität – ostdeutsche Erfahrungen vor, während und nach der Grenzöffnung. In: Pornografie, Hannover: Landesstelle Jugendschutz Niedersachsen.

Starke, Uta (1993): Bürgerbefragung Sachsen. Forschungsbericht, Leipzig: Gesellschaft für Jugend- und Sozialforschung.

Steigert, Peter; Starke, Kurt (1990): Sexualverhalten in der DDR, Hamburg: GEWIS.

Stumpe, Harald; Weller Konrad (1995): Familienplanung und Sexualpädagogik in den neuen Bundesländern, Köln: Bundeszentrale für gesundheitliche Aufklärung.

Szewczyk, Hans (Hg.) (1982): Der fehlentwickelte Jugendliche und seine Kriminalität, Jena: VEB Gustav Fischer Verlag.

Szewczyk, Hans; Burghardt, Horst (Hg.) (1978): Sexualität. Fakten, Normen, gesellschaftliche Verantwortung, Berlin: VEB Verlag Volk und Gesundheit.

Wahrig Deutsches Wörterbuch (2008), Gütersloh/München: Wissen Media Verlag.

Wehrle, Hugo (1927): Schlessing-Wehrle. Deutscher Wortschatz, Stuttgart: Carl Grüninger Nachf. Ernst Klett Verlagsbuchhandlung.

Weller, Konrad (1991): Das Sexuelle in der deutsch-deutschen Vereinigung. Resümee und Ausblick, Leipzig: Forum Verlag.

Weller, Konrad (1992): Sexualität und Partnerschaft der 16- bis 18jährigen Ostdeutschen im Vergleich 1980–1990, Teil 1: Bericht, Leipzig: Forschungsstelle Partner- und Sexualforschung (unveröff.).

Weller, Konrad (2009): Raue Schale – romantischer Kern, Gibt es eine „sexuelle Verwahrlosung" unter Jugendlichen? Vortrag auf der Fachtagung des Stadtjugendamts München.

Weller, Konrad; Starke, Kurt (1993): Veränderungen 1970–1990 (DDR). In: Schmidt, Gunter (Hg.): Jugendsexualität. Beiträge zur Sexualforschung 69, Stuttgart: Enke, S. 49–65.

Wüllenweber, Walter (2007) Sexuelle Verwahrlosung. Voll Porno! www.stern.de/politik/deutschland/sexuelle-verwahrlosung-voll-porno-581936.html?nv=cb.

Zetkin, Maxim; Schaldach, Herbert (1964): Wörterbuch der Medizin, Berlin: VEB Verlag Volk und Gesundheit.

II. Befunde

Wandel der Jugendsexualität in der Bundesrepublik

Alexandra Klein und Christin Sager

Jugend und Sexualität – historische Vorbemerkungen

Mit dem Begriff „Jugend" werden verschiedene Konzepte verbunden. Zum einen bezieht er sich auf eine spezifische Phase im Lebenslauf, die als Übergangsstadium zwischen Kindheit und Erwachsenenstatus angesiedelt ist, zum anderen verweist er auf ein spezifisches soziales Phänomen, das sich historisch erst herausbilden musste und einen „Möglichkeitsraum" konstituierte, den die Gesellschaft der heranwachsenden Generation bietet (Sander/Vollbrecht 2000: 7). Ist erstere Bedeutung als historisch konstant zu bezeichnen und in dieser Form abhängig von der Dauer und Anzahl weiterer, in der jeweiligen Gesellschaft gültigen Lebensphasen, unterliegt die faktische Ausgestaltung historisch variierenden Bedingungen. Jugend ist in diesem Sinne

> „eine gesellschaftlich institutionalisierte und intern differenzierte Lebensphase, deren Abgrenzung und Ausdehnung sowie deren Verlauf und Ausprägung wesentlich durch soziale (sozialstrukturelle, ökonomische, politische, kulturelle, rechtliche, institutionelle) Bedingungen und Einflüsse bestimmt ist. Jugend ist keine homogene Lebenslage oder Sozialgruppe, sondern umfasst unterschiedliche, historisch veränderliche und sozial ungleiche und geschlechtsbezogen differenzierte Jugenden" (Scherr 2009: 24–25).

Jugend als soziales Phänomen, also als eigenständige Adoleszenzphase, setzte sich erst im 20. Jahrhundert schichtübergreifend durch. Vormoderne Übergangsprozesse zwischen Kindheit und Erwachsenenalter verliefen noch sehr unterschiedlich – abhängig von den jeweiligen Standeszugehörigkeiten und meist durch Initiationsrituale geregelt, die sowohl der Initiantin und dem Initianten als auch der Gesellschaft den vollzogenen Wechsel symbolisierten. Oft galt die ökonomische Unabhängigkeit als Zeichen des Endes der Jugendphase und stellte zugleich die Bedingung für die Eheschließung dar. Allerdings – so zeigen historische Darstellungen – wurde diese Autonomie, in Folge mangelnden Besitzes bzw. fehlenden Erbes, von den wenigsten Heranwachsenden erreicht; anstelle schulischer Ausbildung stand die Erwerbstätigkeit, die bereits in jungen Jahren einsetzte (Mitterauer 1986; Gillis 1994; Levi/Schmitt 1996). Die moderne Vorstellung von Jugend als Lern- und Entwicklungsphase konnte sich erst mit der Durchsetzung und zunehmenden

Ausweitung der allgemeinen Schulpflicht etablieren. Die Institutionalisierung von Jahrgangsklassen erzeugte in den Schulen und Hochschulen altershomogene Gruppen, die als „soziale[n] Orte einer ‚Exo-Sozialisation' außerhalb der Herkunftsfamilie" fungierten und damit „soziale Zusammenhänge zwischen Gleichaltrigen" schufen, die zugleich die Entstehungsbedingungen von Jugendgruppen und Jugendkulturen darstellen (Scherr 2009: 93). Erst diese Bedingungen ermöglichten also jenen Freiraum, den Erik H. Erikson (1974) als psychosoziales Moratorium beschrieb.

Im Zuge der Etablierung der Jugendphase verlor zu Beginn des 20. Jahrhunderts auch der Begriff „Jugendlicher" seine negative Konnotation und löste die vorher geläufigen Bezeichnungen „Jungmann" und „Jungfrau" ab. In jenen älteren Bezeichnungen versteckt sich zugleich das Spezifikum dieser Altersphase, verweisen doch beide Begriffe etymologisch auf die Annahme einer Virginität, also eine noch fehlende bzw. noch nicht erwachte Sexualität, deren Bewahrung mit der Durchsetzung der Moderne zunehmend in den Fokus pädagogischer Bemühungen rückte. Diesen Übergang zwischen einer postulierten Asexualität der Kindheit und der Geschlechtsreife des Jugendalters symbolisiert ferner der lateinische Name für die Jugendzeit – „adulescentia" – in Abgrenzung zur „pueritia" (purus = „rein"), der Kindheit. Die Pubertät als Zeit der Geschlechtsreife wird also als „bedeutsamer Einschnitt in die Persönlichkeitsentwicklung wahrgenommen und Erziehung zentral darauf ausgerichtet, im Gewissen des Heranwachsenden die Pflicht zu einer rigiden Beherrschung der eigenen Sexualität zu verankern" (Scherr 2009: 93). Insbesondere Rousseaus „Emile" (1762) legt hiervon Zeugnis ab, sollte doch die „zweite Geburt", also die Geburt des Geschlechtswesens, soweit wie möglich hinausgezögert werden:

> „Bei Kindern beiderlei Geschlechts gibt es augenscheinlich nichts, was sie bis zum heiratsfähigen Alter voneinander unterscheidet [...]; Mädchen wie Knaben sind nichts als Kinder. [...] Jedoch ist im allgemeinen der Mann nicht dazu geschaffen, ewig in der Kindheit steckenzubleiben – er lässt sie in dem von der Natur vorgesehenen Augenblick hinter sich. Und dieser, wenn auch kurze Augenblick der Krisis hat seine weitreichende Auswirkung. [...] – Odysseus, oh! weiser Odysseus! sei auf der Hut! Die Schläuche, die du so sorgsam verschlossest, sind offen, die Winde sind schon entfesselt; verlässt du nur einen Augenblick noch das Ruder, ist alles verloren. Nun hat sich die zweite Geburt, von der ich sprach, vollzogen. Jetzt erst wird der Mann zum wirklichen Leben geboren, und nichts Menschliches ist ihm mehr fremd. Vor diesem Augenblick war unser Bemühen bloßes Kinderspiel – von nun an erst gewinnt es wirkliche Bedeutung. Diese Entwicklungsphase, bei der die übliche Erziehung zu enden pflegt, ist genau die, da die unsrige zu beginnen hat." (Rousseau 1762/2004: 438–440).

Bezeichnenderweise endet der Erziehungsroman und somit die Jugendzeit Emiles dann auch mit der Suche nach der passenden Ehefrau.[1] Die Vorstellung, dass die Heirat und Gründung einer eigenen Familie das Ende der Jugendzeit markieren, hält sich bis in die 1970er Jahre. Postmoderne Tendenzen der Entstrukturierung der Lebensphasen (Hurrelmann 2003), die mit einer Verkürzung der Kindheit und einer Verlängerung der Jugendphase in Folge verlängerter Ausbildungszeiten einhergehen, der Verlust traditioneller Rollenvorstellungen und Orientierungsmuster sowie das damit verbundene Konstrukt hybrider Identitäten und individueller Lebensentwürfe führen dazu, dass sich die Jugendphase durch Ungleichzeitigkeiten und asynchrone Entwicklungen auszeichnet. Jugendliche führen in vielen Aspekten bereits früh ein autonomes Dasein bei gleichzeitiger finanzieller Abhängigkeit von ihrer Herkunftsfamilie. Darüber hinaus erfährt die Jugendzeit keinen einheitlichen Abschluss mehr, sondern geht eher in die Postadoleszenz bzw. das junge Erwachsenenalter über und wird dadurch bis weit in das dritte Lebensjahrzehnt verlängert. Diese Tendenz wird zusätzlich durch die gesellschaftliche Aufwertung von Jugendlichkeit forciert, die das Erreichen des Erwachsenenalters scheinbar immer unattraktiver werden lässt.

Unabhängig von diesen Wandlungen bleibt die Geschlechtsentwicklung über die Zeiten hinweg die zentrale Aufgabe der Jugendphase: Sowohl Sexualität als auch die Realisierung sexualisierter Geschlechterbeziehungen müssen in das eigene Selbstverständnis integriert werden. Die sexuelle Reifung setzte in den letzten 100 Jahren in Folge verbesserter Ernährungsmöglichkeiten sowie hygienischer Bedingungen immer früher ein und wird am Ende des 20. Jahrhunderts etwa zwischen dem 12. und dem 13. Lebensjahr erreicht (Sielert 2005). In dieser Entwicklungsphase entfernen sich Mädchen und Jungen voneinander und sind zugleich aufeinander verwiesen, insbesondere wenn es um die Ausbildung der Geschlechtsidentität bzw. der sexuellen Identität[2] geht (Fichtner 2003).

---

[1] Zur Frage nach der Erziehung der Geschlechter in Rousseaus „Emile" siehe Jacobi 1990.

[2] Stefan Timmermanns (2008) zufolge setzt sich die sexuelle Identität aus vier Elementen zusammen: dem biologischen Geschlecht, dem sozialen Geschlecht, dem psychischem Geschlecht und der sexuellen Orientierung. Das biologische Geschlecht meint die physische Geschlechtszugehörigkeit, die anhand des hormonellen, gonadalem und chromosomalen Geschlechts sowie den primären und sekundären Geschlechtsmerkmalen ermittelt wird. Das soziale Geschlecht umfasst die jeweiligen gesellschaftlichen Rollenerwartungen, während das psychische Geschlecht die individuelle Überzeugung beschreibt, sich einem Geschlecht zugehörig zu fühlen. Als vierten Aspekt der sexuellen Identität ist die Ausbildung einer sexuellen Orientierung zu nennen, die – ebenso wie die sexuelle Identität und das soziale Geschlecht – kein statisches Konstrukt ist, sondern sich im Lebenslauf ändern kann.

Sexualitätsdiskurs und bürgerliche Jugendbewegung

Am Übergang vom 19. zum 20. Jahrhundert etablierte sich in der bürgerlichen Jugend durch die verlängerten Ausbildungszeiten und die damit entstehende ‚Freizeit' erstmals eine eigenständige Peer Culture. Genutzt wurden die neuen Freiräume zum gemeinschaftlichen Wandern in der Natur als Gegenentwurf zur industriellen Gesellschaft und wilhelminisch geprägten Kultur der Erwachsenen. Die bürgerliche Jugendbewegung proklamierte ein neues Selbstverständnis, demzufolge Jugend durch Jugend geführt und das Leben nach eigenen Bestimmungen gestaltet werden sollte und stellte so der Erwachsenenwelt eine eigene Kultur gegenüber. Hierzu zählte auch die Organisation und Diskussion der Geschlechterfrage, nahmen an den Wanderungen doch auch Mädchen, die „Wanderschwestern", teil (Baader/Sager 2008: 301–302; Mogge 1998). Die Jugendbewegung als Teil der Lebensreformbewegung zeichnete sich durch das Ideal der Askese aus, die sowohl bezüglich des Alkohol- und Nikotinkonsums galt, als auch im Bereich des Sexuellen. Hier lautete das Motto: „Rein bleiben und reif werden" (Walter Flex). In diesem Sinne zielte auch die sexuelle Aufklärung der bürgerlichen Jugend auf die Betonung der sexuellen Abstinenz ab, sah man sich doch mit dem Problem der Geschlechtskrankheiten konfrontiert, das nur so einzudämmen zu sein schien (Andresen 1997: 183–186; Barkow 1980). Appelliert wurde an das Verantwortungsgefühl, an die Mäßigung sowie die Selbstbeherrschung, und die tatsächlich gelebte Enthaltsamkeit wurde als Gegenstück zur bürgerlichen Doppelmoral wertgeschätzt. Als Begründung hierfür wurde ein romantischer Naturbegriff bemüht, der als kritische Reaktion auf die moderne, als dekadent empfundene Gesellschaft zu verstehen ist und die Idee körperlicher und seelischer Keuschheit begründete (Andresen 1997: 10). Dieser Naturbegriff wurde auch in der Diskussion um die Nacktheit zitiert, die als naturgemäße Lebensform proklamiert und sowohl im Rahmen der Freikörperkultur als auch in den sogenannten Sonnen- und Luftbädern umgesetzt wurde. Nacktheit wurde gar zum Garanten der Sittlichkeit ausgerufen, errege doch der bekleidete Körper viel eher die Phantasie und Sinne als der entblößte (Linse 1998: 216; de Ras 1988: 67–69).[3]

Realisiert wurde dieses Keuschheitsideal trotz gemischtgeschlechtlicher Wanderungen, Tänze, dem gemeinsamen Nacktbaden usw. durch die sogenannte „Kameradschafts-Ethik", die einen entsexualisierten Umgang der Geschlechter ermöglichte (Linse 1998). Wie dem Bericht einer Zeitzeugin zu entnehmen ist, wurden diese Erwartungen tatsächlich größtenteils umgesetzt:

---

[3] Zugleich muss diese Debatte in den Kontext eugenischer Überlegungen gestellt werden, verriet doch ein unbekleideter Körper viel leichter etwaige „körperliche Mängel".

„[...] eine solche Jugend [...], findet sich auf Wiesen und Wäldern zusammen und singt dazu jene schwermütig sehnsüchtigen Volkslieder, die über die Natur der Leidenschaften nicht einmal einen Schleier breiten. Und diese Männer und Mädchen rühren sich nicht nur nicht an, sondern verlieben sich auch nicht und halten ihre unter derartigen Umständen bewahrte Neutralität für das Normale und Selbstverständliche." (Busse-Wilson 1925: 96–97)

Voraussetzung hierfür war es wiederum, dass es den Mädchen gelang, „jede Vorstellung von Erotik, die Attribute der Frau als potentielle Geliebte und alle sexuellen Imaginationen des weiblichen Geschlechts auszuklammern" (Andresen 1997: 13). Die Abstinenzerklärung zwischen den Geschlechtern bedingte – vor allem außerhalb der Jugendbewegung – Diskussionen über das Ausmaß der Homosexualität innerhalb der Bewegung, wobei lediglich eine männliche Homosexualität angenommen wurde, während eine weibliche undenkbar schien (S. 14).

Diese Einstellung der bürgerlichen Jugendbewegung entsprach zugleich den Idealen konfessioneller Sexualerziehung, die jegliche Formen sexueller Handlungen ablehnte, die nicht im Rahmen der Ehegemeinschaft mit dem Ziel der Fortpflanzung stattfanden (Barkow 1980). Zerstört wurde der Reinheitsanspruch durch den Ausbruch des Ersten Weltkrieges, in den viele männliche Jugendbewegte begeistert zogen ... und den Tod fanden. An der Front sammelten viele Wandervogelsoldaten ihre ersten sexuellen Erfahrungen – vielfach verbunden mit Geschlechtskrankheiten –, während die Mädchen „in der Heimat" ihre „reine Seele" bewahrten (de Ras 1988: 43–44).

Außerhalb der bürgerlichen Schicht spielte die Betonung sexueller Enthaltsamkeit keine derart zentrale Rolle, herrschten hier doch soziale Probleme wie Wohnungsnot, Vergewaltigungen, Prostitution und soziales Elend vor, auf die vor allem die durch die Sexualreformbewegung gegründeten Sexualberatungsstellen aufmerksam machten. Insbesondere die Wohnverhältnisse standen einem erfüllten Sexualleben – sowohl der Erwachsenen als auch der Heranwachsenden – im Weg, außerdem kam es zu zahlreichen Schwangerschaften und unehelichen Geburten (Andresen 1997: 183–185; Schenk 1998: 489). Bekämpft wurde darum nicht nur der Paragraph 175, der die strafrechtliche Verfolgung homosexueller Praktiken zum Inhalt hatte, sondern vor allem der Abtreibungsparagraph 218 (Hohmann 1987: 9–10).

Ein jähes Ende fanden die Bemühungen der Sexualreformbewegung mit der Machtergreifung durch die Nationalsozialisten. Fortan wurde die Sexualität und damit einhergehend auch die Sexualaufklärung der Jugendlichen in den Dienst der Rassenkunde (juristisch verankert durch die Verabschiedung des „Reichsbürgergesetzes" und des „Blutschutzgesetzes" vom 15.09.1935) und der Erschaffung eines „neuen Volkes" sowie eines neuen Körperkultes gestellt (Mosse 1987). In diesem Sinne wurde die „gesunde arische" Bevölkerung – nicht zuletzt in den

von Adorno (1963: 302) als „Lebensborn-Gestüten" bezeichneten Institutionen –
zur Fortpflanzung mit ‚ihresgleichen' animiert, während die Reproduktion jener
als „unerwünscht" Stigmatisierten durch Sterilisation, Abtreibung und Mord
unterbunden wurde (Herzog 2006: 15). Der Jugend wurde diese Ideologie sowohl
in schulischen als auch außerschulischen Institutionen totalitär vermittelt.

Die „Erotische Eiszeit"[4] der 50er Jahre

Die Kriegserfahrungen und Kriegsfolgen stellten die Familien in den 1950er Jahren
vor eine Vielzahl von Problemen. Viele Familien waren zerrüttet oder auch zerstört,
oft fehlten die Väter oder konnten sich nach ihrer Heimkehr von der Front nicht mehr
in das „normale" Leben integrieren. Aufgrund der hohen Kriegsverluste war ein
Frauenüberschuss (resp. Männermangel) zu verzeichnen (auf 1000 Männer kamen
1259 Frauen), was dazu führte, dass nicht mehr alle Frauen einen Ehepartner finden
konnten (Niehuss 2001: 34). Eine anfänglich liberale Einstellung zur Sexualität
nach dem Ende des 2. Weltkrieges – nicht zuletzt durch den Einfluss des „American
Way of Life" in der Besatzungszeit – fand zu Beginn der 1950er Jahre ein Ende.
Durch die Rückbesinnung auf konservative Werte wurde versucht, die Erfahrung
des Nationalsozialismus zu verarbeiten und eine neue „Normalität" zu erzeugen – und dies auch qua Tabuierung der Sexualität. Der Sexualitätsdiskurs wurde
mit „anständigen Manieren" verknüpft und strikt auf das Eheleben beschränkt. Dies
hatte eine Sprachlosigkeit gegenüber sexuellen Themen und eine Entsexualisierung
der Frau zur Folge, diese durften weder sexuelles Begehren noch Eigeninitiativen
zeigen (Herzog 2005: 91). Stattdessen wurde sie in eine Passivität zurückgedrängt,
die sie in Folge der Not im Nationalsozialismus bereits überwunden hatte, als sie
für die Ernährung und das Überleben der Familie alleinige Verantwortung trug
und in der Erwerbsarbeit den Mann ersetzen musste (Niehuss 2001: 107–108).
    Auch die Jugend war von dieser neuen Einstellung zur Sexualität, die eine „re-
konstruierte und redomestizierte heterosexuelle Norm" (Herzog 2005: 92) aufwies,
beeinflusst. Sexuell freizügige Darstellungen verschwanden ebenso aus der Werbung wie pornographische Medien, die in den Nachkriegsjahren noch erhältlich
waren. Hierzu wurde 1953 das „Gesetz über die Verbreitung jugendgefährdender
Schriften" (GJS) vom Deutschen Bundestag verabschiedet, das die Heranwachsenden unter anderem vor unsittlichem (Bild-)Material schützen sollte. Sexual-
aufklärungsschriften beschrieben hauptsächlich die Fortpflanzungsorgane, betonten
die Bedeutung von Treue und Zurückhaltung und der vorehelichen Keuschheit für
eine glückliche Ehe, warnten vor den Gefahren der Onanie und pathologisierten

---

[4] So der Terminus bei Faulstich 2007: 203.

Homosexualität. Dies erzeugte unter den Jugendlichen große Unsicherheiten und Ängste, die Gunter Schmidt folgendermaßen beschrieb:

> „,Camelia gibt allen Frauen Sicherheit und Selbstvertrauen' – stundenlang habe ich als Junge über diesem Slogan gegrübelt und konnte sein Geheimnis nicht ergründen; Mädchen wurden massenhaft von ihrer Regel überfallen und standen entsetzt im Blutbad; Abiturienten diskutierten allen Ernstes, ob ein Taschentuch, um den Penis geschlungen, nicht so nützlich sein könnte wie ein Kondom, dessen Erwerb in der Drogerie Jüngling wie Verkäuferin bodenlos peinlich war." (Schmidt 2008a: 38–39)

Der Großteil der Jugendlichen sammelte erst nach der Verlobung oder Eheschließung sexuelle Erfahrungen, vor- oder außerehelicher Geschlechtsverkehr konnte nur unter dem Deckmantel des Schweigens stattfinden – nicht zuletzt, da der sogenannte Kuppeleiparagraph unverheirateten Paaren auch auf juristischer Ebene die Möglichkeit nahm, legal eine Nacht gemeinsam zu verbringen. Dass es trotz rechtlicher und moralischer Schranken zu vorehelichem Geschlechtsverkehr kam, zeigt die hohe Zahl der sogenannten „Mussehen", die geschlossen wurden, wenn eine Schwangerschaft auftrat, um die „Verfehlung" zu legalisieren und zu legitimieren (Neubauer 2008: 372). Schätzungen zufolge wurden Anfang der 1960er Jahre 90 Prozent der Frühehen geschlossen, „weil die Braut schwanger war" (Herzog 2005: 155). Eine andere ‚Lösung' bestand in der Abtreibung, die illegal vorgenommen wurde und dabei oft gesundheitliche Komplikationen mit sich brachte, da sie meist unter ungenügenden hygienischen Bedingungen und ohne die notwendige Nachsorge durchgeführt wurde (S. 156–157). Die Problematik vorehelichen Sexualkontaktes ist auch anhand des Diskurses über die sexuelle Verwahrlosung rekonstruierbar, der seit den 50er Jahren insbesondere im Bereich der Jugendfürsorge geführt wurde und von dem vor allem das weibliche Geschlecht betroffen war. Wurde das Mädchen einmal als sexuell verwahrlost eingestuft – und dieser Aspekt war laut Jugendwohlfahrtsgesetz bei jeglicher Form vorehelicher sexueller Kontakte und Beziehungen erfüllt – folgte in den meisten Fällen eine Heimunterbringung, die zur Resozialisierung beitragen sollte (Rosen 1977: 208; vgl. dazu auch Schetsche und Schmidt in diesem Band).

Ab Mitte der 50er Jahre begann ein Teil der Jugend, gegen das normierte Leben der Elterngeneration aufzubegehren. Neue Musikstile wie Boogie Woogie und Rock 'n' Roll erzeugten einen neuen, körperbetonten Tanzstil, der „mit seiner unverhüllten Sinnlichkeit gegen alle bekannten Normen etablierter bürgerlicher Tanzkultur" – repräsentiert in der Tanzstunde – verstieß (Faulstich 2007: 281). Forciert wurde die neue Jugendkultur auch durch eine neue Medien- und Konsumkultur, die die Jugendlichen als potentielle Käufer „entdeckten" und ansprachen. In neuen Jugendzeitschriften wie BRAVO und TWEN wurde den Jugendlichen eine eigene „Teenagerkultur" mit eigener Musik, eigenem Tanz und eigenem

Lebensgefühl via Medienstars vermittelt (S. 281–283). Der Kultur der ‚Spießigkeit'
und ‚sexuellen Verklemmtheit', die die Elterngeneration repräsentierte, wurde
ein neues Lebensgefühl gegenübergestellt. Stars wie Elvis Presley erschienen als
Leitfiguren, die Unabhängigkeit und Lässigkeit symbolisierten und damit ein Gegenmodell zu den autoritären Verhältnissen der Bundesrepublik kreierten (Schildt/
Siegfried 2009: 188) – eine Entwicklung, die in der Forderung nach einer neuen
Gesellschaftsform in der „68er-Bewegung" mündete.

Die „sexuelle Revolution"

Die 68er Bewegung gilt als große Zäsur in der Geschichte der Bundesrepublik und
bewirkte eine Liberalisierung der Lebensgestaltung und der Alltagskultur. „68"
gilt dabei als Mythos, Chiffre und Zäsur (Kraushaar 2000) und muss eingereiht
werden in eine Perspektive der „langen 60er Jahre", die ihre Anfänge Mitte der
50er bis spätestens Anfang der 60er Jahre nahmen und bis in die 70er Jahre hinein-
wirkten (Hodenberg/Siegfried 2006). Die Protestbewegung, die hauptsächlich
von einer akademischen Jugend getragen wurde, setzte sich kritisch mit der NS-
Vergangenheit der Elterngeneration auseinander und führte deren Involviertheit
in den Nationalsozialismus auf autoritäre Charakterstrukturen zurück, die u. a.
durch die Unterdrückung der Sexualität hervorgebracht wurden. Rekurriert wurde hierbei auf die Studien des Frankfurter Instituts für Sozialforschung und die
Schriften von Wilhelm Reich, die zu den am häufigsten illegal nachgedruckten
jener Bewegung zählten (Götz von Olenhusen 1973). Entsprechend wurde die
Sexualität zum Politikum erhoben, schien doch der einzige Weg der Umsetzung
von Adornos Forderung, dass Auschwitz nicht noch einmal geschehe, die Befreiung
des Trieblebens. „Ich habe nie einen befriedigungsfähigen Menschen gesehen, der
sadistisch sein konnte", stellte Wilhelm Reich bereits in den 1930er Jahren fest[5].
Die Sexualität, die Herbert Marcuse zufolge in der kapitalistischen Gesellschaft
dem Leistungsprinzip geopfert wird und einen kompensatorischen Charakter für
die gesellschaftliche Entfremdung einnimmt, sollte wieder befreit werden, um eine
neue Gesellschaft kreieren zu können (Marcuse 1970; Neubauer 2008).
    Die Betonung der Sexualität erhielt durch die sogenannte Sex-Welle, die An-
fang der 60er Jahre aus den USA nach Deutschland überschwappte, zusätzlichen
Schwung. Entscheidend war hierbei aber vor allem die Entwicklung der ‚Pille',
die den Jugendlichen erstmals die Angst vor einer ungewollten Schwangerschaft
nahm. Darüber hinaus wurde Sexualität zu einem öffentlichen Thema – vor allem
durch die von der empirischen Sexualwissenschaft vorgelegten Studien über das

---

[5] Zitiert nach Reich 1972: 12

Sexualverhalten der Bevölkerung (etwa der Kinsey-Report oder auch die Studien von Hite sowie Masters und Johnson), aber auch durch die Kommerzialisierung des Sexuellen. Sexualität wurde zu einer Ware – sei es auf den Kino-Leinwänden, etwa durch die Aufklärungsfilme von Oswalt Kolle, oder aber durch die expandierenden Sex-Shops von Beate Uhse, durch den wieder aufblühenden Markt pornographischer Medien, die freizügige Werbung oder schließlich in Folge der körperbetonten Mode der Zeit (Herzog 2006: 91–92; Schenk 1998: 495; Schildt/Siegfried 2009: 260–262). Erstmals in der Geschichte erreichten die sexuellen Liberalisierungstendenzen alle sozialen Schichten und alle Lebensalter.

Aber nicht nur Studentinnen und Studenten kämpften für die Befreiung der Sexualität, sondern auch die Schülerinnen und Schüler. Diese formierten sich zu Beginn des Jahres 1967 zu einer eigenständigen Bewegung, die neben der Demokratisierung der Schule – etwa durch die Einführung der Pressefreiheit für Schülerzeitungen oder dem Mitspracherechte in Gremien – die Institutionalisierung der Sexualaufklärung forderte. Obwohl die radikale Sexualreform, die die Schüler forderten, so nie umgesetzt wurde, war der Schülerprotest dennoch von Erfolgt gekrönt: Am 03.10.1968 verabschiedete die Kultusministerkonferenz die „Empfehlungen zur Sexualerziehung" (Gass-Bolm 2006). Diese Richtlinien waren jedoch sehr konservativ, bestimmten sie als Ziel des Sexualkundeunterrichts doch die Vorbereitung der jungen Menschen auf ihre spätere Rolle als (Ehe-)Frau und (Ehe-)Mann und fokussierten primär den biologischen Aspekt der Sexualität, was nicht zuletzt anhand des ein Jahr später von der Bundeszentrale für gesundheitliche Aufklärung herausgegebenen Sexualkundeatlas nachweisbar ist. Damit entsprach dieser restaurative Versuch, die Sexualität der Schülerinnen und Schüler in bestimmte Bahnen zu lenken, nicht der gelebten Wirklichkeit der Jugendlichen.

Empirische Befunde zur Jugendsexualität[6]

Die pädagogische Institutionalisierung jugendlicher Sexualität geht mit deren umfangreicher empirischer Vermessung einher. Im Nachgang zu den Aufsehen erregenden Pionierstudien von Alfred Kinsey aus den 1950er und 1960er Jahren in den Vereinigten Staaten, können der Bundesrepublik Deutschland mittlerweile drei Epochen sexualwissenschaftlicher Forschung attestiert werden, in denen die Beschreibung jugendlicher Sexualität stets im Zentrum stand. Die Erforschung jugendlicher Sexualität seit der „Enttabuisierungsepoche" der 1960/1970er Jahre, in der „Individualisierungsepoche" der 1980er Jahre und in der „AIDS-Epoche" der 1990er Jahre hat dazu geführt, dass keine andere Altersgruppe hinsichtlich

---

[6] Vgl. hierzu auch die spezielleren Befunde bei Matthiesen und Schmidt in diesem Band.

ihrer sexuellen Erfahrungen und Einstellungen umfassender beforscht ist als die
der Adoleszenten (Lautmann 2002).

In der Bundesrepublik Deutschland beginnt die systematische Erforschung
(und Veröffentlichung) des sexuellen Lebens Jugendlicher, deren Sexualverhalten
sowie deren sexualitätsbezogener Einstellungen und Werte am Vorabend der
Studierendenbewegung im Jahr 1966 (Giese/Schmidt 1968). An der Abteilung
für Sexualforschung der Universität Hamburg wurde die erste von insgesamt drei
Erhebungen zur Sexualität und den Beziehungen junger Studentinnen und Studenten durchgeführt. Die darauf aufbauenden nachfolgenden Untersuchungen fanden
1981 und 1996 statt. Im Abstand von jeweils 15 Jahren befragten die Forscherinnen
und Forscher so knapp 9000 Studierende zu ihren sexuellen Erfahrungen und
Einstellungen. Zwei Jahre nach der ersten Befragung folgte – ebenfalls durch das
Hamburger Institut – 1968 eine Untersuchung, die das Sexualverhalten von jungen
un- und angelernten Arbeiterinnen und Arbeitern ins Zentrum rückte und damit
Schichtvergleiche ermöglichte (Schmidt/Sigusch 1971). 1970 wurde die untersuchte
Gruppe nochmals verjüngt und eine Befragung von 16- und 17jährigen Großstadt-
jugendlichen durchgeführt (Sigusch/Schmidt 1973). Eine Replikationsstudie aus
dem Jahr 1990, in der erstmals unter Beteiligung des zwischenzeitlich aufgelösten
Zentralinstitut für Jugendforschung in Leipzig auch Ost-West-Vergleiche möglich
wurden, erlaubt folglich empirisch fundierte Aussagen über den sozialen Wandel
der Sexualität Jugendlicher in den letzten 20 Jahren der alten BRD (Schmidt 1993).
Und schließlich werden von der Bundeszentrale für gesundheitliche Aufklärung
(BZgA) regelmäßig ebenfalls auf Vergleichbarkeit angelegte empirische Studien
in Auftrag gegeben, in denen Jugendliche zwischen 14 und 17 Jahren sowie deren
Eltern befragt werden. In diesem Kontext wurden in den letzten 30 Jahren sechs
Untersuchungen zu den Einstellungen und Verhaltensweisen von Jugendlichen in
Bezug auf Aufklärung, Sexualität und Verhütung vorgelegt. Die jüngste Erhebung
fand 2005 statt, befragt wurden dabei 2500 Jugendliche aller Schultypen. Gepaart
mit den zahlenmäßig geringeren, aber inhaltlich keinesfalls zu vernachlässigenden
qualitativen Untersuchungen, in denen die sexualitätsbezogenen Handlungs- und
Deutungsmustern Jugendlicher fokussiert werden (z. B. Schmidt/Schetsche 1998;
Dannenbeck/Stich 2005; zum Überblick: Helfferich 2008) liegt mittlerweile eine
Vielzahl systematisch erhobener Daten vor, die es erlauben, Veränderungen und
Konstanten in der Sexualität Jugendlicher über einen Zeitraum von nunmehr knapp
40 Jahren zu analysieren.

„Erstes Mal": Frühe heterosexuelle Erfahrungen

Die Zeitreihenuntersuchungen zur Studierendensexualität und zur Jugendsexualität, die von der Hamburger Forschungsgruppe um Gunter Schmidt durchgeführt

wurden, zeigen eindrücklich, dass Ende der 1960er, Anfang der 1970er Jahre (also in jenem Zeitraum, der oft als „sexuelle Revolution" bezeichnet wird) tatsächlich ein massiver Umbruch bei den sexuellen Aktivitäten Jugendlicher stattgefunden hat: Während von den vor 1950 Geborenen weniger als 20 Prozent ihren ersten Geschlechtsverkehr mit 18 Jahren oder früher erlebten, sind es in den nachfolgenden Erhebungen konstant knapp 60 Prozent. Diese deutliche Vorverlagerung der ersten sexuellen Aktivitäten vollzog sich nahezu sprunghaft bei zwischen 1950 und 1954 geborenen Frauen und Männern, also bei denjenigen, die um 1970 18 Jahre alt waren (Schmidt 2004: 106). Seitdem hält sich dieser Wert jedoch vergleichsweise konstant, die Vorverlagerung heterosexueller Erfahrungen Jugendlicher hat sich in den darauffolgenden Jahrzehnten nicht in gleichem Maße fortgesetzt. So sind es auch 2005 noch immer 27 Prozent der 17jährigen Mädchen und 34 Prozent der gleichaltrigen Jungen, die ihr „erstes Mal" noch nicht erlebt haben (BZgA 2006). Die Mehrheit der Jugendlichen in der Bundesrepublik erlebt gegenwärtig ihren ersten Geschlechtsverkehr bis zum Alter von 17 Jahren. Im Alter von 16 Jahren ist es knapp die Hälfte der Mädchen und etwas mehr als ein Drittel der Jungen, die über diese sexuellen Erfahrungen verfügen. Eine differenziertere Betrachtung der Zeitreihenuntersuchungen der BZgA machen mit Blick auf das Alter beim „ersten Mal" ersichtlich, dass eine dramatische Vorverlagerung sexueller Erfahrungen ins frühe Jugendalter bzw. Kindesalter wie sie von den Protagonisten der Verwahrlosungsthese behauptet wird, durch empirische Daten nicht zu bestätigen ist (vgl. hierzu auch Schmidt 2008).

Tabelle 1   Anteil der 17jährigen und 14jährigen Jugendlichen mit Koituserfahrung zwischen 1980 und 2005 in Prozent (gemittelt)[7]

	17 Jahre	14 Jahre
1980	47	2
1994	62	7
1996	67	4
1998	61	11
2001	64	10
2005	70	11

Obgleich der Anteil der sexuell erfahrenen 17jährigen von knapp 50 Prozent im Jahr 1980 (56 Prozent der Mädchen und 38 Prozent der Jungen) auf knapp 70 Prozent

---

[7] Quelle: BZgA 2006: 81

im Jahr 2005 (73 Prozent der Mädchen und 66 Prozent der Jungen) angestiegen ist, ist diese Zunahme im Zeitvergleich keinesfalls kontinuierlich verlaufen, sondern vielmehr erfolgte ein quantitativer Sprung zwischen 1980 und 1994. Und auch in der jüngsten Altersgruppe, der Altersgruppe der 14jährigen hat der Anteil der sexuell Erfahrenen seit 1998 keinen Zuwachs erfahren, sondern hält sich konstant bei einem Anteil von um die 10 Prozent (vgl. Tabelle 1).

Differenzen mit Blick auf den Bildungshintergrund der befragten Jugendlichen zeigen sich in den Jugendsexualitätsstudien von 1970 und 1990 vor allem in drei Bereichen: sexuelle Erfahrungen, erster Geschlechtsverkehr und Geschlechtsrollen. Mädchen mit Haupt- und Realschulbildung, so der entsprechende Befund der Hamburg-Leipziger Forschungsgruppe, nehmen früher sexuelle Erfahrungen (feste Freundschaften, Petting, Geschlechtsverkehr) auf als spätere Abiturientinnen (Schmidt 1993: 120–121). Während sich bei den Mädchen diese Differenzen zwischen 1970 und 1990 stärker ausgeprägt haben, zeigen sich bei den Jungen nur geringfügige Veränderungen. Und auch bei den Details zum ersten Geschlechtsverkehr finden sich auffällige Schichtdifferenzen nur bei den Mädchen. Haupt- und Realschülerinnen haben ihren ersten Geschlechtsverkehr 1990 häufiger als Gymnasiastinnen im Rahmen eines eher traditionellen Arrangements mit einem älteren Partner, den sie schon längere Zeit kennen. Bei den späteren Abiturientinnen ist der erste Geschlechtsverkehr dagegen häufiger ein Erlebnis in einer romantischen, eher kurzen Beziehung mit einem altersgleichen Partner. Im Hinblick auf die sexuelle Initiative zeigen sich dagegen keine Unterschiede zwischen den Gruppen, Haupt- und Realschülerinnen geben also nicht etwa eher dem Drängen ihres Sexualpartners nach als Gymnasiastinnen. Darüber hinaus besitzen all diese Unterschiede – so die Befunde von Schmidt – ausschließlich für die erste sexuelle Beziehung Gültigkeit, nicht jedoch für die späteren.

Die aktuellen Daten der Bundeszentrale für gesundheitliche Aufklärung legen darüber hinaus nahe, dass auch gegenwärtig noch schichtspezifische Unterschiede im Bereich der sexuellen Erfahrungen dahingehend bestehen, dass unter den koituserfahrenen Jugendlichen jene aus kürzeren Bildungsgängen häufiger früher sexuelle Erfahrungen machen, als diejenigen aus längeren Bildungsgängen (BZgA 2006: 87). Das Alter des „ersten Mals" lässt sich damit im Rahmen bildungsspezifisch unterschiedlich lang andauernder Jugendphasen einordnen (vgl. Zinnecker 1986; Scherr 1997). Jugendliche aus den unteren (und z. T. auch mittleren) Bildungsgängen verlassen bereits mit 15 oder 16 Jahren die Schule, um unterschiedlichen Formen der Erwerbstätigkeit oder der beruflichen Qualifizierung nachzugehen, wogegen 15- und 16-Jährige aus höheren Bildungsgängen noch mehrere Jahre von der eigenständigen Finanzierung ihres Lebensunterhalts befreit sind und das jugendliche Moratorium länger andauert. In dem Maße, wie auch noch im 21. Jahrhundert Jugendliche aus unteren sozialen Schichten früher erwachsen werden (müssen), geht offenbar auch die Tendenz einher, dass es früher zu sexuelle Interaktionen kommt.

Qualitative Untersuchungen, die sich mit den sexuellen Erfahrungen von Jugendlichen beschäftigen, zeigen dabei, dass das Alter des ersten Sexualkontaktes keine zuverlässigen Rückschlüsse auf die Qualität dieser Erfahrung erlaubt. Clemens Dannenbeck und Jutta Stich interviewten im Rahmen ihrer Studie zu den sexuellen Erfahrungen im Jugendalter 60 junge Erwachsene zwischen 18 und 22 Jahren und interessierten sich dabei insbesondere für deren Perspektive auf ihr „erstes Mal". In der Auswertung der Interviews kommen sie zu dem Ergebnis, dass ein optimales Alter für den ersten Geschlechtsverkehr nicht zu identifizieren sei (Dannenbeck/Stich 2005: 51). In dieser Studie kommen sowohl Jugendliche zu Wort, die mit 13 ihr „erstes Mal" erlebt haben und diese Erfahrung ebenso wie den Zeitpunkt als schön und passend beschrieben haben, als auch solche, die ihren ersten Geschlechtsverkehr mit Anfang 20 erlebt haben und zur selben Einschätzung kommen. Dies gilt jedoch auch für den umgekehrten Fall: Vor der durchaus nicht seltenen Erfahrung, dass das „erste Mal" als weniger schön oder gar als unangenehm erlebt und auch hinsichtlich des Zeitpunkts nicht unbedingt als passend angesehen wird, ist keine Altersgruppe gefeit. Für ein „erstes Mal", das von den Jugendlichen als positiv erlebt wird, erachten die AutorInnen dementsprechend zwei Voraussetzungen als wesentlich bedeutsamer als die Altersfrage: Die Überzeugung, den Geschlechtsverkehr wirklich gewollt zu haben und das Vertrauen, dass die eigenen Wünsche und Grenzen von dem Partner bzw. der Partnerin verstanden werden. Auch dem Wissen um potentielle Schwierigkeiten bei einem ebenso neuen wie symbolisch aufgeladenen Erlebnis wie dem ersten Geschlechtsverkehr wird eine zentrale Bedeutung für die Jungen und Mädchen beigemessen (S. 48).

Diese Befunde konnten auch in einer neueren quantitativen Studie, die nach der Bedeutung sexueller Erfahrungen im Jugendalter für das Erleben von Sexualität im frühen Erwachsenenalter fragte, bestätigt werden. Hierzu wurden im Jahr 2006 an der Universität Potsdam 695 junge Erwachsene zwischen 19 und 21 Jahren zu ihren sexuellen Erfahrungen und Liebesbeziehungen befragt[8] Hierbei ergaben sich signifikante Zusammenhänge für beide Geschlechter zwischen der Einschätzung, wie emotional schön das „erste Mal" gewesen sei und ihren Aussagen, dass

- es sexuell befriedigend war (gilt stärker für Frauen),
- sie mit diesem Erlebnis einverstanden waren (gilt stärker für Frauen),
- sie ihre sexuellen Wünsche ausleben konnten (gilt stärker für Frauen),
- sie einen Orgasmus hatten (gilt stärker für Frauen),

---

[8] Eine ausführliche Darstellung weiterer Befunde dieser Studie findet sich in Zeiske/Klein/Oswald 2008; Klein/Zeiske/Oswald 2008; Zeiske 2009; Klein/Zeiske 2009; Klein 2010a; Klein 2010b.

- sie verliebt waren (gilt stärker für Männer),
- sie zuvor miteinander über ihr Vorhaben geredet haben (gilt stärker für Frauen),
- ihr Partner/ihre Partnerin einen Orgasmus hatte (gilt für beide gleich),
- es in einer festen Beziehung stattfand (gilt stärker für Männer),
- sie nicht enttäuscht waren (gilt stärker für Frauen),
- sie kein schlechtes Gewissen hatten (gilt stärker für Frauen).

Als „sexuell schön" wurde das „erste Mal" bewertet, wenn es mit Gesprächen, sexueller Befriedigung, dem Ausleben sexueller Wünsche und Bedürfnisse sowie der sexuellen Zufriedenheit ihrer jeweiligen Partner einherging. Ein „sexuell schönes" Erlebnis war für Mädchen und Jungen mit Spaß, Genuss und einem Orgasmus verbunden (Zeiske/Klein/Oswald 2008). Entscheidendes Kriterium ist also – bei beiden Geschlechtern – die Fähigkeit zur sexuellen Kommunikation, in der Vorlieben, Wünsche aber auch Grenzen verhandelt werden. Dieser Einstellungs- und Bedeutungswandel kann als langfristige Folge der so genannten „sexuellen Revolution" und der „68er Bewegung" gelten, denn diese haben Kommunikationsstrukturen und Beziehungskonstellationen zwischen den Geschlechtern nachhaltig verändert.

Vor dem Hintergrund eines „sexual agency"-Modells (vgl. Horne 2005; Impett/Tolman 2006; Lesch/Kruger 2004), anhand dessen die Möglichkeiten und Begrenzungen untersucht werden können, Begehren, Lust und Befriedigung in sexuellen Interaktionen zu realisieren, wurde in der Potsdamer Studie nach dem Zusammenhang zwischen unterschiedlichen Zeitpunkten der ersten sexuellen Erfahrung und dem Ausmaß sexueller Handlungsfähigkeit im jungen Erwachsenenalter gefragt. Den gewonnenen Daten zufolge schätzen junge Frauen und Männer, die ihr erstes Mal im Alter von 14 Jahren oder früher erlebt haben, im jungen Erwachsenenalter ihre Fähigkeiten, sexuelle Wünsche und Bedürfnisse mitteilen zu können, besser ein als angehende Erwachsene, die ihre ersten sexuellen Erfahrungen zu einem späteren Zeitpunkt gemacht haben. Während die Hälfte der „Frühstarter/innen" sich diesbezüglich als „sehr gut" bewertete, tat dies weniger als ein Drittel der „Normalstartenden" und nicht einmal jede/r fünfte „Spätstartende". (Ein signifikanter Geschlechtsunterschied fand sich hier nicht.) Weiterhin erleben sich „Frühstarter/innen" als angehende Erwachsene als signifikant sexuell zufriedener als Frauen und Männer, die zu einem normalen oder späten Zeitpunkt mit sexuellen Handlungen begonnen haben (Klein/Zeiske/ Oswald 2008; Zeiske 2009).

Insgesamt zeigen die Befunde der Potsdamer Studie, dass sich junge Frauen und Männer, die zu unterschiedlichen Zeitpunkten beginnen, sexuelle Erfahrungen zu machen, im frühen Erwachsenenalter im Hinblick auf ihre Partnersexualität in vielen Punkten ähnlich sind und sich nur in einigen Aspekten unterscheiden. Im Gegensatz zur aktuellen Debatte über die „sexuelle Verwahrlosung" verfügen dabei die Früherfahrenen nicht nur über ein höheres Maß an Kompetenzen in der sexuellen Kommunikation, sondern bezeichnen – dazu passend – auch das Ausmaß sexueller Interaktionen innerhalb ihrer aktuellen Beziehung häufiger als „gerade richtig". Gleichzeitig (und das mag gegen den Verdacht sprechen, dass diese jungen Erwachsenen sich mit ihren Beziehungen arrangieren, da sie Angst haben, keine andere und bessere zu finden), schätzen sie auch ihre Fähigkeiten besser ein, Sexual- und Beziehungspartner/innen zu finden, die ihren Bedürfnissen entsprechen. Es sind also nicht die Früh- sondern die Spätstartenden, die eher entsprechende Schwierigkeiten haben (Klein/Zeiske/Oswald 2008). Diese Befunde führen zu einer gänzlich anderen Lesart sexueller Früherfahrungen: Die betreffenden Jugendlichen haben mehr Zeit, Möglichkeiten und Gelegenheiten sexuelle Erfahrungen zu sammeln, ihre eigenen Vorstellungen zu erproben und in sexuellen Interaktionen auszuhandeln (Klein 2010a; Zeiske 2009; Klein/Zeiske/Oswald 2008).

Motive für sexuelle Erfahrungen: Stärkere Ebenbürtigkeit

Die Zeitreihenanalysen der Hamburg-Leipziger Forschungsgruppe (um Gunter Schmidt, Volkmar Sigusch und Kurt Starke) belegen eindrücklich, dass hinsichtlich der Motive zur Aufnahme der ersten sexuellen Aktivitäten *äußere Beweggründe* seit der ersten Untersuchung im Jahr 1970 deutlich an Relevanz verloren haben. Die Aufnahme sexueller Interaktionen wird von den Jugendlichen heute deutlich selbstbestimmter erlebt als damals. Motive wie „Ich wollte erwachsen werden", „Ich war eben in diesem Alter" und „Meine Freunde/innen taten es ja auch" haben sowohl bei den Jungen als auch bei den Mädchen an Bedeutung eingebüßt. Gab etwa 1970 noch knapp die Hälfte der befragten Jungen als Beweggrund für ihren ersten Sex an, dass ihre Freunde bzw. Freundinnen bereits über entsprechende Erfahrungen verfügten, hat sich diese Zahl 1990 bereits mehr als halbiert. Bei den Mädchen hat dieses Motiv sogar gänzlich an Bedeutung verloren, nur ein Prozent der befragten 16–17-Jährigen antworteten 1990 entsprechend (Schmidt 1993: 39).

Stimmig hierzu lässt sich für die Mädchen im Zeitraum zwischen 1970 und 1990 ein wahrgenommener Kontrollzuwachs bei der Initiierung ihrer ersten sexuellen Aktivitäten festhalten. Während 1970 noch 85 Prozent der befragten Mädchen als Beweggrund für den ersten Geschlechtsverkehr angaben, dass „der Junge es wollte", ist dieser Anteil 1990 auf 28 Prozent gefallen. Analoge Befunde zeigen sich auch mit Blick auf die Initiierung anderer sexueller Zärtlichkeiten wie „Petting" (Schmidt 1993: 29). Insgesamt verweisen gegenwärtig sämtliche empirische Befunde auf einen sozialen Wandel der Sexualität, der in Richtung auf eine stärkere Gleichberechtigung in der sexuellen Interaktion verläuft.

Verhütungsverhalten: Stärkere Verantwortlichkeit

In eine ähnliche Richtung weisen auch die Befunde der Zeitreihenuntersuchungen der BZgA zum Verhütungsverhalten Jugendlicher – sie belegen eine deutliche Zunahme des verantwortlichen Umgangs. Während 1980 noch mehr als ein Drittel aller Mädchen und knapp die Hälfte der Jungen beim „ersten Mal" nicht oder mit unsicheren Methoden verhütet hat, haben 2005 nur noch 9 Prozent der Mädchen und 15 Prozent der Jungen beim „ersten Mal" gänzlich auf Verhütungsmittel verzichtet.[9] Unterschiede hinsichtlich der Schulbildung lassen sich diesbezüglich nicht feststellen. Gymnasiastinnen haben beim „ersten Mal" genauso häufig keine Verhütungsmaßnahmen getroffen wie Hauptschülerinnen. Mit zunehmender Erfahrung verbessert sich das Verhütungsverhalten der Jungen und Mädchen dabei weiter. (Befragt nach ihrem letzten Geschlechtsverkehr gaben nur noch 7 Prozent der Jungen und 2 Prozent der Mädchen an, nicht verhütet zu haben.) Gleichzeitig machen die Untersuchungen der BZgA jedoch auch darauf aufmerksam, dass das Verhütungsverhalten abhängig vom Alter bei den ersten sexuellen Erfahrungen ist: Jugendliche, die früh sexuelle Erfahrungen machen, verhüten weniger konsequent als ältere Jugendliche (BZgA 2006: 110).

Sexuelle Beziehungen: Stärkere Romantisierung

Als Ausdruck der Tendenz zu einer stärkeren Angleichung von Jungen und Mädchen in der Gestaltung ihrer sexuellen Beziehungen lässt sich auch jener Befund der Zeitreihenuntersuchung zur Jugendsexualität verstehen, wonach Jungen im Vergleich zu 1970 Sexualität sehr viel stärker an Liebe, Beziehung und Treue binden. „Liebe" – so Gunter Schmidt, in seiner Synopse zur Jugendsexualität in den neunziger Jahren:

> „[…] wird heute als wichtigster Beweggrund für den ersten Geschlechtsverkehr von Jungen genannt; Jungen verlieben sich früher; sie bezeichnen ihre festen Freundschaften häufiger als Liebesbeziehungen und gestehen ihrer Freundin häufiger Liebe […] Schließlich verbinden sie in ihren moralischen Überzeugungen Liebe und Sexualität und beharren stärker als früher darauf, daß sie selbst wie die Freundin treu sein sollten." (Schmidt 1993: 4)

---

[9] Als Hauptgrund für das Nichtverhüten nennen die Jungen und Mädchen in deutlicher Mehrheit (78 % der Jungen und 64 % der Mädchen) die Spontaneität des Ereignisses (BZgA 2006: 106). In dem Maße, wie gerade das „erste Mal" auch ein überraschendes und eben nicht im Detail geplantes Erlebnis ist – mehr als ein Drittel der Jungen und jeder vierte Junge erlebte seinen ersten Geschlechtsverkehr „völlig überraschend" (BZgA 2006: 88) –, ist damit auch die Möglichkeit verbunden, nicht hinreichend vorbereitet zu sein; dies gilt offensichtlich auch in Verhütungsangelegenheiten.

Obgleich romantisierende Vorstellungen beim Eingehen sexueller Beziehungen für Mädchen noch immer stärkere Bedeutung zu besitzen scheinen als für Jungen, haben sich die Geschlechter in dieser Hinsicht deutlich angeglichen. Sowohl für Jungen als auch für Mädchen lässt sich festhalten, dass sich die Liebes- und Treueorientierung seit 1970 nochmals deutlich verstärkt hat. Während 1970 40 Prozent der Jungen und 47 Prozent der Mädchen, die eine Partnerschaft hatten, das Gefühl, das sie gegenüber Freund bzw. Freundin hegten als Liebe beschrieben, empfanden dies 20 Jahre später etwa Dreiviertel der Befragten so (71 % der Jungen; 78 % der Mädchen). Das wachsende Ausmaß in dem Jugendliche – geschlechts- und schichtübergreifend – Sexualität an Liebe und Treue binden, lässt sich mit folgenden Zahlen gut illustrieren. War 1970 für etwa die Hälfte der Jungen (51 % Haupt- und Realschüler; 46 % Gymnasiasten) Liebe die Voraussetzung für sexuelle Interaktionen, vertreten 1990 70 % der Gymnasiasten und 80 % der Haupt- und Realschüler diese Auffassung. Und auch bei den Mädchen hat sich die Bedeutung dieser Kopplung nochmals erhöht (92 % der Haupt- und Realschülerinnen; 89 % der Gymnasiastinnen), obwohl bereits 1970 über 80 % der Mädchen diese Auffassung teilten (Schmidt 1993: 48). Analog zu diesen Befunden sind es die sexuellen Erfahrungen außerhalb fester Beziehungen, die in diesem Zeitraum signifikant an Relevanz verloren haben (S. 29). Dies alles steht im deutlichen Gegensatz zu den in der Debatte über die vermeintliche sexuelle Verwahrlosung aufgeworfenen Thesen.

Fazit: Das feste Band der Monogamie

Das romantische Liebesideal, das Ende des 18. Jahrhunderts seinen Siegeszug als allgemein gültige Norm angetreten hat, schließt heute auch die sexuelle Praxis Jugendlicher ein. Eine Vielzahl empirischer Studien zeigt, dass die exklusive Bindung von sexuellen Erfahrungen an ein Liebesarrangement bei Jugendlichen und jungen Erwachsenen nicht nur den Status eines Ideals besitzt, sondern mehrheitlich versucht wird, dies auch zu leben. „Liebe ist die Voraussetzung dafür, dass man miteinander schläft." (Schmidt 1997: 131) Während in den 1970er Jahren im Zuge der gesellschaftspolitischen Transformationen die enge Bindung von Liebe, fester Partnerschaft und Sexualität hinterfragt wurde und sexuelle Exklusivität zumindest zeitweise an Relevanz verlor, belegen insbesondere die Zeitreihenuntersuchungen der Forschungsgruppe um Gunter Schmidt, dass die Bedeutung sexueller Treue seitdem wieder kontinuierlich zugenommen hat. Auch die Shell-Jugendstudien zeigen, dass die Bereiche Freundschaft, Partnerschaft und Familie von den Jugendlichen am meisten wertgeschätzt werden (Shell Deutschland 2002; Shell Deutschland 2006).

Die enge Verbindung von Liebe, festen Beziehungen und sexueller Treue kann jedoch den Blick auf die Tatsache verdecken, dass die Jugendphase lebensgeschichtlich jener Zeitraum ist, in dem die Wünsche und Vorstellungen im Bezug auf die Gestaltung der eigenen Sexualität erst erkundet und entwickelt werden. Das Jugendalter, verstanden als psychosoziales Moratorium, in dem Erfahrungen des Experimentierens gegenüber Erfahrungen der Stabilität favorisiert werden, kann prinzipiell für sich beanspruchen, dass diese Prioritätensetzung auch den Bereich des Sexuellen einschließt. Empirisch jedoch zeigen sich dabei deutliche Unterschiede zwischen männlichen und weiblichen Jugendlichen. Das Eingehen flüchtiger sexueller Beziehungen ist für Mädchen problematischer geblieben als für Jungen (Dannenbeck/Stich 2005). Während die Mädchen zu bedenken geben, dass ihr ‚Ruf' unter einem solchen Verhalten gelitten hat oder leiden könnte, finden sich bei den Jungen entsprechende Vermutungen nicht. Gleichwohl ist es für Jungen die liebes- und beziehungsorientierte Sexualität, in der sie sich von der als traditionell-männlich klassifizierten Sexualität unterer Schichten abgrenzen und als „kompetente Liebhaber mit Stil und Klasse" inszenieren wollen (Hunze 2007: 211). Hinsichtlich der Bedeutung sexueller Treue innerhalb fester Paarbeziehungen konnten auch diese AutorInnen keine geschlechtstypischen Unterschiede finden. Die Dominanz des romantischen Liebesideals wird auch durch jene Untersuchungen untermauert, die sich dezidiert mit den sexuellen Erfahrungen beschäftigen, die Jugendliche außerhalb fester Beziehungen machen. Demnach finden auch sexuelle Interaktionen außerhalb fester Beziehungen in der Regel mit Personen statt, zu denen eine emotionale Bindung besteht und sind darüber hinaus nicht selten mit Wünschen nach einer längerfristigen Beziehung assoziiert (Manning u. a. 2006).

Die sexuellen Erfahrungen und Wünsche Jugendlicher lassen sich folglich nur unzureichend anhand einer Unterscheidung zwischen instrumenteller Triebbefriedigung in flüchtigen sexuellen Beziehungen auf der einen Seite und monogamen sexuellen Liebesbeziehungen auf der anderen Seite beschreiben. Zudem zeigen Längsschnittstudien, dass sexuelle Beziehungen mit dem Übergang zum jungen Erwachsenenalter exklusiver, dauerhafter und intimer werden (Meier/Allen 2007). Flüchtige sexuelle Begegnungen stellen ebenso wie feste sexuelle Beziehungen typische Erfahrungsfelder Jugendlicher dar, in denen sie sich sukzessive einer Erwachsenen-Sexualität annähern – einer Erwachsenen-Sexualität, die durch den Wettstreit zwischen den Idealen „Dauer" und „Intensität" gekennzeichnet ist und typischerweise solange besteht, wie „beide einen ‚emotionalen Wohlfahrtsgewinn' haben" (Schmidt u. a. 2006a: 151). Obgleich die damit verbundenen Beziehungsformen nicht notwendigerweise monogam sein müssen, zeigt sich, dass eine serielle Monogamie, das Treueversprechen auf Zeit, die Beziehungswünsche (junger) Erwachsener ebenso dominiert wie deren Beziehungsrealitäten. Gleichzeitig bleibt das Erleben sexueller Untreue ein Bestandteil sexueller Erfahrungen und sexueller Beziehungen. Geschlechtsunterschiede bei ‚Seitensprüngen' haben sich mittlerweile aufgelöst: Im Erwachsenenalter unterhalten Frauen ebenso häufig eine sexuelle Außenbeziehung wie Männer (S. 135). Bei Jugendlichen berichteten

1990 jeder fünfte Junge und sechs Prozent der Mädchen darüber, in ihrer aktuellen Beziehung untreu zu sein (Schmidt u. a. 1993).

Jugendsexualität vollzieht sich also auch im 21. Jahrhundert ganz überwiegend im Rahmen exklusiver Beziehungen. Sexuelle Erfahrungen außerhalb von bzw. parallel zu bestehenden Beziehungen werden von jungen Frauen und Männern unterschiedlich bewertet und verweisen auf geschlechtstypische Beschränkungen sexueller Praxis. Gemeinsam ist den Angehörigen beider Geschlechter, dass sie mit ihrer expliziten Liebesorientierung versuchen, die Übertragung bestehender stigmatisierender Zuschreibungen, sei es als „Schlampe" oder als „Macho", auf ihre eigene Person zu vermeiden (Hunze 2007). Sukzessive Monogamie (Dannenbeck/Stich 2005) beschreibt jenes geschlechtsübergreifende Phänomen, wonach das Experimentieren mit sexuellen Erfahrungen in unterschiedlichen sozialen Konstellationen (wenn überhaupt) als eine vorübergehende Praxis mit geringerer Legitimität erlebt wird. Eine romantische, in feste Liebesbeziehungen eingebettete Sexualität – wie sie die gegenwärtige Jugendsexualität charakterisiert – erweist sich jedoch vor diesem Hintergrund für Heranwachsende als einzige anerkannte Form sexueller Erfahrungen. Die Jugendphase steht somit nicht mehr für sexualbezogenes Experimentieren, bei dem verschiedene sexuelle Begehrens- und Beziehungsformen ausprobiert und entwickelt werden können, vielmehr findet frühzeitig eine umfassende und normative Festlegung auf eine an Beziehung und Liebe ausgerichtete ‚Erwachsenen-Sexualität' statt.

Literatur

Adorno, Theodor W. (1963): Sexualtabus und Recht heute. In: Bauer, Fritz u. a. (Hg.): Sexualität und Verbrechen, Frankfurt am Main: Fischer, S. 299–317.

Andresen, Sabine (1997): Mädchen und Frauen in der bürgerlichen Jugendbewegung. Soziale Konstruktion von Mädchenjugend, Neuwied: Luchterhand.

Baader, Meike Sophia; Sager, Christin (2008): Sozialgeschichte der Generationen. In: Faulstich-Wieland; Hannelore, Faulstich, Peter (Hg.): Erziehungswissenschaft. Ein Grundkurs, Reinbek bei Hamburg: Rowohlt, S. 291–306.

Barkow, Ralf (1980): Die Sexualpädagogik von 1918–1945, Dissertation Universität Münster.

Bundeszentrale für gesundheitliche Aufklärung (BZgA) (Hg.) (2006): Jugendsexualität 2006. Repräsentative Wiederholungsbefragung von 14–17-Jährigen und ihren Eltern, Köln: BZgA.

Busse-Wilson, Elisabeth (1925): Stufen der Jugendbewegung. Ein Abschnitt aus der ungeschriebenen Geschichte Deutschlands, Jena: Eugen Diederich.

Dannenbeck, Clemens; Stich, Jutta (2005): Sexuelle Erfahrungen im Jugendalter. Aushandlungsprozesse im Geschlechterverhältnis, Köln: BZgA.

de Ras, Marion E. P. (1988): Körper, Eros und weibliche Kultur. Mädchen im Wandervogel und in der Bündischen Jugend. 1900–1933, Pfaffenweiler: Centaurus Verlag.

Deutsche Shell (Hg.) (2000): Jugend 2000. Band 1, Opladen: Leske + Budrich.

Erikson, Erik Homburger (1974): Jugend und Krise. Die Psychodynamik im sozialen Wandel, Stuttgart: Klett.

Faulstich, Werner (2007): Die neue Jugendkultur. Teenager und das Halbstarkenproblem. In: Faulstich, Werner (Hg.): Die Kultur der 50er Jahre. 2. Aufl., München: Wilhelm Fink Verlag, S. 277–290.

Faulstich, Werner (2007): Groschenromane, Heftchen, Comics und die Schmutz-und-Schund-Debatte. In: Faulstich, Werner (Hg.): Die Kultur der 50er Jahre. 2. Aufl., München: Wilhelm Fink Verlag, S. 199–215.

Fichtner, Jörg (2003): Geschlechtsspezifische Sexualpädagogik bei Jugendlichen in der Berufsausbildung In: Bundeszentrale für gesundheitliche Aufklärung (Hg.): Wissenschaftliche Grundlangen. Teil 2: Jugendliche. 2. unveränd. Aufl., Köln: BZgA, S. 177–200.

Gass-Bolm, Torsten (2006): Revolution im Klassenzimmer? Die Schülerbewegung 1967–1970 und der Wandel der deutschen Schule. In: von Hodenberg, Christina; Siegfried, Detlef (Hg): Wo „1968" liegt. Reform und Revolte in der Geschichte der Bundesrepublik, Göttingen: Vandenhoeck & Ruprecht, S. 122–138.

Giese, Hans; Schmidt, Gunter (1968): Studenten-Sexualität. Verhalten und Einstellungen, Eine Umfrage an 12 westdeutschen Universitäten, Reinbek bei Hamburg: Rowohlt.

Gillis, John R. (1994): Geschichte der Jugend, München: Heyne.

Götz von Olenhusen, Albrecht (1973): Theorie und Klassenkampf. Sozialisierte Drucke und proletarische Reprints. Eine Bibliographie, München: Verlag Dokumentation.

Helfferich, Cornelia (2008): Empirische sexualpädagogische Forschung im Themenfeld Jugendsexualität. In: Schmidt, Renate-Berenike; Sielert, Uwe (Hg.): Handbuch Sexualpädagogik und sexuelle Bildung, Weinheim und München: Juventa, S. 53–68.

Herzog, Dagmar (2005): Die Politisierung der Lust. Sexualität in der deutschen Geschichte des zwanzigsten Jahrhunderts, München: Siedler.

Herzog, Dagmar (2006): ‚Sexy Sixties'? Die sexuelle Liberalisierung der Bundesrepublik zwischen Säkularisierung und Vergangenheitsbewältigung. In: Hodenberg, Christina von; Siegfried, Detlef (Hg.): Wo „1968" liegt. Reform und Revolte in der Geschichte der Bundesrepublik, Göttingen: Vandenhoeck & Ruprecht, S. 79–113.

Hodenberg, Christina von; Siegfried, Detlef (2006): Reform und Revolte. 1968 und die langen sechziger Jahre in der Geschichte der Bundesrepublik." In: von Hodenberg, Christina, Siegfried Detlef (Hg.): Wo „1968" liegt. Reform und Revolte in der Geschichte der Bundesrepublik, Göttingen: Vandenhoeck & Ruprecht, S. 7–14.

Hohmann, Joachim S. (1987): Geschichte der Sexualwissenschaft in Deutschland 1886–1933, Berlin/Frankfurt am Main: Foerster Verlag.

Horne, Sharon (2005): Female Sexual Health: The Definition and Development of Sexual Subjectivity, and Linkages with Sexual Agency, Sexual Experience and Well-Being in Late Adolescents and Emerging Adults. Online unter: http://www4.gu.edu.au:8080/adt-root/public/adt-QGU20060726.165349/index.html.

Hunze, Annette (2007): Jugendsexualität im Kontext gesellschaftlicher Individualisierungsprozesse, Hamburg: Dr. Kovac.

Hurrelmann, Klaus (2003): Der entstrukturierte Lebenslauf. Zeitschrift für Soziologie der Erziehung und Sozialisation 5, S. 115–127.

Impett, Emily A.; Tolman, Deborah (2006): Late Adolescent Girls' Sexual Experiences and Sexual Satisfaction. Journal of Adolescent Research 21, S. 628–646.

Jacobi, Juliane (1990): Wer ist Sophie? Zur Geschlechterdifferenz in Rousseaus ‚Emile'. Pädagogische Rundschau 44, S. 303–319.

Klein, Alexandra; Zeiske, Anja; Oswald, Hans (2008): „Früh übt sich…" Sexuelle Handlungsfähigkeit und das Alter beim ‚ersten Mal'. In: Ittel, Angela; Stecher, Ludwig; Merkens, Hans; Zinnecker, Jürgen (Hg.): Jahrbuch Jugendforschung 2007, Wiesbaden: VS-Verlag, S. 93–114.

Klein, Alexandra; Zeiske, Anja (2009): Sexualität und Handlungsbefähigung. Ein Beitrag zur Capability-Instrumentenentwicklung. Zeitschrift für Soziologie der Erziehung und Sozialisation 29, S. 371–386.

Klein, Alexandra (2010a): Zu früh, zu spät, genau richtig? Das Alter beim ersten Mal und sexuelle Handlungsfähigkeit im jungen Erwachsenenalter. In: Deutsche Gesellschaft für Prävention und Intervention bei Kindesmisshandlung und -vernachlässigung e. V. (Hg.): Was ich weiß, macht mich heiß? Psychosexuelle Gesundheit und sexuelle Bildung als integrativer Aspekt der Prävention von sexuellem Missbrauch, Köln: Verlag Mebes und Noack (im Druck).

Klein, Alexandra (2010b): Sexuelle Verwahrlosung oder Moralpanik? Sexuelle Erfahrungen und Beziehungswerte junger Frauen und Männer. In: Otto, Hans-Uwe; Oelerich, Gertrud (Hg.): Empirische Forschung und Soziale Arbeit, Opladen und Farmington Hills: Verlag Barbara Budrich (im Druck).

Kraushaar, Wolfgang (2000): 1968 als Mythos, Chiffre und Zäsur, Hamburg: Hamburger Edition.

Lautmann, Rüdiger (2002): Soziologie der Sexualität, Weinheim und München: Juventa.

Lesch, Elmien; Kruger, Lou-Marie (2004): Reflections on the sexual agency of young women in a low-income rural South African community. South African Journal of Psychology 34, S. 464–486.

Levi, Giovanni; Schmitt, Jean-Claude (1996): Geschichte der Jugend. 2 Bände, Frankfurt am Main: Fischer.

Linse, Ulrich (1998): Sexualreform und Sexualberatung. In: Kerbs, Diethart; Reulecke, Jürgen (Hg.): Handbuch der deutschen Reformbewegung 1880–1933, Wuppertal: Peter Hammer, S. 211–226.

Manning, Wendy D. u. a. (2006): Hooking Up: The Relationship Contexts of „Nonrelationship" Sex. Journal of Adolescent Research 21, S. 459–483.

Marcuse, Herbert (1970): Triebstruktur und Gesellschaft: ein philosophischer Beitrag zu Sigmund Freud, Frankfurt am Main: Suhrkamp.

Meier, Ann; Allen, Gina (2007): Romantic Relationships from Adolescence to Young Adulthood: Evidence from the National Longitudinal Study of Adolescent Health. Working Paper No. 2007-03.

Mitterauer, Michael (1986): Sozialgeschichte der Jugend, Frankfurt am Main: Suhrkamp.

Mogge, Winfried (1998): Jugendbewegung. In: Kerbs, Diethart; Reulecke, Jürgen (Hg.): Handbuch der deutschen Reformbewegungen 1880–1933, Wuppertal: Peter Hammer.

Mosse, George: Nationalismus und Sexualität. Bürgerliche Moral und sexuelle Normen, Reinbek bei Hamburg: Rowohlt.

Neubauer, Georg: Sexualität im Jugendalter. In: Schmidt, Renate-Berenike; Sielert, Uwe (Hg.): Handbuch Sexualpädagogik und sexuelle Bildung, Weinheim und München: Juventa, S. 371–383.

Niehuss, Merith (2001): Familie, Frau und Gesellschaft. Studien zur Strukturgeschichte der Familie in Westdeutschland 1945–1960, Göttingen: Vandenhoeck & Ruprecht.

Reich, Wilhelm (1972): Die Entdeckung des Orgons. Band 1: Die Funktion des Orgasmus. 2. Aufl., Frankfurt am Main: Fischer

Rosen, Rita (1977): ‚Sexuelle Verwahrlosung' von Mädchen. Anmerkungen zur Doppelmoral in der Sozialarbeit. In: Kerscher, Ignatz (Hg.): Konfliktfeld Sexualität, Neuwied: Luchterhand, S. 207–223.

Rousseau, Jean-Jacques (1762/2004): Emile oder Über die Erziehung, Stuttgart: Reclam.

Sander, Uwe; Vollbrecht, Ralf (2000): Jugend im 20. Jahrhundert. In: Sander, Uwe; Vollbrecht, Ralf (Hg.): Jugend im 20. Jahrhundert, Neuwied: Luchterhand, S. 7–30.

Schenk, Herrad (1998): Die sexuelle Revolution. In: Dülmen, Richard (Hg.): Erfindung des Menschen: Schöpfungsträume und Körperbilder 1500–2000, Wien/Köln/Weimar: Böhlau, S. 483–500.

Scherr, Albert (1997): Subjektorientierte Jugendarbeit, Weinheim: Juventa.

Scherr, Albert (2009): Jugendsoziologie, Wiesbaden: VS Verlag.

Schild, Axel; Siegfried, Detlef (2009): Deutsche Kulturgeschichte. Die Bundesrepublik – 1945 bis zur Gegenwart, München: Hanser.

Schmidt, Renate-Berenike (1997): Sexualkonzepte weiblicher und männlicher Jugendlicher. Zeitschrift für Frauenforschung, 15, S. 129–146

Schmidt, Renate-Berenike; Schetsche, Michael (1998): Jugendsexualität und Schulalltag, Opladen: Leske und Budrich.

Schmidt, Gunter u. a. (2006): Spätmoderne Beziehungswelten, Wiesbaden: VS Verlag.

Schmidt, Gunter (2008): Sexuelle Verwahrlosung oder moralische Panikattacke? ProFamilia Magazin 04/2008, S. 25–26.

Schmidt, Gunter (2008a): Sexualität. Rede an die Nachgeborenen. Vorgänge. Zeitschrift für Bürgerrechte und Gesellschaftspolitik 47 (1): Achtundsechzig. S. 37–46.

Schmidt, Gunter (Hg.) (1993): Jugendsexualität. Sozialer Wandel, Gruppenunterschiede, Konfliktfelder, Stuttgart: Ferdinand Enke Verlag.

Schmidt, Gunter; Sigusch, Volkmar (1971): Arbeiter-Sexualität, Neuwied: Luchterhand.

Shell Deutschland Holding (Hg.) (2006): Jugend 2002. Zwischen pragmatischem Idealismus und robustem Materialismus, Frankfurt am Main: Fischer.

Shell Deutschland Holding (Hg.) (2006): Jugend 2006. Eine Pragmatische Generation unter Druck, Frankfurt am Main: Fischer.

Sielert, Uwe (2005): Einführung in die Sexualpädagogik, Weinheim/Basel: Beltz.

Sigusch, Volkmar; Schmidt, Gunter (1973): Jugendsexualität. Dokumentation einer Untersuchung, Stuttgart: Ferdinand Enke Verlag.

Timmermanns, Stefan: Sexuelle Orientierung. In: Schmidt Renate-Berenike; Sielert, Uwe (Hg.): Handbuch Sexualpädagogik und sexuelle Bildung, Weinheim und München 2008: Juventa, S. 261–270.

Zeiske, Anja; Klein, Alexandra; Oswald, Hans (2008): Die Lust beim ersten Mal: Jugendliche und die Bewertung ihres ersten Geschlechtsverkehrs. In: Rendtorff, Barbara; Prengel,

Annedore (Hg.): Kinder und ihr Geschlecht. Jahrbuch Frauen- und Geschlechterforschung in der Erziehungswissenschaft (Band 4), Opladen: Budrich Verlag, S. 89–108.

Zeiske, Anja (2009): Sexualität im angehenden Erwachsenenalter. Die sexuelle Handlungsfähigkeit junger Frauen und Männer. Angenommene Dissertation am Department Erziehungswissenschaft der Universität Potsdam.

Zinnecker, Jürgen (1986): Jugend im Raum gesellschaftlicher Klassen. In: Heitmeyer, Wilhelm (Hg.): Interdisziplinäre Jugendforschung, Weinheim: Juventa, S. 99–132.

Jugendschwangerschaften – kein Indikator für sexuelle Verwahrlosung

Sexualität und Beziehungen von 60 Teenagern, die ungewollt schwanger wurden[1]

Silja Matthiesen und Gunter Schmidt

„Jugend ohne Jugend – Sie sehen Pornos mit 12, haben Sex mit 13, sind schwanger mit 14: Warum haben es unsere Kinder so eilig mit dem Erwachsenwerden? Ein Krisengespräch." Dieser Titel des Magazins der süddeutschen Zeitung (Zerwes/Cadenbach 2009) ist nur eine von unzähligen Variationen der These der „sexuellen Verwahrlosung" und der gegenwärtig so prominenten medialen Skandalisierung von Jugendsexualität. Sehen wir uns an, welche Behauptungen sich hinter diesem Satz verbergen, so finden wir *erstens:* Immer mehr und immer jüngere Jugendliche konsumieren Pornographie im Internet, weshalb *zweitens* Jugendliche immer früher mit dem Sex anfangen und *drittens* immer mehr minderjährige Frauen ungewollt schwanger werden. Soweit die Befürchtungen. Zu allen drei Fragen liegen inzwischen fundierte empirische Erkenntnisse vor, die eine ganz andere Sprache sprechen:

Pornographie: Zur Frage, wie viele Jugendliche heute Pornos ansehen, findet die BRAVO-Studie 2009[2]: über 43 % der 13-jährigen Mädchen und 69 % der 13-jährigen Jungen haben schon Pornos gesehen; bei den 17-Jährigen sind es 80 % (Mädchen) bzw. 93 % (Jungen) (BRAVO 2009: 97). Dieses sind relativ hohe Werte für beide Geschlechter, aber hier geht es um einmalige oder seltene oder zufällige Erfahrungen. Willentliche Nutzung und kontinuierliche Nutzung sind insgesamt sehr viel seltener und hier dominiert die Nutzung durch Jungen: 8 % aller Jungen und 1 % aller Mädchen zwischen 11 und 17 Jahren gaben an, regelmäßig Pornographie zu nutzen (S. 99). Es liegt auf der Hand, dass Jugendliche heutzutage durch das Internet früher und einfacher mit pornographischem Material in Kontakt kommen, als dies noch vor 10 Jahren der Fall war. Diesen Anstieg bestätigen beispielsweise

---

[1] Erweiterte und überarbeitete Fassung des Artikels „Sexuelle Erfahrungen und Beziehungen adoleszenter Frauen. Qualitative Interviews mit 60 Teenagern, die ungewollt schwanger wurden"; Zeitschrift für Sexualforschung, Heft 2/2009.

[2] Befragt wurden 1228 11- bis 17-Jährige, die Frage lautete: „Hast Du schon einmal pornografische Bilder oder Filme gesehen, bei denen man sexuelle Handlungen wie Geschlechtsverkehr sehen konnte?"

die Schülerbefragungen des Kriminologischen Forschungsinstituts Niedersachsen; danach war die Zahl der regelmäßigen Porno-Konsumenten bei den 15-jährigen Jungen von 22 % (im Jahr 1998) auf 36 % (im Jahr 2005) gestiegen (Baier 2008: 61).

36 % der 15-jährigen Jungen schauen regelmäßig Pornos – sind das besorgniserregend viele? „Warum nur so wenige?", könnte man sich auch fragen, „schließlich handelt es sich doch um eine Altersgruppe, in der sexuelle Neugierde überaus adäquat ist, und um ein Zeitalter, in dem Jugendliche sich jederzeit mit wenigen Mausklicks in die freundlicheren oder finsteren Gefilde von Pornotopia beamen können" (Schmidt 2009: 144). Welche Rolle der Pornographiekonsum für die sexuelle Sozialisation spielt und wie Pornos sexuelle Skripte, sexuelle Phantasien und sexuelles Verhalten beeinflussen ist bislang weniger gut untersucht. Über diese Fragen wird aber inzwischen wissenschaftlich differenziert diskutiert (vgl. Becker u. a. 2009) und erste empirische Untersuchungen zeigen eher geringe Effekte (Peter/Valkenburg 2007; Štulhofer u. a. 2009; vgl. dazu auch Vollbrecht sowie Klein in diesem Band).

Alter beim ersten Geschlechtsverkehr: Seit den 1970er Jahren hat es in Deutschland im Hinblick auf das Alter beim ersten Geschlechtsverkehr keine wesentlichen Veränderungen gegeben. Die Studien der Bundeszentrale für gesundheitliche Aufklärung (BZgA 2006) an Jugendlichen aller sozialen Schichten der Geburtsjahrgänge 1977 bis 1991 zeigen lediglich, dass der Anteil der ‚Early starters', also derjenigen, die mit 15 Jahren schon koituserfahren sind, in den letzten Jahren bei den Mädchen leicht zugenommen hat. Die verbreitete Annahme „Jugendliche fangen immer früher an" ist ein Mythos. Heute haben in Deutschland etwa 25 % der 15-jährigen und 70 % der 17-jährigen Frauen schon einmal mit einem Mann geschlafen (BZgA 2006). Bei den Jungen gleichen Alters liegt der Anteil der Koituserfahrenen um 5 bis 10 % niedriger. Die allermeisten Jugendlichen, deutlich über 80 %, haben ihren ersten Geschlechtsverkehr heute irgendwann zwischen 15 und 19 Jahren, und diese große Varianz zeigt, dass die meisten die Fähigkeit haben, ihr eigenes Tempo zu finden.

Die Verantwortung, die Jugendliche für ihr sexuelles Verhalten übernehmen, lässt sich an ihrem Verhütungsverhalten am deutlichsten ablesen. Gut vier Fünftel der Jugendlichen schützen sich beim „ersten Mal" vor einer unerwünschten Schwangerschaft durch die Einnahme der Pille oder die Benutzung eines Kondoms. Mit zunehmender sexueller Erfahrung, schon beim „zweiten Mal", verbessert sich das Verhütungsverhalten deutlich, beim „letzten Mal" hatte 95 % und mehr aller Jugendlichen sicher verhütet (BZgA 2006). In allen Ländern der EU zeigen empirische Studien zur Jugendsexualität eine kontinuierliche Verbesserung des Verhütungsverhaltens seit den 1970ern (Bozon/Kontula 1998).

Jugendschwangerschaften: Zwischen 1996[3] und 2001 ließ sich eine Zunahme der Schwangerschaftsraten von Teenagern beobachten (vgl. Abb. 1). Seitdem fallen die Raten jedoch, so dass im Jahr 2008 wieder den Stand von 1996 erreicht ist.

Abbildung 1 Schwangerschaften*, Geburten und Schwangerschaftsabbrüche von 15- bis 17-jährigen Frauen, 1996–2008, Raten per 1000 Frauen

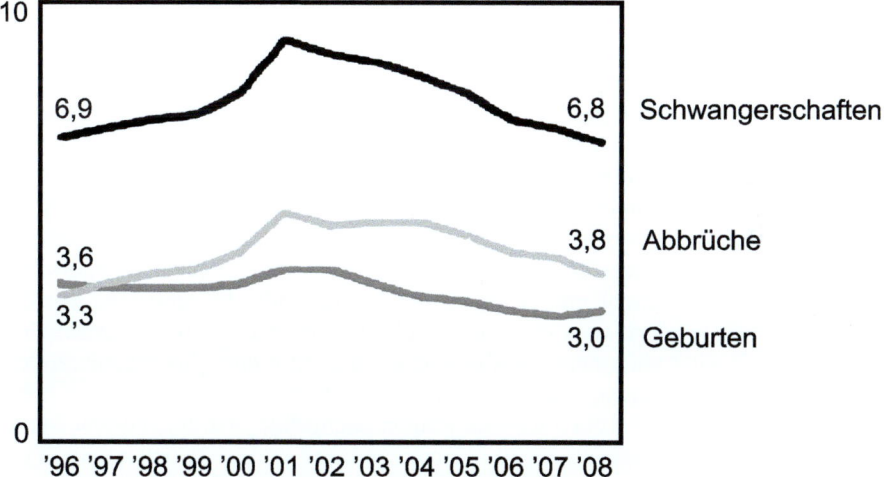

* Die Anzahl der Schwangerschaften umfasst nicht die Fehlgeburten, da diese statistisch nicht erhoben werden. Man schätzt, dass etwa 10 bis 15 % aller Schwangerschaften von Teenagern mit einer Fehlgeburt enden (Henshaw 2004).

Gegenwärtig werden 6 bis 7 von 1000 15- bis 17-jährigen Frauen pro Jahr schwanger (etwa 7 bis 8, wenn man die Fehlgeburten hinzu schätzt). Etwa 4 bis 5 von 1000 machen einen Schwangerschaftsabbruch, 3 von 1000 bekommen ein Kind. Diese Zahlen sind Jahresinzidenzen für die Gruppe der 15- bis 17-Jährigen, das heißt sie kennzeichnen die Anzahl pro 1000 Teenager dieser Altersgruppe, die innerhalb eines Jahres schwanger werden. Wenn man die Jahresinzidenzen kumuliert und

---

[3] Erst seit dem Jahr 1996 existiert eine zuverlässige Abbruchstatistik in der Bundesrepublik Deutschland. Die Abbruchzahlen des Statistischen Bundesamtes für die vorangehenden Jahre sind „underreported", sie können mit den heutigen Zahlen nicht verglichen werden. Wer das tut, überschätzt die zeitlichen Veränderungen ganz erheblich, und ein Teil der Debatte über die Zunahme der Teenagerschwangerschaften ist genau hierauf zurückzuführen.

die Anzahl der Mehrfachschwangerschaften davon subtrahiert (vgl. im einzelnen Matthiesen 2009: 18, 55–57), kann man abschätzen, wie viele junge Frauen gegenwärtig vor ihrem 18. Geburtstag mindestens einmal schwanger werden: es sind etwa 2 % bis 2,5 %. Von allen Schwangerschaften bei minderjährigen Frauen enden etwa 60 % mit einem Schwangerschaftsabbruch, etwa 40 % der Frauen entscheiden sich, die Schwangerschaft auszutragen.

Hier zeigt sich, dass Veränderungen von sehr seltenen, im Promille-Bereich liegenden Ereignissen vorsichtig interpretiert werden müssen und man sich davor hüten sollte, aus temporären Schwankungen voreilig stabile Tendenzen abzuleiten (vgl. Matthiesen u. a. 2009: 20; Schmidt u. a. 2006b: 335).

In einer sexualliberalen Gesellschaft, in der viele Jugendliche sexuell aktiv sind, wird es immer ungeplante und unerwünschte Schwangerschaften geben – wie bei Erwachsenen auch. Auch bei exzellenter Prävention gibt es ein *Restrisiko*, das nicht weiter zu reduzieren ist, weil sexuelles Verhalten nicht immer planbar ist: Affekte und Verlangen intervenieren, und Verhütungsmittel können auch bei richtiger Anwendung versagen. Die Unterscheidung von vermeidbarem Risiko und Restrisiko ist wichtig, weil wir damit anerkennen, dass ungeplante und ungewollte Schwangerschaften nicht immer auf Nachlässigkeit oder Inkompetenz zurückzuführen sind, sondern auch eine „natürliche Begleiterscheinung" jugendlicher sexueller Aktivität sind. Das bewahrt uns davor, mit einem diskriminierenden Unterton über jugendliche Schwangere und deren Partner zu sprechen.

In diesem Artikel wollen wir den Fragen nachgehen, wie Jugendliche heute Sexualität und Beziehungen sozial organisieren und welche Wertvorstellungen, Erwartungen und Konzepte sie in Bezug auf sexuelle Beziehungen und Partnerschaften haben. Wir verfolgen diese Fragen anhand einer besonderen Stichprobe koituserfahrener adoleszenter Frauen, nämlich solcher, die ungewollt schwanger wurden und sich für einen Schwangerschaftsabbruch entschieden. Dem Stereotyp der „sexuellen Verwahrlosung" zufolge sind ungewollte Schwangerschaften häufig eine Konsequenz sexueller Anomie und Haltlosigkeit. Folgt man dieser Logik, dann müsste unsere Stichprobe besonders geeignet sein, Anzeichen „sexueller Verwahrlosung" Jugendlicher zu finden.

Die Studie

In einer Teilstudie des pro familia Forschungsprojekts „Schwangerschaft und Schwangerschaftsabbruch bei minderjährigen Frauen"[4] (Matthiesen u. a. 2009) wurden zwischen August 2005 und Januar 2007 insgesamt 62 Frauen unter 18 Jahren

---

[4] Die Studie wurde von der Bundeszentrale für gesundheitliche Aufklärung (BZgA) gefördert.

jeweils zwei bis drei Monate nach einem Schwangerschaftsabbruch ausführlich interviewt. Die leitfadengestützten offenen Interviews[5] dauerten 45 bis 150 Minuten und wurden von drei Mitarbeiterinnen des Projekts geführt, 25 als Face-to-Face-, 37 als Telefoninterviews. Themen der Interviews waren: die Umstände der Schwangerschaft; das Erleben von Schwangerschaft und Schwangerschaftsabbruch; die Entscheidungsprozesse, die zum Abbruch führten; Konflikte in Zusammenhang mit der Entscheidung; Erfahrungen mit der Schwangerschaftsabbruchversorgung (zu den Ergebnissen vgl. Matthiesen u. a. 2009: Teil 3). Der letzte Teil der Interviews betraf die Sexual- und Beziehungsbiografie der Befragten;[6] die hier erhobenen Befunde werten wir in der vorliegenden Arbeit aus.[7]

Die Befragten kamen aus zehn Städten der Bundesrepublik bzw. deren Umfeld (Kiel, Hamburg, Bremen, Berlin, Magdeburg, Leipzig, Bochum, Saarbrücken, Stuttgart, München). In den pro familia Beratungsstellen dieser Städte wurden die Klientinnen nach einem Beratungsgespräch gefragt, ob das Hamburger Forschungsteam sie in zwei bis drei Monaten noch einmal um ein längeres Interview bitten dürfe. Die 62 Frauen, die schließlich für ein Interview gewonnen wurden, bilden eine Konvenienzstichprobe. Sie stammen aus allen Schichten: 23 bzw. 22 von ihnen waren Haupt- bzw. Realschülerinnen oder hatten diese Schulen absolviert, 17 besuchten das Gymnasium. 52 Befragte waren 16 oder 17 Jahre alt, als sie schwanger wurden, zehn waren 14 oder 15.

Alle von uns interviewten Frauen sind, da sie schwanger waren, sozusagen per definitionem koituserfahren. In einer zufälligen Gruppe von Teenagern, die nach dem Alter genauso zusammengesetzt wäre, wie unsere Schwangerengruppe, wären dies etwa 50 %[8], also nur halb so viele. Die in unserer Studie interviewten jungen Frauen sind also deutlich früher sexuell aktiv als die Population aller Frauen unter 18 Jahren.

Sexualität in festen Beziehungen

Jugendstudien zeigen, dass sich die Sexualität junger Männer und Frauen vor allem in Beziehungen abspielt, die diese selbst als „fest" bezeichnen (vgl. BZgA 2006; Dannenbeck/Stich 2005; Schmidt 1993; Wendt 2009). Das ist bei minderjährig

---

[5] Der Interviewleitfaden findet sich in Matthiesen u. a. 2009: 351–379.
[6] Ausgewertet wurden die Texte von 60 Frauen. Bei zwei Frauen konnten Sexual- und Beziehungsbiografie aus zeitlichen bzw. technischen Gründen (Zusammenbruch der Telefonleitung) nicht erhoben werden.
[7] Hier werden weder die Ergebnisse zum Verhütungsverhalten und zur Verhütungsbiografie (vgl. dazu Matthiesen 2008; Matthiesen u. a. 2009: Teil 2), noch zum Einfluss von Schwangerschaft und Abbruch auf Sexualität und Partnerschaft (vgl. dazu Matthiesen u. a. 2009: 139–147) berücksichtigt.
[8] Errechnen lässt sich dies aus den Daten der BZgA (2006) über den Anteil der koituserfahrenen Mädchen der Altersstufen 14, 15, 16 und 17 und aus der Altersverteilung schwangerer Minderjähriger.

schwangeren Frauen nicht anders: So wird die überwiegende Mehrheit von ihnen in einer festen Partnerschaft schwanger (Matthiesen u. a. 2009; Schmidt u. a. 2006b). Von den 170 Partnern, mit denen die interviewten Frauen bisher Geschlechtsverkehr hatten, waren etwa 70 % feste Freunde, 20 % waren Partner in einer Singleaffäre, 10 % Partner bei einem Seitensprung.

Beziehungen, die die Frauen im Interview als „fest" bezeichneten, dauerten zwischen wenigen Wochen und (bisher) 36 Monaten. Als „fest" kann eine Partnerschaft also schon nach einer kurzen Zeit gelten, und zwar sobald sich beide Partner als emotional engagiert erleben, eine (auch sexuelle) Exklusivität der Beziehung besteht und eine Perspektive zumindest für die nächste Zeit erwünscht und für möglich gehalten wird. Feste Beziehungen sind in der Regel Koitusbeziehungen. Von den 132 festen Beziehungen, über die die Interviewten berichteten, gab es nur in gut 10 % keinen Geschlechtsverkehr. Von den festen Beziehungen werden kameradschaftliche und in der Regel nichtsexuelle Freundschaften zu Jungen unterschieden, außerdem „Hallo-Tschüß-Beziehungen" mit oder ohne Sex in Phasen des Suchens und Ausprobierens von Partnerschaften, sowie sexuelle Erlebnisse ohne Beziehung („One-Night-Stands") oder außerhalb der festen Beziehung („Fremdgehen").

Wie bald und wie oft?

Aus dem Gesagten geht hervor, dass Jugendsexualität vor allem Sex im Rahmen fester Beziehungen ist und dass feste Beziehungen Jugendlicher fast immer auch sexuell (im Sinne von koitusaktiv) sind. Der Geschlechtsverkehr wird dabei (zumindest, wenn Jugendliche schon koituserfahren sind) zügig aufgenommen. In der Hälfte der gegenwärtigen Beziehungen unserer Befragten kam es innerhalb von vier Wochen nach dem Kennenlernen zum Geschlechtsverkehr. Offenbar gilt es für die meisten als selbstverständlich, miteinander zu schlafen, sobald man sich entschlossen hat, miteinander zu gehen. *Sabrina*[9] (16, Realschulabschluss) antwortet auf die Frage, wie lange es dauerte, bis sie mit ihrem Freund schlief, beinahe entschuldigend: „Äh, da bin ich immer so pingelig. Einen Monat. Also ich will erst wissen, ob derjenige mich auch liebt. Ja, und das hat er auch verstanden, und das war gut." Sex ist heute die frühe Besiegelung einer Beziehung oder, genauer, einer *Beziehungsabsicht* und ein wichtiges Feld für die Erprobung und Validierung der Partnerschaft.

Wenn Jugendliche in einer Beziehung einmal begonnen haben, miteinander zu schlafen, dann ist die Frequenz relativ hoch. Zwei Drittel der fest befreundeten

---

[9] Alle Namen sind geändert.

Befragten geben an, dass sie (vor dem Schwangerschaftsabbruch) mindestens jeden zweiten Tag mit ihrem Freund Geschlechtsverkehr hatten. *Gracia* (17) gehört zu denen, die besonders häufig mit ihrem Freund schlafen: „Jeden Tag. Ganz ehrlich, jeden Tag. Also von Montag bis Sonntag durch. Wenn er frei hat, so sonntags oder samstags, schaffen wir auch dreimal. Aber irgendwann nervt das auch. Dann ist das schon langweilig."

Elterliche Toleranz und Kontrolle

Die hohe Frequenz spiegelt auch die guten äußeren Bedingungen für sexuelle Beziehungen Jugendlicher wider: Die allermeisten Jugendlichen haben die Möglichkeit, bei sich zu Hause und/oder beim Freund zu übernachten, weil die Eltern die sexuellen Beziehungen ihrer jugendlichen Kinder akzeptieren oder zumindest stillschweigend dulden. Vivian und Sonja sind typische Beispiele für elterliche Permissivität:

> *Vivian* (17, Gymnasium, 18-monatige Partnerschaft) und ihr Freund übernachten zusammen bei ihren und seinen Eltern. „Uff, das hält sich die Waage, aber vielleicht 'n bisschen mehr bei mir. [...] Ja, also sie [die Eltern] wissen das. Und die kennen uns. Und die haben auch keine Probleme damit. Manchmal geben die uns Geld, weil sie halt wissen, dass wir ohne Kondome nicht können und so (lacht)."

> *Sonja* (17, Realschulabschluss, 2-jährige Partnerschaft). „Ja, klar, wir können bei mir und ihm übernachten. Das ist überhaupt kein Problem, wir sind mal bei ihm, mal bei mir, die freuen sich immer, wenn wir da sind, unsere Eltern, und es ist alles in Ordnung."

Vivian und *Sonja* gehören zu den älteren Befragten und sind beide schon relativ lange mit ihrem Freund zusammen. Wie ist die elterliche Kontrolle bzw. Toleranz bei den jüngsten der von uns interviewten Frauen? *Babette*, *Laura* und *Martina* (alle 15 Jahre alt) dürfen mit Erlaubnis ihrer Eltern bzw. ihrer Mutter mit dem Freund zu Hause übernachten oder über Nacht oder ein ganzes Wochenende beim Freund bleiben. *Ricarda* (14) hat ihren drei Jahre älteren Freund ohne Wissen der Mutter in dessen WG getroffen. Die Jüngste, *Lisa* (gerade 14), hatte ihrer Mutter vor kurzem die Erlaubnis abgerungen, bei ihrem gleichaltrigen Freund, mit dem sie über ein Jahr zusammen ist, übernachten zu dürfen: „Na, ich habe meine Mama so lange erst mal genervt, bis ich bei meinem Freund schlafen durfte. [...] Ich hab ewig gebraucht, um meine Mutter da überzeugen zu können, weil sie auch eben der Meinung war, ,Ja, wenn da nichts passiert' und so."
Jugendliche, die mit ihrem Freund zu Hause übernachten können, fühlen sich manchmal durch das familiäre Umfeld in ihrer Privatsphäre behelligt: Sie

wären gerne öfter mit ihrem Freund alleine zu Hause; sie müssen das Zimmer
mit Geschwistern teilen und diese verbannen, wenn der Freund da ist; sie haben
Angst, von Eltern oder kleineren Geschwistern überrascht zu werden, weil sie ihr
Zimmer nicht abschließen können oder die jüngeren Brüder schon einmal vergessen,
anzuklopfen; sie befürchten, dass Eltern oder Geschwister etwas „mitbekommen"
könnten. Besonders plastisch schildert *Adriana* eine familiäre Verwicklung und
ihren souveränen Umgang damit:

> *Adriana* (16, Gymnasium, 30-monatige Partnerschaft). „Also meiner Stiefmutter war
> es klar, dass wir miteinander schliefen, aber mein Vater, ich weiß nicht was vorging,
> der hat's verdrängt. Und irgendwann hat mein kleiner Bruder uns erwischt, ne. Und
> der ist fünf Jahre alt. Und der hat gedacht, der tut mir irgendwas an, mein Freund. Ist
> dann heulend zu meinem Vater gerannt und nachher war mein Vater eher so sauer.
> Er so: ‚Ist hier kein Puff' und so. Und danach meinte meine Mutter auch so abends
> zu ihm: ‚Ja, sag mal, denkst du die halten Händchen, oder was? Die sind seit zwei-
> einhalb Jahren zusammen.' Und ich glaub, da hat er es erst so richtig realisiert. Na
> ja, Väter sind 'n bisschen langsam da. Und dann hab ich mit meinem kleinen Bruder
> geredet und hab gesagt: ‚Das ist was ganz Schönes und der hat mir nichts angetan.'"

Auf ein geringeres Verständnis als bisher beschrieben stoßen hingegen oft junge
Frauen, deren Eltern einen geschlechtertraditionellen kulturellen Hintergrund
haben und verhindern wollen, dass ihre Töchter sexuelle Beziehungen eingehen.
Strenge elterliche Kontrollen und Ermahnungen können dies aber – zumindest bei
den von uns interviewten Frauen – keineswegs verhindern. *Gesine, Valentina* und
Yolanda, die aus Ost- bzw. Südosteuropa eingewandert sind, berichten Folgendes:

> *Gesine* (15, Realschule, 20-monatige Partnerschaft). „Ich durfte von seinen Eltern aus
> bei ihm übernachten, aber von meinen Eltern aus nicht. […] Sie hätten Angst gehabt,
> dass ich mit ihm schlafe, und sie wissen es ja auch jetzt nicht."

> *Valentina* (17, Gymnasium, 7-monatige Partnerschaft). Die Großeltern, bei denen sie
> lebt, wissen, dass sie einen Freund hat, „aber sie wissen nicht, dass wir miteinander
> schlafen." Der Freund kommt zu ihr nach Hause, darf aber dort nicht übernachten.
> „Ich glaube, meine [Groß]eltern denken, dass eben der Verkehr in der Nacht passiert,
> wenn es dunkel ist. […] Ein paar Mal habe ich bei ihm übernachtet. Aber das war
> so ziemlich aus Versehen, weil wir sind zu spät nach Hause gekommen, und ich war
> ziemlich müde. Da haben meine [Groß]eltern gesagt, ‚nee, bleib da' und so."

> *Yolanda* (17, Fachgymnasium, 18-monatige Partnerschaft). „Meine Eltern sind extrem
> streng und da ist Sex gar kein Thema. Meine Mutter weiß gar nicht, dass ich Sex hab,
> und würde sie es wissen, ich würd mich so schämen. […] Bin zu jung für Sex, und

vor der Ehe gibt's so was nicht. [...] Seine Mutter war echt das Geilste (lacht), wenn ich angerufen habe, hat sie angefangen ‚Schlampe' zu rufen. So war's. Also seine Eltern waren noch strikter gegen die Beziehung als meine Eltern. Das war halt 'ne Beziehung, die man auf Geheimhaltung machen musste."

Zum Stellenwert von Sexualität in festen Beziehungen

„Das gehört dazu, als Standard" (*Sabrina*, 16); „In der Beziehung ist das halt auch nicht das Wichtigste, aber ohne wird es, glaube ich, auch nicht gehen" (*Pia*, 17); „Das ist irgendwie so 'n ‚okay, wir gehören auch wirklich zusammen'" (*Sonja*, 17); „Also mein Freund an sich ist mir wichtiger als der Sex mit ihm" (*Tanja*, 16). Dies sind typische Äußerungen, die die Befragten in dem Teil des Interviews machen, in dem es um die Rolle der Sexualität für ihre Beziehung geht. Das idealtypische Narrativ der jungen Frauen zu diesem Thema kann man – in einer Sprache der Erwachsenen – so formulieren: „Sex gehört in eine Beziehung; Sex validiert Beziehungen; aber Sex ist nicht das Wichtigste, denn Beziehung ist mehr als Sex." Solche Konzepte über Sexualität und Beziehungen sind auch bei Erwachsenen verschiedener Altersstufen dominant (vgl. Schmidt u. a. 2006a).

Was ist in der Beziehung wichtiger als oder zumindest ebenso wichtig wie die Sexualität? Die Liste der Jugendlichen ist lang: Liebe, Kuscheln, Treue, reden können, füreinander da sein, etwas zusammen unternehmen, Vertrauen, in seinem Arm liegen, Ehrlichkeit, miteinander Spaß haben, sich verlassen können, Fernsehen gucken, sich lieb haben und anderes mehr. Welche Bedeutungen und Möglichkeiten werden der Sexualität in der Beziehung zugeschrieben? Auch hier ist die Vielfalt groß: Liebe, Zärtlichkeit, Zusammenhalt, Nähe, Geborgenheit, Verbundenheit ausdrücken und erleben; Spaß, Leidenschaft und Glück erleben; sich spüren können, sich ganz geben und einander ganz haben können; mit Sex kann man Vertrauen schaffen, die Beziehung auffrischen und sich wieder versöhnen. Die Narrative der jungen Frauen sind unterschiedlich elaboriert und sie schreiben der Sexualität unterschiedliche Wichtigkeit und Funktionen zu. Letztlich kreisen aber alle um den bereits oben genannten Kern, wie die folgenden Beispiele zeigen, die die Bandbreite der Äußerungen repräsentieren.

Elena (16, Gymnasium). „Sex spielt schon eine große Rolle. Ich find, das gehört dazu. Es ist Spaß, ja klar, man ist sich nah, ist halt was Besonderes, was man nur mit einem Menschen teilt."

Sonja (17, Realschulabschluss). „Beziehungen ohne Sex sind alle im Endeffekt für mich keine richtig guten Beziehungen. [Sex] gehört zu einer Beziehung dazu. Also, wenn man zwölf ist nicht unbedingt, aber wenn man älter ist, gehört das schon irgendwie dazu. Weil das zeigt auch, dass man ihn wirklich liebt und das ist irgendwie so 'n ‚okay, wir gehören auch wirklich zusammen'. Und wenn man so was mit jemanden teilt, dann, finde ich, bedeutet das auch schon viel."

Beate (16, Gymnasium). „Also ich find das schon sehr wichtig für eine Beziehung, aber nicht so wichtig wie miteinander reden oder Spaß haben. Man gibt dem anderen Menschen eben zu spüren, wie sehr man ihn liebt. Ist schon sehr wichtig. Aber sonst, wenn man keine Beziehung hat, find ich's nicht wichtig."

Marie (17, Hauptschulabschluss). „Also Sex ist mir jetzt nicht unbedingt das Wichtigste in der Beziehung. Mir ist jetzt eher so der Zusammenhalt und Treue wichtig. So Treue, Zusammenhalt, und dass man sich alles erzählen kann, sind eher für mich wichtig."

Diskrepante sexuelle Wünsche

Die Mehrheit der Frauen geht davon aus, dass ihr Freund den Stellenwert der Sexualität ähnlich hoch (oder niedrig) einstuft und der Sexualität ähnliche Bedeutungen zuschreibt wie sie selbst. Die Aussage *Tamaras* (17) ist typisch für diese Gruppe: „Also der sieht das eigentlich genauso wie ich. Für ihn ist Sex also auch nicht alles, aber es gehört dazu."

Immerhin jede dritte Befragte vermutet oder erlebt ein größeres Interesse des Mannes und hält dies – in der Regel recht gelassen – für eine gegebene oder inszenierte Besonderheit des anderen Geschlechts:

Fiona (17, Gymnasium). „Für ihn ist es, glaube ich, relativ wichtig. Na ja, also, er ist ein Mann. Also wir haben das mal so besprochen, dass es halt für Männer irgendwo 'n Grundbedürfnis ist und für Frauen oder für mich persönlich halt nicht."

Adriana (16, Gymnasium). „Vielleicht ist es auch noch ein bisschen wichtiger für ihn, weil Jungs, die prahlen ja immer gern damit, um sich als Junge zu beweisen, oder um sich toll zu fühlen, zum Beispiel, wenn ich sage: ‚Du warst gut'."

Nur eine Frau reklamiert ein größeres Interesse am Sex für sich:

Olivia (17, Hauptschule abgebrochen). „Ich find's einfach schön, ich brauch das. Also er braucht das nicht unbedingt. Während ich so sag: ‚zwei-, dreimal die Woche', sagt er: ‚einmal, können wir uns nicht auf einmal einigen?' Ich so: ‚Nee, dreimal'. Er: ‚Okay dann einigen wir uns auf zweimal'. Ich: ‚Okay, zweimal ist gut'. Aber ich krieg ja dann meistens sowieso meinen Willen. Mit 'm bisschen Geschleime."

Die meisten jungen Frauen verweisen auf Übereinstimmungen, eine beträchtliche Minderheit aber auf die Diskrepanzen männlicher und weiblicher sexueller Wünsche. Das gilt auch für die sexuelle Initiative. Die meisten Befragten sagen, dass sie genauso häufig wie ihr Freund initiativ werden oder – das sind wenige – häufiger. Gut ein Drittel glaubt, dass der Freund häufiger den ersten Schritt tut. Hier sind einige Beispiele für die verschiedenen Antwortmuster zur Frage: „Wer fängt an?"

> *Franka* (17, Hauptschulabschluss). „Von beiden Seiten eigentlich gleich. Das ist auch immer unterschiedlich. Wer gerade Lust hat."

> *Adriana* (16, Gymnasium). „Bei uns ist es eigentlich nie so, dass einer die Initiative ergreift, sondern bei uns ist klar, wenn wir alleine sind und gerade nichts Besseres zu tun haben, dann passiert's auf jeden Fall. Ist immer so bei uns."

> *Carola* (15, Realschule). „Ich. Also ich hab die Oberhand, weil ich mehr Erfahrung hab als er."

> *Martina* (15, Gymnasium). „Ja, so eigentlich er. Und ja, das ist jetzt nicht so, dass er mich dazu zwingt, oder so. Ich sag dann schon, dass ich keine Lust habe, wenn das so ist."

Die Vorstellung, dass Sex reziprok und wechselseitig sein soll, dass also beide ihn wollen und beide etwas davon haben sollen, hat den Rang einer Selbstverständlichkeit. Das gilt auch für die von uns befragten Frauen und wird spontan an ganz unterschiedlichen Stellen des Interviews gefordert oder konstatiert: „Wir wollen es eigentlich so machen, dass wir beide auf unsere Kosten kommen", sagt die gerade zitierte *Martina*. „Beide müssen es natürlich wollen, und dann ist es auch in Ordnung", meint *Irina* (17), und *Ulrike* (16) befindet: „Also ich würde es nicht normal finden, wenn immer nur der Mann oder immer nur die Frau will. Dann läuft irgendwas nicht gut." Die Norm der Wechselseitigkeit schließt diskrepante Wünsche der Partner selbstverständlich nicht aus, verlangt aber einen besonderen Umgang damit, der Zwang und Gewalt ausschließt. Besonders oft betreffen die Diskrepanzen – in unserer Stichprobe wie bei heterosexuellen Paaren überhaupt – die Frequenz, und hier ist es in der Regel, aber keineswegs immer so, dass die Männer häufiger wollen als die Frauen. Nicht ganz so oft betreffen die Diskrepanzen die Art und Weise, wie Sexualität praktiziert wird: hier sind es dann eher die Frauen, die etwas Anderes wollen.

Wie reagieren die befragten Frauen, wenn ihr Freund „will" und sie nicht? Typisch für unsere Gruppe ist eine Zurückweisung sexueller Forderungen des Mannes (*Keisha*) oder ein mal genervtes, mal nachsichtiges Mitmachen von Fall zu Fall (*Fiona*) – gelegentlich auch deshalb, weil der Freund hin und wieder dem Drängen der Frau nachgibt (*Valentina*):

Keisha (15, Hauptschule abgebrochen). „Nö, ich sag einfach nö. Ich hab keine Lust, tut mir leid. Okay, er versucht's öfter, aber er schafft das bei mir nicht, wenn ich nicht will, dann will ich auch nicht."

Fiona (17, Gymnasium). „Das kommt darauf an. Also, wenn ich gar keinen Bock habe, hab ich keinen Bock. Wenn's so gerade geht, [sage ich:] ,Na ja, dann mach mal'. [...] Also er würde gerne häufiger mit mir schlafen, aber er weiß, das ist halt nicht drin. Und ich weiß nicht, ob er besonders unglücklich damit ist, oder ob er es einfach akzeptiert."

Valentina (17, Gymnasium) „Nee, also manchmal ist das schon so, ich hab einfach keine Lust gerade drauf, will halt irgendwie einen Film gucken, oder weil ich gerade zu müde bin und dann, ja, dann wird er sauer. Weil, wenn ich es mal will und er keinen Bock drauf hat, dann raste ich so aus, dass er sozusagen gezwungen wird von mir. Ja, aber dann sagt er natürlich, warum muss ich das machen und du nicht? Dann machen wir ein bisschen Theater, mal überredet er mich, mal nicht halt."

Nur in Einzelfällen berichten Frauen, dass sie sich gegen die sexuellen Wünsche ihres Freundes nicht oder nur unzureichend zur Wehr setzen konnten: *Cora* stand in ihrer ersten sexuellen Beziehung den sexuellen Avancen ihres Freundes, der deutlich älter war und einen geschlechtertraditionellen kulturellen Hintergrund hatte, hilflos gegenüber.

Cora (16, Gymnasium). „Ich wollte nur ganz selten auch von mir aus auch. Wir haben dann zwar immer Sex gehabt irgendwo, aber ich hab immer gesagt: ,nein, möchte ich nicht', und so weiter. [...] Also ich fand's zwar auch schön, wir hatten auch regelmäßig Sex, aber eigentlich wollte ich nie so richtig von mir selber aus. [...] Ich konnte ihm schon sagen, dass ich es nicht verstehe, wenn er mich über alles liebt und ich nein sage, wie er das machen kann. Und eigentlich müsste ich schon längst Schluss gemacht haben, weil das lernt man ja allein schon, wenn man die BRAVO liest, dass man nicht mit Jungs schlafen soll, wenn nur er es will."

Cora hatte zunehmend Schmerzen beim Verkehr, die sie auf ihre „Verkrampfung" zurückführte. Nach dem Abbruch trennte sie sich enttäuscht und schweren Herzens von ihrem Freund. Ihre Ohnmacht, Grenzen zu setzen und ihre eigenen Wünsche zu entwickeln, waren vermutlich auf ihre Unerfahrenheit, ihre Faszination für den Freund und ihre noch geringe Fähigkeit zu selbstbestimmtem Handeln in der Partnerschaft zurückzuführen.

Einige Frauen bemängeln ausdrücklich, offensiv und selbstbewusst die Qualität der Sexualität mit ihren Freunden. Diese seien zu koitus- und orgasmusfixiert, vernachlässigten Zärtlichkeit und Vorspiel und seien zu wenig einfallsreich, zu lieblos und zu schnell. Interessanterweise sind dies oft diejenigen Frauen, die sich von ihren Freunden häufig zum Sex gedrängt fühlen:

Zoe (16, Hauptschule). „Ja er ist halt 'n Mann so. Er will also, ja weiß ich nicht, wie soll ich das erklären? Der will immer gleich so zack, und dann fertig, so. Man merkt nicht, dass er mich liebt oder so. Das ist halt irgendwie, da hab ich keine Lust zu, das ist mir zu dumm. Das weiß er aber auch. Und dann lehn ich es meistens immer ab."

Keisha (16, Hauptschule abgebrochen). „Also ich hab ihm das vor Kurzem erst gesagt, dass ich mehr machen will. Wir haben am Anfang immer so ganz normal gemacht, so rumgeknutscht und dann wurd's gemacht, so fertig. Hab ich gesagt, ich will aber ein richtiges Vorspiel machen, weil das gehört einfach dazu. Bei den Männern ist das ja kein Problem, die brauchen einfach nur anfangen, rein, raus, fertig. Aber wir Frauen, ich find's zumindest so, wir brauchen mehr. Nicht nur rumknutschen und dann rein. Also da hab ich ihm gesagt, dass ich mehr will, dass er sich mehr trauen sollte, weil ich hab ihn ja auch entjungfert und er muss wirklich so noch [lernen]."

Beate (16, Gymnasium). „Also ich hab ihm letztens 'n Vortrag ungefähr 'ne halbe Stunde lang gehalten darüber, was ich mir wünsche und was er alles falsch macht. Und ich glaub, jetzt muss er es eigentlich irgendwie mal verstanden haben (lacht). Na, dass er mir eben zeigt, dass er mich begehrt, dass ich für ihn die Einzige bin und nicht immer penetrant, sag ich mal, wenn wir Fernsehen gucken oder so, jedes Mal irgendwelchen komischen Tussen da hinstarren muss. Und dass er mich eben überall anfasst und nicht an irgendwelchen einzelnen Stellen, sondern auch im Gesicht strei-chelt, und so was eben. Ja, er war 'n bisschen geknickt, dass ich so viele Kriterien hab (lacht). Dann hat er irgendwie gemeint, ,Warum schläfst du überhaupt noch mit mir, wenn ich doch so schlecht bin?'"

Diese Klagen über zu stürmische, zu penetrationszentrierte oder zu unsensible Männer sollten aber nicht darüber hinweg täuschen, dass die meisten Frauen mit dem Sex in ihrer Beziehung ganz zufrieden sind: „Wie man sich dabei fühlt? Also gut", sagt *Tamara* (17), „Ich find das cool, ich habe meinen Spaß dabei", sagt *Babette* (15) und *Adriana* (16) findet: „Also so besondere Tage, wo wir wunderschön und intensiv miteinander schlafen, vergisst man nicht."

Sexuelle Treue

In ihren oft kurzen und zumeist seriellen Beziehungen sind die Befragten in der Regel treu. Von denjenigen, die gegenwärtig in einer festen Partnerschaft leben, hat nur gut ein Zehntel den Freund schon einmal „betrogen". Treue ist für die meisten ein wichtiger Wert, sie gehört zu einer festen Beziehung, definiert sie geradezu. Auf die Frage, „wollt Ihr Euch treu sein?" antworten fast alle mit „Ja" oder einem entschiedenen „Ja" („ja, auf jeden Fall"; „ja, das ist sehr wichtig"; „ja

klar"; „ja, das steht an erster Stelle" usw.). Den Ernst der Treueerwartung zeigen
die folgenden, für die befragte Gruppe typischen Äußerungen:

> *Annabelle* (17, Realschule). „Also, für mich ist eigentlich Treue schon am wichtigsten,
> weil ohne Treue kann eigentlich großartig keine Beziehung entstehen, weil wenn der
> eine andauernd fremdgehen würde oder so, das wäre überhaupt keine Beziehung."

> *Irina* (17, Realschulabschluss). „Also das ist auch so, dass wir dann da auch wirk-
> lich offen drüber reden, weil für mich ist das so, wenn ich 'ne Beziehung hab, dann
> brauch ich nicht mit irgendeinem anderen was machen, weil wenn ich jemanden mag
> oder liebe, dann brauch ich keinen anderen, sag ich mal so. Dann bin ich mit dem
> glücklich und der hat dann auch alles, was für mich einer braucht, und wenn ich dann
> mit mehreren Männern irgendwas machen wollen würde, dann würde ich mir keine
> Beziehung anschaffen so. So sehe ich das."

> *Tanja* (16, Realschule). „Bei uns ist das so, das ist von seiner Seite und von meiner Seite
> aus, in der Beziehung, gibt's nur uns beide. Er kann seine Freundinnen so haben und ich
> kann meine Freunde so haben, das ist gar kein Thema. Aber was Beziehungen angeht,
> dann gibt's einfach nur uns beide. Was halt auch Sex oder sonst was angeht. Auch
> ein Kuss wäre für mich schon Fremdgehen und das wäre auch ein Trennungsgrund,
> genau wie für ihn, und das weiß ich eben auch, und das war von Anfang an klar."

Die Grenzen werden eng gesteckt. Für *Tanja* sind soziale Kontakte mit dem anderen
Geschlecht selbstverständlich, aber ein Kuss ist schon „Fremdgehen". In der Tat
gilt den meisten Frauen „Fremdküssen" und „Fremdknutschen", wie manche es
nennen, als „untreu". Für *Babette* (15) bedeutet Treue, „dass er nicht mit anderen
Weibern rumknutscht oder so. Der kann zwar rumflirten oder so, aber nicht mehr."
Dara (17) geht auch das Flirten zu weit, „nur in der ersten Beziehung habe ich
noch hingenommen, dass er mit anderen Mädchen geflirtet hat."
  Die tatsächlichen oder vermuteten Sanktionen im Fall der Untreue sind streng
und klar. Für *Tanja* ist ein Kuss schon ein Trennungsgrund, und wie sie halten
viele (wie z. B. *Jenny*, s. u.) Trennung für eine beinahe selbstverständliche Reaktion.
Einige haben sich schon einmal – ganz oder zeitweise – von einem untreuen Freund
getrennt (wie z. B. *Viktoria* und *Pia*):

> *Jenny* (17, Hauptschulabschluss). „Treue ist mir superwichtig. Also, das wär auch der
> erste Grund, um Schluss zu machen, um zu sagen, nee. Genauso, wie wenn man die
> Hand mir gegenüber erheben würde."

> *Viktoria* (16, Gymnasium). „Er ist fremdgegangen, aber er hat nicht mit dem Mädchen
> geschlafen. Hat er mir erzählt und dann war auch erst mal aus, 'n halbes Jahr oder so.
> Aber in der Zwischenzeit haben wir uns trotzdem geliebt, aber da war kein Vertrauen

da, ich hab ihm überhaupt nicht vertraut. Und ich konnte gar nicht mit ihm zusammen sein, weil das für mich superwichtig war, dieses Vertrauen, dass er nichts mit anderen Mädchen macht und so. Zwischendurch ist er natürlich zu mir gekommen und hat auch mal bei mir geschlafen, aber ich konnte nicht mit ihm zusammen sein. Nach 'nem halben Jahr hat sich dann alles wieder aufgebaut, dann sind wir wieder zusammen gekommen."

Pia (17, Fachgymnasium). „Also, Treue ist mir wichtig, auf jeden Fall. Na ja, mit meinem Ex-Freund war deswegen halt auch Schluss, weil er mich betrogen hat."

Darauf zu vertrauen, „dass er nichts mit anderen Mädchen macht" ist *Viktoria* wichtig und *Adriana* (16) sagt: „also ich vertrau ihm blind, der wird nie fremd- gehen, nie. Und ich ihm genauso wenig." Andere setzen weniger auf Vertrauen als auf konkrete Indizien, Kontrolle und eine Portion Skepsis gegenüber dem Partner, auch unter Nutzung moderner Kommunikationsmittel:

Tina (16, Realschule abgebrochen). „Also die Zeit dazu [zum Fremdgehen] hätte er nicht eigentlich, weil er arbeitet zehn Stunden am Tag, und danach geht er nach Hause, da bin ich dann schon. Also wenn er jetzt, sagen wir mal, irgend so 'ne Tusse mit zu ihm nach Hause nehmen würde, also dann müsste sie wirklich sehr blöd sein, wenn sie das nicht merkt, dass da irgendwie was Weibliches dabei ist so. Da sind voll die pinken Sachen und Hausschuhe, und dies und das, und so ,I love you Herzen' und so 'n Scheiß. Also ich glaub, das müsste schon auffallen. Und alles wegräumen, das würde er gar nicht hinkriegen. Das würde ich dann merken, weil er es ja nicht wieder an dieselbe Stelle tun könnte. Weil Männer sind da nicht so gut drin. Und ich bin dann so, ich ruf dann mal sein ganzes Telefonbuch durch und guck mal, wer da so ist."

Kathleen (16, Realschule). „Wenn ich sein Handy nehme, da wird er richtig komisch und sagt ,Lass das doch mal liegen' und so. Dann merk ich ja, dass er mir was zu verheimlichen hat, und wenn ich ihm nicht vertrauen kann, dann seh ich da drin auch keinen Sinn. Und da ist der halt mit meinem Hund mal Gassi gegangen, da hat er sein Handy liegen lassen, so vor zwei Wochen. Und dann hab ich halt in sein Handy geguckt, so bei SMS. Und dann hat ein Mädchen halt geschrieben, irgendwas: ,Ich hab dich ganz doll lieb', und so was. Und da war ich halt dann so sauer, da hab ich halt alle Sachen, die ich von ihm hatte, in die Küche geschmissen."

Durch Treue- und Besitzansprüche *selbst* eingeschränkt und drangsaliert fühlen sich vor allem junge Frauen, die einen Freund aus einer geschlechtertraditionellen Kultur haben. Diese Mädchen reagieren rebellisch und nicht selten mit Rückzug und Trennung auf die massiven Verbote ihres Freundes, andere Jungen zu sehen, mit ihnen zu sprechen oder zu chatten, mit Freundinnen auszugehen usw. In diesen Beziehungen werden am Thema „Treue" die kulturell unterschiedlichen Freiheitsansprüche von Frauen in festen Beziehungen und die Besitz- oder Machtansprüche der Männer verhandelt.

Viktoria (16, Gymnasium, zusammen mit einem muslimischen Jugendlichen). „Er wollte immer so ein richtig anständiges Mädchen haben, was dies nicht macht und das nicht macht, verbieten und so. So richtig streng in der Sache. Und dann hatte ich keine Lust mehr darauf, so: ‚Nö, ich mach mein Ding, ich zieh das durch und wenn du ein Problem damit hast, dann ist das so.'"

Gina (16, Hauptschulabschluss, zusammen mit einem türkischen Jugendlichen). „Also, er war halt sehr eifersüchtig, und ich durfte nicht raus, sehr eifersüchtig. Nicht so mit Jungs reden, telefonieren, chatten, durfte ich alles nicht und auch nicht mit meinen Freundinnen weggehen. Halt immer nur zu Hause sitzen oder bei ihm und gab halt viel Streit. Und dann saß ich immer zuhause, hab mal geweint oder so, dann haben meine Eltern das immer mitgekriegt, und deswegen mochten sie ihn schon alleine nicht." Die Auseinandersetzungen führten dazu, dass sie „öfter Schluss machten" und sich schließlich endgültig trennten.

Yolanda (17, Fachgymnasium, zusammen mit einem muslimischen Jugendlichen). „Dann gab es Streitereien. Ich will auf Party gehen, mich amüsieren. Er hasst Partys. Er hasst es, wenn mich 'n Junge anguckt. Ich wollte jetzt mehr meine Freiheit haben, und er wollte jetzt aber noch fester, und irgendwie passte das nicht mehr zum Schluss. […] Da haben wir gesagt, bevor es wirklich im Streit auseinander geht, dass man sich hasst oder dass ich 'n Fehler mach, er 'n Fehler macht, gehen wir lieber so auseinander."

Die gerade zitierten jungen Frauen geben einen Einblick in die Eifersuchtsnöte und -dramen Jugendlicher. „Eifersucht" ist die häufigste Antwort auf die Frage, worüber in der Partnerschaft gestritten wird oder was die Beziehung belastet. „Deswegen kriegen wir uns öfter in die Haare", sagt zum Beispiel *Helene* (16), „das ist das Liebste, worüber wir uns streiten", sagt *Hanna* (17), „das ist 'n ganz, ganz, ganz, ganz, ganz großes Problem", findet *Nadine* (17). Und *Beate* (16) fürchtet sogar, „wenn wir auseinander gehen, dann aus Eifersucht." Aber sie hofft, dass solche Verwerfungen nur vorübergehend sind: „Und dann werden wir bestimmt auch wieder zusammen kommen. Bin mir ganz, ganz sicher."

Nur vier Befragte weichen von der klaren Treueposition des Mainstreams ab. Zwei erwägen, ihrem Freund gegenüber nachsichtig zu sein: *Frederike*, weil sie ihn schon einmal betrogen hat; *Vivian*, weil er im Gegensatz zu ihr keine sexuelle Vorerfahrung hat. *Martina* bekennt, dass sie schwach werden könnte, *Fiona* akzeptiert Sex mit anderen, wenn die Beziehung dadurch nicht gefährdet wird:

Frederike (17, Hauptschulabschluss). „Naja, eigentlich hat Treue mir sehr viel bedeutet. Aber wo ich selber ziemlich lange jetzt fremdgegangen bin, wäre ich nicht mal böse, wenn er mir jetzt fremdgeht."

Vivian (17, Gymnasium). „Hm, also wir sind uns bis jetzt treu gewesen und wollen das auch eigentlich so beibehalten. Wenn er mir dann aber irgendwann sagt, ,ja, ich hatte noch nie 'n andres Mädchen und du, du hattest schon', und so, dann denk ich, gesteh ich ihm das zu, aber nur ungern und ich weiß nicht, ob ich's dann danach widerrufen will. Also: wär schon problematisch für mich, wenn der jetzt untreu werden würde."

Martina (15, Gymnasium). „Und dann weiß ich nicht, also wenn jetzt mein Traumtyp um die Ecke kommen würde, würd ich, glaub ich, schon untreu werden. Aber ja, ich weiß nicht, ich glaub, das würd ihm sein Herz brechen."

Fiona (17, Gymnasium). „Also, für meinen Freund ist Treue ganz hoch gesetzt, also jetzt körperliche Treue, ist klar. Und also, er würde auch, wenn er wüsste, dass ich fremdgegangen bin oder so, sofort Schluss machen. Und für mich ist es halt nicht so wichtig. Also ich bin jetzt auch kein Mensch, der irgendwie in der Gegend rumvögelt oder so, aber man ist ja auch nur einmal jung und ich kann ja auch nicht meine ganze Jugend mit einem Typen verbringen, das geht ja nicht. Und ich weiß nicht, ich finds nicht tragisch, solange man seinen Partner liebt, solange die Gefühle geklärt sind, finde ich das in Ordnung. Solange es halt wirklich dann nur auf Sex basiert oder so, ist das in Ordnung."

Fiona lebt sei drei Jahren in einer festen Beziehung. Das Problem, dass man nicht „die ganze Jugend mit einem Typen verbringen kann", lösen die meisten Gleichaltrigen auf eine andere Weise als sie: durch serielle Beziehungen. Insgesamt fällt auf, dass die jungen Frauen in einer nicht-moralisierenden Art und Weise über Treue sprechen. Sexuelle Ausschließlichkeit ist für sie eher ein funktionaler, pragmatischer Wert: Untreue ist dysfunktional, weil sie in den Augen der Befragten den Anderen verletzt, Unfrieden stiftet, Vertrauen zerstört und die Beziehung bedroht.

Fremdgehen und Affären

Etwa jede fünfte Befragte ist in zumindest einer ihrer bisherigen Beziehungen schon einmal fremdgegangen. Kontext und Bedeutung der Außenbeziehungen sind außerordentlich unterschiedlich: Die heftige Verliebtheit in einen „Neuen" am Ende und zur Beendigung einer alten, überlebten Beziehung (*Keisha*); der Seitensprung zur Provokation des Partners in Beziehungskrisen oder Beziehungspausen (*Gina*); der heterosexuelle Ausrutscher in einer gleichgeschlechtlichen Beziehung (*Nadine*); der eher beiläufige und belanglose One-Night-Stand unter Alkohol in der Peer-

Gruppe (*Undine*); oder die sexuell leidenschaftliche Affäre neben einer etablierten und glücklichen Partnerschaft (*Frederike*).

Keisha (15, Hauptschule abgebrochen) lebte bis vor einem Jahr in einer fast drei Jahre andauernden Beziehung, in der sie zunehmend unzufrieden war. „Er hat mich sehr vernachlässigt, er hat sich eine Woche lang nicht mehr bei mir gemeldet. Nach dieser Woche hab ich mit ihm geredet: ‚Wenn so was noch mal vorkommt, ist Schluss.‘ Und in dieser Zeit hab ich von meiner ex-besten Freundin ’n Kumpel kennengelernt, und direkt auf den ersten Blick hab ich mich so krass in den verschossen, ich wollte ihn gar nicht mehr loslassen. Das sollte eigentlich nur ein One-Night-Stand sein, aber daraus ist dann doch mehr geworden.“

Gina (16, Hauptschulabschluss) hatte mit ihrem Freund, mit dem sie ein Jahr zusammen war, häufig Krisen und kurzfristige Beziehungspausen. „Das war eher so, einfach so um ihn zu ärgern, würd ich jetzt wohl sagen, ich weiß es nicht. […] Ich hab's ihm erst verheimlicht, aber dann irgendwann hab ich ihm das dann erzählt. Aber danach bin ich auch nicht mehr fremdgegangen. Das waren, ja, drei Mal, und dann hab ich ihm das später erzählt, und dann wusste er das. Also einmal war das fast wie ein Freund, aber der wusste dann nichts von dem andern, so, ja wie zwei Freunde auf einmal. Und die anderen beiden waren schon eher One-Night-Stands.“

Nadine (17, Hauptschule abgebrochen) lebt seit zwei Jahren in einer festen Beziehung mit Melissa. „Ein richtig guter Freund von mir, der ist so richtig verliebt in mich. […] Mit dem hab ich keine Beziehung gehabt, ich hatte ja Melissa. Das war einfach nur ein Ausrutscher.“ Sie schlief einmal mit diesem Mann und wurde schwanger. Die Freundin weiß von Schwangerschaft und Abbruch. „Sie war halt richtig enttäuscht und so, kann mir auch heute noch nicht richtig vertrauen, aber irgendwie, keine Ahnung, irgendwie hat uns das alles zusammengeschweißt. Irgendwie ganz komisch.“

Undine (17, Hauptschule) ist seit fast zwei Jahren mit ihrem Partner zusammen und ging mit einem „Kumpel“ fremd. „Ja, also das war eigentlich ein guter Freund von mir, wir hatten auch so vorher noch nie was miteinander. Wir waren halt so mit Freunden gewesen, die waren halt gerade irgendwie weg und wir haben getrunken und so was alles. Und da, weiß ich gar nicht, ist das irgendwie passiert so. […] Ich weiß nicht, mir war's eigentlich egal, weil ich hab da [wegen des Alkohols] sowieso nicht so viel mitbekommen eigentlich. Nur danach so, hab ich mich halt so 'n bisschen Scheiße gefühlt, weil ich ja dann eigentlich meinen Freund betrogen habe.“

Frederike (17, Hauptschulabschluss) hatte drei Monate lang eine Affäre mit dem Freund und Mitbewohner ihres Partners, mit dem sie seit drei Jahren zusammen ist. „Also er (der Geliebte) ist eigentlich mein bester Freund und sein bester Freund (lacht verlegen). Nicht so die Glanzleistung, eigentlich.“ Sie wurde mit dem Geliebten schwanger. „Ja, wir haben an diesem Tag dreimal miteinander geschlafen, aber ohne Verhütung, […]

weil wir in der Situation nichts parat hatten, und die Situation einfach günstig war und so. [...]. Es ist zwischen mir und ihm so 'ne komische Anziehungskraft gewesen und immer, wenn wir alleine waren..." Sie verheimlichte die Schwangerschaft vor ihrem Freund, mit dem sie „auf jeden Fall" zusammenbleiben will, und beendete die Affäre. „Die Affäre war absolut für'n Arsch. Ja, würd ich auch nicht wiederholen."

Nadine und *Frederike* sind sich sicher, dass sie beim Sex außerhalb ihrer festen Beziehung schwanger geworden sind, *Undine* hält es zumindest für möglich. Das ist angesichts der Seltenheit von Seitensprüngen oder Affären auffällig und dadurch zu erklären, dass die Verhütung bei diesen emotional intensiven und oft unerwarteten Sexualkontakten oft besonders unzureichend ist (vgl. Matthiesen 2008).

Singlesex[10]

Bei jungen und älteren Erwachsenen, Männern wie Frauen, spielen sich etwa 95 % aller heterosexuellen Akte in festen Beziehungen ab (Schmidt u. a. 2006a). Dies dürfte bei den befragten Frauen nicht sonderlich anders sein, denn die überwiegende Mehrheit von ihnen ist fest liiert, die Koitusfrequenz in diesen Beziehungen ist hoch, und Sex ohne oder außerhalb von Beziehungen ist eher selten. Zwar hat jede zweite Befragte schon einmal als Single Sex gehabt, aber in der Regel nur sporadisch. Und nur knapp jede fünfte Frau ist einem ihrer Partner schon einmal sexuell untreu gewesen. Auch die jungen schwangeren Frauen folgen also einem allgemeinen Muster, demzufolge Sex in festen Beziehungen organisiert wird (wenn auch in jugendtypisch kurzen Beziehungen).

Die Formen des Singlesex sind mannigfaltig: One-Night-Stands nach Partys oder internet-vermittelt (*Helene, Olga*), Sex mit vertrauten Personen wie dem „Ex" oder einem „guten Kumpel", zu denen eine Freundschaft, aber keine Liebesbeziehung besteht (*Ulrike*), Singleaffären auf der Suche nach einer festen Beziehung (*Pia*), oder, sehr selten, zur Vermeidung einer festen Beziehung (*Zara*):

> *Helene* (16, Realschulabschluss) hat, wenn sie nicht fest befreundet ist, gelegentlich One-Night-Stands. „Waren eigentlich auch ganz schön. [...] Ja, beim Feiern gehen, man sieht sich, denkt sich: ‚och, der sieht ja ganz gut aus', kommt ins Gespräch und dann passiert's halt. Ja, dann geht man halt erstmal zusammen zu Ende feiern und so, und dann fährt man halt entweder irgendwie zu jemandem, weil man ist nicht richtig müde, man ist einfach noch so in Partystimmung und ja. Und dann sind wir zu ihm gefahren, und dann ist es halt irgendwann passiert. War halt irgendwie so spontan."

---

[10] Als Singlesex bezeichnen wir Sex mit einem Partner, von dem die junge Frau sagt, dass sie mit ihm keine feste Beziehung hat.

Helene verhütet bei One-Night-Stands immer mit Kondomen. Wenn sie fest befreundet ist, kommt ein One-Night-Stand für sie nicht in Frage.

Olga (17, Realschulabschluss) wiegt die Vor- und Nachteile von One-Night-Stands ab. „Ich denke mal, wenn man nur einmal, oder wenn man sich nur 'n paarmal mit dem getroffen hat und mit dem Sex hat, das ist, denk ich mal, 'n andres Gefühl, als wenn man mit jemanden zusammen ist und mit dem Sex hat, also. Ich sag mal, es ist, na ja, hört sich vielleicht doof an, aber ist spannender, sag ich mal, wenn man die Person nicht kennt. Aber wenn man mit 'm Freund zusammen ist, kann man mit dem reden und dem sagen, was einem gefällt und so, wird dann halt gemacht, na ja, wird schon passen, so nach dem Motto und ja." Olga verhütet bei diesen Begegnungen mit der Pille.

Ulrike (16, Realschule) trifft ihren Freund, mit dem sie ein Jahr zusammen war, viele Monate nach der Trennung wieder. „Und dann hatten wir uns halt zufällig gesehen so. Und so voll gefreut und so, glücklich irgendwie, sich mal wieder zu sehen. [...] Man ist, man hat sich dann halt auch in Arm genommen, hat immer, wenn man über was gelacht hat, sich immer so an die Schulter geklopft oder irgendwie so, wie das halt in solchen Gesprächen läuft, und dann ist man sich halt doch näher gekommen, und dann geht es halt immer weiter so. Und dann ist das halt so dann passiert. Wobei, wir hatten jetzt auch keinen Freund oder Freundin. Und kann auch sein, dass man sich auch so allein gefühlt hat, vielleicht auch so 'n bisschen halt. Und dann ist das passiert halt, dass man miteinander geschlafen hat und im Nachhinein war man jetzt auch nicht zusammen danach oder so."

Pia (17, Fachgymnasium). „Danach, nach meinem Ex-Freund, hatte ich 'ne Zeit lang gar keinen Freund natürlich und dann hab ich ein bisschen gedatet, ein paar neue Menschen kennengelernt, paar neue Jungs kennengelernt. Und war halt auch mit manchen zusammen, aber war halt nie das Richtige für mich. Also, da gab's halt so zwei Jungs, wo ich dachte, ja toller Junge, alles läuft zwar gut, und alles ist zwar schön, aber irgendwie nicht das Richtige für mich." Sie hat in diesen Beziehungen mit Pille und Kondom verhütet.

Zara (17, Hauptschulabschluss) hatte eine Reihe meist kurzer Affären, nachdem sie ihr Freund, mit dem sie 16 Monate zusammen war, mit ihrer besten Freundin betrogen hatte und mit dieser eine Partnerschaft eingegangen war. Es dauerte gut ein Jahr, bis sie ihren jetzigen Freund kennenlernte. In dieser Zeit habe sie mit Männern geschlafen: „Eigentlich mit nicht so vielen, also ich kann es noch an einer Hand abzählen. [...] Vor allem mit verheirateten Männern, kann man sagen. Na ja, und Leute, die eine Freundin haben. Schon ältere. Also so ab 25 aufwärts." Auf die Frage, ob es sie gestört hat, dass diese Männer in Beziehungen lebten, antwortet sie: „Nee, eigentlich, ich wollte ja gar keine Beziehung, ich war eigentlich froh gewesen, dass der 'ne Freundin hatte, so gesehen."

Beziehungsbiografien

Als Beziehungsbiografie bezeichnen wir hier die Abfolge von Beziehungen und Singleperioden in der Lebensphase zwischen dem 13. Geburtstag und dem Zeitpunkt des Interviews. Beziehungsbiografien variieren in Abhängigkeit von der Dauer und der Anzahl von Beziehungen und Singlephasen und ihrer speziellen Abfolge und zeigen für jede Befragte ein individuelles Muster (vgl. Abb. 2).

Abbildung 2   Beziehungsbiografien minderjähriger schwangerer Frauen

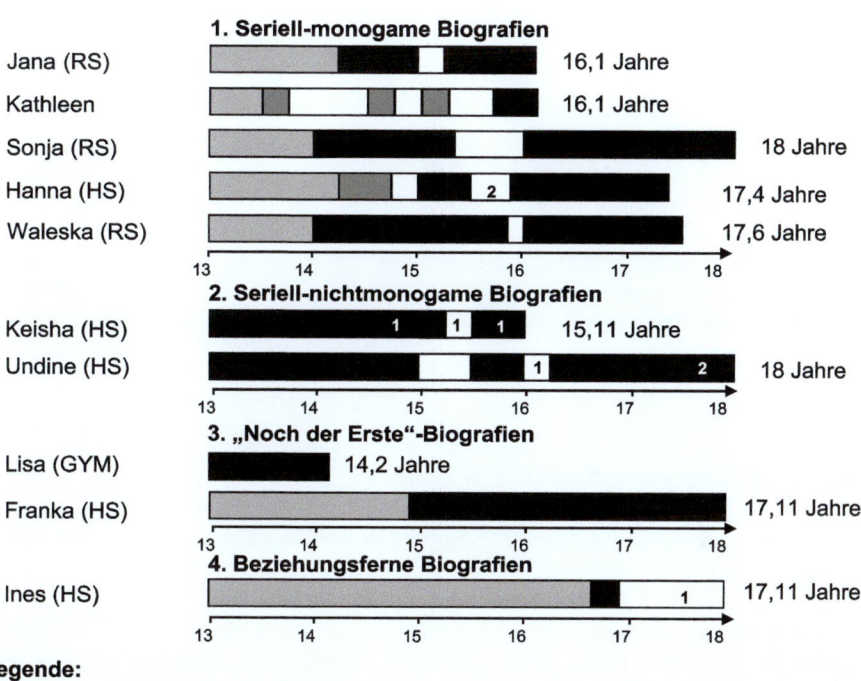

Legende:

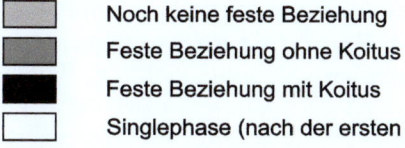

- Noch keine feste Beziehung
- Feste Beziehung ohne Koitus
- Feste Beziehung mit Koitus
- Singlephase (nach der ersten Beziehung)
- Sex mit einem Partner in einer Singlephase
- Sex mit einem Partner während einer festen Beziehung

Von ihrem 13. Geburtstag bis zum Interview haben die Befragten im Durchschnitt die Hälfte ihrer Lebenszeit in festen Beziehungen gelebt, und zwar in zwei bis drei Partnerschaften. Hinter dieser „gemittelten" Beziehungsbiografie stehen ganz unterschiedliche individuelle Verläufe, die sich zu vier Haupttypen zusammenfassen lassen.

Der häufigste Typus, zu dem etwa die Hälfte der Befragten zugeordnet werden kann, sind *seriell-monogame Biografien*. Diese Frauen haben bisher in mindestens zwei festen Beziehungen gelebt, in denen sie treu waren bzw. treu sind. Die Verläufe können durch eher kurze (*Jana*, *Kathleen*), durch eher lange (*Waleska*) oder durch eine Mischung aus langen und kurzen (*Sonja*, *Hanna*) Beziehungen bestimmt sein.

Seriell-nichtmonogame Biografien sind deutlich seltener. Knapp jede fünfte Befragte lässt sich diesem Typ zuordnen. Diese Frauen hatten zwei oder mehr feste Beziehungen und sie hatten in mindestens einer dieser Partnerschaften eine Außenbeziehung (*Keisha*, *Undine*).

Etwas mehr als ein Fünftel der Befragten hat eine *„Noch der Erste"-Biografie*. Das heißt, sie leben weiterhin in ihrer ersten, meist längeren Partnerschaft, monogam (*Lisa*, *Franka*) oder nichtmonogam.

Lediglich jede Zehnte hat eine *beziehungsferne Biografie*. Diese Frauen haben seit ihrem 13. Geburtstag weniger als ein Fünftel ihrer Lebenszeit in festen Beziehungen gelebt (*Ines*). Dass dieser Biografietypus so selten ist, verweist noch einmal auf die Tatsache, dass eine hohe Beziehungsdichte nach der Pubertät für heutige Jugendliche typisch ist.

Jugendtypische Sexualmuster: Ein Fazit

Für die meisten der von uns befragten jungen Frauen gehört Sex in eine Liebesbeziehung, und vice versa gilt ihnen (zumindest nach dem ersten Koitus) eine Beziehung nur als „fest", wenn sie mit dem Partner schlafen. Diese Beziehungen sind romantisch und durch die Ideale „Liebe" und „Treue" geprägt, und sie sind in der Regel tatsächlich monogam, wenn auch oft in kurzen Beziehungen. Sex und Liebesbeziehungen validieren sich wechselseitig, was dazu führt, dass Jugendliche sehr bald nach dem Beginn einer Beziehung miteinander schlafen, um zu zeigen und zu prüfen, dass bzw. ob es eine „richtige" Beziehung ist. Sie wünschen sich dauerhafte Beziehungen, aber wie bei Erwachsenen auch (Schmidt u. a. 2006a) muss der Wert „Dauer" mit der Wertvorstellung „Qualität der Beziehung" konkurrieren: Dauer wird nur gewünscht, solange sich die Frauen in der Beziehung aufgehoben fühlen und sie die Partnerschaft als befriedigend und lebendig erleben. Die Folge dieser Konkurrenz sind serielle Beziehungsmuster, die heute auch schon im Jugendalter vorherrschen. Trennungen können schmerzen, aber sie werden weniger als ein Scheitern erlebt, denn als eine Möglichkeit, Erfahrungen mit unterschiedlichen Partnerschaften zu machen. Einen festen Freund zu haben, hat für die Befragten einen hohen Stellenwert, sie möchten früh einen Freund haben und fangen entsprechend früh mit dem Sex an. So haben Jugendliche heute in der Regel eine hohe Beziehungsdichte, einen relativ großen Teil ihrer Adoleszenz verbringen sie fest liiert. Die jungen Frauen beanspruchen gleiche sexuelle Rechte und Optionen wie Männer und sie wehren sich – oft, wenn auch nicht immer, erfolgreich –, wenn ihre Forderung nach Gleichheit und Gegenseitigkeit in der Partnerschaft nicht respektiert wird. Ihre egalitäre Haltung führt in Beziehungen mit Partnern, die aus geschlechtertraditionellen Kulturen oder Milieus stammen, besonders häufig zu Konflikten und Auseinandersetzungen.

Das hier skizzierte modale oder Hauptmuster der Jugendsexualität ist keineswegs „verwahrlost". Aber es ist so komplex, dass eine Minderheit der von uns Befragten damit überfordert ist. Hin und her gerissen zwischen hohen Erwartungen und schneller Enttäuschung, suchen sie in Beziehungen, die instabil und gelegentlich auch gleichgültig sind, nach Geborgenheit, Unterstützung, Respekt und Selbstachtung, die schon viel früher, nämlich in ihrer Herkunftsfamilie, enttäuscht wurden. In dieser eher kleinen Gruppe von Befragten aus sozial und familiär prekären Verhältnissen finden sich sehr oft auch die jungen Frauen, die immer wieder inkonsequent und nachlässig verhüten (Matthiesen u.a. 2009: 89). Im Großen und Ganzen aber kann man feststellen, dass es den von uns befragten Jugendlichen – wie Jugendlichen überhaupt (vgl. Schmidt 2004) – gelingt, die Verantwortung für ihr sexuelles Handeln zu übernehmen.

Danksagung

Wir bedanken uns bei den jungen Frauen, die den Mut hatten und sich die Zeit genommen haben, mit uns über ihre Schwangerschaft, ihren Schwangerschaftsabbruch und ihre Sexualität zu sprechen. Wir bedanken uns auch bei den BeraterInnen der pro familia Beratungsstellen, ohne deren Engagement und Kooperation diese Studie nicht möglich gewesen wäre.

Literatur

Baier, Dirk (2008): Entwicklung der Jugenddelinquenz und ausgewählter Bedingungsfaktoren seit 1998 in den Städten Hannover, München, Stuttgart und Schwabisch Gmünd. Forschungsbericht 104, Kriminologisches Forschungsinstitut Niedersachsen e. V. Hannover.
Becker, Sophinette; Hauch, Margret; Leiblein, Helmut (Hg.) (2009): Sex, Lügen und Internet. Sexualwissenschaftliche und psychotherapeutische Perspektiven, Gießen: Psychosozial Verlag.

Bozon, Michel; Kontula, Osmo (1998): Sexual initiation and gender in Europe. A cross-cultural analysis of trends in the twentieth century. In: Hubert, Michel; Bajos, Nathalie; Sandfort, Theo (Hg.): Sexual behavior and HIV/Aids in Europe, London: UCL Press.

Bravo (2009): Dr. Sommer-Studie 2009, München: iconkids & youth.

BZgA (2006): Jugendsexualität. Repräsentative Wiederholungsbefragung von 14- bis 17-Jährigen und ihren Eltern, Köln: BZgA.

Dannenbeck, Clemens; Stich, Jutta (2005): Sexuelle Erfahrungen im Jugendalter. Aushandlungsprozesse im Geschlechterverhältnis, Köln: BZgA.

Kahlweit, Cathrin (2005): Jung, ahnungslos, schwanger. Früh geschlechtsreif aber schlecht aufgeklärt: Junge Mädchen in Deutschland lassen immer häufiger abtreiben, Süddeutsche Zeitung; 31. Oktober.

Klein, Alexandra; Zeiske, Anja; Oswald, Hans (2008): Früh übt sich... Sexuelle Handlungsfähigkeit und das Alter beim ‚ersten Mal'. In: Ittel, Angela u. a.: Jahrbuch Jugendforschung, Wiesbaden: VS-Verlag, S. 93–112.

Matthiesen, Silja (2008): Wenn Verhütung scheitert – Qualitative und quantitative Analysen zu Verhütungspannen bei Jugendlichen. Ergebnisse eines Pro Familia Forschungsprojekts. Zeitschrift für Sexualforschung 21, S. 1–25.

Matthiesen, Silja u. a. (2009): Schwangerschaft und Schwangerschaftsabbruch bei minderjährigen Frauen, Köln: BZgA.

Peter, Jochen; Valkenburg, Patti M. (2007): ‚Adolescents' Exposure to a Sexualized Media Environment and Their Notions of Women as Sex Objects. Sex Roles 56, S. 381–395.

Schmidt, Gunter (Hg.) (1993): Jugendsexualität. Sozialer Wandel, Gruppenunterschiede, Konfliktfelder, Stuttgart: Enke.

Schmidt, Gunter (2004): Zur Sozialgeschichte jugendlichen Sexualverhaltens in der zweiten Hälfte des 20. Jahrhunderts. In: Bruns, Claudia; Walter, Tilman (Hg.): Von Lust und Schmerz. Eine historische Anthropologie der Sexualität, Köln: Böhlau.

Schmidt, Gunter u. a. (2006a): Spätmoderne Beziehungswelten. Report über Partnerschaft und Sexualität in drei Generationen, Wiesbaden: VS Verlag.

Schmidt Gunter u. a. (2006b): Jugendschwangerschaften in Deutschland. Ergebnisse einer Studie mit 1801 schwangeren Frauen unter 18 Jahren. Zeitschrift für Sexualforschung 19, S. 334–358.

Schmidt, Gunter (2009): Fantasien der Jungen, Phantasmen der Alten. In: Becker, Sophinette; Hauch, Margret; Leiblein, Helmut (Hg.): Sex, Lügen und Internet. Sexualwissenschaftliche und psychotherapeutische Perspektiven, Gießen: Psychosozial Verlag, S. 143–156.

Siggelkow, Bernd; Büscher, Wolfgang (2008): Deutschlands sexuelle Tragödie. Wenn Kinder nicht mehr lernen, was Liebe ist, Asslar: Gerth Medien.

Spiegel (2001): Die unaufgeklärte Nation. Der Spiegel; Heft 39, 21. September.

Štulhofer, Aleksandar; Schmidt, Gunter; Landripet, Ivan (2009): Pornografiekonsum in Pubertät und Adoleszenz: Gibt es Auswirkungen auf sexuelle Skripte, sexuelle Zufriedenheit und Intimität im jungen Erwachsenenalter? Zeitschrift für Sexualforschung 22, S. 13–23.

Wendt, Eva V. (2009): Sexualität und Bindung. Qualität und Motivation sexueller Paarbeziehungen im Jugend- und jungen Erwachsenenalter, Weinheim, München: Juventa.

Wolak, Janis; Mitchell, Kimberly; Finkelhor, David (2007): Unwanted and wanted exposure to online pornography in a national sample of youth internet users. Pediatrics 119, S. 247–257.

Wüllenweber, Wolfgang (2007): „Voll Porno!". stern.de; 14. Juli [Online-Dokument: http://www.stern.de/politik/deutschland/581936.html].

Zerwes, Christine; Cadenbach, Christoph (2009): Jugend ohne Jugend – Sie sehen Pornos mit 12, haben Sex mit 13, sind schwanger mit 14: Warum haben es unsere Kinder so eilig mit dem Erwachsenwerden? Ein Krisengespräch. Magazin der Süddeutschen Zeitung; 28. August.

Wirkung pornographischer Mediendarstellungen

Theorien, Annahmen und empirische Befunde zur Medienwirkung sexualisierter und pornographischer Darstellungen auf Jugendliche

Ralf Vollbrecht

Wie die Wirkung pornographischer Mediendarstellungen einzuschätzen ist, hängt nicht zuletzt ab von dem gewählten theoretischen Zugang und dem mit ihm verknüpften Menschenbild. Im Folgenden werde ich auf einige ausgewählte theoretische Ansätze eingehen, da eine vollständige Darstellung von Wirkungsansätzen den Umfang des Beitrags sprengen würde. Historisch betrachtet, haben sich Theorien der Medienwirkungsforschung in der Auseinandersetzung mit jeweils einem Medium, dem Film, dem Radio, dem Fernsehen entwickelt. Wir leben heute jedoch in komplexen Medienwelten, in denen gleiche oder ähnliche Inhalte auf verschiedenen Kanälen kommuniziert werden, wobei von Wechselwirkungen auszugehen ist, und zudem in den Supermedien Computer und Internet Konvergenzeffekte auftreten, da vormals getrennte Einzelmedien in ihnen aufgehoben sind. Soweit es um Medienwirkungen auf Subjekte geht (und nicht um gesellschaftliche Effekte), werden Medienwirkungen in der Medienpädagogik daher heute meist im Kontext von Sozialisation betrachtet, also theoretisch eher als Mediensozialisation konzipiert statt als Medienwirkung (vgl. dazu die Beiträge in Vollbrecht/Wegener 2010).

Subjektbezogene Medienwirkungen: Von der Allmachtstheorie der Medien zu bedürfnisorientierten Ansätzen

Der öffentliche Diskurs um Medienwirkungen ist noch immer stark geprägt von der klassischen Wirkungsforschung in der Tradition des Behaviorismus mit seinem Stimulus-Response- bzw. Reiz-Reaktions-Modell. Die Grundannahme der Medienwirkung basiert in diesem Modell darauf, dass die gleichen Medienreize unter gleichen Bedingungen bei allen Mediennutzern zu gleichen Reaktionen führen müssten. Um vergleichbare Bedingungen herzustellen, wird in der Forschung versucht, möglichst alle messbaren Variablen zu isolieren, die einen Einfluss auf die Medienwirkung haben könnten. Prozesse des Sinnverstehens, etwa der Entschlüsselung von Mediensymbolen, bleiben ausgeblendet, da sie nach naturwissenschaftlich exaktem Verständnis nicht messbar sind. Der Mensch dieses Modells besteht aus dem statistischen Skelett seiner Variablen, das seine Bewegungen nach Anstoß durch Medienreize determiniert.

Die Grenzen dieses Ansatzes werden insbesondere in der Forschung zur Wirkung von medialer Gewaltdarstellung deutlich. Zunächst einmal sind gemessene Medieneffekte vergleichsweise gering und im Kontext stärkerer Effekte (beispielsweise der erlebten körperlichen Gewalt in der Familie oder von tatsächlich erfahrener oder vermeintlicher Ungerechtigkeiten) eher marginal, so dass statistische Korrelationen und Varianzen nur wenig aussagekräftig sind. Es ist offensichtlich auch äußerst schwierig, die relevanten Variablen bzw. Variablenbündel (Medieninhalte, Personenmerkmale und soziale Konstellationen) zu finden, die schlüssig erklären, warum Millionen Menschen sich problemlos bestimmten Medien bzw. Medieninhalten aussetzen, während die gleichen Medien bzw. Medieninhalte in singulären Fällen zu extremen Wirkungen führen sollen. Bislang (und das heißt: seit Jahrzehnten) ist es nicht gelungen, solche Risikogruppen so gut zu beschreiben, dass für diese Gruppen starke statistische Effekte nachweislich messbar sind und die Theorie damit auch die Erfordernis erfüllt, auf ihrer Basis Vorhersagen zu treffen. Statt dessen werden immer wieder zu undifferenzierte Gruppen untersucht und dann Aussagen über „die Jugendlichen" oder „die Unterschichtjugendlichen" oder „die Computerspieler" gemacht und dabei (vermeintliche) Zusammenhänge behauptet (beispielsweise eine schlechte Note in einem bestimmten Schulfach bei Jugendlichen, die viel fernsehen oder Computerspiele spielen), diese aber nicht theoretisch erklärt. Eine theoretische Deutung der empirischen Daten ist aber wohl das Mindeste, was man von Wissenschaftlern erwarten darf. Diese Kritik lässt sich ohne weiteres auf andere Inhalte wie Pornographie übertragen. Möglicherweise ist das Forschungsfeld der Kommunikation und speziell der Medienkommunikation zu komplex für den behavioristischen Ansatz, der sich zwar nicht in der Medienpädagogik, dessen ungeachtet jedoch im *Feuilleton* und in der Bewahrpädagogik großer Beliebtheit erfreut. Aus Sicht der medienpädagogischen Praxis ist ein weiterer Nachteil dieses Ansatzes darin zu sehen, dass eine Umsetzung von Erkenntnissen im Grunde nur in der Unterdrückung des problematischen Reizes liegen und pädagogisches Handelns daher nur kontrollorientiert-verbietend konzipiert werden kann. Und das ist – wie die Geschichte der Bewahrpädagogik zeigt – nicht nur wenig effektiv, sondern verschenkt auch alle intelligenteren Einflussmöglichkeiten.

Bereits in den 1970er Jahren entwickelten Katz/Blumler/Gurevitch (1974) aufgrund der Kritik an der Wirkungsforschung den „Uses-and-gratifications Approach", der das Subjekt stärker in den Mittelpunkt stellt. An die Stelle der alten Wirkungsfrage, was Medien mit ihrem Nutzer machen, tritt die umgedrehte Frage, was Mediennutzer mit dem Medium machen, beispielsweise warum sich Mediennutzer einem Medium oder einem speziellen Inhalt wie Pornographie überhaupt zuwenden. Unter Einbeziehung des Konzepts der Entwicklungsaufgaben lässt sich dann etwa postulieren, dass bestimmte Medieninhalte für die Identitätsentwicklung und Selbst-Vergewisserung im Jugendalter bedeutsam sind und die Aufgabe der Gewinnung einer sexuellen Identität auch zu einem Interesse an sexuellen oder auch pornographischen Darstellungen führen kann. Spezifische Mediennutzungen werden also von den Subjekten und ihren Bedürfnissen her als Selektionsprozesse (Auswahl aus dem Medienangebot sowie alternativen Tätigkeiten) beschrieben.

Generell geht es dabei um die Frage nach den Subjekten oft nicht bewussten Bedürfnissen (im Sinne eines angenehmen kognitiven und emotionalen Befindens), die durch Nutzung spezifischer Medien(inhalte) befriedigt werden. Im Fall pornographischer Darstellungen könnte das letztlich auf das hinauslaufen, woran Sie jetzt denken. Im Hinblick auf die Medienwirkung bleibt allerdings offen, warum Darstellungen, die den einen erregen, den anderen abstoßen – obwohl die Bedürfnislage möglicherweise ja gleich ist. Umgekehrt könnte ein und dieselbe Darstellung unterschiedliche Bedürfnisse befriedigen, weil Texte, Bilder und Filme unterschiedliche Lesarten zulassen. Entscheidend ist offenbar die subjektiv unterschiedliche Dekodierung und Sinndeutung. Mediennutzer nehmen dieselben Medieninhalte in der Regel sehr unterschiedlich wahr; das weiß jeder, der einmal eine Filmdiskussion erlebt hat. Sie achten auf Unterschiedliches und sind aufgrund ihres kulturellen und biographischen Hintergrunds, ihrer Vorerfahrungen, ihrer Genre-Erwartungen und selektiver Filter wie Aufmerksamkeit bzw. Abgelenktheit von ganz unterschiedlichen Aspekten der Mediendarstellung fasziniert, betroffen oder gelangweilt. Bei Kindern ist darüber hinaus der Stand der kognitiven und sozialen Entwicklung entscheidend, der ja prinzipiell ihr Weltverständnis bestimmt und somit auch ihr Verständnis von Medien und medialer Kommunikation.

Die Fragerichtung des Uses-and-gratification Ansatzes ist für das Verständnis vieler Eigenheiten der Mediennutzung von Kindern und Jugendlichen sehr praxistauglich, weil sich entwicklungsrelevante Themen, aber auch persönliche Lebensthemen und Krisenerfahrungen in der Mediennutzung widerspiegeln. Schon die Kleinsten hören immer wieder ihre Lieblings-Hörspielkassetten (CDs etc.) – und zwar auf die ihnen wichtigen Schlüsselszenen hin – und in den Lieblingsfilmen von Jugendlichen spiegeln sich oft ihre relevanten persönlichen oder Entwicklungs-Themen. Diese spezifische Mediennutzung sollte dann auch den Eltern wichtig sein, weil sie anzeigt, womit ihr Kind sich gerade auseinander setzt.

Ein Problem des Uses-and-gratification Ansatzes ist der zugrunde liegende Bedürfnisbegriff. Die Pädagogik vermeint zwar zu wissen, was gut für Kinder und Jugendliche sei, verfügt jedoch nicht einmal über eine ausgearbeitete Bedürfnistheorie (vgl. Mägdefrau 2003), aus der sich entsprechende Normen ableiten ließen. Im Medienkontext führt der Bedürfnisbegriff leicht in die Aporie „wahrer" und „falscher" bzw. „entfremdeter" Bedürfnisse. Da heißt es dann schnell: Niemand braucht ein „Killerspiel" oder Pornographie oder „Wetten, dass...?" oder fünf Fernsehsendungen mit Heimatmusik am Samstagabend. Wer jedoch will und kann begründet entscheiden, was dem Anderen ein Bedürfnis ist? „Niemand braucht..."

ist ein Totschlagargument, mit dem sich jede Zensur unterfüttern lässt. Freilich gibt es in jeder Kultur auch sehr differenzierte Interaktionsregeln und soziale Ordnungen, was in öffentlicher und privater Kommunikation jeweils erlaubt oder angemessen ist, was gesagt (gezeigt) werden darf oder gesagt werden muss oder keinesfalls gesagt werden darf oder gegenüber bestimmten Personen oder Gruppen gesagt oder nicht gesagt werden darf, also Rede- und Schweige-Gebote und -Verbote. Das gilt übrigens auch für virtuelle Welten wie etwa „Second Life", in dem Verstöße gegen soziale Verhaltensregeln (beispielsweise ‚nuttige Kleidung' in einem vornehmen Club) von den Mitspielern ganz ähnlich sanktioniert werden wie im Alltagsleben (vgl. dazu Erler 2010).

Gesellschaftliche Medieneffekte: „Entfremdete Bedürfnisse",
Veränderungen der Kommunikationskultur, Jugendmedienschutz und
symbolische Politik

Mit der Entfremdungsproblematik hat sich vor allem die Kritische Theorie (Horkheimer, Adorno) seit den späten 1940er Jahren auseinander gesetzt, die die Wirkungen der Medien als „Kulturindustrie" unter dem Stichwort „Aufklärung als Massenbetrug" untersucht hat. In dieser gesellschaftlichen und kulturkritischen Perspektive geht das Subjekt (die Mediennutzer) leider etwas verloren – nicht zuletzt deshalb, weil die Autoren nach den Erfahrungen mit dem Faschismus den Menschen wenig Widerstandsfähigkeit gegenüber dem Mediensystem zugetraut haben und die bewusstseinsverändernde Kraft der Medien überschätzten. Das Verhältnis zwischen Massenmedien und ihren Nutzern muss man heute wohl etwas differenzierter beurteilen. Wichtig an den Medien-Analysen der kritischen Theorie ist heute jedoch noch ihre ideologiekritische Perspektive und der Verweis auf die kapitalistischen Verwertungszusammenhänge. Für die Pornographie-Debatte kann man daraus etwa lernen, dass die kapitalistisch schwer ausbeutbare private Sexualität erst mittels Massenmedien zum massentauglichen Geschäft einer Pornoindustrie wird, deren Geschäftsmodell im übrigen derzeit vom Internet genauso bedroht wird wie das der Musik- und Filmindustrie[1].

Im Verwertungsdiskurs ist interessant, dass neben den eigentlichen Produkten und Dienstleistungen auch noch der Diskurs über Porno vermarktbar ist. „Sex sells" – das lernt man auch auf der Journalistenschule in München, und zeigt sich in Focus, Spiegel und anderen, mehr oder weniger halbseidenen Magazinen, die mit kritischen (*Augenzwinker*) Berichten von Cybersex bis „Generation Porno" auf leichtere Weise ihr Geld verdienen als andere Beschäftigte des pornoindustriellen

---

[1] Nebenbei: Auch der Pornoindustrie dürfte die derzeit viel diskutierte 3D-Animation ungeahnte Perspektiven eröffnen.

Komplexes. In der ARD-Mediathek heißt das dann etwa: „‚Generation Porno' – Folgen der Sexualselbstaufklärung im WWW"[2]. Die Grenze zwischen Aufklärung und Voyeurismus ist im Journalismus nicht immer klar zu erkennen und neben anderen gebührenfinanzierten Fernsehsendern ist sich selbst der „Kultur"-Sender ARTE offenbar nicht zu schade, auf diese Klischees einzusteigen. Beispielsweise wurde in der Ankündigung zur „Gesprächsrunde" am 27. Mai 2008 gefragt: „Wie weit ist der Schritt von fraglichen Porno-Praktiken zu realem Sex? Brauchen wir etwa eine neue Sexualmoral?"[3] Genauso spannend ist vermutlich die Frage, wie weit der Schritt von solchen Verdummungen zu Qualitätsfernsehen ist. Dass es auch weniger verquastet geht, hat „Der Spiegel" schon vor zehn Jahren im Kontext des Erfolgs von „Big Brother" und dem angeblichen „Sieg einer neuen Jugendkultur" mit der knallharten Analyse bewiesen: „Jetzt ist die Zeit reif für die perfekte Perversion." (Hornig 2000) Zu diesem Schluss kam auch „EMMA – das politische Magazin für Frauen" in der Mai/Juni-Ausgabe 1998: „Die Pornographisierung des Alltags hat solche Ausmaße angenommen, dass sie kaum noch auffällt – Pornographie ist überall und allgegenwärtig, sie ist normal." Die folgenden Beispiele stehen dann jedoch weniger für die Normalität der Pornographie und deren kritisierbare Folgen, sondern können offenbar nicht schrill genug sein. Als Beleg wird dann sogar auf die Bildzeitung (vom 9. Mai 1997) als Belegquelle zurückgegriffen: „Er tötete im Porno-Wahn"[4]. Da klafft zwischen Anspruch und Niveau der Debatte doch eine gewisse Diskrepanz.

Als Medienwirkung lassen sich auch Veränderungen der Kommunikationskultur einer Gesellschaft auffassen. Anschlussfähig ist hier der Ansatz des „Agenda Setting", der untersucht, wie ein Thema politisches und öffentliches Gesprächsthema wird. Wenn in den Medien über die Jugend als „Generation Porno" geredet wird, dann wohl kaum aus Sorge um die Jugendlichen, die man mit einem solchen Etikett pauschal negativ labelt, oder weil diese Jugend sich so gravierend von der vorherigen Jugendgeneration unterschiede, sondern weil – wie im Familienfernsehen Kinder und Hunde Quoten-Garanten sind – das Thema ‚Jugend & Sex' als Boulevard-Thema immer funktioniert und sich ja auch so schön bebildern lässt, was dem lüsternen Gruseln des Zuschauers oder Lesers vor dieser Jugend ja nicht abträglich sein muss. Denn eines wollen wir nicht vergessen: beim ständigen Recyceln von Kulturschutt orientieren sich die Medien (respektive ihre Entschei-

---

[2] Online-Quelle: http://www.ardmediathek.de/ard/servlet/content/3517136?documentId=2515116 (Zugriff: 24.2.2010)
[3] Online-Quelle: http://www.arte.tv/de/Generation-Porno/Generation-Porno/2041394.html (Zugriff: 24.2.2010)
[4] Online-Quelle: http://www.emma.de/index.php?id=kriegspropaganda_gegen_frauen_04_1998 (Zugriff: 24.2.2010)

dungsträger) vor allem an der erwartbaren oder zumindest vermuteten Nachfrage des geneigten Publikums.

Die stärkere Repräsentation des Sexuellen in den Medien ist allerdings auch Ausdruck eines generell freieren Umgangs mit Sexualität im Laufe der letzten Jahrzehnte. Tarzan im Lendenschurz war in den 1950er Jahren noch ein Fall für den Jugendschutz – diese Zeiten sind glücklicherweise vorbei. Es stellt sich jedoch die Frage, welche Folgen der sexualisierte Blick und die Dauerthematisierung von Sexualität in den Medien haben. So vermutet der Augsburger Bischof Mixa, dass die *sexuelle Revolution* an den jetzt bekannt gewordenen pädophilen Ausschreitungen in katholischen Internaten „sicher nicht unschuldig" ist (Süddeutsche Zeitung Nr. 39 vom 17.2.2010, S. 6). Einmal abgesehen davon, dass die „68er Bewegung" freien Sex, auch für Kinder (und nicht gegen Kinder), gefordert hat, fällt diese Argumentation neben offensichtlichen Gründen auch deshalb aus dem Rahmen, weil hier die ansonsten als charakterlich (und wie man hier unterstellen darf: auch im Glauben) gefestigten Erwachsenen als besonders schutzbedürftig gegenüber Sexualitätsdarstellungen in Medien konzipiert werden. Eine sozial-ethische Desorientierung durch Medien vermutet der Gesetzgeber sonst nur beim Kinder- und Jugendschutz, der zum unbeeinträchtigten Aufwachsen von Kindern und Jugendlichen den Medien Grenzen setzt, von denen im übrigen z. B. bei Indizierungen auch Erwachsene betroffen sind, die entsprechende Produkte zwar legal konsumieren dürfen, aufgrund des totalen Werbeverbots jedoch kaum von deren Existenz erfahren können (vgl. dazu den Beitrag von Böllinger in diesem Band).

Die Skandalisierungsdebatten der Medien über Pornographie haben widersprüchliche Effekte. Zunächst einmal beeinflussen sie die Aufmerksamkeit und lenken die Wahrnehmung auf Phänomene, die gemeinhin als Problem definiert werden. Ob es sich um Probleme handelt, wird von unterschiedlichen gesellschaftlichen Gruppen unterschiedlich beurteilt. Dazu drei Beobachtungen: Im autoritär regierten Weißrussland forderte der „Gesellschaftliche Rat für Sittlichkeit" die Absage des Konzerts der Berliner Hardrock- und Tanzmetall-Band Rammstein (erfolglos), weil deren Lieder Propaganda für „Masochismus, Homosexualität und andere Abartigkeiten" (dpa 8.3.10) seien. Das Konzert war ausverkauft und offenbar ein großer Erfolg. Im demokratischen Deutschland setzt die „Bundesprüfstelle für jugendgefährdende Medien" (BPjM) auf Antrag des „Bundesministerium für Familie, Senioren, Frauen und Jugend" Rammsteins Nummer eins Hit der deutschen Album-Charts „Liebe ist nicht für alle da" auf den Index jugendgefährdender Medien, da sie zu ungeschütztem Geschlechtsverkehr animiere und gefährdende Sadomaso-Praktiken verbreite. Seit Mitte November 2009 darf die neue Rammstein-CD nicht mehr an Minderjährige verkauft und auch nicht frei zugänglich ausgestellt oder beworben werden. In der Süddeutschen Zeitung (10.11.2010) sieht Jens-Christian Rabe darob „im Lande Pop" einen Sack Reis umfallen und wundert sich angesichts des beanstandeten Liedtextes, der zwar ziemlich verunglückt sei, „aber unüberhörbar mit komödiantischer Absicht herumprovoziert". Im Rammstein-Lied „Ich tu dir weh" heißt es: „Bisse, Tritte, harte Schläge / Nageln, Zangen, Stumpfe Säge / Wünsch' dir was, ich sag' nicht nein / Und führ' dir Nagetiere ein." Ist das nun Anstiftung zu gefährlichen Sadomaso-Praktiken nach Katalog oder pubertär-ironischer Kommentar zur Pornographisierung? Sonderlich originell ist es jedenfalls nicht. Schließlich haben „Die Ärzte" schon 2003 den Tipp (keine Anleitung) gegeben: „Haushaltsgegenstände oder Gitarrensaiten / eingeführt in Körperöffnungen, können Dir Lust bereiten. / Exkremente, sind nicht allzu sehr beliebt / doch geben sie 'ne prima Mahlzeit ab, / wenn man ihnen eine Chance gibt" (aus dem Lied „Richtig Schön Evil" auf der CD „Geräusch"). Allerdings bleiben auch Rammstein vor allem bezüglich der Nagetiere für den interessierten Konsumenten doch sehr vage, gleichwohl fehlt natürlich der Hinweis auf das Ganzkörperkondom, wahlweise für Mensch oder Nagetier. Wie auch immer: Mancher Leute Phantasie – sei es der Künstler, sei es der Zensoren – möchte man nicht unbedingt teilen.

Wir lernen erstens: Es ist nicht alles schlecht, was im Feuilleton über Jugend und Medien geschrieben wird. Und zweitens: die Kombination beider Meldungen enthält für Jugendliche die Botschaft: Es ist nicht alles schlecht in autoritären Regimes – auch wenn politische Bildung nicht zu den Aufgaben der BPjM gehört, kann diese sich offenkundig als Medieneffekt einstellen. Als Medienwirkung kann durchaus auch das Funktionieren einer provokativen Botschaft gesehen werden, die entsprechende staatliche Verbotsmaßnamen auslöst. Diese lenken als Nebeneffekt allerdings auch die Aufmerksamkeit von Jugendlichen in hohem Maße auf die problematisierten Inhalte und erhöhen für einschlägig Interessierte das Interesse und den Distinktionswert. Bereits vor der Indizierung galt das Album von Rammstein als das bestverkaufte Neueinsteigeralbum des Jahres 2009 (allein in der ersten Verkaufswoche sollen 160.000 CD verkauft worden sein) und konnte sich in acht Ländern auf Platz eins der jeweiligen Album-Charts behaupten, neben Deutschland, Österreich und der Schweiz unter anderem auch in Dänemark und Finnland. In pädagogischen Kontexten ist eine Problematisierung der CD und eine inhaltliche Auseinandersetzung mit Jugendlichen durch die Indizierung nun freilich nicht mehr möglich. Solche Indizierungen errichten in Schulen und anderen pädagogischen Einrichtungen ein gesetzliches Thematisierungstabu, das sich sozialschädlich auswirkt, da Jugendliche mit ihren problematischen Medienerfahrungen allein (bzw. unter sich) gelassen werden. Immerhin werden einige Eltern beruhigt sein, dass die CD (für Jugendliche) nicht mehr (legal) zu bekommen ist (in Deutschland).

In der normativen Einstellung zu Sexualität und sexuellen Darstellungen (Erotik oder Pornographie?) zeigen sich große kulturelle Differenzen, gerade auch zwischen Herrschafts- und Subkulturen, die häufig, jedoch nicht prinzipiell

Jugendkulturen sind. Die „heteronormative Matrix" mit ihren entsprechenden Bild- und Thementabus ist im ersten Beispiel deutlich geworden. Die Grenzüberschreitungen der Medien erscheinen als Bedrohung und sind aus der Perspektive des herrschenden Diskurses zu unterbinden. Dadurch entsteht eine Kluft zwischen den Alltags- und Medienwelten der Jugendlichen und den normativen Ansprüchen der Sittenwächter, Jugendschützer und vieler Erwachsener. Dafür steht das zweite Beispiel. Aus subkultureller Sicht haben die sexualisierten Darstellungen der Medien, heute vor allem des Internet, jedoch auch den Aspekt einer Befreiung. In diesen Kontext gehören heute auch Diskurse über postpornographische Gegenbilder zu sexistischen, heteronormativen und gewalthaltigen Medientexten, in denen „Transformationspotentiale dualer Geschlechtergrenzen" deutlich werden (so der Ankündigungstext zur Tagung „Pornographisierung von Gesellschaft?!" der GMK/DGPuK/FH Köln 2010). In pluralisierten Gesellschaften finden sich neben reaktionären Positionen viele weitere Facetten, liberalere, differenziertere, die unterschiedlich auf die vermeintliche Pornographisierung – ein Begriff, der selten auch historisch reflektiert wird – in den Medien reagieren und damit auch kulturelle Praxen verändern. In der Queerbewegung wird Pornographie beispielsweise positiv konnotiert, insoweit sie es ermöglicht, mit Geschlechterstereotypen zu spielen, tabuisierten Sexualitätsaspekten Ausdruck zu geben und damit einen freieren gesellschaftlichen (auch medialen) Diskurs darüber zu ermöglichen.

Sexualität (wie auch Jugend) in den Medien vor allem in Problemdiskursen zu thematisieren, dürfte nicht nur Folgen für die soziale Wahrnehmung entsprechender Phänomene haben, sondern auch für politisches Handeln. Starke mediale Verweise auf mögliche Gefährdungen signalisieren Eltern, Jugendschützern und Politikern einen Handlungsbedarf, auf den Politik reagiert. Entsprechende Verordnungen oder Gesetze signalisieren der Bevölkerung dann, dass offenbar tatsächlich Gefahren bestehen. Für die Medien ist das Anlass zu weiterer Berichterstattung, die wiederum durch Mobilisierung der Eltern und anderer besorgter Bürger den Druck auf die Politik erhöht. So entsteht eine von der Medienturbine angetriebene Verschärfungsspirale. Der Hauptzweck symbolischer Politik ist es, der Bevölkerung zu suggerieren, dass die Regierung ein Problem erkannt hat und etwas dagegen unternimmt. Auch der gesetzliche Jugendmedienschutz kann so gesehen werden. Es zeigt Jugendlichen symbolisch, was von der Gesellschaft mehrheitlich oder im Namen der Mehrheit abgelehnt wird. Viel mehr ist von ihm trotz enormen Aufwands nicht zu erwarten – anders als von konkretem erzieherischen Handeln, denn dieses basiert auf einem pädagogischen Bezug und somit auf einer wertschätzenden Kommunikation zwischen Erwachsenen und Jugendlichen.

Gesellschaftliche Entwicklungen: Freierer Zugang für Jugendliche zu früheren Tabuthemen und die Problematik der Überverbildlichung

Für Jugendliche bedeutet die veränderte Kommunikationskultur, die freiere Kommunikation über Sexualität zunächst einmal einen leichteren Zugang zu Informationen in den Medien über die in der Pubertät drängenden Fragen. In den 1950er und 1960er Jahren hatten viele Jugendliche niemanden, jedenfalls keinen Erwachsenen, mit dem sie über sexuelle Fragen reden konnten, zumindest nicht ohne Peinlichkeiten. Sie mussten sich auf Informationen der Gleichaltrigen oder dubiose Quellen verlassen, wie etwa die reich bebilderte Casanova-Ausgabe ganz oben im Wohnzimmerregal oder die Wäscheabteilung im Quelle-Katalog. Viele alte Ängste (Wie verhindere ich eine Schwangerschaft? Sind 16 cm lang genug und wie genau messe ich das überhaupt?) sind durch bessere Informationsmöglichkeiten und im Durchschnitt wärmere innerfamiliale Kommunikation verschwunden oder gemildert, doch treten auch neue Ängste an ihre Stelle – auch wenn diese von den Jugendlichen oft mit Coolness überdeckt werden.

Pornographie kann im Sinne der Theorie der Exemplifikation auch als eine Möglichkeit verstanden werden, Aspekte menschlichen Verhaltens zu beobachten, die im Real Life in der Regel nicht beobachten werden können (oder dürfen). Jugendliche bekommen also durch Pornographie Einblicke in sexuelle Aktivitäten und Handlungsmuster. Vermutet wird, dass pornographische Darstellungen zu einer genretypisch verzerrten Sicht führen könnten, da beispielsweise die Verbreitung bestimmter Praktiken überschätzt werden kann (vgl. Vogel 2007: 454). Dies dürfte jedoch davon abhängen, wie gut Jugendliche Pornographie als ein fiktionales Genre erkennen, also von der allgemeinen Medienkompetenz der Nutzer abhängen.

Die Überverbildlichung führt indes dazu, dass Jugendliche vor jeder Erfahrung bereits alle Skripte mit den entsprechenden Verhaltensvorgaben kennen und entsprechende Erwartungen an sich und den Partner bzw. die Partnerin ausbilden. Sie fragen sich: Kann ich die (unterstellte) Erwartung des Anderen erfüllen? Was ist, wenn er/sie eine ,ungewöhnliche' Sexualpraxis will und normal findet, die ich ablehne? Gefalle ich ihm/ihr, wenn ich meine Intimzone nicht rasiere und soll ich es trotzdem tun, obwohl ich es eigentlich nicht mag? Und gefalle ich ihm/ihr überhaupt – so wie ich bin? Gerade in einem Alter, in dem der eigene Körper sehr kritisch betrachtet wird, können die (zumeist geschönten) medialen Körperbilder mit ihrer Privilegierung des jungen und schönen Körpers eine frustrierende und aufdringliche Kontrastfolie sein. Besonders in den interaktiven Medien, und speziell dort, wo entsprechende Inhalte nicht selbstgewählt aufgesucht werden, kann es auch zu ungewollten Konfrontationen mit pornographischen Inhalten kommen, die gerade für Jüngere bedrängend sein können. Die medienpädagogische Konsequenz zielt daher auf eine Sensibilisierung von

Kindern und Jugendlichen im Umgang nicht nur mit persönlichen Daten, sondern generell – also auch im Hinblick auf Down- und Uploads sowie die Weitergabe von möglicherweise problematischen Inhalten in unterschiedlichen Kontexten und an unterschiedliche Nutzer(gruppen).

Lernen am Modell: Nachahmung oder Overscription?

In der Medienwirkungsforschung spielt immer wieder auch die Frage einer möglichen Nachahmung eine große Rolle. Theorien des sozialen Lernens verweisen darauf, dass man am Modell lernen kann, und dies ist ja auch eine bewährte pädagogische Praxis. Bandura (1971, 2000) hat in verschiedenen Studien gezeigt, dass z. B. aggressives Verhalten an medialen Modellen unter bestimmten (bei seinen Experimenten kritisierbaren) Bedingungen nachgeahmt werden kann. Diese Parallelität des Lernens an medialem und realem Modell ist auch plausibel. Wesentlich ist beim Lernen am medialen Modell wie am realen Modell die Unterscheidung zwischen dem Lernen eines Skripts und seiner Ausführung, worauf Bandura auch ausdrücklich hinweist. So haben wir wahrscheinlich alle durch Fernsehen oder Bücher das Wissen erworben, wie man bestimmte Verbrechen begeht, also am Modell gelernt. Von diesem ersten Schritt bis zur Ausführung ist es ein sehr weiter Weg. Entscheidend beim Modell-Lernen dürfte sein, ob man selber, die Bezugsgruppe und die normativen Vorgaben der Kultur mit dem Verhalten in Einklang stehen. Anderes kann durchaus am medialen Modell gelernt und angewandt werden, beispielsweise Skripte für die sexuelle Annäherung.

Wenden wir uns nach diesen theoretischen Betrachtungen der Empirie zu. Hier fällt zunächst auf, dass die meisten Forschungsarbeiten darauf ausgerichtet sind, einen Nachweis für negative Auswirkungen der Pornographie-Rezeption zu erbringen, während die Erforschung möglicher positiver Wirkungen kaum ernsthaft stattfindet (vgl. Zillmann 2004: 571). Sowohl öffentliche Räume als auch die Medien enthalten heute (wohl unbestritten) mehr und stärkere sexuelle Darstellungen als vor einigen Jahrzehnten, mit denen sich schon Kinder auseinandersetzen (müssen). Kulturkritisch wird dies in Anlehnung an die Kritische Theorie als „Verschwinden der Kindheit" (Postman 1983) diskutiert. Kinder würden demzufolge „zu früh" mit Erwachsenenangelegenheiten konfrontiert und verlören vorzeitig ihre Kindlichkeit. Einmal abgesehen vom normativen Impetus, ist die Behauptung einer stärkeren Sexualisierung des frühen Schulalters nicht unplausibel. Ob dies allerdings eine Folge von Mediendarstellungen ist, oder Ausdruck allgemeiner kultureller Akzelerationsprozesse wie der Psychologe und Sexualwissenschaftler Weller (2010) annimmt, bleibt offen und lässt sich wohl auch gar nicht abschließend entscheiden, da Medien auch ihren Anteil an der kulturellen Akzeleration haben.

Während frühere Generationen eher mit zu wenig Wissen in die sexuelle Praxis gingen, kommt es heute zu einem Phänomen, dass der Sexualwissenschaftler Schmidt (2004) „Overscription" nennt. Jugendliche und auch schon Kinder verfügen lange vor sexuellem Handeln bereits über viel und auch widersprüchliches Wissen und Halbwissen. Sofern es adäquates Wissen ist, kann es das Handeln erleichtern oder auch entsprechendes Problembewusstsein wecken, ansonsten aber auch verunsichern, zu Leistungsdenken oder anderen überzogenen Ansprüchen an partnerschaftliche Sexualität verführen. „Die mediale Präsenz sexueller Themen hat zu einer enormen Zunahme der Breite und Differenziertheit an sexuellem Wissen geführt, Halbwissen eingeschlossen" (Weller 2010: 55). Die mediale Information beantwortet nicht alle Fragen der Kinder, führt aber dazu, dass diese heute viele Fragen zur Sexualität differenzierter stellen.

Der Umgang Jugendlicher mit Pornographie: Sexualisierung der Sprache und Veralltäglichung der Nutzung

Ein besonders auffälliges Phänomen ist die Sexualisierung der Sprache, die sowohl als Mittel der Provokation gegen Erwachsene als auch als Waffe im „Geschlechterkampf", vor allem von Jungen gegen die Mädchen eingesetzt wird. Aufgrund des Entwicklungsvorsprung der Mädchen werden altersgleiche Jungen von ihnen oft zurückwiesen, was diese wiederum kränkt und zu solchen verbalen Attacken und Herabsetzungen veranlasst. Die Sexualisierung der Sprache kann als ein Effekt von Overscription und damit auch als ein Effekt von medialen Botschaften verstanden werden. Weller warnt jedoch davor, diese pornographischen Inszenierungen vorschnell als Beleg allgemeiner sexueller Verrohung zu deuten, sondern sieht darin einerseits eine „Fortsetzung des Geschlechterkampfs", andererseits auch eine pubertätstypische Form verbaler Provokation und Abgrenzung. Zudem vermutet er in dem Phänomen auch einen „paradoxen Beleg für die fortschreitende gesamtgesellschaftliche Durchsetzung einer ‚Sexual Correctness'" (Weller 2010: 56), die eine verbale Übertretung geradezu herausfordere, wie sie sich heute besonders deutlich im sogenannten Porno-Rap zeigt (vgl. dazu auch den Beitrag von Weller in diesem Band).

Im Hinblick auf den Umgang von Kindern und Jugendlichen mit sexuellen Darstellungen im Internet belegt die Studie von Altstötter-Gleich (2006), dass sogenannte Soft-Mainstream-Pornographie, also etwa Striptease, Selbstbefriedigung, Petting, Koitus von den Jungen zu über 90 Prozent positiv beurteilt wird, die emotionalen Reaktionen der Mädchen jedoch ambivalent sind. Mit zunehmendem Alter nehmen bei Jungen und Mädchen die positiven Reaktionen zu und negative Reaktionen ab. Harte Pornographie (Sexualität gekoppelt mit Gewalt oder „bizarre Praxen") wird jedoch von wenigen (männlichen) Ausnahmen abgesehen negativ beurteilt und stark abgelehnt (vgl. Altstötter-Gleich 2006; Weller 2010: 56; sowie Weller in diesem Band). Eine Abstumpfung gegenüber harter Pornographie ist während des Jugendalters nicht zu erkennen. Es überwiegen hier kurzfristig negative Emotionen wie auch Angst und Ekel, wobei bislang nicht erforscht ist, ob dies langfristige weitere Auswirkungen hat.

Generell ist zu bedenken, dass die medialen Sex-Botschaften nicht im kulturfreien Raum stattfinden. Sie treffen immer schon auf biografisch vorhandene sexuelle Skripte und – wie bei anderen Medieninhalten – gilt auch hier, dass neue Informationen eher angenommen werden, wenn sie in die vorhandenen Skripte oder zu den vorhandenen Skripten passen, während andere eher als unpassend oder unangenehm oder verunsichernd zurückgewiesen werden. „Starke Reize schließlich, die nicht angemessen interpretiert und verarbeitet werden können, werden in fragmentierter Form im Hirn herumgeistern. Das können Gewaltszenen sein, aber auch andere (Fehl-) Informationen, die ein schiefes, einseitiges und letztlich inadäquates Bild von Sexualität vermitteln" (Weller 2010: 57). Zusammenfassend lässt sich festhalten, dass die Sexualisierung oder Pornographisierung der Medien nicht zu einer allgemeinen Verwahrlosung oder einer allgemeinen Hemmung führt, sondern zu einem gelasseneren Umgang mit ihr, den Schmidt (2009: 7) als „Veralltäglichung" bezeichnet. Das Risiko einer entwicklungsbeeinträchtigenden Wirkung altersunangemessener sexueller Medieninhalte ist laut Weller daher als gering und wenig wahrscheinlich einzustufen. Er plädiert dennoch dafür, weiterhin an Kinderschutzmaßnahmen festzuhalten, da Heranwachsende durchaus auch normative Orientierungen suchen und seiner Ansicht nach auch im Fernsehen Hinweise darauf finden sollten, was Erwachsene für altersangemessen erachten. Dies wäre allerdings m. E. sowohl altersspezifisch differenziert zu betrachten (Kinder/Heranwachsende) als auch im Hinblick auf die freiwillige oder unfreiwillige Konfrontation mit solchen Inhalten. Das hieße etwa, dass kontrollorientierte Maßnahmen im (Kinder-)Fernsehen und anderen Programm-Medien eine größere Berechtigung haben, da Kinder hier überrumpelt werden könnten, als in ‚Nachfrage'-Medien, die ein aktives Aufsuchen solcher Inhalte erfordern.

Frauen als Sexualobjekte in Mediendarstellungen: Problematische Bilder und problematische Folgerungen

Während diese Befunde eher dafür sprechen, dass auch Jugendliche in der Lage sind, die märchenhaften Porno-Inszenierungen von der Realität zu unterscheiden, wird in der Gender-Debatte oft von starken Medienwirkungen ausgegangen. Es gibt zahllose Medienanalysen, in denen die Darstellung von Frauen als Sexualobjekte überzeugend analysiert wird. Weniger gut begründet sind die daraus abgeleiteten

Folgerungen. Schmerl beispielsweise behauptet, dass Kinder und Jugendliche aus den sexuellen Medieninszenierungen lernen, „dass es anscheinend furchtbar wichtig für das Prestige und das Selbstbewusstsein von Männern ist, dass sie sexuell dominant und initiativ sind. Anerkennung und Erfolg bestehen für Männer in diesen Bildgeschichten in der schnellen und effektiven Interaktion mit abhängigen und unterwürfigen Frauen. Weiterhin lernen männliche Jugendliche, dass solcher Art praktizierte männliche Sexualität als wichtigstes identitätsstiftendes Merkmal überhaupt gilt..." und entsprechend lernen Mädchen „die Verinnerlichung des männlichen Blicks im Selbstbild und Selbstbewusstsein von Frauen (Schmerl 2000: 149–150, zit. n. Heiliger 2005: 471). Das Problem der Argumentation besteht hier darin, dass ein zunächst zutreffend analysierter Medieninhalt unmittelbar und umstandslos als Lerneffekt bei Kindern und Jugendlichen unterstellt wird. Dem konstatierenden Satz „Anerkennung und Erfolg..." schließt sich ein völlig unvermitteltes und nicht weiter begründetes „Weiterhin lernen..." an. Ein solches Reiz-Reaktions-Lernen scheint mir in diesem Kontext zu simpel zu sein. Dringend notwendig wären hier Studien, die nicht einfach vom Medieninhalt auf die Wirkung schließen, sondern (beispielsweise auch im Kontext sexualisierter Werbung) deren Wirkung auf Männer und Frauen tatsächlich untersuchen. Gerade die Genderforschung betont ja die Bedeutung des Performativen („doing gender"), so dass im Rahmen einer entsprechenden Medienforschung nicht die Rezeption, sondern daran anschließende Interaktionen stehen müssten, in denen sich dann beispielsweise auch die Aneignung medialer Vorbilder zeigen kann oder nicht.

Trotz der zunehmenden Verbreitung sexualisierter und pornographischer Bilder, in denen Männern die sexuell dominante und initiative Rolle gegenüber abhängigen und unterwürfigen Frauen zugeordnet wird, zeigt sich empirisch im Verhalten der Jugendlichen etwas anderes. Hier steigt seit Jahren der Anteil der sexuell initiativen Mädchen an. Es ist daher nur schwer nachvollziehbar, wie der beschriebene Vorbildeffekt wirksam ist. Interessanter wäre es daher, die Bedeutung dieser Fantasien als Fantasien zu untersuchen. So stellt auch Anne Schwarz vom Tübinger Institut für frauenpolitische Sozialforschung fest, dass immer mehr Mädchen davon ausgehen, ein Recht auf sexuelle Erfahrung zu haben und der Überzeugung sind, „jederzeit aktiv ihre Freiheitsgrade selber bestimmen zu können. Sie übernehmen zunehmend die Initiative im sexuellen Kontakt mit Jungen und weigern sich, sich auf die Spielregeln von Jungen einzulassen" (Schwarz 2000: 31). Allerdings seien Jungen noch immer initiativer als Mädchen, die trotz Aushandlung und zunehmender Initiative auch kein forderndes Verhalten gegenüber den Jungen zeigen, um diese zu verändern (S. 30).

**Das Interesse von Jugendlichen an sexualitätsbezogenem Wissen:
Rezept- und Orientierungswissen, Informationsquellen und präferierte
Mediendarstellungen von Körperlichkeit und Sexualität**

Jugendliche sind an sexualitätsbezogenem Wissen interessiert. Hoffmann (2009: 10)
geht davon aus, dass insbesondere „Jugendliche in der mittleren Adoleszenz,
die sich sexuell positionieren müssen, besonders aufmerksame Betrachter von
Körperlichkeiten und Sexualität in Filmen sowie von entsprechenden Fernseh- und
Internetangeboten sind. Für sie gilt es, ihre eigene Sexualität zu ergründen, zu
erlernen und zu leben. Über populäre mediale Darstellungen von Körperlichkeiten
und Sexualität werden Kenntnisse kommuniziert, die als Handlungs- bzw. Rezeptwissen, als Aufklärungs- und Orientierungswissen genutzt werden können. Dieses
medial angeeignete Wissen kann von den Jugendlichen auch, „sofern es normativen
Charakter hat, als Rezeptwissen verstanden werden" (ebd.). Von Interesse sind für
die Jugendlichen insbesondere Medienangebote, die Körperkonzepte beinhalten, die
die Ausbildung einer „sexuellen Orientierung, die Übernahme von Sexualskripten
sowie einer Geschlechtsidentität vor allem im Jugendalter" (S. 11) betreffen.

Zunächst einmal stellt sich für Hoffmann die Frage, welche medialen Angebote
von Jugendlichen überhaupt zur Wissensaneignung genutzt werden, in Konkurrenz
zu anderen Bezugsinstanzen wie Freunden und Freundinnen (für Informationen
über Sexualität die wichtigste Instanz), zu Eltern oder auch zur Schule. In einer
quantitativen im Winter 2006/2007 in Potsdam durchgeführten Befragung zeigte
sich, dass das Fernsehen für 31 Prozent der befragten 15- bis 25-Jährigen Informationen über Sexualität liefert, das Internet 27 Prozent und dass Pornomagazine
bzw. -filme von 21 Prozent als informativ erachtet werden – das ist ebenso viel wie
bei Modemagazinen, in denen Themen rund um Sexualität inzwischen selbstverständlich dazugehören. Überhaupt sind die Diskurse über Körperlichkeiten und
Sexualität in Medien und Gesellschaft nicht nur Jugend-Diskurse, also Diskurse
über die Jugend oder Diskurse der Jugend. Die entsprechenden Themen sind
vielmehr „im Jugend- *und* Erwachsenenalter sozialisationsrelevant [...]. Schon seit
geraumer Zeit ist festzustellen, dass entsprechende Themenkomplexe nicht nur in
Jugendzeitschriften, sondern auch in Frauen-, Männer-, Mode-, Fitness- und Life-
Style-Magazinen feste Rubriken haben" (Hoffmann 2010: 350). Für Jugendliche
spielen „Aufklärungszeitschriften" wie die Bravo als Informationsmedium in der
Befragung kaum eine Rolle (10 %), was vermutlich jedoch auf das im Vergleich mit
der Zielgruppe dieser Zeitschrift höhere Alter der Befragten zurückzuführen ist.
Der Schulunterricht ist für 17 Prozent der befragten Jugendlichen eine nützliche
Informationsquelle, mit zwei Dritteln (66 Prozent) sind jedoch vor allem Freunde
und Freundinnen die wichtigste Informationsquelle. Mit Freunden bzw. Freundinnen kann man sich über das Thema Sexualität gut austauschen, weil sie Vertrauen
genießen und die Kommunikation nicht die starken Kontrollaspekte hat, die bei

Elterngesprächen fast immer mit im Spiel sind. Wie gut die Informationen der Freude und Freundinnen sind und woher diese ihre Informationen haben (Medien, Eltern, Schule, andere Freunde?) ist eine andere Frage. Interessant ist Hoffmanns Befund, dass 63 Prozent der Befragten angeben, sich nicht gut über Sexualität und Erotik informiert zu fühlen. Dem Wissen der Freunde und Freundinnen wird also entweder nicht vertraut oder es ist nur bedingt brauchbar.

Fragt man nach den präferierten Mediendarstellungen von Körperlichkeit und Sexualität, so zeigen sich große Unterschiede in den Vorlieben von Jungen und Mädchen. Insgesamt geben sich die heranwachsenden Mädchen viel zurückhaltender in ihren Vorlieben für sexuelle Darstellungen. Kuss- und Verführungsszenen (einer Frau durch einen Mann) finden hohe Zustimmung. Autoerotische Inszenierungen von Frauen lehnen Mädchen im Gegensatz zu Jungen vehement ab, während diese Darstellung bei Jungen die höchste Zustimmung findet. Deutlich lieber als Mädchen sehen die Jungen auch Beischlafszenen (73 Prozent), sich entkleidende Menschen (68 Prozent), und sie sehen es auch lieber, wenn ein Mann von einer Frau verführt wird (68 Prozent), als wenn die aktive Rolle der Verführung beim Mann liegt. Wie Hoffmann feststellt, ist die Wirkung und Nachhaltigkeit des Gesehenen langfristig offenbar gering, auch wenn die Jugendlichen durchaus wissen, was sie rezipiert haben. Etwa 60 Prozent der Befragten geben an, dass Sexualität, so wie sie wirklich sei, sich in Filmen nicht zeigen lasse. Das zeigt, dass Jugendliche ihre eigene Sexualität mit der medial vermittelten in Beziehung setzen und sie hier deutliche Unterschiede zwischen inszenierter und real erlebter Sexualität feststellen. Hoffmann zieht das Fazit, dass sich in den Untersuchungen „keine Hinweise darauf finden lassen, inwieweit die Rezeption von Körperlichkeit, Nacktheit und Sexualität risikoreiche Folgen für die eigene Entwicklung mit sich bringt, allerdings ist die Rezeption und Akzeptanz pornographischer Inhalte nur am Rande abgefragt worden, d. h. sie hat nicht im Mittelpunkt der Untersuchung gestanden. Es besteht jedoch an Hand der Nennungen von erotischen Szenen der Eindruck, dass Jungen eher als Mädchen pornographische Darstellungen sexuell aufreizend finden. Mädchen erinnern eher als Jungen romantische Situationen oder auch weniger explizite sexuelle Handlungen in Filmen. Prinzipiell scheint es aber eine Offenheit für Pornofilme zu geben, d. h. es ist nicht außergewöhnlich, diese zu konsumieren und sich dazu zu bekennen." (Hoffmann 2009: 14) Das stützt Schmidts Annahme einer Veralltäglichung. Knapp zwei Drittel der befragten Jugendlichen sind im übrigen der Ansicht, „dass Sexualität, wie sie wirklich ist, sich nicht in Filmen zeigen lässt" (Hoffmann 2010: 354).

Auch Weber zieht aus seiner explorativen (nicht-repräsentativen) Studie den Schluss, dass die Nutzung sexuell expliziter Medieninhalte zumindest unter älteren Jugendlichen eher die Regel als die Ausnahme darstellt. Die Medienrezeption findet nicht nur im einsamen Kämmerchen statt, sie ist zudem Teil der Gruppenaktivität im Freundeskreis (im Rahmen von Gesprächen oder gemeinsamem Konsum) und der Paarsexualität. Dabei nutzen Jugendliche sexuell explizite Medien in der Regel wissend, dass diese keine übliche Sexualität abbilden. Sie nutzen diese scheinbar auch, ohne dass sich ihre Vorstellung von Beziehung und Sexualität hierdurch wesentlich verändert. Dies steht in deutlichem Widerspruch zu den Annahmen Schmerls (s. o.). In der gesellschaftlichen Diskussion über den Pornographiekonsum Jugendlicher empfiehlt Weber (2009: 18) auf Basis seiner Erkenntnisse „sicherlich kein ‚Laisser-faire', wohl aber mehr Sachlichkeit."

Immerhin (oder: nur?) 14 Prozent der männlichen und 9 Prozent der weiblichen Konsumenten haben in Webers explorativer Studie Pornographie in dem Glauben genutzt, sie zeichne ein realistisches Bild menschlicher Sexualität. Zumindest für eine kleine Gruppe Jugendlicher – über deren konkreten Pornographiekonsum wir allerdings in der Studie nichts erfahren – gilt zumindest nicht, dass sie hinreichend differenzieren können. Von den 16- bis 19-jährigen Jugendlichen dieser Befragung gaben 61 Prozent der Mädchen und 93 Prozent der Jungen an, bereits (willentlich) einen pornographischen Videoclip oder Film oder Fernsehbeitrag gesehen zu haben. Unter den Medien dominierte hier die Internetpornographie (89 Prozent) gefolgt von Soft-Erotik im Fernsehen (81 Prozent), auf DVD, CD oder Videokassette (52 Prozent), während Videoclips auf Handys mit 27 Prozent deutlich geringer vertreten waren. Diese Zahlen gelten für Jungen. Bei den Mädchen war das Fernsehen (55 Prozent) wichtiger als Internet und DVD, CD oder Video (ca. je ein Drittel) und Handypornographie wurde kaum genutzt (8 Prozent). Diese Zahlen belegen, dass bei beiden Geschlechtern Pornographie eher die Regel als die Ausnahme ist. Ein Unterschied besteht jedoch in der Häufigkeit der Nutzung, die bei Jungen sehr viel ausgeprägter ist. Bemerkenswert ist, dass abgesehen von der Variable Geschlecht der Einfluss anderer soziodemografischer Variablen nicht ausschlaggebend für den Pornographiekonsum zu sein scheint. Weder Schulform noch Alter noch Herkunft oder Familienstand der Eltern – also die Variablen, bei denen sich in der Mediennutzung ansonsten die deutlichsten Unterschiede zeigen – haben einen Einfluss auf Umfang oder Häufigkeit des Pornographiekonsums. Im Jugendalter ist Pornographie offenbar nicht nur ein Medien-, sondern auch ein Peer-Phänomen. Es sind die Gleichaltrigengruppen und Freundeskreise, in denen häufig der erste Kontakt mit Pornographie stattfindet. Zwei Drittel der männlichen und ein Drittel der weiblichen Befragten geben an, durch Freunde auf Pornographie aufmerksam geworden zu sein. Wenn der erste Konsum versehentlich oder unfreiwillig erfolgte, war die Reaktion sowohl bei Jungen als auch bei Mädchen negativer als bei freiwilligem Konsum. Auch hier zeigen sich Unterschiede in der emotionalen Reaktion. Während die meisten Jungen angaben, sich eher gut danach gefühlt zu haben, traf dies nur auf ein Viertel der Mädchen zu. Negative Reaktionen gaben allerdings auch nur 15 Prozent der Mädchen an, während die meisten sich davon relativ unberührt zeigten.

Alles Porno oder was? Die Konstruktion von Realität in den Medien und Strukturen des Begehrens

Niklas Luhmann (1995) hat in seinem Buch „Die Realität der Massenmedien" darauf verwiesen, dass man Realität in diesem Titel in zweierlei Hinsicht verstehen kann. Zum einen ist gemeint, wie die Wirklichkeit in den Medien aufscheint, zum anderen existieren die Massenmedien real, sind also ein soziologisch zu untersuchender Sachverhalt. Wie Medien Realität konstruieren, zeigt sich gerade am Beispiel der Porno-Debatte. Schmidt (2009: 27) erläutert an einem Beispiel, wie so etwas funktioniert:

> „Walter Wüllenweber, Redakteur beim Stern, zieht z. B. durch die Republik, findet irgendwo einen Sozialpädagogen, der ihm erzählt, dass er eine Mutter kennt, die zusammen mit ihrem 12-jährigen Sohn schon am Vormittag Pornos sieht und einen anderen, der von Teenager-Mädchen berichtet, die sich mit „Gangbangs" brüsten, und flugs entsteht das Bild einer sexuell verwahrlosten Jugend, insbesondere in der Unterschicht, bei der die Pornografie so etwas wie die Leitkultur geworden sei. Pornografie gilt als Symptom und Ursache dieser Entwicklung zugleich. Sonia Mikisch vom ARD-Magazin Monitor sagte vor einigen Wochen mit entsetztem Blick in die Kamera, dass 36 Prozent der 15-jährigen Jungen Pornografie im Internet sähen, und man musste sich diesem entsetzen Blick erst einmal entziehen, bis man sich besonnen die Frage stellen konnte: »Was, so wenige?« Schließlich handelt es sich doch um eine Altersgruppe, in der sexuelle Neugierde überaus adäquat ist und um ein Zeitalter, in dem Jugendliche sich jederzeit mit wenigen Mausklicks in die freundlichen oder finsteren Gefilde Pornotopias beamen können."

Neu daran und anders als in den 1970er Jahren ist Schmidt zufolge, dass solche Porno-Panik nicht nur von Konservativen, sondern vor allem von liberalen und neoliberalen Intellektuellen promotet wird. Die Frage nach dem „so wenig?" stellt sich auch vor dem Hintergrund, dass von den 16- und 17-Jährigen in Deutschland bereits 50 Prozent der Jungen und 60 Prozent der Mädchen schon einmal Geschlechtsverkehr gehabt haben (BZgA 2006). Auffällig ist beim Blick auf die Forschung – so Schmidt –, dass auch aufwendige Studien wenig eingehen auf die bevorzugten Themen, auf Gefühle und Reaktionen von Jugendlichen, auf Kontexte oder auch auf die Rolle der Masturbation beim Ansehen der Sexbilder oder -filme. Die bereits genannte Pro-Familia-Studie von Altstötter-Gleich (2006) zeige dagegen wie schon durch Hinzunahme nur weniger Variablen interessantere Ergebnisse erzielt werden. Die „Developmental Sexology" genannte Sparte der Sexualwissenschaft geht heute davon aus, „dass sich die Struktur des individuellen sexuellen Verlangens in Kindheit und Vorpubertät formiert – weitgehend durch Erfahrungen in nichtsexuellen Bereichen, durch unsere frühe Beziehungsgeschichte, Geschlechtergeschichte, Körpergeschichte und Bedürfnisgeschichte – und dass diese „Blaupause des Begehrens" in der Pubertät sexualisiert wird, sexuell Gestalt annimmt (Schmidt 2009: 29). Einig sind sich die Sexualforscher offenbar auch darin, dass „Lovemaps" (Money 1986) bzw. „Intrapsychische Skripte" (Simon/ Gagnon 1986) oder „zentrale Masturbationsfantasien" (Laufer/Laufer 2002) bereits vorhanden sind, bevor Jugendliche das erste Mal lieben oder masturbieren. Diese Lovemaps oder Skripte werden ständig fort- und umgeschrieben, durch neue sexuelle Erfahrungen und Erlebnisse, durch neue Beziehungen und veränderte gesellschaftliche Bedingungen. Das bedeutet, dass pornographische Medienreize auf eine bereits vorhandene Struktur des Begehrens treffen und sich umgekehrt die Konsumenten für diejenigen pornographischen Reize interessieren, die ihren Lovemaps entsprechen. Jugendliche treten der Pornowelt also durchaus wählerisch gegenüber (s. o.). Daraus ergibt sich das empirische Problem jeglicher Medienwirkungsforschung, dass sich allein aus den Daten nicht ableiten lässt, ob etwa eine traditionelle Gendermap eines Jugendlichen als Teil seiner Lovemaps die Bereitschaft für die Konsumtion bestimmter Bilder und Filme erhöht, oder umgekehrt der Konsum die Gendermap beeinflusst oder eine andere Interdependenz zwischen beiden besteht (vgl. Schmidt 2009: 29).

Mit der medial immer wieder aufgeworfenen Befürchtung, ob bzw. dass früher und heftiger Pornographiekonsum die sexuellen Skripte pornographisch zuspitzt, möglicherweise die Fähigkeit zu Intimität abblockt und letztlich die Fähigkeit zur sexuellen Zufriedenheit beeinträchtigt (eine Zunahme „sexueller, emotionaler und genereller Unzufriedenheit" behauptet auch Zillmann 2004 im Lehrbuch für Medienpsychologie), befasst sich eine Studie von Štulhofer, Buško und Landripet (2008), in der untersucht wurde, wie die Häufigkeit des Konsums von Pornos bei 14-Jährigen zusammenhängt erstens mit der Nähe bzw. Distanz der eigenen Skripte von bestem oder idealem Sex zu pornographischen Skripten mit genretypischen Vorstellungen von Sexualität und Gender, sowie zweitens zur Bereitschaft, Intimität in einer sexuellen Partnerschaft zu erleben, und drittens zur Zufriedenheit mit dem eigenen gegenwärtigen Sexualleben. In allen drei Bereichen konnte kein signifikanter Zusammenhang hergestellt werden – weder bei Jungen noch bei Mädchen. Damit stützt auch diese Studie Schmidts These, „dass die hohe Präsenz und Verfügbarkeit der Pornografie zu ihrer Veralltäglichung führt (und nicht zu Verwahrlosung und Verrohung)" (Schmidt 2009: 29). Schmidt hält das auch deshalb für plausibel, weil bereits lange vor dem Internet unsere Umwelt durch und durch sexualisiert gewesen ist und die omnipräsenten Sexualreize bei Jugendlichen eher zu einem „gelassenen Umgang" geführt hätten (vgl. zur Rezeption von Sexdarstellungen durch Jungen und Mädchen auch Schwarz 2005, Bragg/ Buckingham 2004 und Buckingham/Bragg 2005).

Anschlusskommunikationen und Anschlusshandlungen: Ein vernachlässigtes Forschungsfeld

In der Mediensozialisationsperspektive kommen neben der Medienrezeption auch Anschlusskommunikationen und Anschlusshandlungen in den Blick. Erotische und pornographische Darstellungen werden ja nicht nur betrachtet oder gelesen, sondern sind auch Thema von Kommunikationen, dienen der ästhetischen Ausgestaltung beispielsweise von Räumen oder werden als Texte, Bilder, Zeichnungen und Filme analog oder digital gesammelt. Zumindest bei großen Sammlungen stellt sich dabei auch die Frage nach dem Hauptzweck. Wie Musiksammlungen, die bei Jugendlichen über Zehntausend mp3-Dateien umfassen können, dürften große Erotiksammlungen ebenfalls kaum umfassend konsumiert werden können. Das Sammeln bekommt hier ein Eigenleben, bei dem der Aspekt der Besitzergreifung eine Rolle spielen dürfte. Nicht zu vergessen sind auch die Eigenproduktionen von Jugendlichen, in denen sie ihren sexuellen Fantasien in unterschiedlichen medialen Formen Ausdruck verleihen und dabei den massenmedialen Klischees folgen oder auch nicht. Auch im Bereich der Fan-Fiction, im Internet veröffentlichten Geschichten von Fans für Fans, finden sich beispielsweise sexuelle „Verschärfungen" von Handlungen und Figuren, die aus Roman, Film oder Fernsehen bekannt sind, wobei die Vorlage (oft eine Fernsehserie) nicht einmal erotisch aufgeladen sein muss (vgl. Jenkins 1992; Beyer 2006). All diese kulturellen erotisch-pornographischen Alltagspraxen sind allerdings bislang wenig erforscht.

Literatur

Altstötter-Gleich, Christine (2006): Pornographie und neue Medien. Eine Studie zum Umgang Jugendlicher mit sexuellen Inhalten im Internet. Online-Quelle: http://www.profamilia.de/shop/download/248.pdf.

Bandura, Albert (1971): Social Learning Theory, New York: General Learning Press.

Bandura, Albert (2000): Die Sozial-Kognitive Theorie der Massenmedien. In: Schorr, Angela (Hg.): Publikums- und Wirkungsforschung. Ein Reader, Wiesbaden: Westdeutscher Verlag, S. 153–180.

Beyer, Marlen (2006): Fan-Fiktion im Internet. „Hier nehmen Fans das Schicksal ihrer Lieblinge selbst in die Hand". In: Tillmann, Angela; Vollbrecht, Ralf (Hg.): Abenteuer Cyberspace. Jugendliche in virtuellen Welten, Frankfurt am Main: Peter Lang, S. 119–131.

Bragg, Sara; Buckingham, David (2004): Young People, Sex and the Media: the facts of life? Basingstoke: Palgrave Macmillan.

Buckingham, David; Bragg, Sara (2005): Zeigen und Erzählen. Wie Kinder und Jugendliche mit Sex und Beziehungen in TV-Serien umgehen. TeleviZion, 18 (1) S. 41–46.

Erler, Jens (2010): Interaktionsordnung im Second Life. Magisterarbeit (TU Dresden).

Hoffmann, Dagmar (2009): Schärfen oder trügen mediale Bilder von Körpern und Sexualität den Blick auf das Sexuelle? BZgA FORUM 2009 (1), S. 10–14.

Hoffmann, Dagmar (2010): Körperlichkeiten und Sexualität. In: Vollbrecht, Ralf; Wegener, Claudia (Hg.): Handbuch Mediensozialisation, Wiesbaden: VS-Verlag, S. 349–356.

Horkheimer, Max; Adorno, Theodor W. (1969): Kulturindustrie. Aufklärung als Massenbetrug. In: Horkheimer, Max; Adorno, Theodor W.: Dialektik der Aufklärung, Frankfurt am Main: Fischer, S. 108–150.

Hornig, Frank (2000): Big Schotter. In: Der Spiegel, H. 39 vom 25.9.2000 (sowie: http://www.spiegel.de/spiegel/print/d-17436589.html).

Jenkins, Henry (1992): Textual poachers. Television Fans and participatory culture, New York: Routledge.

Katz, Elihu; Blumler, Jay G.; Gurevitch, Michael (1974): Utilization of Mass Communication by the Individual. In: Blumler, Jay G.; Katz, Elihu (Hg.): The Uses of Mass Communications. Current Perspectives on Gratification Research, Beverly Hills/London: Sage, S. 19–32.

Laufer, Moses; Laufer, M. Eglé (2002): Adoleszenz und Entwicklungskrise, Stuttgart: Klett-Cotta.

Luhmann, Niklas (1995): Die Realität der Massenmedien, Opladen: Westdeutscher Verlag.

Mägdefrau, Jutta (2003): Wozu braucht die Pädagogik eine Bedürfnistheorie? Pädagogische Rundschau 57, S. 299–305.

Money, John (1986): Lovemaps: Clinical Concepts of Sexual/Erotic Health and Pathology, Paraphilia, and Gender Transposition in Childhood, Adolescence, and Maturity, New York: Irvington.

Postman, Neil (1983): Das Verschwinden der Kindheit, Frankfurt am Main: Fischer.

Schmerl, Christiane (2000): Phallus in Wonderland. Bemerkungen über die kulturelle Konstruktion ‚Sex=Natur‘ In: Schmerl, Christiane; Soine, Stefanie; Stein-Hilbers, Marlene; Wrede, Birgitta (Hg.): Sexuelle Szenen. Inszenierungen von Geschlecht und Sexualität in modernen Gesellschaften, Opladen: Leske + Budrich, S. 139–162.

Schmidt, Gunter (2004): Das neue Der Die Das. Über die Modernisierung des Sexuellen, Gießen: Psychosozial-Verlag.

Schmidt, Gunter (2009): Fantasien der Jungen, Phantasmen der Alten. BZgA FORUM 2009 (1), S. 27–30.

Schwarz, Anne (2000): Mädchen auf dem Weg zu einer selbstbestimmten Sexualität. In: Bundeszentrale für gesundheitliche Aufklärung (Hg.): Meine Sache. Dokumentation einer Fachtagung zu sexualpädagogischen Mädchenarbeit, Köln: BZgA, S. 28–38.

Schwarz, Anne (2005): Mondscheinerotik oder „nackte Tatsachen"? Welche Formen von Erotik Mädchen im Fernsehen suchen. TeleviZion, 18 (1), S. 35–40.

Simon, William; Gagnon, John H. (1986): Sexual Scripts: Performance and Change. Archives of Sexual Behavior 2, S. 97–120.

Štulhofer, Aleksandar; Buško Vesna; Landripet Ivan (2008): Pornography, sexual socialization, and satisfaction among young men. Archives of Sexual Behavior 39, S. 168–178.

Vogel, Ines (2007): Erotik und Pornographie in den Medien. In: Six, Ulrike; Gleich, Ulrich; Gimmler, Roland (Hg.): Kommunikationspsychologie und Medienpsychologie, Weinheim/Basel: Beltz, S. 447–459.

Vollbrecht, Ralf; Wegener, Claudia (Hg.) (2010): Handbuch Mediensozialisation, Wiesbaden: VS Verlag.

Weber, Matthias 2009: Die Nutzung von Pornografie unter deutschen Jugendlichen. BZgA FORUM 2009 (1), S. 15–18.

Weller, Konrad (2010): Kindheit, Sexualität und die Rolle der Medien. tv diskurs 51 (1), S. 54–57.

Zillmann, Dolf (2004): Pornographie. In: Mangold, Roland; Vorderer, Peter; Bente, Gary (Hg.): Lehrbuch der Medienpsychologie, Göttingen: Hogrefe, S. 565–585.

Jugend, Medien und Pornographie

Alexandra Klein

Den Protagonisten[1] der These von der sexuellen Verwahrlosung zufolge zieht gegenwärtig eine neuartige Seuche über das Land, die „Pornoseuche". Das Ansehen pornographischer Materialien verändere nicht nur das Denken der Kinder und Jugendlichen – vielmehr „setzen sie deren Inhalte gleich in die Tat um" und so münde der unkontrollierte Zugang zu pornographischen Filmen und Bildern, die das Internet bereitstellt, in einer „sexuellen Tragödie" – so Siggelkow und Büscher (2008: 63). Jungen und Mädchen entwickelten dadurch ein zunehmend instrumentelles Verhältnis zur Sexualität und zu ihren Partnern bzw. Partnerinnen und eine egoistische Bedürfnisbefriedigung löse somit sexuelle Beziehungen, die auf Liebe und Treue basieren, ab.

Dieses Bedrohungsszenario basiert auf der Aggregation mindestens zweier historisch bewährter Gefährdungskonstruktionen hinsichtlich der sittlichen Verfasstheit der Jugend, nämlich Medien und Sexualität; diese werden mittels schlichter Kausalitätsannahmen miteinander verknüpft. Während in den Medien- und Sozialwissenschaften weitestgehend Einigkeit darüber besteht, dass empirisch solide begründbare Kausalaussagen ein hoch voraussetzungsvolles Unterfangen darstellen, und der bedeutsame Unterschied zwischen Korrelationen und Kausalitäten Studierenden bereits in den ersten Statistikseminaren vermittelt wird, missachten die ProtagonistInnen medial präsentierter Bedrohungsszenarien – wissentlich oder unwissentlich – diese grundlegenden Einsichten. Egal ob es in diesen Szenarien um Computerspiele (die so genannten „Killerspiele") oder um Pornographie geht: Die Grundfigur, auf der die Debatten basieren, ist die des schädlichen Einflusses.

Jugendliche Mediennutzung als Problem: Die dominante Perspektive des schädlichen Einflusses

Wenn die Mediennutzung Jugendlicher in öffentlichen Debatten thematisiert wird, dominiert die Perspektive des schädlichen Einflusses. Der Hannoveraner Kriminologe Christian Pfeiffer, der als prominentester Vertreter dieser Perspektive gelten

---

[1] Als öffentlich sichtbare Repräsentanten der Verwahrlosungsthese haben sich bislang interessanterweise ausschließlich männliche Autoren hervorgetan.

kann, hat in diesem Zusammenhang den Begriff der „Medienverwahrlosung"
geprägt. Er bezeichnet damit die kausale Beziehung zwischen dem Umfang der
Mediennutzung und problematischen Verhaltensweisen bzw. einer problematischen Lebensführung: Verlust sozialer Kontakte und Kompetenzen, schlechte
Schulleistungen, Gewalttätigkeit (Pfeiffer/Kleinmann 2006). Insgesamt lassen sich
als Problemfelder jugendlicher Mediennutzung in der öffentlichen Debatte vier
Bereiche ausmachen: Soziale Isolation durch Computer-/Internetnutzung, „Ver-
blödung" und Aggressionszuwachs durch gewalttätige Computerspiele/Fernsehen
sowie „sexuelle Verwahrlosung" durch Pornographie und „sexuelle Viktimisierung"
(sexuelle Belästigung im Chat).

Die ersten beiden Bereiche beziehen sich unmittelbar auf die klassische Frage
des schädlichen Einflusses der Mediennutzung auf das Sozialverhalten. Die letzten
beiden hingen sind etwas anders gelagert, da in den sexualitätsbezogenen Debatten
zwischen der Problematisierung von Inhalten (Pornographie) und konkreten Interaktionen (sexuelle Belästigung) zu unterscheiden ist.

Tabelle 1   Subjektive Häufigkeit von verschiedenen Formen der
                 Freizeitbeschäftigung in Prozent[2]

	Mädchen		Jungen	
	PC-Nicht-Nutzerinnen (n=310–314)	PC-Nutzerinnen (n=1339–1344)	PC-Nicht-Nutzer (n=182–183)	PC-Nutzer (n=1376–1380)
Mit der Clique treffen	72	80	76	70
Bücher lesen	58	67	30	47
Sport treiben	51	63	64	67
Briefe, Gedichte schreiben	41	45	8	9
Ins Kino gehen	32	44	30	37
Malen, zeichnen, sprayen	39	42	21	24
Musik machen	17	25	21	23
Basteln, Heimwerken	26	22	18	22
Verein/Kirche	14	22	9	18

Die Auseinandersetzung mit dem ersten Problemfeld ist am einfachsten, weil
hierzu die Datenlage am eindeutigsten ist. Computernutzung geht *nicht* mit einem

---

[2] Treumann u. a. 2007: 112 (zusammengefasste Prozentwerte der Angaben „manchmal" und „häufig").

reduzierten Ausmaß an sozialen Kontakten einher. Eine Vielzahl an Studien zeigt vielmehr, dass Computernutzung in ein breites Geflecht von Freizeitaktivitäten eingebunden ist. Exemplarisch veranschaulichen können diesen generellen Befund die Daten einer großangelegten Studie zum Medienhandeln Jugendlicher mit mehr als 3000 Befragten zwischen 12 und 20 Jahren.

„Der einsame und antriebslose Computernutzer", so folgern die AutorInnen dieser Studie,

> „findet sich in der Realität jugendlicher Lebenswelten offenbar nur schwer. Vielmehr legen die Daten nahe, dass sich die Jugendlichen, die sich in unterschiedlichen Freizeitbereichen engagieren und aktiv zeigen [...] auch dem PC zuwenden und ausprobieren, auf welche Weise sich das [...] Medium in das alltägliche Leben integrieren lässt. Dabei werden traditionelle Kommunikationsprozesse, kreative Tätigkeiten und soziale Aktivitäten offenbar nicht durch den Computer verdrängt, sondern vielmehr ergänzt und erweitert." (Treumann u. a. 2007: 111–112)

Dies ist ein Befund, den auch die jüngst veröffentlichte Studie des Leipziger Medienforschers Bernd Schorb bestätigt. Für die befragten jugendlichen Online-ComputerspielerInnen sind soziale Aspekte – also die Kommunikation und Interaktion mit Anderen – die wesentlichen Beweggründe für das Spielen im Netz. Das Spielen von Multiplayer-Spielen ist fest in soziale Bezugsgruppen eingebunden. Lediglich 5 % der Befragten spielen nach eigenen Angaben ausschließlich mit ihnen fremden Personen (Schorb 2008: 18).

Auch wenn die These von der sozialen Isolation Jugendlicher durch Mediennutzung vielfach widerlegt wurde, verweist sie auf das Kernproblem in der Debatte um Medienwirkung, nämlich das der *verkürzten Kausalunterstellungen*. Dieses Problem und die damit verbundenen Konsequenzen für die Auseinandersetzung mit der Mediennutzung Jugendlicher lassen sich anschaulich an der Debatte um die „Medienverwahrlosung" verdeutlichen. Die Argumentationslinien der Forschungsgruppe um Christian Pfeiffer zu den Folgen von gewalttätigen Computerspielen skizzieren Nieding und Ohler (2006: 60) folgendermaßen: „Medien im Kinderzimmer, die ein bestimmtes Mediennutzungsmuster verursachen, sind über eine kausale Kette für erhöhte Jugendkriminalität verantwortlich." Mittels einfacher und unterstellter Kausalitätskonstruktionen wird Medienkonsum hier also implizit (und z. T. auch explizit) für reale Gewalttaten verantwortlich gemacht.

Der mögliche Zusammenhang zwischen rezipierter Gewalt in den Medien und dem Auftreten von gewalttätigem Verhalten im Alltag ist ein klassisches Thema der Medienwirkungsforschung. Während sich früher der Fokus auf Film und Fernsehen richtete, stehen heute Computerspiele und Internetpornographie im Zentrum des Interesses. Trotz einer langen Forschungstradition in diesem Bereich ist die Befundlage zum Zusammenhang zwischen medialen Gewaltszenen und realer Aggression jedoch noch immer uneinheitlich und zeigt sich deutlich abhängig von den verwendeten Methoden. Allerdings ermöglichen so genannte Metaanalysen – also statistisch vergleichende Auswertungen einer Vielzahl durchgeführter Untersuchungen – Aussagen darüber, wie stark Effekte über viele wissenschaftliche Studien hinweg ausgeprägt sind. Sie können so die Effekte, die durch unterschiedliche Methoden zustande kommen, in einem gewissen Rahmen relativieren. Dementsprechend ziehen auch Nieding und Ohler – zur Fundierung ihrer Kritik an den Analysen von Pfeiffer – Metaanalysen heran und gelangen in deren Auswertung zu folgenden Befunden:

a)   Es gibt einen niedrigen bis mittleren positiven Zusammenhang zwischen dem Konsum gewalttätiger Inhalte und der Wahrscheinlichkeit aggressiver Verhaltensweisen.

b)   Dieser Zusammenhang ist es, der eine ganze Reihe so genannter *moderierender Variablen* beeinflusst. Einfach formuliert heißt das: Faktoren aus den Bereichen Persönlichkeit, Familie, Umgebung und soziale Umstände können das Auftreten aggressiver Verhaltensweisen um ein Vielfaches besser voraussagen als bestimmte Muster der Mediennutzung.

Dies ist auch das Fazit einer umfangreichen Expertise aus dem Jahr 2005 zum Thema „Medien und Gewalt", die Astrid Zipfel und Michael Kunzcik angefertigt haben. Unter Einbeziehung einer großen Anzahl nationaler und internationaler Studien kommen sie hinsichtlich der Bedeutung von Fernsehgewalt zu dem Ergebnis, dass „der Beitrag von Mediengewalt zur Erklärung des Gewaltverhaltens […] höchstens 9 % [beträgt]" (Kunczik/Zipfel 2005: 182). Auch mit Blick auf internationale Studien, so ihre weitere Einschätzung, ist die Datenlage für die Bedeutung gewalthaltiger Computerspiele noch stärker mit Mängeln behaftet als die Datenlage für Mediengewalt allgemein. Obgleich Hinweise existieren, dass mit der Nutzung gewalttätiger Computerspielen negative Wirkungen im Bereich von Kognitionen, Emotionen und Verhalten auftreten *können*, steht zum gegenwärtigen Zeitpunkt nur fest, dass gewalttätige Computerspiele ausschließlich in einem *Einflussgefüge* wirksam werden können – dabei können Faktoren wie Persönlichkeit, Familie, Umgebung und soziale Umstände die Wahrscheinlichkeit aggressiver Verhaltensweisen deutlich besser vorhersagen als Muster der Mediennutzung. (Vgl. dazu auch die Ausführungen von Weller in diesem Band.)

Darüber hinaus bleibt das Kernproblem von Kausalitätsaussagen bei Querschnittuntersuchungen auch dann bestehen, wenn sie mehrere Faktoren berücksichtigen:

„So bleibt etwa zumeist unklar, ob bereits gewalttätige Jugendliche sich verstärkt Computerspielen aussetzen, es die Computerspiele sind, die Gewaltverhalten auslösen, oder eine Wechselwirkung vorliegt. Problematisch ist insbesondere, dass nicht alle

Studien darauf hinweisen, dass die von ihnen postulierte Richtung des Zusammenhangs nicht zwingend ist." (Kunczik/Zipfel 2005: 235)

Die Interpretation der Forschungsgruppe um Christian Pfeiffer lautet beispielsweise ausschließlich, dass Schulerfolg und Jugendkriminalität nachhaltig durch den Medienkonsum beeinflusst werden. Ein alternatives und nicht nur alltagsplausibles Interpretationsangebot, dass nämlich (auch) der Schulerfolg den Medienkonsum, z. B. im Sinne eines Abreagierens, eines „auf-andere-Gedanken-kommen-Wollens" beeinflussen kann, wird dabei nicht in Erwägung gezogen.

Eine solche alternative und erweiternde Perspektive ist jedoch aufgrund der benannten methodischen Komplikationen unerlässlich. Und auch inhaltlich sind differenzierte und differenzierende Perspektiven förderlich, um ein soziales Phänomen in seiner Komplexität angemessen erfassen zu können. Dies bedeutet etwa auch die Frage zu berücksichtigen, was Kinder und Jugendliche mit Medien machen: Mit welchen Motiven nutzen Kinder und Jugendliche welche Medien? Welche Funktionen erfüllen sie für sie? In welchem Kontext nutzen Kinder und Jugendliche welche Medien? Welche Rolle spielen dabei Freunde, Eltern und allgemein soziale Beziehungen sowie das soziale Gefüge in dem Kinder und Jugendliche leben? All diese Fragen, beantworten die „monokausalen Studien" nicht, die per se von einem schädlichen Einfluss ausgehen. Ohne die situativen und gesellschaftlichen Kontexte, die eine differenzierte Analyse dessen erlauben, was Kinder und Jugendliche mit Medien machen, in welchen Zusammenhängen und mit welchen Motiven und Zielen sie diese nutzen, also wie sie mit ihnen umgehen, bleiben Studien zur Mediennutzung und zum Medieneinfluss zwangläufig unvollständig und unzureichend. Sie blenden die Dimension der aktiven Interpretations- und Aneignungsleistungen der Kinder und Jugendlichen in der Nutzung aus und degradieren sie letztlich zu passiven Objekten, die „den Medien" ausgeliefert sind. Wirkungen werden in dieser Perspektive vor allem von den Medien aus gedacht, nicht von sozial eingebetteten Akteuren, die mit ihnen umgehen.

Alternative Erklärungsmodelle liefern beispielsweise der „Uses and Gratification Approach" (vgl. dazu den Beitrag von Vollbrecht in diesem Band) oder die Medienökologie. Letzteres Verständnis ist in Deutschland vor allem mit dem Namen des Bielefelder Medienpädagogen Dieter Baacke verbunden. Seine Studien fokussieren die sozialen und räumlichen Kontexte der Mediennutzung, die damit verbundenen Sinngebungsprozesse sowie die sozialen Regelhaftigkeiten, die die Mediennutzung begleiten. „Während die traditionelle Medienforschung dazu neigt, den sozialen Kontext zu reduzieren, fordert der sozialökologische Ansatz [...], Handlungs- und Erfahrungszusammenhänge nicht isoliert zu betrachten, sondern als integriertes Wirkfeld." (Baacke/Sander/Vollbrecht 1990: 17) Dementsprechend kann soziales Verhalten von Kindern und Jugendlichen gerade nicht durch singuläre Medienwirkung erklärt werden. Im Rahmen des medienökologischen

Ansatzes wird der kausale Bezug zu einem Medium als erklärende Variable durch eine Analyse der sozialökologischen – der räumlichen und sozialen – Umgebung ersetzt. Auf dieser Basis wird es systematisch ausgeschlossen „einzelnen Faktoren, z. B. den Comicheften, dem Fernsehen, dem Elternhaus oder der Schule einseitig ‚schlechten Einfluß' oder ‚Versagen' zuzuschreiben" und dabei die Relevanz der Nutzungskontexte außen vor zu lassen (ebd.).

Die Medienforscher Michael Charlton und Klaus Neumann-Braun (1992) haben drei Ebenen definiert, die zu berücksichtigen sind, wenn man untersuchen und verstehen möchte, wie Menschen mit Medien umgehen:

1)   der eigentliche *Rezeptionsprozess*, also die Auseinandersetzung der NutzerInnen mit dem Medienangebot;
2)   der *situative und kulturelle Kontext*, in dem die Nutzung stattfindet;
3)   der weitere Zusammenhang mit den *Aufgaben der Lebensbewältigung und Identitätsbewahrung*, denen sich die NutzerInnen gegenübersehen.

Um monokausale Verkürzungen zu vermeiden sind in der Auseinandersetzung mit den Medienpraxen Jugendlicher also mindestens zwei Fragen zu beantworten. Die eine Frage ist „Was machen Medien mit Menschen?", die andere, „Was machen Menschen mit Medien?" Es scheint einiges dafür zu sprechen, dass sich die erste Frage erst *nach* der zweiten sinnvoll beantworten lässt. Dies ist umso mehr der Fall, als mit dem Fokus auf die Frage danach, was Heranwachsende mit Medien machen, auch deutlich wird, auf welche Fähigkeiten und Kompetenzen sie hierbei zurückgreifen können oder eben (noch) nicht können. Damit erweist sich eine Perspektive, die von Kindern und Jugendlichen als aktive MediennutzerInnen, ihren Nutzungspraktiken, ihrer Medienkompetenzentwicklung und auch den damit verbundenen Problemen ausgeht, gerade auch für die pädagogische Praxis als weiterführend. Daher möchte ich nun mein Augenmerk auf die Mediennutzungspraxen der Heranwachsenden selbst richten.

Sexualität als das Thema Jugendlicher: Mediennutzung und „strukturelle Kopplung"

Das Themenfeld ‚Sexualität' ist aufgrund seiner jugendphasentypischen Relevanz in einem besonderen Maße dazu geeignet, die vorangegangenen Überlegungen zu konkretisieren. Die kognitive, emotionale und leibliche Auseinandersetzung mit Sexualität, die Auseinandersetzung mit Liebe und Partnerschaft ist ein zentrales und im subjektiven Erleben vielleicht *das* Thema des Jugendalters. Spätestens wenn die gemeinsamen Aktivitäten mit den Eltern und die mit der gleichgeschlechtlichen Peer-Group zunehmend durch gemischtgeschlechtliche Freizeitaktivitäten abgelöst werden, erreicht die Auseinandersetzung mit Liebe, Partnerschaft und Sexualität einen bedeutenden Stellenwert im Leben. Die Anbahnung von Liebesbeziehungen und sexuellen Erfahrungen ist unmittelbar an die zunehmende Bedeutung der Gleichaltrigengruppe gebunden. Diese Entwicklung zeigt sich z. B. an Daten zum Freizeitverhalten Jugendlicher, wie sie in der aktuellen JIM-Studie zu finden sind: 88 Prozent der Jugendlichen treffen sich mit ihrem Freundeskreis mehrmals die Woche. Je älter die Jugendlichen werden, desto größer ist die Bedeutung, die den Treffen mit Freunden als hauptsächliche Freizeitgestaltung zukommt. Während sich 84 Prozent der 12–13-Jährigen mehrmals wöchentlich mit ihren Freunden treffen, sind es bei den 18–19-Jährigen 90 Prozent. Unternehmungen mit der Familie werden dementsprechend weniger (JIM-Studie 2009). Die repräsentativen Studien der Bundeszentrale für gesundheitliche Aufklärung (BZgA 2006) und auch die BRAVO-Studie von 2009 zeigen zudem, dass es der Zeitraum zwischen dem 11. und dem 17. Lebensjahr ist, in dem Kinder und Jugendliche sukzessive verschiedene sexuelle und Beziehungserfahrungen machen (vgl. dazu auch Klein und Sager in diesem Band). Diese zunehmenden eigenen Erfahrungen sowie die wachsende lebensweltliche Relevanz von gegengeschlechtlichen sexuellen Erfahrungen und Liebesbeziehungen schlagen sich in den Themeninteressen dieser Altersgruppe nieder: Wie bereits die früheren JIM-Studien bestätigten auch die Zahlen der 2007 durchgeführten Untersuchung[3] „Liebe und Freundschaft" als das ‚Lieblingsthema' Jugendlicher. 88 Prozent der Befragten interessieren sich „sehr" dafür.

In diesem lebensgeschichtlichen Entwicklungskontext kommt nun auch den Medien eine wachsende Bedeutung zu. Der Computerspieleforscher Jürgen Fritz hat in diesem Zusammenhang den Begriff der „strukturellen Kopplung" geprägt. Dieser bedeutet, dass Medien in dem Maße an Attraktivität gewinnen, wie die in ihnen erhaltenen Themen Bezüge zur Lebenswelt der Nutzer (z. B. frühere und aktuelle Erfahrungen, Einstellungen, Persönlichkeitsmerkmale, andere Hobbys) aufweisen. Die „strukturelle Kopplung" zwischen Medieninhalten und Lebenswelt der NutzerInnen wird in der Medienforschung, die sich mit deren Motiven bei der Zuwendung zu Medieninhalten beschäftigt, als zentrales Nutzungsmotiv bewertet. Dabei wird zwischen einer *parallelen Kopplung* und einer *kompensatorischen Kopplung* unterschieden. Im Bereich der Computerspiele, für die diese Nutzungsmotive vorwiegend herausgearbeitet wurden, bedeutet parallele Kopplung etwa, dass SpielerInnen Bekanntes bevorzugen (z. B. HobbyfußballerInnen, die Computer-Fußballspiele spielen). Demgegenüber bedeutet kompensatorische Kopplung, dass

---

[3] Obgleich die jährlich durchgeführte JIM-Studie auf Vergleichbarkeit angelegt ist, werden nicht jedes Jahr die gleichen Items abgefragt, so dass zu manchen Themenkomplexen keine aktuelleren als die hier dargestellten Daten vorliegen. So wurde in der aktuellen JIM-Studie die Relevanz dieses Themenbereiches nicht mehr abgefragt, so dass die letzten vorliegenden Zahlen herangezogen werden. Dies ist an allen Stellen der Fall, wo nicht die aktuelle JIM-Studie von 2009, sondern eine ältere zitiert wird.

SpielerInnen zu solchen Spielen greifen, deren Schemata der Wunschwelt des Rezipienten entsprechen – z. B. unsportliche Menschen, die Sportspiele spielen (vgl. Fritz 1995; Zipfel/Kunczik 2005).

Diese parallele und kompensatorische strukturelle Kopplung hilft, die Relevanz sexualitätsbezogener Mediennutzung besser zu verstehen. Im Sinne einer Mediennutzung als Lebensbewältigung überrascht es nun auch nicht, dass Kinder und Jugendliche verschiedenen Medien eine beachtliche Themenkompetenz in den Bereichen „Liebe und Freundschaft" attestieren. Bei der Frage, welche Medien zur Informationsbeschaffung bei den jeweiligen Themen am ehesten herangezogen werden zeigt etwa die bereits genannte JIM-Studie, dass im Themenbereich „Liebe und Freundschaft" dem Internet – nach Zeitschriften – die zweithöchste Themenkompetenz zugeschrieben wird. Dass sexualitätsbezogene Internet-Ressourcen Heranwachsende nicht per se bedrohen, sondern reizen und von ihnen als hilfreich betrachtet werden können, wird vor diesem Hintergrund leicht ersichtlich – obgleich es in der öffentlichen Debatte kaum berücksichtigt wird (vgl. auch Döring 2008). Medien wie Zeitschriften, Fernsehen und Internet fungieren für Kinder und Jugendliche als eine bedeutende *Informationsquelle* für die Bereich Liebe und Sexualität. Dabei geht es einmal um die Möglichkeit eigenen konkreten Informationsbedarf zu befriedigen und zum anderen um eine „parasoziale Interaktion" (Horton/Wohl 1956) bzw. „stellvertretende Auseinandersetzung" (Buckingham/ Bragg 2004) mit Lebensentwürfen, Problemen und Bewältigungsformen Anderer. Befragt man Heranwachsende nach der Bedeutung, die Medien für sie bei der Auseinandersetzung mit Sexualität haben, kommt man in der Regel zu jenem Ergebnis, dass Sara Bragg und David Buckingham (2005: 35) in ihrer britischen Studie erzielten: „Als Informationsquellen über Sexualität werden die Medien von den Jugendlichen äußerst positiv beurteilt. Ihnen wurde ein höherer Informationswert, geringere Peinlichkeit und bessere Vertrautheit mit den eigenen Sorgen und Bedürfnissen bescheinigt, als den Eltern oder dem Sexualkundeunterricht in der Schule." Bei der sexualitätsbezogenen Mediennutzung Jugendlicher geht es um nicht weniger als die Orientierung in der Welt und die Suche nach der eigenen Verortung im Bereich Liebe, Sexualität, Partnerschaft.

Damit ist der Kern der relevanten Fragen in der sexualitätsbezogenen Mediennutzung getroffen. Zum einen nutzen Kinder und Jugendliche Medien als Orientierungs- und Auseinandersetzungsangebote, und zum anderen ist die Frage zu stellen, welche Orientierungs- und Auseinandersetzungsangebote sie finden und wie sie mit ihnen umgehen (können). Medien und insbesondere das Internet bieten vielfältige Angebote zur Orientierung und Auseinandersetzung mit Liebe, Partnerschaft und Sexualität. Diese lassen sich nicht auf pornographische Inhalte reduzieren, sondern umfassen Beratungsangebote, Erlebnisberichte ebenso wie die Möglichkeit zum sexualitätsbezogenen Erfahrungs- und Meinungsaustausch, zum Kennenlernen und Ausprobieren in virtuellen Kommunikationsräumen. Wie ich in einer eigenen Untersuchung zu dem Online-Beratungsangebot „kids-hotline" aufgezeigt habe, sind in den Kommunikationsforen dort die Themenfelder „Pubertät" und „heterosexuelle Beziehungen/Sexualität" am populärsten, sowohl bei der Anzahl der Fragen als auch bei den Antworten (vgl. Klein 2008). Die besondere Bedeutung der Themenbereiche Körperlichkeit und Sexualität innerhalb dieser Form der internetbasierten Kommunikation verwundert nicht. Schließlich gelten diese Themen als „Querschnittsaufgabe" Jugendlicher (Helfferich 1994), und das weitgehende Fehlen adäquater Möglichkeiten sich mit diesen Themenbereichen auch außerhalb des Internet auseinanderzusetzen, wird von den Jugendlichen selbst als ein zentrales Problem wahrgenommen (vgl. Klein 2003; Schwarz 1999; Schmidt/Schetsche 1998; Wenzel 1990).

Mittlerweile wird auch in den repräsentativen Studien zur Internetnutzung nach der Nutzung des Internet als Quelle sozialer Unterstützung gefragt. Die Ergebnisse dieser Studien (Lenhart u. a. 2005; Livingstone u. a. 2004) machen deutlich, dass der Suche nach sozialer Unterstützung in virtuellen Kontexten – gerade unter Jugendlichen – eine beachtliche Relevanz attestiert werden kann. Mit einer repräsentativen Befragung des Kompetenzzentrums Informelle Bildung (KIB) der Universität Bielefeld liegen seit 2006 erstmalig vergleichbare Zahlen für die Bundesrepublik vor. Darin zeigt sich, dass – bei nur marginalen Unterschieden mit Blick auf Alter, Geschlecht, Bildung und Länge der Interneterfahrung und Selbsteinschätzung der Internetkompetenz – mehr als 40 Prozent der Jugendlichen im Internet nach Hilfe und Unterstützung bei persönlichen Problemen suchen (vgl. Klein 2009).

Sexualität, Liebe und Partnerschaft sind aber nicht nur das zentrale Thema im Jugendalter, der Themenkomplex ist gleichzeitig auch mit einer Vielzahl von Problemen, Schwierigkeiten, Ängsten und Verunsicherungen behaftet. Medien fungieren dabei für die Jugendlichen als zusätzliche Orientierungs- und Informationsangebote. Felder sind sexuelle Aufklärung im weitesten Sinne und das Erproben sexualitätsbezogener Interaktionen. Im Sinne der strukturellen Kopplung werden sowohl Aspekte der parallelen wie der kompensatorischen Kopplung relevant. Die Annäherung an die eigene Sexualität, die Erkundung des eigenen Begehrens ebenso wie das Sprechen über Sexualität – dies alles wird von einer Vielzahl an Verunsicherungen begleitet. Das reicht von ‚scheinbarem' Wissen über Verhütungsmittel und über sexuelle Praktiken bis hin zu Fragen der ‚normalen' Beziehungsgestaltung. Medien wie das Fernsehen, Zeitschriften und das Internet erlauben es den Heranwachsenden, sich mit diesen Themen und Fragen auseinanderzusetzen – und ihre Scham (die eigentlich ein alltäglicher Begleiter ist) insofern zu relativieren, wie sie erfahren können, dass sie mit ihren Zweifeln nicht alleine da stehen und sich gleichzeitig zunächst niemandem von Angesicht zu Angesicht offenbaren müssen. Sexualitätsbezogene Mediennutzung dient damit – auch aus Sicht der Jugendlichen – selbst als eine spezifische Form der Lebenshilfe und

Lebensbewältigung in einem Schutzraum (Klein 2003, 2010). Diese Perspektive lässt sich in Kombination mit empirischen Befunden leicht veranschaulichen: Aktuelle Studien zur Jugendsexualität machen deutlich, dass 20 Prozent der Jugendlichen zwischen 14–17 Jahren noch keinerlei sexuelle Erfahrungen haben. Dieser Mangel an Erfahrung wird von den Jugendlichen selbst häufig als belastend erlebt und ist gleichzeitig nur schwer im Kontext der Peers oder in anderen ‚realweltlichen' Arrangements zu thematisieren (Neubauer 2008). Das Internet eröffnet hier eine Möglichkeit der Schamreduktion, indem Jugendliche in Erfahrung bringen, dass sie zum einen nicht alleine mit diesen (nicht-vorhandenen sexuellen) Erfahrungen sind und sie zum anderen Personen mit ähnlichen Erfahrungen und Sorgen kennenlernen und sich mit diesen austauschen können.

Weiterhin zeigen etwa die Studien der BZgA, dass die Bewertung des eigenen Körpers einen entscheidenden Einfluss auf die Wahrscheinlichkeit sexueller Erfahrungen hat. Jugendliche, die sich in ihrem Körper weniger wohl fühlen, nehmen auch deutlich seltener sexuelle Kontakte auf (BZgA 2006). Das Internet und die Kommunikation im Internet kann nicht nur helfen Gleichgesinnte zu finden. Durch die spezifischen Charakteristika des Mediums Internet und der computervermittelten Kommunikation ist diese Form der Kommunikation von der permanenten Präsenz des eigenen Körpers in der realweltlichen Kommunikation entlastet. Somit kommt dem eigenen Aussehen in der virtuellen – im Vergleich zur realweltlichen – Kommunikation nur eine untergeordnete Rolle zu. Denn der eigene Körper bleibt in der Regel für die Anderen unsichtbar. Damit geht ein stärkeres Maß an Möglichkeiten der Selbstinszenierung sowie der entlasteten Kommunikation einher. Gleiches gilt für Jugendliche, die heterosexuellen Normalitätsanforderungen insofern nicht entsprechen als sie anders – nämlich gleichgeschlechtlich – begehren. Hier hat eine Vielzahl von Studien die wahrgenommene Unterstützung durch virtuelle Communities nachgewiesen. Die Beteiligung an diesen Communities kann einen entscheidenden Beitrag dazu leisten mit Diskriminierungen im realen Leben umzugehen und das Selbstwertgefühl zu stabilisieren (vgl. McKenna/Bargh 2002; Klein 2008).

Pornographie im Internet

Die Daten der JIM-Studie von 2005 zeigten, dass etwa ein Drittel der jugendlichen InternetnutzerInnen zwischen 12 und 19 Jahren schon mal mit Internetangeboten in Berührung gekommen ist, die pornographische, rechtsextreme oder stark gewalthaltige Inhalte aufweisen. Bei Jungen und jungen Männern ist das fast doppelt so häufig der Fall wie bei Mädchen und jungen Frauen. Zwar scheinen jüngere Internet-Nutzer vor solchen Inhalten besser geschützt zu sein, aber selbst bei den 12- bis 13-Jährigen sind es bereits 18 Prozent (bei den 18–19 Jährigen: 48%). Als Reaktion gaben fast alle Jugendlichen an, diese Seiten sofort wegzuklicken. Nur ein kleiner Prozentsatz von 4 Prozent gab an, sich diese Angebote auch näher anzuschauen (JIM 2005). Einschränkend ist jedoch zu bemerken, dass das Ausmaß sozial erwünschter Antworten in dieser Untersuchung nicht hinreichend kontrolliert wird, so dass der Anteil der Jugendlichen, die solche Seiten nutzen durchaus höher sein kann. Dafür sprechen beispielsweise die Daten einer groß angelegten Kooperationsstudie der skandinavischen Länder, bei der knapp 1800 Jugendliche und junge Erwachsene zwischen 12 und 20 Jahren befragt wurden (Sørensen 2005; Knudsen u. a. 2007). Daraus geht hervor, dass fast alle der befragten Jugendlichen – 99 % der Jungen und 86 % der Mädchen – über Erfahrung mit pornographischen Bildern, Filmen etc. verfügen. Diesen Daten zufolge kommen Jugendliche durchschnittlich mit 11,4 Jahren zum ersten Mal mit Pornographie in Kontakt (Kolbein 2006). Während Jungen häufiger freiwillig Pornos gucken, ist bei den Mädchen der Anteil derer größer, die unfreiwillig beim Surfen im Internet mit pornographischem Material in Berührung kommen. Damit ist eine bedeutsame Unterscheidung bei der Thematisierung von explizitem sexuellen Medieninhalten angesprochen: die Unterscheidung in gewollte Nutzung und ungewollte Konfrontation. Wie auch Nicola Döring (2008: 273) ausführt, sind aus sexual- und medienpädagogischer Sicht Maßnahmen sinnvoll, „die dabei helfen, eine ungewollte Konfrontation mit dem Material zu vermeiden […] und zu verarbeiten".

Die us-amerikanischen Soziologen Alan Berger, William Simon und John Gagnon vertraten schon in den 1970er Jahren die These, dass die Nutzung von Pornographie ein normaler Bestandteil der Integration in Gleichaltrigenbeziehungen darstellt. So kamen sie beispielsweise zu dem Ergebnis, dass das Ausmaß an Pornographieerfahrung umso höher ist, je höher der Grad der Integration in Gleichaltrigennetzwerke ist. Während bei den Jungen Popularität (Anzahl der Freunde) die entscheidende Variable darstellt, ist es bei Mädchen die Zahl gegengeschlechtlichen Verabredungen (Dates). Dieser Befund verweist auch auf ein unterschiedliches soziales Setting der Nutzung von Pornographie: Nutzung in gleichgeschlechtlichen Gruppen ist bei Jungen verbreitet, bei Mädchen dagegen kaum anzutreffen. Jungen gucken Pornos in der Regel mit anderen Jungen und mit Mädchen, Mädchen hingegen (fast) nur mit Jungen (Berger/Simon/Gagnon 1973). Hinsichtlich der Zusammenhänge zwischen sexuellen Erfahrungen und der Nutzung von Pornographie kamen die Chicagoer Forscher darüber hinaus zu dem Ergebnis, dass das Ausmaß der Integration in die Peer-Group sowohl mit der Pornographieerfahrung, als auch mit den sexuellen Erfahrungen in Zusammenhang steht. Peer-Beziehungen sind also der Gelegenheitsraum, der Möglichkeiten sowohl für sexuelle Beziehungen als auch für Erfahrungen mit Pornographie bietet. Zu dem Ausmaß der sexuellen Erfahrungen und dem sexuellen Verhalten ließ sich dagegen kein Zusammenhang feststellen. Gleichzeitig kam die Forschungsgruppe jedoch zu dem Ergebnis, dass es einen linearen Zusammenhang mit den sexuellen

Fantasien gibt: Je größer der Pornokonsum, desto umfangreicher die sexuellen Fantasien – bzw. umgekehrt. Obgleich nicht gesagt werden kann, ob Jugendliche mit mehr sexuellen Fantasien eher dazu neigen, sich pornographischen Inhalten zuzuwenden, oder ob pornographische Inhalte Fantasien erzeugen oder beides der Fall ist, wird mit diesen Befunden zweierlei deutlich: Erfahrungen mit pornographischen Inhalten gehören zu den ‚normalen‘ Erfahrungen Jugendlicher, und diese Erfahrungen begleiten die sexuelle Entwicklung und das sexuelle Erleben Jugendlicher.

In welchem Ausmaß, auf welche Weise und unter welchen Umständen pornographische Inhalte Einstellungen und Verhaltensweisen derjenigen kausal beeinflussen, die sie nutzen, ist dagegen empirisch weit schwieriger zu beantworten. So stellen beispielsweise Jochen Peter und Patti Valkenburg in ihrer Studie mit mehr als 700 niederländischen Jugendlichen zwischen 13 und 18 Jahren fest, dass die Nutzung sexuell expliziter Internetinhalte signifikant mit der Wahrnehmung von Frauen als Sexobjekte korreliert. Nur: Befördert eine Nutzung pornographischer Inhalte eine solche Perspektive auf Frauen, oder ist es etwa umgekehrt? Vielleicht geht es hier auch um Wechselbeziehungen. Peter und Valkenburg (2007) weisen explizit darauf hin, dass über die Richtung der Kausalverknüpfung auf der Basis ihrer Querschnittdaten nicht zu entscheiden ist. Wie Gunter Schmidt (2009) in seiner Literaturdurchsicht zum Thema festgestellt hat, sind empirische Analysen, die Fragen nach dem Einfluss pornographischer Inhalte auf die Einstellungen und Verhaltensweisen der Nutzer und Nutzerinnen solide beantworten können, ausgesprochen rar. Die einzige mir bekannte Untersuchung, die hierzu für Jugendliche und junge Erwachsene empirisch tragfähige Befunde liefern kann, haben Štulhofer, Buško und Landripet von der Universität Zagreb vorgelegt. Befragt wurden darin 650 junge Kroaten und Kroatinnen zwischen 18 und 25 Jahren. Forschungsleitend war die Frage nach dem Zusammenhang zwischen dem Ausmaß der Nutzung pornographischer Medieninhalte in der Pubertät und dem gegenwärtigen Sexualverhalten. Das Ergebnis: Junge Frauen und Männer, die im Alter von 14 Jahren häufig pornographische Inhalte nutzten, unterscheiden sich im jungen Erwachsenenalter in ihren sexualitätsbezogenen Einstellungen und Verhaltensweisen (Nähe bzw. Distanz zu ‚pornotypischen‘ Modellen von Sexualität und Geschlecht; Bereitschaft, soziale Intimität in einer sexuellen Partnerschaft zu leben; Zufriedenheit mit dem eigenen Sexualleben) nicht von denjenigen, die in der Pubertät selten oder gar keinen Kontakt zu pornographischen Medieninhalten hatten (Štulhofer/Buško/ Landripet 2008; Štulhofer/Schmidt/Landripet 2009).

Folgt man diesen empirischen Befunden, ist den Wirkungsunterstellungen der Verwahrlosungsprotagonisten mit deutlicher Skepsis zu begegnen. Gleichzeitig können solche statistischen Analysen jedoch die Frage danach, wie Kinder und Jugendliche pornographische Medien nutzen, erleben und verarbeiten, nur ansatzweise verstehen helfen. Eine der wenigen Studien, die sich bislang überhaupt mit dieser Frage beschäftigt hat, ist die Untersuchung der Psychologin Christine Altstötter-Gleich von der Universität Koblenz-Landau. Mehr als 1000 Kinder und Jugendliche zwischen 11 und 18 Jahren wurden zu ihren Erfahrungen mit Pornographie befragt. Auch diese Studie konnte zeigen, dass Kinder und Jugendliche über eine umfangreiche Erfahrung mit sexualitätsbezogenen Medieninhalten verfügen. Bei den Emotionen, die diese Medieninhalte bei den befragten Kindern und Jugendlichen hervorrufen sind „Ekel" und „Angemacht" in etwa gleich stark vertreten. Doch über dieses Ergebnis hinausgehend nimmt diese Untersuchung insofern eine differenzierte Perspektive ein, als sie zwischen unterschiedlichen sexualitätsbezogenen Inhalten unterscheidet und die emotionale Bewertung dazu relationieren kann. Diese differenzierte Betrachtung der genutzten Inhalte führt zu dem Ergebnis, dass sich die gemischten Gefühle – also sowohl positive Reaktionen wie sexuelles Vergnügen oder die Einschätzung etwas gelernt zu haben, als auch negative Reaktionen wie Ekel, Scham, Angst und Wut – vorrangig auf „softe" Inhalte (Aktdarstellungen, Striptease, Petting, ‚normaler' Geschlechtsverkehr) beziehen, während die Jungen und Mädchen auf „harte" Pornographie nahezu durchgängig ablehnend reagieren (Altstötter-Gleich 2006; vgl. dazu auch Vollbrecht sowie Weller in diesem Band). In Anbetracht dieser Ergebnisse scheint die These einer zunehmenden Begierde nach immer drastischer werdenden sexuellen Darstellungen zweifelhaft.

Allerdings sind Studien, die die Einsichten der medienökologischen Forschungstradition auf den Bereich pornographischer Medieninhalte beziehen und systematisch die Frage nach den sozialen Situationen und Kontexten der Nutzung, nach den Bedeutungszuschreibungen, sowie Nutzungs- und Aneignungspraktiken der Nutzer und Nutzerinnen ins Zentrum stellen, ausgesprochen rar. In ihrer Metaanalyse solcher qualitativen Studien unter dem Titel „What do people do with porn?" kann sich die britische Medienwissenschaftlerin Feona Attwood (2005) gerade mal auf eine Untersuchung beziehen, die sich dezidiert mit den differenten Praktiken Jugendlicher – genauer: männlicher Jugendlicher – in der Nutzung pornographischer Medieninhalte beschäftigt. Gleichzeitig verdeutlichen bereits die Befunde dieser Untersuchung die weiterführende Qualität einer solchen qualitativ-verstehenden Perspektive: Holland u. a. (1998) arbeiteten heraus, dass Jungen in der Pubertät Pornographie vor allem im Kreise ihrer Peers nutzen, um damit eine „männliche" und „erfahrene" Identität zu konstruieren, um sich zu informieren und beispielsweise Wissen über männliche und weibliche Anatomie oder über sexuelle Praktiken zu erwerben. Ältere Jungen nutzen Pornographie dagegen offensiver als Lustquelle, aber ebenfalls um sich auf die ersten sexuellen Erfahrungen mit einer Partnerin oder einem Partner vorzubereiten. Verfügen die Jungen schließlich über erste Partnerschaftserfahrungen, findet nicht selten eine gemeinsame Nutzung pornographischer Medien mit der Partnerin oder dem Partner statt (vgl. auch Niegard 2007).

Ähnlich gelagerte differenzierte Befunde erbrachte auch die bereits erwähnte skandinavische Studie (Sørensen/Kjørholt 2007). Danach erlebt die Mehrheit von 60 Prozent der Befragten pornographische Inhalte als sexuell erregend. Obgleich dies insgesamt eher die Jungen sagen, zeigte sich ein stärkerer Zusammenhang mit dem Alter: Je älter die Jugendlichen werden, desto eher bewerten Angehörige beider Geschlechter Pornographie als sexuell erregend. Ein ähnlicher Zusammenhang zeigt sich hinsichtlich der Inspiration durch gesehene sexuelle Praktiken. Weiterhin vertrat knapp die Hälfte der befragten Jugendlichen die Auffassung, dass die Nutzung von Pornographie das eigene Sexleben verbessern kann. Diese Perspektive ist vor allem unter Jungen und unter älteren Jugendlichen verbreitet. Gleichzeitig hat allerdings ein Fünftel der Jugendlichen Sorge, dass ihr eigenes Sexleben unter dem Einfluss von Pornographie leiden könnte. Dies befürchten vor allem Mädchen – so vermuten 16 Prozent der Befragten „Komplexe" durch den Vergleich zwischen Pornographie und eigener Sexualität. Und 9 Prozent fühlen sich diesbezüglich beunruhigt und auch verunsichert. Obgleich sämtliche vorliegende Untersuchungen dafür sprechen, dass Jugendliche vergleichsweise gut zwischen pornographischer Realität und eigener sexueller Realität unterscheiden können, zeigt sich in der Kommunikation Jugendlicher über Pornographie, dass mit ihr weiterführende Fragen, Sorgen und Unsicherheiten verbunden sein können. Diese Probleme beziehen sich vor allem auf folgende Bereiche: Geschlechterverhältnisse im Sexuellen (z. B. Geschlechtsrollenklischees), sexuelle Beziehungen vs. Liebesbeziehung, Körperbilder oder auch die Frage danach, was guten Sex ausmacht (Sørensen 2005).

Einfache Wirkungsannahmen bei der Nutzung pornographischer Inhalte greifen also ebenso zu kurz, wie sie es bei gewalthaltigen Computerspielen tun. Doch hinsichtlich der Auseinandersetzung mit den Pornographieerfahrungen Jugendlicher sind sowohl für die zukünftige Forschung, als auch für die pädagogische Praxis vor allem weiterführende Problemstellen zu markieren: Die Konfrontation und die Nutzung pornographische Inhalte – seien sie gewollt oder ungewollt – kann mit neuen und zusätzlichen Irritationen, Fragen und Sorgen auf Seiten der NutzerInnen einhergehen. Unsicherheiten hinsichtlich des Körperselbstbildes, der eigenen Attraktivität, Unsicherheit über die „richtige"/„passende" eigene Sexualität, über den „richtigen" Umgang der Geschlechter, sowie Sorgen, einen passenden Lebensentwurf für sich selbst zu finden und verwirklichen zu können, sind charakteristisch für die „Lebensphase Jugend". Möglicherweise können solche Verunsicherungen durch pornographische Inhalte verstärkt werden. Aber Pornographie ist immer auch ein Kommunikationsanlass, der sowohl Auseinandersetzung als auch Distanzierung ermöglicht. Für die Inhalte der BRAVO und für sexualitätsbezogene Fernsehinhalte gibt es hierzu eine Vielzahl an Studien, für pornographische Inhalte nur erste Indizien. Eine solche Anschlusskommunikation über die rezipierten Inhalte bezieht sich immer auch auf die Bewertung des Erlebten: Wie bewerten die Anderen das? Ist das bei denen „in echt" auch so? Oder ist das nur im Film so? Innerhalb der Kommunikation über Medieninhalte entstehen Möglichkeiten zur weiterführenden Orientierung, Normierung und Distanzierung als kontingente Umgangsformen. Diese Anschlusskommunikation kann sich auch die pädagogische Praxis zu Nutze machen[4], indem sie Anlässe schafft, in denen sich Jugendliche mit ihren Medienerfahrungen reflexiv auseinandersetzen können.

Literatur

Altstötter-Gleich, Christine (2006): Pornographie und neue Medien. Eine Studie zum Umgang Jugendlicher mit sexuellen Inhalten im Internet, Pro Familia: Mainz.

Attwood, Feona (2005): What do people do with porn? Qualitative research to the consumption, use and experience of pornography and other sexually explicit media. Sexuality & Culture 9, (2) S. 65–86.

Baacke, Dieter; Sander, Uwe; Vollbrecht, Ralf (1990): Lebenswelten sind Medienwelten. Bd. 1, Opladen: Leske und Budrich.

Berger, Alan S.; Simon, William; Gagnon, John H. (1973): Youth and Pornography in Social Context. Archieves of Sexual Behavior 2, S. 279–309.

Buckingham, David; Bragg, Sara (2005): „If they're happy they're happy..." Wie Heranwachsende in Großbritannien mit Darstellungen von Liebe und Sexualität in den Medien umgehen. tv diskurs 34, S. 34–37.

Buckingham, David; Bragg, Sara (2004): Young People, Sex and the Media. The facts of Life?, Hampshire & New York: Palgrave Macmillan.

BRAVO Dr. Sommer Studie 2009. Liebe! Körper! Sexualität! München: Bauer Media Group.

Bundeszentrale für gesundheitliche Aufklärung (BZgA) (2006): Jugendsexualität 2006. Repräsentative Wiederholungsbefragung von 14- bis 17-Jährigen und ihren Eltern, Köln: BZgA.

Charlton, Michael; Neumann-Braun, Klaus (1992): Medienkindheit – Medienjugend. Eine Einführung in die aktuelle kommunikationswissenschaftliche Forschung, München: Quintessenz.

Döring, Nicola (2008): Sexuelles Begehren im Cyberspace. In: Schmidt, Renate-Berenike; Sielert, Uwe (Hg.): Handbuch Sexualpädagogik und sexuelle Bildung, Weinheim und München: Juventa, S. 271–280.

Fritz, Jürgen (1995): Warum Computerspiele faszinieren, Weinheim und München: Juventa.

Helfferich, Cornelia (1994): Jugend, Körper und Geschlecht. Die Suche nach sexueller Identität, Opladen: Leske und Budrich.

---

[4] Die medien- und sexualpädagogische Auseinandersetzung mit sexualitätsbezogenen Ratgebern im Internet kann dazu eine Möglichkeit bieten. Dies mag nicht zuletzt auch deshalb für die pädagogische Praxis relevant sein, da pädagogische Fachkräfte in ihrer Rolle als „Zugangslotsen" hier bislang kaum eine Rolle spielen: Nur ein Prozent der NutzerInnen der virtuellen Beratungsstelle „kids-hotline" hat dieses Angebot durch Hinweise von Fachkräften gefunden (Klein 2008).

Holland, Janet u. a. (1998): The Male in the Head: Young People, Heterosexuality and Power, London: Tufnell Press.

Horton, Donald; Wohl, R. Richard (1956): Mass communication and para-social interaction. Observations on intimacy at a distance. Psychiatry 19, S. 215–229.

JIM 2005. Medienpädagogischer Forschungsverbund Südwest (Hg.): Jugend Internet (Multi-)Media, Stuttgart.

JIM 2006. Medienpädagogischer Forschungsverbund Südwest (Hg.): Jugend Internet (Multi-)Media, Stuttgart.

JIM 2009. Medienpädagogischer Forschungsverbund Südwest (Hg.): Jugend Internet (Multi-)Media, Stuttgart.

Klein, Alexandra (2003): Musst dich nicht schämen? Sexuelle Aufklärung Jugendlicher und die Bedeutung medialer Angebote. tv diskurs, Heft 23, S. 58–61.

Klein, Alexandra (2008): Soziales Kapital Online. Soziale Unterstützung im Internet. Eine Rekonstruktion virtualisierter Formen sozialer Ungleichheit. Bielefeld. URL: http://bieson.ub.uni-bielefeld.de/volltexte/2008/1260/.

Klein, Alexandra (2009): Niedrigschwelligkeit durch Technik? Chancen und Herausforderungen internetbasierter Beratungsangebote für Jugendliche. Sozial Extra 33 (1/2), S. 14–17.

Klein, Alexandra (2010): Zu früh, zu spät, genau richtig? Das Alter beim ersten Mal und sexuelle Handlungsfähigkeit im jungen Erwachsenenalter. In: Deutsche Gesellschaft für Prävention und Intervention bei Kindesmisshandlung und -vernachlässigung e. V. (Hg.): Was ich weiß, macht mich heiß? Psychosexuelle Gesundheit und sexuelle Bildung als integrativer Aspekt der Prävention von sexuellem Missbrauch, Köln: Verlag Mebes und Noack (im Druck).

Knudsen, Susanne V. u. a. (Hg.) (2007): Generation P? Youth, Gender and Pornography, Danish School of Education Press: Copenhagen.

Kolbein, Hildur Gudbjörg (2007): Exposed – Iclandic teenagers' exposure to pornography. In: Knudsen, Susanne V u. a. (Hg.): Generation P? Youth, Gender and Pornography, Danish School of Education Press: Copenhagen, S. 103–117.

Kunczik, Michael; Zipfel, Astrid (2005): Medien und Gewalt: Befunde der Forschung seit 1998, Berlin: BMFSFJ.

Lenhart, Amanda u. a. (2005): The Mainstreaming of Online Life. Online unter: www.pewinternet.org/pdfs/Internet_Status_2005.pdf [20.10.2009].

Livingstone, Sonia; Bober, Magdalena; Helsper, Ellen: (2004): Active Participation or just more information? Young People's take up for opportunities to act and interact on the internet. Online unter: http://www.lse.ac.uk/collections/children-go-online/UKCGOparticipation.pdf [20.10.2009].

McKenna, Katelyn; Bargh, John (1998): Coming out in the age of the Internet: Identity „demarginalization" from virtual group participation. Journal of Personality and Social Psychology 75, S. 681–694.

Nieding, Gerhild; Ohler, Peter (2006): Henne oder Ei – oder etwas Drittes? tv diskurs 10 (2), S. 48–51.

Peter, Jochen; Valkenburg, Patti M. (2007): ‚Adolescents' Exposure to a Sexualized Media Environment and Their Notions of Women as Sex Objects. Sex Roles 56, S. 381–395.

Pfeiffer, Christian; Kleinmann, Matthias (2006): Medienkonsum, Schulleistungen und Jugendgewalt. tv diskurs, 10, Heft 2, S. 42–47.

Schmidt, Gunter (2009): Fantasien der Jungen, Phantasmen der Alten. BZgA Forum 1/2009, S. 27–32

Schmidt, Renate-Berenike; Schetsche, Michael (1998): Jugendsexualität und Schulalltag, Opladen: Leske und Budrich.

Schorb, Bernd u. a. (2008): Medienkonvergenz Monitoring Online-Spieler-Report 2008. Die Online-Spieler: Gemeinsam statt einsam. Online unter: http://www.uni-leipzig. de/~mepaed/sites/default/files/MeMo_OSR08.pdf [20.10.2009]

Schwarz, Anne (1999): Mädchen auf dem Weg zu einer selbstbestimmten Sexualität, Frankfurt: Peter Lang.

Siggelkow, Bernd; Büscher, Wolfgang (2008): Deutschlands sexuelle Tragödie. Wenn Kinder nicht mehr lernen, was Liebe ist, Asslar: Gerth Medien.

Sørensen, Annette Dina (2005): Pornophication and gender stereotyping in mass culture in Denmark. Paper presentation at the conference ‚Nordic Forum', Tallinn, 8th of June 2005.

Sørensen, Annette Dina; Kjørholt, Vigdis Saga (2007): How do nordic adolescents relate to pornography? In: Knudsen, Susanne V. u. a. (Hg.): Generation P? Youth, Gender and Pornography, Danish School of Education Press: Copenhagen, 87–102.

Štulhofer, Aleksandar; Buško, Vesna; Landripet, Ivan (2008): Pornography, sexual socialization, and sexual satisfaction among young men. Archives of Sexual Behavior 37, S. 168–178.

Štulhofer, Aleksandar; Schmidt, Gunter; Landripet, Ivan (2009): Beeinflusst Pornografie in der Pubertät sexuelle Skripte, Intimität und sexuelle Zufriedenheit im jungen Erwachsenenalter? Zeitschrift für Sexualforschung 22, S. 13–23.

Treumann, Klaus-Peter u. a. (2007): Medienhandeln Jugendlicher. Mediennutzung und Medienkompetenz, Wiesbaden: VS-Verlag.

Wenzel, Susanne (1990): Sexuelle Fragen und Probleme Jugendlicher. Dargestellt an den Leserbriefen Jugendlicher in der Zeitschrift BRAVO, Frankfurt am Main: Peter Lang.

Sexualisierte jugendliche Netzkulturen?

Egoshots und zarte Körperbilder bei flickr[1]

Birgit Richard

Sexualität wird in der Soziologie meist unter modernisierungstheoretischen Annahmen untersucht, was zur Folge hat, dass der *Wandel* des intimen Handelns in den Blick rückt. Ulrich Beck und Elisabeth Beck-Gernsheim (1990) etwa stellen fest, dass leitende Normen abnehmen. Mit deutlichen Bezügen auf Michel Foucaults These, dass die Diskursivierung der Sexualität den Sex erst machtvoll ‚eingepflanzt' hat, zeigen sie auf, dass Enttraditionalisierung Sexualität verbreitet und zu einer mit Sinn aufgeladenen Praxis macht. Insbesondere die Frauen- und Geschlechterforschung hat sich darum bemüht, körperliche Erfahrung nicht als naturwüchsig zu behandeln, sondern den Körper als Produkt einer symbolischen Ordnung zu verstehen (etwa Duden 1987; Honnegger 1991). Sexualität wird in dieser Perspektive zu einer verleiblichten kulturellen Einschreibung, die nachweislich auch über materielle und symbolische Inszenierungen verläuft (vgl. Hubbard 1998; Bech 1995). Durch die vermehrte öffentliche sexualisierte Selbstdarstellung ist eine ‚Aufheizung' des elektronischen Raums der Medien zu beobachten. Die Körperdarstellungen scheinen meist gerade keine Grenzüberschreitungen in Form eines Rückzugs aus einer dominanten heterosexuellen Matrix zu sein. Die digitalen Räume sind vielmehr prädestinierte kommerzielle Behälter der Ware Sexualität. Als Prototypen für die sexuelle Selbstvermarktung erscheinen Bild-Plattformen wie „suicide girls", auf der erwachsene Nutzerinnen sexualisierte Bildinhalte selbst und freiwillig zur Schau stellen. Die sexuelle Präsentation, vorzugsweise des weiblichen Körpers, wird als individuelle Freiheit verkauft, die sich gleichwohl stets im normativen Rahmen heterosexuell konnotierter Sexualität bewegt.

Mein Beitrag beleuchtet sowohl die gängige körperbetonte Darstellung von Jugendlichen, als auch die Abweichungen von normierter Bildpolitik, letzteres konkret in der Suche nach anderen Körper- und Sexualitätsbildern in verschiedenen Formaten und Plattformen des Web 2.0, die als Nischen und Rückzugsmöglichkeiten für weibliche, aber auch für männliche Sexualitätsdarstellungen verstanden werden können, die einer unmittelbaren Vermarktbarkeit widerstreben. Die *Bildpolitiken*

[1] Zugrunde liegen dem Artikel die empirischen Befunde der seit 2006 laufenden Frankfurter Studie „Grundlagenforschung zum Web 2.0"; die Netzrecherchen zu diesem Artikel sind von Jan Grünwald, Jutta Zaremba, Alexander Ruhl und Marcus Recht durchgeführt worden.

des Sexuellen, insbesondere der Stellenwert des Sexuellen in der jugendlichen Selbstdarstellung, wurden bislang kaum untersucht. Es soll deshalb hier der Frage nachgegangen werden, ob es auch ‚neuartige' Bilder von männlichen und weiblichen Körpern gibt – und falls ja, ob diese lediglich der zusätzlichen Aufheizung der sexuellen Märkte dienen oder auch zu Erweiterungen von männlichen und weiblichen Sexualitätsdarstellungen führen. Die Betrachtung der körperbezogenen Selbstdarstellungen sind dabei notwendige Zwischenschritte zur Untersuchung einer sexualisierten Selbstdarstellung, deren Existenz für jugendliche Nutzer und Nutzerinnen erst noch nachzuweisen wäre und die, wie die Untersuchung zeigen wird, niemals explizit wird. Die konkrete Fragestellung ist also, ob und wie sich die Darstellung von jugendlicher Sexualität im Bild durch die Möglichkeiten des Social Web 2.0 auf der Fotoplattform *flickr*[2] verändert: Strebt alles in Richtung Warenförmigkeit des jugendlich Körpers oder wird Sexualität zu einem wichtigen, relativ autonomen Bereich jugendlicher Selbstdarstellung? Vorangehende sozialwissenschaftliche Studien zum Web 2.0 z. B. zu flickr, YouTube oder Facebook, beschäftigen sich ausschließlich mit dem ästhetisch wenig innovativen Mainstream, meine Suche gilt daher vor allem den abweichenden, stilbildenden Fallbeispielen.

Wesentlicher Bestandteil von digitalen Jugendkulturen ist die körperbetonte, sinnliche Selbstdarstellung auf den ‚jungen' Plattformen von YouTube und dem Fotosharing bei flickr (Richard 2009). Der Artikel wird die größte und meist genutzte Fotoplattform flickr in den Blick nehmen, um sie auf sexualisierte (Selbst)-Darstellungen zu untersuchen. Diese wird als Ort primär ‚usergenerierter' Sexualitäten angenommen: Sie definieren sich nicht explizit sexualisiert; es ist jedoch davon auszugehen, dass sie sich kommerziellen sexuellen Darstellungsschemata bewusst oder unbewusst annähern. Sexualität ist für Jugendliche ein hochsensibles Gebiet, sodass häufig andere Begriffe zum Zwecke der Verschlagwortung und Suche gefunden werden müssen. Für die Recherche und die Analyse kann dabei nicht von Begriffsapparaten Erwachsener ausgegangen werden.

Sexy Egoshots: Netzbilder als Aufwertung des jugendlichen Körpers

Der Beitrag nähert sich den medial inszenierten jugendlichen Selbstdarstellungen über die Körper-Bilder Heranwachsender und junger Erwachsener: Bei den Fotos der Selbstdarstellung geht es um Körpergestaltung, Mode, den Körper und die Frisur. Schwerpunkt der Untersuchung ist die neu entstandene Form des *Popbildes*, wobei dieser Begriff als eine hybride Kategorie zwischen Amateur- und Profibild in den Onlineumgebungen des Web 2.0 eingeführt wird. Die hier vorgestellte

---

[2] http://www.flickr.com

Studie sichert zunächst das medienstrukturelle Phänomen, um dann zu einer repräsentativen Auswertung des erhobenen Materials zu kommen, (dies trotz der inhärenten Dynamik, die den Reiz von flickr ausmacht)[3]. Das kollektiv mit Inhalten bestückte Web 2.0 (O'Reilly 2005) und insbesondere flickr zeigen am deutlichsten, dass Publizieren nicht länger Privileg professioneller Bilderzeuger ist. Das Popbild, eine von Amateuren hergestellte Bildform, in die sich sowohl triviale als auch Abdrücke von Darstellungsschemata der bildenden Kunst eingelagert haben, gilt als ‚authentische' Bildäußerung, da es sich scheinbar an der alltäglich beobachtbaren Realität orientiert. Die Amateurtechniken sind aber zugleich Anlass für künstlerische und designerische Stile und zeigen sich in Trends wie Super 8, der Lomo-Fotografie und Videoproduktionen mit der Handykamera. Die Amateure verwenden und erzeugen Bilder getreu ihrer visuellen Sozialisation und deren Wahrnehmungswelten, die natürlich auch durch die Gebrauchsbilder professioneller Bilderzeuger wie Fotojournalisten geprägt und so wiederum an künstlerischen Vorbildern geschult wurden.

Das individuelle Bildverstehen ist also fest in sozialen und kulturellen Praktiken verankert (Mitchell 1990). Zudem werden bei der Bilderstellung zahlreiche Entscheidungen getroffen, die einen direkten Eingriff in das Authentische darstellen. Bewusst oder unbewusst beeinflussen technische sowie ästhetische Entscheidungen die (Selbst-)Darstellung, beispielsweise durch die Wahl der Kamera, des Kameraobjektivs, der Auflösung, der Speichergröße und ästhetische Merkmale (wie die Bildkomposition oder die Wahl des Bildausschnitts). Somit ist die Bildproduktion *immer* von Interpretation und Selektion geprägt (Knieper 2005).

Jugendliche Selbstdarstellung schlägt sich im Anschluss an die eigene Bild-Sozialisation in einem *Medien-Ego* nieder. Mediale Posen sind für die junge Generation selbstverständlich und alltäglich. Ihr Verhalten vor der Kamera ist routiniert und antrainiert. YouTube und flickr zeigen am deutlichsten, wie Bilder als fluider Kommunikationsschmierstoff funktionieren. Dies, obwohl alle diese visuell neuartigen Clipformen meist nur einem Ziel dienen: sich Anderen mitzuteilen und um mit ihnen zu kommunizieren. Zentral ist der Bezug auf vorhergehende Formate, so dass der Inhalt des strukturell neuen medialen Bildes immer ‚alte' Bilder sind, u. a. die popkulturellen Medien, Vorläuferbilder und Peer-Bilder[4]. Es entstehen Bilderzeugnisse, welche die Erfordernisse der medialen Formate bedienen und innerhalb dieses Rahmens einen individuellen Zugang suchen. Die Bilder jugendlicher Selbstdarstellung sind extrem sinnlich mit empathischer Wirkung, sie kreisen zentral um Körper und Sexualität, Gewalt und Schmerz.

---

[3] Vgl. Richard/Zaremba (2007) zur Methode des Netzscans, der Schlüsselbilder und Cluster als Triangulation von quantitativen und qualitativen Methoden nutzt.
[4] Aufbauend auf McLuhan 1965; siehe auch „relationale Bildnachbarschaften/Bildcluster" bei Richard/Zaremba 2007.

Neue mediale Strukturen erfordern auch die Neuentwicklung von medienadäquaten Forschungsmethoden. Ansätze aus den Kulturwissenschaften haben
bislang allgemeine Fragen der Bildproduktion und -distribution über Foto- und
Videoplattformen behandelt (vgl. Lovink/Niederer 2008); erst in jüngerer Zeit
wurde mit der Entwicklung eines methodischen Analyseinstrumentariums begonnen (Richard 2008).

Die jugendlichen Bild-Formen in der Online-Fotografie im Netzwerk sind
mit überkommenen Video- und Fotokategorien nicht zu verstehen. Dem Artikel
liegt eine umfassende Studie (laufende Forschung seit 2006) mit medienadäquaten
Analysemethoden, Analyseschemata und Typologien zugrunde, womit z. B. Clip-
und Bildsorten differenziert erfasst werden (bei YouTube etwa der Egoclip oder bei
flickr der Egoshot, vgl. Richard 2008). Die Ergebnisse der Grundlagenforschung
geben einmal Aufschluss über die allgemeinen medienstrukturellen Eigenschaften
von Online-Fotosharing und zugleich repräsentative Auskunft über prototypische
Grundformen jugendlicher medialer Selbstdarstellung und die zentralen Themen
der neuen visuellen Peers („friends" genannt). Letztere zeigen sich insbesondere
in sinnlich fundierten Körper- und Geschlechterbildern innerhalb und außerhalb
von visuell erzeugten Einzelporträts und Gruppenanordnungen.

Sexuelle Software und visueller Hypersex bei jugendlichen Selbstdarstellungen?

Zentral ist bei flickr die Sortierung der visuellen Informationen: Sie werden nach
den häufigsten Schlagworten oder chronologisch – zum Beispiel Bilder des Tages,
des Monats (in Kalenderform) – oder auch nach AutorInnen sortiert. flickr ist ein
soziales Netzwerk und ein visuell motivierter sozialer Hypertext[5]. Jedes einzelne
Bild bildet so zugleich das Zentrum wie auch die Peripherie im diesem Bild-
universum, das von den Nutzenden in jeder Sekunde selbst erschaffen, aufrecht
erhalten, strukturiert und verändert wird. Die individuelle Profilseite ist eine ideale
Bühne der Selbstinszenierung, deren Wirksamkeit gesteigert wird von der Aura
des Authentischen, die fotografischen Produktionen innewohnt (Bourdieu 1983).
Ein Indikator, dass die Plattform auch tatsächlich in diesem Sinne als Schauplatz
der Selbstaufwertung und der permanenten narzisstischen Selbstbespiegelung
eingesetzt wird, ist die Zahl der gefundenen Bilder bei den Suchbegriffen „me"
und „I", die höher ist als bei der Suche nach „Baby" – einem Motiv, das zweifellos
sehr häufig fotografiert wird (Walker 2005).

---

[5] Zur näheren medienstrukturellen Charakterisierung von flickr siehe Richard/Grünwald/Ruhl (2008).

An dieser Stelle ist es sinnvoll, die Theorie von George Herbert Mead und im Speziellen seine Begrifflichkeiten „*me* and *I*" (Mead 1973: 216), die sich um Identität und das Selbst – also um die innerpsychische Wirklichkeit und den damit verbundenen Umgang von Individuen mit der Gesellschaft und ihrer Kultur als relevantes soziales Umfeld – drehen, in das konkrete Feld flickr einzuführen und medienadäquat zu transformieren. Denn flickr bietet als Austragungsort visueller Darstellungen des Selbst eine Projektionsfläche für die Inszenierung der Identität aus der angenommenen Sicht des verallgemeinerten Anderen *(me)*, welche als Leitlinien für die eigene Präsentation dienen. Innerhalb dieser wird die persönliche, individuelle, also ganz eigene und unberechenbare Selbstinszenierung verortet *(I)*. Die Unterscheidung bietet Ansatzpunkte für die Identifikation von Bildinnovationen und eigenständige visuelle Darstellungsoptionen im Wechselspiel von *me* und *I*.

Zur Dramaturgie einer solchen Aufmerksamkeitsökonomie des repräsentativen Bilderfundus gehört es auch, die eigenen Bilder mit populären, erfolgversprechenden Schlagwörtern, also mit attraktiven „tags" zu versehen. Flickr erschließt neue virtuelle Handlungsräume zur Kommunikation über den engen Familien- und Freundeskreis hinaus. Angestrebt werden die Erzeugung eigener und das Auffinden vertrauter, also eher uniformer[6] Darstellungsweisen, die die Anerkennung in der Community garantieren und nicht gefährden. Bei flickr geht es selbstverständlich auch um außergewöhnliche Varianten eines Motivs, was etwa die artistische Verwendung von Photoshop deutlich macht. Die eingestellten Motive sollen Souveränität vermitteln oder Zeugenschaft über ein Ereignis und die Stimmung wiedergeben; sie sind narrativ und abstraktionsfrei. Es geht keinesfalls um ästhetische Abweichung in der Gestaltung. Dafür werden andere Prinzipien wichtig: die Überdeutlichkeit bestimmter Motive, humoreske oder absurde Momentaufnahmen etwa. Bei flickr wird deutlich, dass es zur Entstehung eines sozialen Netzwerks zwingend der ästhetischen Redundanz bedarf.

Zudem schwingt im Amateurfoto ein hohes Authentizitätsversprechen mit (so Gapp 2006); die fotografische Selbstdarstellung des *me* wird meist als eine unverfälschte Abbildung angenommen. Bei flickr wird sichtbar, dass immer eine unbewusste Vermischung von Eigen- und Fremdbildern stattfindet, die die Unterscheidung selbst mit den Begrifflichkeiten des *me* und *I* nahezu unmöglich macht. Anders als bei künstlerischen Bildern gilt hier die authentische Individualität unhinterfragt. Nicht alle Nutzerinnen streben allerdings nach globaler Selbstdarstellung: Oft ist die Mitteilung an einen kleinen Kreis von Freunden und Bekannten am wichtigsten. Ziel ist nicht, alles allen zu zeigen, sondern – im Sinne der Möglichkeit des so genannten *Privacy management* (Moorstedt 2006) – verschiedene Stufen der Veröffentlichung des eigenen Lebens selbst vorzunehmen.

---

[6] Zum Terminus ,uniform' vgl. Richard/Grünwald/Betten (2007).

Das Bild ist somit primär Anlass zur Kommunikation, es verliert damit aber nicht immer die Wertschätzung als eigenständiges Medium. Die Vernetzung findet über Bildähnlichkeiten statt, also über motivische Redundanzen. Die Einordnung der individuellen Bilder hängt von zugewiesenen Begrifflichkeiten ab, kaum von den Bilderzeugnissen selbst. Sie bewirken Anschlussfähigkeit an globale Netze – etwa wenn Partyportale in der Provinz davon zeugen sollen, dass man existiert und auch hier ein exzessives Leben stattfindet. Im Internet formieren sich die bildermachenden Jugendlichen so zu rituellen Öffentlichkeitsforen im Schutze von gleichaltrigen Bildgemeinschaften, die ihre Bilder teilen und anerkennen. So zeigen sich immer synthetische Bilder-Hybride aus *me* und *I*, also neue Formen von Fotos und Videos, die sich nicht länger mit den „nicht-vernetzten" Bildern vergleichen lassen.

Egoshots: Methodische Strategien zur Untersuchung der Selbstbilder Jugendlicher

Eine besondere Herausforderung ist es, Grundmuster in der jugendlichen Selbstdarstellung zu rekonstruieren und damit zu sichern, die trotz des sekündlichen Wandels der Inhalte von flickr.com im Kern konstant bleiben; es geht also darum, eine Typologie von eingeführten und gemeinschaftlich weiterentwickelten Darstellungsmustern und -konventionen herauszuarbeiten. Eine quantitative Vorgehensweise ist angesichts der Millionen von Bildern nur über eine Zufallsstichprobe möglich, die mangels objektivierbarer Kriterien für die Motive in den Bildern die maßgeblichen Charakteristika der Bildpräsentation jedoch nur unzureichend erfasst. Vielversprechender erscheint daher der parallele Zugang über eine qualitative Erhebung.[7] Mit einem dafür entwickelten adäquaten Forschungsdesign (zur Definition siehe Richard/Grünwald/Ruhl 2008) kann der Dynamik des Feldes Rechnung getragen werden. Leitend ist dabei der Gedanke, dass den beobachteten Prozessen mit Intuition und Kreativität in Form einer „mimetischen" Forschung (Amann/Hirschauer 1997: 20) nachgespürt werden kann.

Für die Verarbeitung der modischen Selbstbilder bietet sich besonders die Übertragung der Kategorie ‚Egoclips' (siehe Richard 2008) von den bewegten Bildern zu den stillen Bildern an: Die Egoshots sind damit die rein auf die Aufnahme der eigenen Person konzentrierten narzisstisch motivierten Bilder.

Im gegebenen Fall waren zunächst die erforderlichen englischen Tags (Stichwörter) zu formulieren[8]. Begriffe wie *beauty* (360.325 Bilder) oder *beautiful* (907.764 Bilder) verfehlen durch die Menge an verschiedenen Bildmotiven (Porträts,

---

[7] Vgl. dazu das Konzept der Schlüsselbilder und relationalen Bildcluster bei Richard/Zaremba (2007).
[8] Allesamt erhoben am 1. Mai 2007.

Naturaufnahmen, Bilder von Kindern, Mode ...) das Forschungsfeld; sie sind zu diffus, um ein befriedigendes Ergebnis zu erzielen. Die Tags, die bei der Erstellung der hier interessierenden Typologie hilfreich zu sein scheinen, beziehen sich auf

- Formen der Selbstrepräsentation, auf das persönliche, aber auch das fotografische Selbstverständnis: *me* (1.209.948), *I* (10.083.460), *self* (586.985), *selfportrait* (303.601);
- das Format der medialen Selbstdarstellung: *sexy* (316.222), *posing* (409.731), *posers* (41.573), *naughty* (29.196), *body* (192.572), *male body* (4.677), *female body* (4.668), *my body* (33.012) und
- die sexuelle Orientierung, die häufig gleichzeitig einen definierten Darstellungs- und Körpermodus impliziert: *gay* (293.586), *lesbian* (49.982), *hunk* (9.267).

Männer-Selbstbilder: Indie Boy vs. Macho Man

Im Bild-Universum von flickr lassen sich verschiedene geschlechtsspezifische Typologien ausmachen. Maskeraden der Männlichkeit sind daher – mehr als Maskeraden der Weiblichkeit – auch Aufführungen von „Authentizität", sogar wenn sie einen gänzlich ‚unmännlichen Mann' darstellen (Benthien 2003: 56). Daraus resultiert das Paradox, dass auch der verstellte Mann der echte Mann ist, was Auswirkungen auf die parodistische Überzeichnung von Geschlechtsidentität hat. Stark zur Schau gestellte Weiblichkeit kann, laut Benthien, leicht als künstliche Übertreibung gelesen werden, während es sich im Falle von Männlichkeit um den Versuch einer Potenzierung handelt, besonders in der zeitgenössischen Kultur, in der sich die exzessive Männlichkeit primär in der Physis zeigt.

Es können zwei Männertypen herausgearbeitet werden, zwischen deren Polen diverse Möglichkeiten zur Selbstdarstellung liegen. Ersterer kann als ‚*Indie-Boy'* bezeichnet werden, weil seine bildliche Darstellung androgyne und sensible Jungenhaftigkeit repräsentiert. Dieser Typus wird von Susan Bordo (1999: 187) als ‚Leaner' bezeichnet, weil sich die Dargestellten im Bildmotiv üblicherweise anlehnen oder auf ein Objekt stützen. Die von diesem dargestellten Posen sind eher als traditionell *weiblicher* Modus einzustufen. In der kommerziellen bildlichen Repräsentation von Geschlechterstereotypen gilt zudem die visuelle Faustregel John Bergers (1972: 47) „men act and women appear". Damit ist der Figurtypus des Leaner dem Erscheinen näher als der aktiv (Selbst-)Produzierende des traditionellen Männerbildes. Die passiv-sensible Selbstdarstellung des Indie-Boys ist nicht als Spiel mit Versatzstücken der ‚Gay Culture' zu werten – selbst wenn der Ursprung hier liegen sollte.

Als Beispiel für den Indie-Boy kann das flickr-Profil des aus Brasilien stammenden Eric Phillips[9] dienen, bei dem die oben beschriebenen Attribute zu finden sind. Auf der Eröffnungsseite von Phillips' Profil befindet sich ein Bild des ‚Myself-Sets'. Sein Gesicht ist im Fokus der Fotos, der Körper ist meist nur im Anschnitt zu sehen. Exemplarisch ist aus Eric Phillips' Myself-Set das Bild mit der Bezeichnung „Herz", auf dem er ein herzförmiges, diamantenartiges Glasobjekt in der rechten Hand hält. Der Blick ist zur Kamera gerichtet. Die halblangen, braunen Haare fallen in sein Gesicht und verdecken sein linkes Auge. Der Kopf ist leicht schräg geneigt und befindet sich in der rechten Bildhälfte. Die helle Gesichtshaut und die leichte Überbelichtung lassen das Gesicht weicher und jungenhafter erscheinen. Die Naheinstellung ist aus einer leicht überhöhten Kameraposition von Phillips selbst aufgenommen worden, indem er die Kamera in der linken Hand, mit ausgestrecktem Arm von sich weg hält. Er wirkt fast körperlos, das Gesicht repräsentiert den Körper. Die Zartheit der Gesichtszüge, der verträumte Blick und der Schmollmund lassen ihn zurückhaltend erscheinen. Dieses Bild ist mit den Tags *lovely* und *heart* versehen, was darauf hinweist, dass sich Eric der Wirkung seiner Inszenierung bewusst ist.

Der zweite Männertypus, der die andere Seite des Spektrums von Männlichkeit verkörpert, kann als ‚*Macho-Man*' (Cole 2000) bezeichnet werden, weil hier eine expressive Männlichkeit zum Tragen kommt. Diese Hypermaskulinität nimmt (Bild-)Raum durch physische Präsenz ein. Sie vermittelt den Eindruck physischer und psychischer Stärke, die Abwesenheit von Schmerzempfinden, damit eine archaische Form von Männlichkeit, die das Versprechen von Potenz transportiert. Im Vergleich zum Leaner trifft hier der Begriff des ‚Rock' (Bordo 1999) zu, einer Form, die sich als kraftvoll, gepanzert und emotional undurchdringlich präsentiert. Das bildliche Selbst tritt dabei in Wettbewerb mit dem Bildkonsumenten. Es geht immer als Sieger hervor, weil der Rezipient der körperlich-kriegerischen Männlichkeit nichts entgegenzusetzen hat.

Als Beispiel für den Macho-Man dient das flickr-Profil von Calgary56[10]. Das Set „Narcissism" (13 Bilder) zeigt Calgary56 bei der Selbstdarstellung. Die Selbstporträts sind alle schwarzweiß. Die acht Bilder, die Calgary56 zur stilisierten Selbstrepräsentation nutzt, zeigen immer nur bestimmte, durchtrainierte Körperpartien wie Bauch, Brust und Rücken. Sein Gesicht ist entweder nicht zu sehen oder es wird bewusst mit einem Cowboyhut verdeckt.

Für die genauere Betrachtung habe ich ein Bild ausgesucht, das nicht betitelt ist – es scheint für sich selbst zu sprechen. Dieses Bild zeigt den muskulösen Torso und den Kopf von Calgary56. Das Gesicht ist bis zur Mundpartie mit einem schwarzen Cowboyhut verdeckt. Der Hintergrund ist weiß oder grau, und die Schatten,

---

[9] http://www.flickr.com/photos/eric_phillips/
[10] http://www.flickr.com/photos/40376425@N00/

die Körper und Cowboyhut werfen, weisen darauf hin, dass Calgary56 direkt vor der (Lein-)Wand steht und der Bildbereich bewusst ausgeleuchtet, d. h. dass es kein Schnappschuss ist. Calgary56 zeigt sich als starker Mann. Das einzige Kleidungsstück/Accessoire ist der Cowboyhut, der das Gesicht bedeckt. Die Besonderheit ist, dass der Körper bis zum Ansatz des männlichen Geschlechtsteils gezeigt wird. Das Gesicht spielt bei der Selbstrepräsentation nur eine untergeordnete Rolle; der Körper steht im Mittelpunkt. Die Wahl des Cowboyhuts als Maske ist neben dem muskulösen Körper ein weiteres Symbol von expressiver Männlichkeit und verweist auf den historischen amerikanischen Machismo, der in Westernfilmen und der Gay Community zitiert wird. Shaun Cole (2000) beschreibt, wie wichtig die Archetypen des Cowboys und des Bikers für die Entwicklung schwuler ‚Styles' waren, weil sie einen traditionellen, gleichzeitig non-konformen Aspekt von Männlichkeit repräsentierten. Die Schwulenszene der siebziger Jahre suchte so eine positive Abkehr vom verweiblichten Schwulen-Stereotyp. Der Begriff ‚Macho' und die dazugehörige Bild- und Stilwelt wurde durch die Anlehnung an eine traditionelle Männlichkeit als maskuliner eingeschätzt und war daher von großem Interesse für die Gay Community. Somit speist sich bildliche Selbstdarstellung von Calgary56 auch aus dem Repertoire der schwulen Bildwelt. Nur ein Bild seines Profils, welches die Bildunterschrift „Wife took this over my shoulder" enthält, offenbart seine sexuelle Orientierung. Hier zeigt sich die Überschneidung und Gleichzeitigkeit von hetero- und homosexuellen Männerbildern.

Beide Männertypen (Indie-Boy und Macho-Man) entsprechen in ihrem Bild-, Darstellungs-, und Accessoire-Repertoire auch einem der schwulen Szene inhärenten Kontext, der in der zeitgenössischen Selbstdarstellung jedoch *allen* sexuellen Präferenzen entspricht. Das bedeutet allerdings nicht, dass die heterosexuellen Bildproduzenten bewusst mit der Ambivalenz der Nichteindeutigkeit spielen. Nur selten kommt es zum bewussten Bruch mit Stereotypen. Die subversive Pose liegt also im vorangegangenen Diskurs der jeweiligen Typologien, die, wenn sie in flickr auftauchen, schon längst ein Teil der Mainstream-Kultur geworden sind. Die Separation von Porträts und Bodyshots findet eine Auflösung nur dann, wenn es der Komplettierung des Männerbildes zuträglich ist. Trotz der beschriebenen Referenzen kann gesagt werden, dass es kaum einen technisch-abstrahierenden oder subversiven Umgang mit männlichen Körperbildern gibt.

Flirrende Weiblichkeiten: „erotisch, hässlich, künstlerisch"

Anhand von drei verschiedenen Profilen soll dargestellt werden, auf welche Art weibliche Körperlichkeit bei flickr dargestellt werden kann. Das Profil von Violet1980 ist ein Pro-Account mit drei Sets. Zwischen den klassischen „Arm's Length Self Portraits" finden sich auch Körperdarstellungen, auf denen Violet1980 sich als verführerischer, verträumt-erotischer Vamp stilisiert. Ihr Gesicht ist fast immer gut zu erkennen. Wenn die Augen nicht geschlossen sind, wirkt der Blick beim Versuch, verführerisch zu wirken, unbeholfen. Die Aufnahmen wurden meist aus einer überhöhten Perspektive, im armlangen Abstand, gemacht und zeigen so vor allem Gesicht und Dekolleté. Die Bildüberschriften versuchen den erotischen Gestus der Aufnahmen zu verstärken, zum Beispiel „Bad Girl" oder „When the seduction it is only a game" (sic!). Nacktheit wird selten gezeigt (und ist im strengen Sinne bei flickr auch nicht zugelassen). Die Selbstportraits in Spitzenunterwäsche entsprechen dem gängigen Verständnis von Erotik nach Bildvorgaben aus Magazinen und Erotikmesseplakaten. Als exemplarisches Bild kann hier „Presences" dienen, welches von Violet1980 mit vielen Tags versehen wurde, etwa *look, bed, body, skin, shoulders, portrait, selfportrait, I, me, myself, girl, woman, sexy* und *hot.* Diese Tags dienen nicht nur der Erkennbarkeit innerhalb des flickr-Universum, sondern zeigen, wie die Bildproduzentin sich selber sieht und interpretiert. Ihr Ego-tagging zielt auf die bekannten Buzzwords für Erotik und Sexiness, sie betont ihren Marktwert und damit den Warenaspekt ihres Körpers.

Das Gesicht von Violet1980 befindet sich bei dem schwarz-weißen Selbstportrait, wie bei den meisten ihrer Portraits, im mittleren bis oberen Bildbereich. Ihr Körper, der nur bis kurz unter die Schultern zu erkennen ist, befindet sich in einer Bauchlage. Ihre Brüste sind auf Grund des Liegens auf einer nicht zu identifizierenden Unterlage nur angedeutet. Damit wird verheißungsvolle Nacktheit suggeriert und das Prinzip des Striptease eingebracht. Ihre Haare sind offen und fallen leicht in das zur Kamera gedrehte Gesicht. Die Augen sind geschlossen und der Mund leicht geöffnet – typische Mimik, die weibliche Verführung und Bereitschaft signalisieren soll. Die Aufnahme wirkt szenisch – nicht statisch – und wurde vermutlich mit einem digitalen Weichzeichner nachgearbeitet. Violet1980 stellt ihren Körper in gängigen Posen dar, sie will sich erotisch in Szene setzen. Dabei bedient sie sich im Fundus pseudokünstlerischer erotischer Aufnahmen von Hamilton bis Playboy. Sie schließt sich hier mit dem kommerziellen Bildprogramm weiblicher Körperdarstellung kurz und macht sich zum erotischen Angebot im Anpreisen des Selbst. Sie demonstriert, wie schmal der Grat zwischen ‚Sexy-sein' und ‚Käufliches-Objekt-sein' bei weiblichen Körperbildern verläuft (bei Männerbildern ist dies hingegen kein ausgeprägtes Thema).

Im Set des Accounts von Myriel[11] befinden sich 109 Fotos. Im Vergleich zu Violet1980 versucht Myriel in ihrem Set „Mee" mit dem Stereotyp weiblicher Niedlichkeit zu brechen, etwa in dem sie Grimassen schneidet. Diverse Serien ihrer Selbstportraits experimentieren mit eigenen Gesichtszügen. Durch gewöhnliche, grimassenfreie Selbstportraits ist dem Bildkonsumenten bewusst, dass

---

[11] http://www.flickr.com/photos/myriel/

die inszenierte „Hässlichkeit" nur eine Pose und vorübergehende Erscheinung darstellt. Durch die Nähe zur Kameralinse erfährt das Gezeigte eine leichte Verzerrung. Dies unterstreicht das Moment des Absurden im Selbstportrait. Bei dem Bild „stupid poser", das exemplarisch für Myriels Selbstrepräsentation ist, streckt sie die Zunge heraus, zieht die Oberlippe nach oben und hat die Augen leicht zusammen gekniffen. Ihr Kopf füllt fast den gesamten Bildbereich aus. Nur im äußeren linken Bildbereich ist ein Hintergrund zu erkennen (vermutlich eine öffentliche Toilette). Ihre halblangen, dunkelblonden Haare hängen im Gesicht. Ihre Augen sind mit Schwarz stark geschminkt. Sie trägt ein schwarzes Tanktop. Ihr rechter Arm ist an die Hüfte angewinkelt. Mit dem linken Arm hält sie die Kamera, die aus leichter Obersicht aufnimmt. Die eingenommene Pose und der Gesichtsausdruck wirken wie die Imitation von Posen von Johnny Rotten oder Billy Idol. Die Punk-Attitude wird durch Makeup und Kleidung unterstützt. Auch der öffentliche Toilettenraum dient der Verortung innerhalb der Bildwelt dieser Subkultur. Die Bildunterschrift „Mommy, I'm drunk, I'm bad and I'm outta control" tut ihr Übriges. Würde man dieses Bild dem Set entreißen und losgelöst davon betrachten, läge der Schluss nahe, dass Myriel in diesem subkulturellen Umfeld zu verorten wäre. Myriel nutzt flickr als Spielwiese, auf der sie mit ihrem Äußeren experimentieren, Stilrichtungen verwischen kann.

Das dritte zu analysierende Profil gehört Esther_G[12]. Ihre Bilder sind klar als künstlerisch-motivierte Arbeiten zu erkennen, die in Darstellung, Technik und Bildbearbeitung professionell wirken. In ihren Arbeiten setzt sich Esther_G mit den Themen ‚Geschlecht', ‚Weiblichkeit' und ‚Maskierung' auseinander. Die Aufnahmen sind durchweg inszeniert, meistens stark nachbearbeitet und oft verfremdet. Esther_G's Profil beinhaltet 58 Sets, die u. a. Titel tragen wie: „Identity Crisis", „Woman", „Ego Defense Mechanisms", „Stop hurting me now" oder „Mirror mirror". Die Bilder reflektieren nicht nur die Schwierigkeit der Selbstdarstellung außerhalb gängiger Stereotype, sondern auch die Position der Frau als Bildproduzent innerhalb des flickr-Universums. Innerhalb des künstlerischen Kontextes ist der hier präsentierte Habitus kein ungewöhnlicher. Das Set „another way" zeigt Selbstporträts, die sich mit Themen wie Metamorphose und Verschmelzung auseinandersetzen. Das Bild „Thorazine", das hier vorgestellt wird, ist eine Fotomontage mit aneinander gefügten Gesichtshälften. Die Trennlinie zwischen den Gesichtern wird durch eine Narbe dargestellt, die entlang der Wangenpartien verläuft. Das Bild, technisch perfekt inszeniert, erzeugt durch den Einsatz von Photoshop-Werkzeugen eine Stimmung, die das Gefühl von Zerrissenheit widerspiegelt. Durch die technische Manipulation wird der Konsensbereich des Schönen zugunsten des Versuchs der Darstellung einer bestimmten Emotion verlassen. Es wird mit einem gesellschaft-

---

[12] http://www.flickr.com/photos/belljar/

lichen Schönheitsideal gebrochen, um einem künstlerischen zu entsprechen, welches seine Schönheit in der abstrakten Selbstrepräsentation generiert.

Frauen erscheinen, Männer handeln? Zum Vergleich der jugendlichen Körperbilder bei flickr

Dieser Leitsatz visueller Repräsentation von Gender beschreibt immer noch sehr passend, warum es Männern sehr viel schwerer fällt, ihr Rollenbild visuell zu formulieren oder gar in Frage zu stellen. Frauen besitzen einen visuellen Fundus für die Gestaltung ihrer ‚Appearance‘. Die Selbst-Definition über den Körper und sein Erscheinen birgt als inhärente Möglichkeit die Brechung oder Unterwanderung von Stereotypen der Weiblichkeit zu einem Akt der Befreiung, der aber bei flickr kaum sichtbar wird. Bei der traditionellen Repräsentation von Männlichkeit betritt der Mann nicht um des Erscheinens willen die Bildfläche, sondern um eine aktive Tätigkeit zu demonstrieren. Bei den Männern dreht es sich also meist nicht um die Rolle, Objekt der Anschauung zu sein und sich so zu inszenieren, also ‚Appearance‘ zu verkörpern.

Dieses Terrain ist für den männlichen (heterosexuellen) Bildproduzenten neu, und eine Plattform wie flickr macht dies überdeutlich. Diese Nicht-Erfahrung im ‚Performing Gender‘, aufgrund eines Ungleichgewichts der Wertigkeit in der bildlichen Darstellung von Mann und Frau, könnte Ursache der Unterrepräsentation subversiver Momente des Mannes im Bild sein. Es fällt auf, dass Männer bei der Selbstdarstellung ihres Körpers meist gesichtslos bleiben, während Frauen Körperdarstellungen mit indirektem, nicht offensivem Blick und Mimik, als Kommunikation mit dem Betrachter, kombinieren. Es sind weitaus häufiger Frauen, die im Genre ‚Selbstporträt‘ zunächst den Körper und seine schmückende Bekleidung darstellen. Dies ist in der Sozialisation von Frauen grundgelegt – der erste Gedanke für die Darstellung des Selbst läuft über den Körper. Männer definieren sich bisher weniger über das direkte Zeigen des gesamten Körpers, und wenn, dann zumeist über den trainierten kraftvollen Oberkörper.[13] Frauenbilder sind innerhalb bestimmter Grenzen vielfältiger, aber keinesfalls subversiver. Es fällt nur die größere Variationsbreite von Darstellungsformen auf, was nicht per se von einer Befreiung von Klischees kündet; im Gegenteil: Je größer die Bandbreite anbietender Posen, desto schwieriger, die Grenzen zu überschreiten, es sei denn, sie bewegen sich direkt in bestimmten künstlerischen oder subkulturellen Milieus.

Das bedeutet, dass in den Nutzungsweisen von flickr nicht nur Individuelles und Lokales, sondern auch visuelle Zuschreibungen für Geschlecht weitgehend

---

[13] Zu den Körperbildern von Jungen vgl. Richard (2005).

erhalten bleiben und so bedeutungsvoll für die Identitätskonstruktion sind. Das heißt: Die aus medienphilosophischer Perspektive formulierte Annahme, Geschlecht, Raum, Zeit, Ethnizität und Schicht würden im virtuellen Raum aufgehoben und bedeutungslos oder zumindest relativiert (so Sandbothe 1997), ist zu überdenken. Sie sind über das soziotechnische Netzwerk Internet zwar prinzipiell überwindbar, spielen aber in den meisten Fällen nach wie vor die zentrale Rolle für die eigene Positionierung, so vor allem die Platzierung in geschlechtsspezifischen Arrangements und Sets. Gleiches gilt es jetzt auch noch einmal für die Darstellungen jugendlicher Sexualitäten zu präzisieren und zu untersuchen.

Flickrnde Sexyness

In diesem Abschnitt erfolgt nun die Zuspitzung der erarbeiteten Thesen für die Darstellung von männlichen und weiblichen Körpern und ihrer Bekleidung auf die Intention sich sexuell attraktiv und erotisch darzubieten. Hierzu wurden die dementsprechenden Schlagwörter (im November 2009) abgefragt und ausgezählt.

Tags (Schlagwörter)[14]

sex (224.133 Bilder insgesamt)

ausgezählte Bilder:	350
Weiblichkeitsdarstellungen:	29 %
Männlichkeitsdarstellungen[15]:	3 %
Paare:	2 %
andere (kein Bezug zum Schlagwort):	66 %

sexy (1.032.206 Bilder insgesamt)

ausgezählte Bilder:	392
Weiblichkeitsdarstellungen:	84 %
Männlichkeitsdarstellungen[16]:	5 %
Paare:	3 %
andere (kein Bezug zum Schlagwort):	8 %

---

[14] Vergleichbare Tags, wie *naked, hot, hottie* weisen ähnliche Gewichtungen auf.
[15] (alle heterosexuell)
[16] (überwiegend heterosexuell)

nude (208.213 Bilder insgesamt)

ausgezählte Bilder:	274
Weiblichkeitsdarstellungen:	76%
Männlichkeitsdarstellungen:	13%
Paare:	2%
andere (kein Bezug zum Schlagwort):	9%

Übersicht über die eher jugendorientierten Gruppen („groups")

Teen Style	28.026 Fotos, 2.944 Mitglieder
Skinny Shirtless Guys	1.316 Fotos, 2.268 Mitglieder
Pics of Sexy Gay Guys with Braces	21 Fotos, 45 Mitglieder
Emo Boys=Heart <3	604 Fotos, 424 Mitglieder
Sexy Men Who Smoke	195 Fotos, 277 Mitglieder
Sexy Emo Boys	321 Fotos, 368 Mitglieder
Hot Emo	459 Fotos, 197 Mitglieder

Unter den gängigen ‚erwachsenen' Tags für die Darstellung von Sexualität *(sex, sexy, nude, naked, hot, hottie)* finden sich bei flickr fast überhaupt keine Verweise auf jugendliche Bildwelten und Inszenierungen. Jugendliche scheinen sich mit den Tags nicht zu identifizieren, sondern sich sogar angstvoll vor so viel Deutlichkeit zurückzuziehen. Wenn überhaupt, dann findet man unter den Schlagwörtern stereotype Darstellungen von meist weiblichen Körpern. Das Schlagwort *sex* weist überdurchschnittlich viele Bilder auf, die nichts mit diesem zu tun haben, jedoch hilfreich ist, um die Klickrate zu erhöhen. Stellenweise finden sich auch explizite Darstellungen von Nacktheit bei erwachsenen Einzelpersonen. Diese sind aber meistens für den User nicht zugänglich, sondern an eine Gruppenzugehörigkeit gebunden. Explizite Darstellungen von Körperlichkeit sind meist im Homosexuellen- oder Fetischbereich anzusiedeln.

Jung, modisch, stylish ist sexy!

Eine ikonische Kommunikation bei flickr.com ist prototypisch für die Tatsache der visuellen Anreicherung sämtlicher Lebensbereiche. Sie verläuft durch die strukturelle Verfasstheit von flickr im Medium der Datenbank (Ernst 2008) innerhalb bestimmter Darstellungsmodi. Dazu gehören auch die Bestimmungen der „community guidelines"; es gibt scheinbar nur wenige Darstellungsverbote, und diese werden nicht explizit gemacht („nothing prohibited or illegal" darf gepostet werden, heißt es lediglich). Eine interne Moderation entfernt allerdings zum Beispiel Darstellungen von „nudity" selbst im kleinsten Körperbild. Daneben können die Nutzerinnen ihnen nicht adäquat erscheinende Bilder kennzeichnen und bei flickr/yahoo melden. Dies ist für die Darstellung von Körper eine wichtige strukturelle Voreinstellung, da sie die Grenzen dessen angibt, was sich zeigen darf. Ohne diese Beschränkung wäre flickr sicher sofort von pornographischen Aufnahmen durchsetzt. Daher wundert es nicht, dass man sehr wenig Trash findet und kaum Entblößung von Körpern. Selbstdarstellung läuft also in gesicherten Bahnen, geht aber bis an die mögliche Grenze.

Besonders auffällig zeigt sich das in thematisch orientierten Gruppen, die den üblichen stereotypen männlichen Voyeurismus bedienen: Die Gruppe „Party Victims" hat z. B. 585 Mitglieder es werden drei Diskussionen geführt und 611 Fotos sind eingestellt. Die Gruppe wurde dreieinhalb Jahre zuvor unter diesen Stichworten gegründet: „the drunk, the decorated, the left-overs that took a zip too much at your party and are lying around half-naked (please think twice when you post a photo that might be too…)". Noch beliebter ist die deutschsprachige flickr Gruppe „Betrunkene Frauen" sie hat 1.182 Mitglieder. In ihr werden zwei Diskussionen geführt und es gibt dort 311 Fotos. Die Gruppe wurde zehn Monaten gegründet und mit folgendem Schwerpunkt beschrieben: „Betrunkene Frauen (Ehefrau, Freundin, Bekannte, Unbekannte). Eure Frau oder Freundin war betrunken und ihr habt Bilder davon gemacht, dann stellt sie hier herein und lasst uns teilhaben." Der hohe Anteil an Lurkern, also Voyeuren, die keine eigenen Bilder einstellen, erklärt sich mit den Bildmotiven von wehrlosen und halb entblößten Frauen, für die sich immer ein männlicher Betrachter findet.

Generell erzeugt die Metastruktur, in die die selbsterzeugten Massen von technischen Bildern durch Tags, Sets, Groups, usw. eingegliedert werden, ein redundantes ikonisches Stakkato, das durch die Permanenz der Bildproduktion mit immer neuen Bildern versorgt wird. Dadurch wird ein subversiver Umgang mit der Selbstrepräsentation im technischen Bild erschwert und Abweichungen von stereotypen Darstellungsmustern sind die Ausnahme. Die beiden gängigen Darstellungsmodi des Schnappschusses sind das „Arm's Length Self Portrait", und der „Party Snapshot"; das spontane Partybild ist als Darstellung von Körperlichkeit vor allem durch die geringe Distanz zur Kamera und die Abbildung größerer Gruppen gekennzeichnet.

Die flickr-Bilder zeigen Inszenierungen, die geleitet von Bild-Vorgaben und visuellen Konventionen ein ME herstellen, d. h. meine visuellen Identität(en) aus der Sicht der Anderen, mein *soziales* Selbst. Es ist das Ich aus dem Blickwinkel des generalisierten Anderen; meine Vorstellung davon, wie mich andere sehen, wird visualisiert.

Dass Ausbrüche aus diesem Modus selten sind, ist aber nicht als komplettes Ausgeliefertsein zu interpretieren, denn hier wird gleichzeitig eine spezielle Form von Kommunikations- und Vernetzungskompetenz erworben. Manchmal entwickelt sich eine spezielle Bildkompetenz, die es den Nutzern und Nutzerinnen ermöglicht, vorgegebene Stereotype zu modifizieren. Die Selbstinszenierung findet durchaus in Kenntnis der Künstlichkeit der körperlichen Inszenierung und in Kenntnis der medialen Prinzipien statt. Trotz des eigenen Wissens um die Bildmanipulationen wird jedoch den am weitesten verbreiteten konsensuellen Fremdbildern von Schönheit und der eng damit verbundenen ‚Sexyness' nachgeeifert, insbesondere in der Makellosigkeit der Oberfläche und im auf Erfolg getunten Körperprofil. Diese werden plastisch ausgeformt in den Muskeln des Oberkörpers bei den Männern, bei den Frauen in Posen, die die Plastizität der Brüste und des Pos durch Drehungen des Körpers hervorheben. Geringes Ansehen genießen Extreme wie die Körper anorektischer Models oder überfüllige Rubensformen. Es zeigen sich vor allem plastische Körperlandschaften: Der Körper steht für sich, es ist meist kein Umraum/Kontext zu sehen. Es herrschen territoriale Körperbilder vor. Der Körper als Territorium schließt hierbei an vormoderne Körperbilder an.[17] Bei den Männerbildern zeigt sich als neuer Typus ein Hybrid aus hetero- und homosexuellen Männerbildern, der muskulöse Körper in ‚Emo-Pose', gegen starr frontale Körpershots setzt. Frauenbilder weichen in subkulturellen, als hässlich geltenden Verzerrungen vom Mainstream ab.

> „Für Karl Rosenkranz (Ästhetik des Häßlichen, 1853) zerfiel das Schöne in das eigentlich Schöne, das Negativ-Schöne und das Komische. Das Negativ-Schöne, also das Häßliche, kommt einem schon bekannter vor. Rosenkranz beschreibt es als unfrei, zerrissen, formlos, kleinlich, gemein, plump, scheußlich, abgeschmackt, leer. Kurz: Es ist aktuell." (Schmitt 2007)

Sexuelle Netzwerke? Zur Zartheit jugendlicher IntimitäAuf der Jagd nach größten Thrill im Bereich der Sexualität ist jegliche Abweichung schnell als neuer Fetisch und Obsession vereinnahmt. Die angebotenen Körperbilder von jungen Männern und Frauen verstehen sich nur unterschwellig als sexuelle Selbstwerbung, deshalb werden manchmal die Grenzen des unzensiert Darzustellenden ausgelotet. Calgary zeigt sich bis zum Beginn des Schambereichs, nur das Geschlechtsteil ist bedeckt; Violet1980 enthüllt ihre Brüste, soweit es erlaubt ist. Die BildproduzentInnen bewegen sich aber immer innerhalb *szene- und gendertypischer Repräsentationsmuster*, es kommt nur zu wenigen wirklichen visuellen Grenzüberschreitungen. Hierbei sind die szenetypischen Sexualisierungsbilder schon als ein Schritt in Richtung Abwendung von den stereotypen Konventionen zu sehen, etwa wenn es sich um die Darstellung eines Emoboys oder eines grimassenschneidenden ‚bösen Mädchens' handelt, das sich nicht sexy drapiert. Neben den auch künstlerischen

---

[17] Zur Bedeutung der weiblichen Körperlandschaft vgl. Richard/Zaremba (2007).

Absichten – unter Zuhilfenahme der Schwarzweiss-Fotografie oder spezieller Techniken (Morphing, HDR) und werden auch erotische Ambitionen, unter Verwendung der bekannten visuellen Zeichen aus Film und TV, visualisiert. Das sind die Ambitionen der NutzerInnen: attraktive Ware sein oder KünstlerIn.

Flickr dient nicht nur der Kommunikation über Bilder, sondern auch als Portfolio der eigenen Arbeiten und dem Austausch mit anderen (semi-)professionellen Fotografen. Damit werden die individuellen künstlerischen Ansätze dem Bereich des *I* (individuelles, persönliches Selbst – Ich) zugeordnet, die geprägt sind durch die ganz eigenen, unberechenbaren Reaktionen auf das, was von der Gesellschaft/den Anderen/der Kultur (also dem *me*) an mich herangetragen wird. Das *I* wird auch beeinflusst, aber nicht determiniert durch das *me*. Das Selbst/die Individualität ergibt sich vielmehr im Wechselspiel von beidem. Hierin entwickelt sich die Schönheit des modisch definierten Popbildes bei flickr.com im Rahmen einer eigenen jugendlichen Bildkategorie: die Egoshots.

Die Untersuchung zeigt, dass verschiedene Faktoren wie Zufälligkeit, Abstraktion, Hässlichkeit, Überzeichnung oder Sichtbarmachen des eigenen ‚Overacting' sowie dramatische Posen und Kulissen ungeschönter Körper das Herausfallen aus gängigen Sexualitäts- und Präsentationsposen begünstigen. Insbesondere die mädchenspezifischen Gruppen, wie „Girl Photographers"[18] oder „Vanity of the Teenage Girl"[19], in denen Mädchen sich selbst oder andere in Szene setzen, zeigen Formen von Weiblichkeit, die sich abseits gängiger Stereotypen bewegen (aber auch neue Stereotypen entwickeln können), da die Bilder aus einem Mix verschiedener Subkulturen bestehen, bzw. sich in Stilkoordinaten (wie ‚Emo') bewegen, die an sich schon einen Stilmix darstellen. Nacktheit findet sich hier nicht; die Posen sind selten sexy oder lasziv – im Vergleich zu den Darstellungen auf flickr, die z. B. mit dem Schlagwort *sexy* versehen sind (und sich z. B. an Comic-PinUp-Flapper-Figurinen wie „Betty Boo" anlehnen). Körperlichkeit wird entweder verhüllt oder durch Accessoires (Brille, Tattoos…) gebrochen bzw. typische Darstellungsmuster werden erweitert. Gleichzeitig findet die Inszenierung in einer Art Übungsmodus statt: Mithilfe der ausgestellten Inszenierung ist es gleichzeitig möglich, sich zu überprüfen, sich zu optimieren oder von der optimierten Version des Selbst bewusst abzuweichen. Hier ist die Doppelbödigkeit und doppelte Funktion der Selbstdarstellung wieder deutlich: sich selbst anderen präsentieren und sich gleichzeitig im Selbstbild immer wieder überprüfen und anpassen (vgl. Richard u. a. 2010). Diese Inszenierungen finden bewusst statt. Entweder wird die Kamera mit dem Blick gesucht oder der Kopf bewusst abgewendet. Der Übungsmodus erzeugt viele Gesichter.

---

[18] http://www.flickr.com/groups/girlphotographers/
[19] http://www.flickr.com/groups/17077694@N00/

Vor allem thematische Motiv-Gruppen sind bei flickr von großer Bedeutung für die Selbstdarstellung Jugendlicher im Netz. Diese Gruppen sind szene- und stilorientiert und weisen überschaubare Mengen an Bildern und Mitgliedern auf. Um „hot" oder „sexy" zu sein, ist das Erfüllen gängiger Szenecodes und Darstellungsparadigmen wichtiger als die Darstellung von Sexualität oder Nacktheit. Wenn nackte Körperpartien gezeigt werden, dann immer in Verbindung mit einem stiltypischen Accessoire.

Die Pose, der Blick, die Frisur bestimmen das Bild, nicht eine explizite offensiv sexuelle Körperlichkeit; damit kann eher von „sexueller" Gestaltung und Ästhetik ausgegangen werden, als von expliziter sexueller Verwahrlosung. Wenn von einer moralischen Verwahrlosung gesprochen werden kann, dann eher auf der Seite der gnadenlosen männlichen erwachsenen Voyeure in fotografischen Gruppen, die betrunkene halbnackte Mädchen zu ihrer sexuellen Befriedigung instrumentalisieren. Die Verwahrlosung der Jugendlichen selbst bleibt jedoch ein Sonderfall. Die Dargestellten inszenieren sich ja nicht selbst ‚lasziv' oder ordinär, sondern die Bilder gelangen in den Umlauf und eine Gruppe Erwachsenen konsumiert diese Bilder. Noch schlimmer als das, die genannte Gruppe startet sogar den Aufruf Bilder von betrunkenen, wehrlosen Mädchen aufzunehmen, die sich nicht mehr dagegen (und im Kopf der Betrachtenden: gegen jedwede Übergriffe) wehren können. Bedient wird hier das voyeuristische Interesse Dritter an der Entgleisung, die Intention der Abgebildeten spielt keine Rolle.

Die sexuelle Verwahrlosung existiert hier also vor allem als medialer Mythos, um die Erwachsenen in Angst und Schrecken zu versetzen. Ähnlich wie bei der Thematik ‚Komasaufen' (siehe Richard 2009) zeigt die empirische Untersuchung von flickr, dass die Jugendlichen hier in großen Teilen dem medialen Vorurteilen *nicht* entsprechen: Phänomene wie Pornoparties und Gangbang existieren zwar, aber vor allem verbal und nicht in der gelebten sexuellen Praxis, die durch die hypermedialen Apparat derart aufgeblasen wird, dass alle Jugendlichen unter Generalverdacht geraten. Den Jugendlichen selbst geht es in der fotografischen Selbstdarstellung und in den gewählten Körperposen eher um Intimität unter Freunden bzw. Freundinnen; hier spielen Lachen und Lächeln, liebevolle bis unterwerfende Umarmungen, French kisses und das Blow-a-kiss eine entscheidende Rolle für eine kommunikative freundliche Sexyness, die durch Offenheit für das Bild aufgebaut wird. Das sind die Posen der Intimität, die immer wieder vorkommen. Die Studie zu jugendlichen Sexualitätsbildern bei flickr zeigt das Gegenteil von Verwahrlosung, nämlich die zarte jugendliche Auseinandersetzung mit Körper, Körperlichkeit und Sexualität durch die im Netz gemeinsam erarbeiteten Bildposen.

Literatur

Amann, Klaus; Hirschauer, Stefan (1997): Die Befremdung der eigenen Kultur. Ein Programm. In: Hirschauer, Stefan; Amann; Klaus (Hg.): Die Befremdung der eigenen Kultur. Zur ethnographischen Herausforderung soziologischer Empirie, Frankfurt am Main, S. 7–52.

Bech, Henning (1995): Citysex. Die öffentliche Darstellung der Begierden. Soziale Welt 46(1), S. 5–26.

Beck, Ulrich; Beck-Gernsheim, Elisabeth (1990): Das ganz normale Chaos der Liebe, Frankfurt am Main: Suhrkamp.

Benthien, Claudia (2003): Das Maskerade-Konzept in der psychoanalytischen und kulturwissenschaftlichen Theoriebildung. In: Benthien, Claudia; Stephan, Inge (Hg.): Männlichkeit als Maskerade. Kulturelle Inszenierungen vom Mittelalter bis zur Gegenwart, Köln, Weimar und Wien: Böhlau, S. 36–59.

Berger, John (1972): Ways of Seeing, London: Penguin.

Bordo, Susan (1999): The Male Body, New York: Farrar Straus & Giroux.

Bourdieu, Pierre u. a. (Hg.) (1983): Eine illegitime Kunst: die sozialen Gebrauchsweisen der Photographie, Frankfurt am Main.

Cole, Shaun (2000): Macho Man: Clones and the Development of a Stereotype. Fashion Theory, Volume 4, Issue 2, Great Britain, S. 125–140.

Duden, Barbara.(1987): Geschichte unter der Haut. Stuttgart: Klett-Cotta.

Ernst, Wolfgang: Ästhetik der Datenbank. Interview geführt von Birgit Richard für „Denken 3000" in Richard, Birgit; Drühl, Sven (Hg.): Kunstforum International (Band 190), Rupperichtroth: KUNSTFORUM International, S. 147–152.

Gapp, Christian (2006): Von Hobby-Knipsern und Profi-Kriegern. Telepolis, 19.08.2006, 23.12.2006, http://www.heise.de/tp/r4/artikel/23/23362/1.html.

Honnegger, Claudia (1991): Die Ordnung der Geschlechter. Die Wissenschaften vom Menschen und das Weib, Frankfurt am Main und New York: Campus.

Hubbard, Phil (1998): Sexuality, Immorality and the City. Red-light districts and the marginalisation of female street prostitutes. Gender, Place and Culture. A Journal of Feminist Geography 4 (1), S. 55–72.

Knieper, Thomas (2005): Krieg ohne Bilder? In: Knieper, Thomas; Müller, Marion G.: (Hg.): War Visions. Bildkommunikation und Krieg, Köln: Herbert von Halem Verlag, S. 7–21.

Lovink, Geert; Niederer, Sabine (Hg.) (2008): Video Vortex Reader, Amsterdam: Institute for Networkcultures.

McLuhan, Marshall (1965): Understanding Media. The Extension of Men, New York: McGraw Hill.

Mead, George Herbert (1973): Geist, Identität und Gesellschaft aus der Sicht des Sozialbehaviorismus, Frankfurt am Main: Suhrkamp.

Mitchell, W. J. T. (1990): Was ist ein Bild? In: Bohn, Volker (Hg.): Bildlichkeit. Internationale Beiträge zur Poetik, Frankfurt am Main: Suhrkamp: S. 17–68.

Moorstedt, Tobias (2006): New Blogs On The Kids. Neun Thesen zur Blogosphäre. Süddeutsche Zeitung Nr. 279 S. 33, 4./23. 12. 2006, http://jetzt.sueddeutsche.de/texte/anzeigen/349449.

O'Reilly, Tim (2005): What is Web 2.0. Design Patterns and Business Models for the Next Generation of Software. Oreillynet, 22. 12. 2005, Online-Quelle: http://www.oreillynet.com/pub/a/oreilly/tim/news/2005/09/30/what-isweb-20.html.

Richard, Birgit (2008): Art 2.0: Kunst aus der YouTube! Bildguerilla und Medienmeister. In: Dies.; Ruhl, Alexander (Hg.): Konsumguerilla. Widerstand gegen Massenkultur? Frankfurt am Main: Campus, S. 225–246.

Richard, Birgit (2009): Dating – Posing – Casting im Web 2.0. Bildformen jugendlicher Selbstdarstellung bei YouTube. In: Hugger, Kai (Hg.): Digitale Jugendkultur; Weinheim: Juventa, S. 55–72.

Richard, Birgit; Grünwald, Jan; Betten, Inga (2007): Uniformität ist bilderfreundlich! Vestimentäre und choreographische Strategien als Aneignung von Nicht-Orten im Musikvideo. In: Mentges, Gabriele; Neuland, Dagmar; Richard, Birgit (Hg.): Unifomierung, Kostümierung und Maskerade, Münster: Waxmann.

Richard, Birgit; Grünwald, Jan; Metz, Nina; Recht, Marcus (2010): flickrnde Jugend: Bilderrauschen? Netzkulturen im Web 2.0, Frankfurt am Main: Campus.

Richard, Birgit; Grünwald, Jan; Ruhl, Alexander (2008): Me, Myself, I: Schönheit der Gewöhnlichen. Eine Studie zu den fluiden ikonischen Kommunikationswelten bei flickr.com. In: Maase, Kaspar (Hg.): Die Schönheiten des Populären. Zur Ästhetik der Massenkünste; Frankfurt am Main: Campus, S. 114–132.

Richard, Birgit; Zaremba, Jutta (2007): Hülle und Container, München: Fink.

Schmitt, Caspar (2007): Referenz Rosenkranz, Karl (1853); Online-Quelle: http://www.nadir.org/nadir/periodika/jungle_world/_98/37/04a.htm.

Walker, Jill (2005): Mirrors and Shadows: The Digital Aestheticisation of Oneself. Proceedings, Digital Arts and Culture. In: Hdl-Handle, 23. 12. 2005, http://hdl.handle.net/1956/1136.

Internetquellen

Mädchenporträts

http://www.flickr.com/photos/lindsayfitzgerald/4070305915/in/pool-girlphotographers
http://www.flickr.com/photos/estellecarol/3996412007/in/pool-teensgalore
http://www.flickr.com/photos/samanthafrancisco/3799658826/in/pool-teensgalore
http://www.flickr.com/photos/foreverisnever/4071854308/in/pool-girlphotographers
http://www.flickr.com/groups/girlphotographers/
http://www.flickr.com/groups/17077694@N00/

Jungenporträts

http://www.flickr.com/photos/trappedbehindthelens/3066549360/in/set-72157610359727188/
http://www.flickr.com/photos/lennyari/3950166634/in/pool-380994@N23
http://www.flickr.com/photos/24249322@N05/2538632183/in/pool-36521968415@N01
http://www.flickr.com/photos/ghostchildd/3891251809/in/pool-36521968415@N01

Explizite Lyrik – „Porno-Rap" aus jugendsexuologischer Perspektive

Konrad Weller

Das Epizentrum des 2007 ausgelösten medialen Bebens über die sexuelle Verwahrlosung der Jugend in Deutschland liegt in Essen-Katernberg. Dort hat ein erfahrener Sozialarbeiter einem ebenso erfahrenen stern-Redakteur seine professionellen Naherfahrungen mitgeteilt (Wüllenweber 2007). Die seither geführte journalistische wie wissenschaftliche Debatte ist außerordentlich facettenreich. Es finden sich diverse Fallschilderungen aus den sozialen Brennpunkten der Republik, in denen z. B. beschrieben wird, dass Unterschicht-Eltern mit ihren Kindern gemeinsam Pornos gucken, dass 12jährige Musik hören, in denen sexistische Gewalt ein Dauerthema ist oder dass sich 14jährige zum Gruppensex treffen (ebd.). Von diesen Fällen heißt es, sie seien nur die „Spitze des Eisbergs" (vgl. Weirauch 2007). Daran, dass Eisberge aus kleineren sichtbaren und größeren unsichtbaren Teilen bestehen (oder, kriminologisch formuliert, aus kleineren Hellfeldern und größeren Dunkelfeldern) soll nicht gezweifelt werden. Die Frage ist allerdings: Wie viele Eisberge gibt es denn im Großen Ozean der Jugendsexualität? Was vermittelt der geweitete sexualwissenschaftliche Blick auf diesen Ozean, wenn man den sozialarbeiterischen und journalistischen Zoom auf Eisberge zurückfährt?

Die aktuelle Verwahrlosungsdebatte ist in ihrem Kern bzw. Ausgangspunkt eine Pornographie- bzw. Pornographisierungsdebatte. In den oben angesprochenen Naherfahrungen wird häufig von Fällen berichtet, in denen sich heutzutage vor allem Jungen bereits vom späten Kindesalter an pornographisches Material ansehen und anhören. Die Auswirkungen scheinen evident – der Sozialarbeiter berichtet: Die Heranwachsenden lernen nicht mehr, was Liebe ist. Sie küssen nicht mehr, haben aber Sex miteinander (ganz wie im Porno). Besonders auffällig ist auch die zunehmende Sexualisierung der Sprache. Ein besonderes Indiz hierfür ist die Popularität des sogenannten „Porno-Rap".

In diesem Artikel soll vor allem der Frage nachgegangen werden, was sich hinter dem Phänomen „Porno-Rap" verbirgt, wie es um die Verbreitung, Rezeption, Wirkung pornographischer, gewaltverherrlichender, frauenverachtender und homophober Elemente innerhalb der populären und identitätsstiftenden Jugendkultur des HipHop steht. Dabei geht es nur zum Teil um die traditionelle, pädagogisch wertvolle Frage des Kinder- und Jugend(medien)schutzes, wie von Erwachsenen für Erwachsene produzierte Pornographie von Kindern und Jugendlichen genutzt

wird und auf sie wirkt. Es geht um Musik, Rhythmus und Poesie (**R**hythm **a**nd
Poetry), um Rap als Lebensgefühl und integratives Band in der Clique, um die Frage,
inwieweit die Protagonisten des neuen deutschen Gangsta-Rap verhaltensrelevante
Leitbilder liefern, welche Bedürfnisse sexistischer Rap anspricht und wofür er steht:
als bloße Mode oder Indiz für (sexual-)kulturelle Tendenzen. Sexistischer Rap
wird, soviel soll vorweg genommen werden, vor allem von sozial benachteiligten
Jungen gehört. Das führt zu einem weiteren Aspekt der Verwahrlosungsdebatte, die
eine Unterschicht- bzw. Prekariatsdebatte ist. Jakob Pastötter (aktuell Vorsitzender
der Deutschen Gesellschaft für Sozialwissenschaftliche Sexualforschung) hat im
oben genannten stern-Artikel die These von der „Pornographie als Leitkultur der
Unterschicht" aufgestellt. Das resultiert aus der oben erwähnten Fokussierung
der Verwahrlosungsdebatte auf Berichte aus sozialen Brennpunkten. Die finale
Verknüpfung von „Deutschlands sexueller Tragödie" als Folge prekärer Lebens-
verhältnisse lieferte der gleichnamige Report von Siggelkow und Büscher (2008).

Jenseits der mediengerechten Katastrophierungen geht es um die spannende Frage, ob und inwieweit sich unsere sozial polarisierende Gesellschaft auch
sexualkulturell polarisiert (worauf einige sexualwissenschaftliche Befunde hin-
deuten – vgl. Weller 2003; 2009a). Die „Unterschicht"-These knüpft an die
Minderjährige-Schwangere-Debatte an, die die Nation zwischen 2002 und 2007
bewegte (Der SPIEGEL 2002). Inzwischen ist wissenschaftlich belegt, dass frühzeitige Schwangerschaft und Elternschaft in starkem Maße bildungsgrad- bzw.
bildungswegabhängig ist (vgl. Matthiesen/Schmidt 2009). Jetzt stellt sich die Frage,
ob sich auch das sexuelle Verhalten schichtspezifisch verändert, ob sich z. B. unter
prekären Lebensbedingungen sexuelle Gewaltausübung verstärkt.

Nutzung von Pornographie

Bevor auf das Phänomen „Porno-Rap" genauer eingegangen wird, sollen einige
Befunde zur Pornographienutzung und -wirkung der letzten Jahre zusammengefasst
werden: Ausgangspunkt bzw. materielle Basis der Diskussion um Pornographie
sind der Technologieschub seit der Jahrtausendwende, die flächendeckende Verbreitung des Internet und die Entwicklung des Fotohandy, die die Zugänglich-
keitsschwelle zu pornographischem Material für Kinder und Jugendliche enorm
gesenkt haben. (Hier findet sich eine historische Parallele zur Pornographiedebatte
am Ende der 1980er Jahre – vgl. EMMA 1987. Damals hatte die Entwicklung der
Videotechnologie die Pornographie aus den Bahnhofskinos herausgeholt, hinein
in die deutschen Wohnzimmer.)

Die historische Zunahme der Kenntnis und Nutzung von Pornographie ist
eine empirisch belegte Tatsache. Aus der 2009 durchgeführten und veröffentlichten jugendsexuologischen „Dr. Sommer-Studie" geht hervor, dass bereits über die

Hälfte der 13jährigen (43 % der Mädchen und 69 % der Jungen) und fünf von sechs 17jährigen (80 % der Mädchen, 93 % der Jungen) mit pornographischem Material in Kontakt gekommen sind (BRAVO 2009). Die systematische bzw. kontinuierliche Nutzung ist allerdings deutlich geringer und geschlechtsspezifischer: 2005 wurden in einer Studie des Kriminologischen Forschungsinstituts Niedersachsen unter 15jährigen Jungen 36 % regelmäßige Konsumenten ausgemacht (Nutzung mindestens mehrfach monatlich), unter Mädchen lediglich zwei Prozent (vgl. Weller 2009a). In einer Studie aus 1998 wurden lediglich 22 % regelmäßige männliche Nutzer ermittelt.

Die Daten zur Pornoerfahrung und -nutzung zeigen den starken Anstieg der letzten Jahre, sie zeigen die geschlechtsspezifische Nutzung, sie liefern keine Hinweise auf unterschiedliche Nutzungshäufigkeiten in Anhängigkeit von der sozialen Herkunft – die Analyse nach Schultypen hat keine gravierenden Differenzierungen erbracht.

Wie ist diese angestiegene Pornographie-Nutzung zu bewerten? Eine Bewertung der Pornographie-Nutzung hängt maßgeblich davon ab, welche Wirkung man ihr unterstellt. Gemeinhin wird vermutet, dass die Pornographie gerade bei Jugendlichen Modellcharakter für die sexuelle Interaktion besitzt und zur Nachahmung anregt. Und da pornographische Inhalte oft als gewalttätig und frauenverachtend generalisiert werden (was sie zweifelsohne auch vielfach sind), wäre zu vermuten: Jungen stumpfen durch Pornographiekonsum ab, verrohen, lernen, Frauen als allzeit willige Sexualobjekte zu betrachten, Mädchen glauben, alles mitmachen zu müssen – bis zum „Gang Bang". Jungen werden zu Tätern, Mädchen zu Opfern. Ganz wie es die US-amerikanische Feministin Susan Brownmiller schon vor 20 Jahren behauptet hat: Pornographie ist die Theorie, Vergewaltigung die Praxis.

In den oben genannten Wirkhypothesen wird immer davon ausgegangen, dass alle sexuellen Botschaften, die dem Individuum zur Kenntnis gelangen wahllos konsumiert und quasi automatisch erlernt und in sexuelle Scripte eingebaut werden (vgl. die Beiträge von Vollbrecht und Klein in diesem Band). Entscheidend ist doch aber: Was erregt mich, macht mich an, was lässt mich kalt oder langweilt mich, was törnt mich eher ab, ekelt, ängstigt mich, macht mich wütend? Diese verschiedenen Reaktionen werden auf die eigenaktive Pornographienutzung (z. B. bei der Masturbation) Einfluss haben: „Was nutze ich, was will ich und was will ich nicht, was lasse ich auf mich wirken…".

Das führt zur Frage, welche Inhalte in welcher Weise wirken: Eine diesbezüglich differenzierte Studie zum Umgang Jugendlicher mit sexuellen Inhalten im Internet wurde von Christine Altstötter-Gleich 2006 vorgelegt (eine Studie der pro familia Rheinland-Pfalz und dem Medienpädagogischen Forschungsverbund Südwest). Altstötter-Gleich befragte 11- bis 18jährige nach positiven, neutralen und negativ erlebten Erfahrungen mit sexuellem Material im Internet und ließ sich Beispiele nennen, die dann als „hart" oder „soft" klassifiziert wurden. Ein

Hauptergebnis ist: So genannte Soft-mainstream-Pornographie (Striptease, Selbstbefriedigung, Petting, Koitus) erzeugt bei den männlichen Nutzern zu über 90 %
positive Reaktionen, bei den Mädchen bzw. jungen Frauen sind die emotionalen
Reaktionen hingegen ambivalent. Mit steigendem Lebensalter nehmen negative
Reaktionen ab und positive zu (Tabelle).

Tabelle 1   Emotionale Reaktionen Jugendlicher auf pornographische
                  Darstellungen (prozentuiert)[1]

Reaktion	soft*		hart**	
	♀	♂	♀	♂
positiv: Fühlte mich angemacht, gut *neutral*: neugierig, habe dazugelernt	48	92	1	6
negativ: Ekel, Angst, Scham, Wut	52	8	99	94
negativ: 11–13 Jahre		35		96
14–15 Jahre		20		97
16–18 Jahre		10		96

*   „soft" = Akte, Striptease, Petting, Koitus
** „hart" = sexuelle Gewalt, bizarre Praktiken

Die Reaktion auf „harte" Pornographie (sexuelle Gewalt, bizarre Praktiken) ist
hingegen, von wenigen männlichen Ausnahmen abgesehen, über die befragten
Altersgruppen hinweg negativ und ablehnend. Pornographie gewinnt also mit
dem Alter an Akzeptanz, nicht jedoch Gewalt. Der biografisch anwachsenden
Akzeptanz und Nutzung von Pornographie steht die anhaltende Ablehnung und
Meidung von Gewalt gegenüber – eine Ablehnung durch beide Geschlechter. Eine
Abstumpfung ist nicht zu erkennen.

Nun wissen wir aber, und SozialpädagogInnen in der Kinder- und Jugendarbeit berichten davon, dass gerade auf Handys „Hardcore" gehandelt wird. In
der alljährlich durchgeführten Studie zur Mediennutzung durch Jugendliche (JIM
2008) gaben 7 % der befragten 12- bis 19jährigen an, bereits brutale Videos oder
Pornofilme auf das Handy bekommen zu haben (11 % der Jungen, 2 % der Mädchen,
11 % der befragten Hauptschüler, 6 % der Gymnasiasten – JIM 2008: 65).

---

[1] Quelle: Altstötter-Gleich 2006 (N = 1352 11- bis 18jährige)

Aber hierbei geht es zumeist um etwas anderes als intime Pornographienutzung zur sexuellen Stimulation. Wir finden hier einen speziellen Modus jugend- und *jungen*typischer Mediennutzung. Es geht bei dieser Art von Pornographie- oder Gewaltkonsum nicht um Lusterzeugung, wahrscheinlich nicht einmal um die Befriedigung von Neugier, sondern darum, Verbotenes zu tun, Scham- und Ekelgrenzen auszutesten und zu überschreiten, thrills, Nervenkitzel zu erleben, Reize gegen Langeweile zu setzen, mutig ‚krasses Zeug' zu ertragen, mit entsprechendem Besitz zu protzen, mitreden zu können, andere zu schocken. In diesem Kontext jugend- und jungentypischer Nutzungsmotive ist es auch statthaft, Gewalt und Pornographie (und alles andere, was Kindern oder Jugendlichen oder selbst Erwachsenen verboten oder letzteren vorbehalten ist) in einen Topf zu werfen. Wobei man dann allerdings nicht Pornographienutzung und -wirkung untersucht, sondern eine Form jugend- und jungentypischer ‚Devianz' im Medienzeitalter. Das ‚Geile' an dieser Art der Pornonutzung ist nicht das Sexuelle, sondern das Verbotene. Die Nutzung in der Clique ist eine ganz unsexuelle, ist eine öffentliche, gänzlich un-intime. Zu den beliebtesten weil wirksamsten Grenzüberschreitungen, die jungentypisch ausprobiert werden, gehört allemal die der Gürtellinie.

Um zu Antworten auf die Frage nach der Pornographiewirkung zu kommen, muss man die Frage nach dem „Warum" der Nutzung stellen, muss man die Nutzungsmotive differenziert betrachten. Die Ergebnisse einer 2005 publizierten qualitativen Studie von Feona Attwood von der Universität Sheffield in England mit dem Titel „What do people do with porn?" fasst Schmidt wie folgt zusammen:

> „Jungen in Vorpubertät und Pubertät konsumieren und kommunizieren Pornografie im Kreise ihrer Peers, um an ihrer männlichen Identität zu basteln, um sich mit ihren ‚erwachsenen' Kenntnissen zu brüsten, sozusagen als moderne Form der Mutprobe. Das steckt hinter dem Austausch wüstester Bilder auf dem Handy in dieser Altersgruppe. Adoleszente, also etwas Ältere, nutzen die Pornografie als Lustquelle und zur Steigerung des Genusses bei der Masturbation, aber auch, um sich zu informieren und um auf die erste sexuelle Begegnung mit einem Partner oder einer Partnerin gut vorbereitet zu sein, vielleicht in der Hoffnung, sich dabei nicht gar zu ungeschickt anzustellen. Noch später folgt oft der gemeinsame Konsum mit Partner oder Partnerin als Ouvertüre zum gemeinsamen Sex, oder als eine Möglichkeit zum virtuellen Gruppensex mit dem Paar im ‚Kasten' oder zu sonstigen neosexuellen Experimenten." (Schmidt 2009: 30)

Wenn oben festgestellt wurde, dass alle Jungen Pornographie bereits im Jugendalter zumindest gelegentlich nutzen, so kann doch vermutet werden, dass die Nutzungsmotive und die Inhalte der konsumierten Pornographie in verschiedenen Jugendmilieus differieren. Als Beleg für die schichttypische Nutzung von Pornographie und für die Stilisierung sexueller Gewalt im „Prekariat" gilt die Popularität des so genannten „Porno-Rap".

HipHop und Rap

Bevor auf die Nutzung des „Porno-Rap", auf Motive der Nutzer und mögliche
Wirkungen seines Konsums eingegangen wird, zunächst einige kulturgeschichtliche
Fakten zur Jugendkultur des HipHop und der Rap-Musik. Denn der sexuologische
Blick muss sich hier weiten, über die Betrachtung unmittelbar sexuellen Verhaltens
und Erlebens hinaus auf jugendkulturelle Bedingungen und Besonderheiten in
ihrer historischen Gewordenheit. Musik galt bislang nicht als Kategorie der Sexual-
wissenschaft. Im Kontext historischer Betrachtungen der Entwicklung unserer
Sexualkultur haben zwar jugendkulturelle Besonderheiten und Musik immer eine
Rolle gespielt (die Rockmusik seit den 1960ern mit dem herausgeschrienen „I can't
get no satisfaction" des Mick Jagger oder dem hingehauchten „Je t'aime" der Jane
Birkin, die Hippie-Kultur mit „Flower-Power" und „Make-love-not war" …), allerdings ohne dass eine Musikrichtung oder eine jugendliche Subkultur sonderliche
Beachtung erfahren hätte, sei es durch Sexualforschung oder Sexualpädagogik
oder den Kinder- und Jugendschutz.

Rap ist Teil des HipHop, einer (in ihrem Ursprung afroamerikanischen) Jugendkultur, die in den 1970er Jahren in der New Yorker South Bronx entstand. Die in
den verarmten ghettoähnlichen Stadtteilen lebenden Jugendlichen veranstalteten in
Fabrikhallen und Hinterhöfen sogenannte Block Partys oder Urban Dance Partys, auf
denen die DJs durch verschiedene Techniken wie „scratching" und „mixing" neue
Stilelemente, Sounds, Rhythmen kreierten. Der Rap entstand, als sich die DJs Leute
mit coolen Sprüchen auf die Bühne holten, die als „Masters of Ceremony" (MCs)
das Publikum anfeuerten und zum Tanzen brachten (vgl. Androutsopoulos 2003;
Klein/Friedrich 2003, BPjM 2008a). Die Akteure des HipHop (zu dem neben den
musikalischen Stilelementen Breakdance und Graffitti gehören) waren Mitglieder
von Gangs, die miteinander rivalisierten und sich Bandenkriege lieferten. 1974
wurde von DJ Afrika Bambaataa die Zulu-Nation gegründet, eine Organisation,
die sich u. a. für Gewaltfreiheit einsetzte. Hier wurde der Gedanke des „Battle"
entwickelt, einer Möglichkeit, Konflikte nicht mehr mit Fäusten, sondern mit
Worten auszutragen: „Wenn sich also zwei auf einer Party prügeln wollten, dann
hat der MC auf der Bühne die Leute aufgefordert, einen Kreis um die Kontrahenten zu bilden. Und aus der drohenden Schlägerei wurde ein HipHop-Battle. Wie
in einem Duell wurden die Waffen gewählt – Rap, Breakdance – oder das Ganze
wurde vertagt und im Graffitti ausgetragen." (Verlan/Loh 2006: 132)

Die Idee des verbalen *Battle* steht also für eine ‚Pazifizierung' realer Gewalt-
verhältnisse, steht für verbalen Schlagabtausch in respektvoller und sportlich fairer
Weise, korrespondiert mit der Aufforderung, auf den Gebrauch illegaler Drogen
zu verzichten und illegale Handlungen zu unterlassen. Für diese emanzipatorische
Idee und Bewegung hat sich der Begriff „Old School" eingebürgert. Allerdings
gehört zum Battle-Rap in der Regel auch das „Dissen" (to disrespect), die Herab-

würdigung und Beleidigung des Gegners, was wiederum als Motor sprachlicher Verrohung wirkt.

Der eigentliche „Gangsta Rap" entwickelt sich in den 1980er Jahren an der nordamerikanischen Westküste. Die Band N.W.A. (Niggaz wit Attitudes) berichtet vom Drogenkrieg im Ghetto-Stadtteil Compton von Los Angeles (vgl. Kage 2004). „Die damalige soziale Lage war Auslöser für das Entstehen härterer Texte. Es bestand eine Nachfrage nach rauen Texten, die sich mit dem Alltag in den Ghettos beschäftigten. Genau aus diesem Grund verkauften sich die Gangsta Rap-Alben millionenfach." (Müller 2009: 10) „Entsprechend stilisieren sich die MCs bzw. ihre Protagonisten zu typischen Männern der Straße: hart, skrupellos, hedonistisch und immer auf ein schnelles Geschäft oder Sex aus." (Kage 2004: 78; in Müller 2009: 10) Im Debütalbum „Straight outta Compton" der N.W.A. (1988) fallen über zweihundertmal die Begriffe „fuck" und „motherfucker". Die Rapper prangern soziale Missstände an und überschreiten dabei bewusst die Grenzen freier Meinungsäußerung. (In seinem 1992 veröffentlichten – nach Ansicht des damaligen US-Präsidenten Clinton staatsgefährdenden – Song „Cop Killer" wendet sich der Rapper Ice-T „gegen einen Polizeiapparat, der systematisch Angehörige ethnischer Minderheiten schikaniert und gegen ein Rechtssystem, das selbst die brutalsten Übergriffe einzelner Polizisten nicht bestraft" Verlan/Loh 2006: 125). Die Instrumentalisierung von Gewalt, die Grenzüberschreitung mit allen Mitteln und in allen Bereichen wird zum Markenzeichen des Gangsta-Rap, sichert die Aufmerksamkeit der Medien. Die von der späteren Vizepräsidenten-Gattin Tipper Gore ab 1985 initiierte Indizierung von Musikalben verschiedener Art bewirkt, dass der von der PMRC (Parents Music Ressource Center) ‚verliehene' Aufkleber „Parental Advisory – Explicit Lyrics" zum Gütesiegel für Rap wird und die Auflagen steigert (vgl. Kage 2004: 79–80).[2]

Sicher beinhaltet auch der Gangsta-Rap der „New School" emanzipatorische, gesellschaftskritische Bestrebungen, allerdings scheinen häufig die schlechten Mittel den guten Zweck zersetzt zu haben. Gewalt, Tabubruch, Provokation um jeden Preis wurden zunehmend zum Selbstzweck, zur Vermarktungsstrategie. Der Anspruch, authentisch über das harte Leben im Ghetto zu berichten, geriet zum Vorwand, auch für die Stilisierung von pornographischen und Gewalt verherrlichenden Macho-Phantasien. Für die Rapper der New School und die Protagonisten ihrer Songs werden Erfolg, Geld, Macht und sozialer Aufstieg zu den zentralen Zielen. Erfolg bei und Macht über Frauen ist dabei ein wesentliches Stilelement demonstrativer Männlichkeit.

---

[2] An dieser Stelle ist anzumerken, dass seit Mitte der 1980er Jahre in verschiedenen Genres populärer Musik eine zunehmende Sexualisierung auszumachen ist, was jugendschützerische Aktivitäten auf den Plan gerufen hat und seither eine interessante Dynamik zwischen offizieller Pönalisierung einerseits und daraus resultierender vermarktungsförderlicher Öffentlichkeitswirksamkeit andererseits hervorbringt.

Zu den im Gangsta-Rap vermittelten männlichen (und allesamt radikal patriar-chalen) Rollenmustern gehören der „Player", der seinen Erfolg an der Anzahl der Frauen bemisst, die er kriegt, der „Pimp", ein autoritätsbesessener Zuhälter, für den Frauen eine Ware sind, die ihm Geld bringen, der „Gangsta", ein harter Kerl, der sich mit Waffengewalt Geld verschafft und Macht sichert, für den Frauen schmückendes Beiwerk sind und ohne eigenen Willen, und schließlich der „Hustler", ein fleißiger Macher, der einerseits spießig seine Familie versorgt und andererseits Sex mit „bitches" hat, die er im Grunde verachtet. (Vgl. Klinger 2009: 14–15)

Die zu solchen Macho-Mustern komplementären weiblichen Rollenmuster sind dann die Schlampen, Huren, sexuell hörige und devote Frauen. „Bitch" wird im HipHop fast zum Synonym für Frau.

> „Eine BITCH definiert sich über ihren Körper und ihre Sexualität. Der Begriff bitch ist dem Tierreich entlehnt und bezeichnet ursprünglich läufige Hündinnen. Eine bitch nimmt, was sie kriegt. Sie hat kein Ehrgefühl und somit in den Augen der Männer auch keinen Respekt verdient. Sie nutzt ihre Sexualität zum Gelderwerb und zur materiellen Absicherung. Einige Rapper bezeichnen daher auch Frauen als bitch, die den Kontakt zu weniger wohlhabenden Männern meiden." (Klinger 2009: 15)

Im Gegensatz zu den verachteten Huren gibt es auch angebetete Heilige, die Diva, Lady, Queen. Selbstverständlich werden die Mütter idealisiert (Herschelmann 2009a: 177), und nicht zuletzt werden durch Rapperinnen, die in die männer-dominierte HipHop- und Rap-Szene eindringen, neue Rollen kreiert und reformuliert. Hier wird die Bitch zur selbstbewussten, unabhängigen, starken Frau: „Eine Bitch ist vulgär, frech, rotzig und intelligent. Sie tut Dinge, die bei Frauen gesellschaftlich tabuisiert sind, bei Männern aber stillschweigend akzeptiert werden. Eine Bitch steht zu ihrer vaginalen Selbstbestimmung." (Lady Bitch Ray, in: Klinger 2009: 16)

HipHop in Deutschland und die Entwicklung des sexistischen Rap

Durch Filme wie „Wildstyle" (1983) und „Beat Street" (1984) ging eine erste HipHop-Welle durch Deutschland, ganz im Sinn der „Old School" diesseits medialer Aufmerksamkeit. Verlan und Loh sprechen von der „Jam-Ära", von der allmählichen Entwicklung der Szene, in der die ersten deutschen Rapper z. B. noch sehr skeptisch waren, ob Rap überhaupt auf Deutsch funktioniert (vgl. 2006: 176) Massenwirksam wurde deutscher Rap durch die Stuttgarter Band „Die Fantastischen Vier" ab 1991. Ihre ersten Produkte figurieren als „Spaßkultur fern von amerika-nischem Gangstergehabe als Unterhaltungsformat mit Vordiplom" (Thomas 2008), als Gymnasiasten-Rap mit ökologisch und primärpräventiv wertvollen Texten (z. B. der Aids-Präventions-Song „Saft" vom Erfolgsalbum „Vier gewinnt" 1992).

Die „Fanta Vier" erarbeiteten sich 1993 aber auch die erste Indizierung mit den Titeln „Frohes Fest" und „Eins und Eins". Letzterer Titel lehnt sich an ein Original der 2 Live Crew an, den US-amerikanischen Porno-Rap-Vorreitern, die zum Teil durch Selbst-Indizierung den Marktwert ihrer Produkte gesteigert haben (vgl. Kage 2004: 105–106). Auch die Single der Fantastischen Vier wurde nach der Indizierung etwas Besonderes und erlebte einen Käuferansturm[3]. Trotz dieser historischen Aktivistenrolle gehören die Stuttgarter Mittelschicht-Rapper nicht zur Porno-Rap-Gemeinde, die sich erst nach der Jahrtausendwende formierte.

Eine Übersicht über den deutschen Gangsta-Rap liefert die Indizierungsliste der Bundesprüfstelle für jugendgefährdende Medien, die im Dezember 2009 ca. 30 Rapper bzw. Bands mit ca. 60 Titeln umfasste. Als „Wegbereiter einer sexistischen und homophoben Sprache in deutschen HipHop-Texten" (BPjM 2008a: 5) gilt der Deutsch-Türke King Kool Savas (alias *Savaş Yurderi)*. Eine besondere Rolle kommt dem 2001 gegründeten (und 2009 aufgelösten) Plattenlabel „Aggro Berlin" zu, auf dessen Samplern z. B. 2003 Sidos (alias *Paul Hartmut Würdig*) berühmt-berüchtigter „Arschficksong" erschien (der erst durch den o. g. Stern-Artikel 2007 flächendeckendes Entsetzen auslöste). Die Titel- und Autorenliste der BPjM ist lang und spricht für sich: Frauenarzt „Porno Party", Bushido „Staatsfeind Nr. 1", Sido „Sido und die Drogen", MOK „Fick MOR", Mr. Long „Fick deine Mutter du Bastard", King Orgasmus One „Fick mich … und halt Dein Maul!" oder „OrgiAnal Arschgeil" (vgl. BPjM 2008a).

Die Entwicklung des deutschsprachigen Rap fasst die HipHop-Promoterin Nika Kramer 2008 folgendermaßen zusammen: „Wo in den Anfängen beim Deutsch-Rap noch ambitionierte politische Texte dominierten, geht es heute auch bei uns hauptsächlich um das übliche Klischee – Gangster, Klunker, Kohle und Sex. Die Revolution frisst ihre Kinder." (in Klinger 2009: 12). Thomas (2008: o. S.) argumentiert differenzierter:

> „Seit 2000, so lässt sich grob skizzieren, kehrt sozial geerdeter, an sozialen Verhältnissen rüttelnder HipHop wieder auf die Plattenteller zurück, der aber zugleich geschlechtliche, ethnische und nationale Kategorien festschreibt und Ausgrenzung (bewusst) forciert. […] HipHop in Deutschland kehrt sozusagen wieder zu seinen Wurzeln zurück und ist Sprachrohr der Marginalisierten. Wurde HipHop in den Neunzigerjahren zunächst durch MTV und Viva zum spaßzentrierten Verkaufsschlager für Jugendliche geschaffen, werden heute Ängste im Zuge von Orientierungslosigkeit und gesellschaftlicher Misere in Popformate verwandelt. Auch das gab es schon. In den Neunzigerjahren etablierte sich antirassistischer HipHop, als Zeichen verfehlter Integrationspolitik und als Gegenoffensive zu den pogromartigen Ausschreitungen gegen Asylbewerber der Nach-Wende-Zeit verstanden, der insbesondere durch die aus

---

[3] Vgl. http://de.wikipedia.org/wiki/Frohes_Fest

Heidelberg stammenden Advanced Chemistry populär wurde. HipHop wurde so auch für das linke Lager interessant. Heute ist der Ton überdreht rauer, an keinem politisch korrekten Duktus geschult, es dominiert anti-akademische Übertreibungskunst. Ob Rapper Fler den Proto-Deutschen am Berliner Randbezirk unter ausländischen Jugendlichen mimt oder G-Hot Klartext reimt und Schwule am besten gleich kastrieren will: Für jeden gescheiterten oder in der Selbstsuche steckenden Jugendlichen gibt es das entsprechende Format."

Gernert (2007: o. S.) ergänzt geografisch:

> „Es gab vorher (in den 1990er Jahren/K. W.) in Deutschland vor allem zwei Rap-Zentren. In Hamburg saßen die Partychaoten, in Stuttgart die politisch korrekten Gesinnungssprechgesängler. In Berlin entstand die harte Straßenvariante. Die Bilder für ihre Beleidigungstiraden nahmen die MCs aus Pornofilmen und Horrorschockern. Es wurde gefickt, gespritzt und geschlitzt. Die Texte wimmelten vor Schwänzen und Fotzen. Ironie war ganz wichtig."

Aus der Sicht eines Berliner Staatsanwalts, der sich aus strafrechtlicher Sicht (Gewaltverherrlichung nach § 131 StGB/Verbreitung von Gewalt-Pornographie § 184a) mit HipHop beschäftigt, geht es in den relevanten Texten

> „[…] überwiegend um die Erniedrigung von Frauen durch sexuelle Gewalt, der Beschreibung von Folter, Totschlag, Leichenschändung von konkurrierenden Musikern, Politikern, Polizisten und Repräsentanten als ‚feindlich‘ empfundener Behörden, wie z. B. der Bundesprüfstelle für jugendgefährdende Medien […] Dies wird detailliert und in extrem vulgärer und roher Sprache dargestellt. Es ist sozusagen die Vertonung von (gewalt)-pornographischen oder besonders blutrünstigen Horrorfilmen. Die Popularität und der ökonomische Erfolg einiger Interpreten sind offensichtlich Anreiz für den ‚künstlerischen Nachwuchs‘, die bereits strafrechtlich relevanten Texte der ‚etablierten‘ Musiker durch gesteigerte verbale Gewalttätigkeiten und noch obszöneren Sexismus zu überbieten, um so die Aufmerksamkeit auf sich zu lenken." (Schulz-Spirohn 2009: o. S.)

Es hat augenscheinlich seit 2001 einen Wettstreit unter vor allem Berliner Rappern gegeben, wer denn nun der coolste und härteste sein möge. Aus offizieller Sicht des Jugendschutzes und der Strafverfolgung gab es einen Zuwachs bis 2007, danach sind die Indizierungen wieder stark rückläufig, während die Verfolgung strafrechtlich relevanter Delikte anhält.

Tabelle 2   Anzahl der Indizierungen und Ermittlungsverfahren gegen
                     Rapper[4]

	bis 2003	2004	2005	2006	2007	2008	2009
Indizierungen (BPjM)	4	4	9	6	28	4	3
Ermittlungsverfahren (Berlin)	0	2	3	2	17	7	9

Es ist natürlich so, dass die Indizierungsanträge nicht eins zu eins die Produktion widerspiegeln. Der Indizierungsgipfel 2007 verweist auf konjunkturelle Schwankungen der professionellen Aufmerksamkeit. 2007 ist das Initial-Jahr der Verwahrlosungsdebatte, als der sexistische Hardcore-Rap in den Fokus allgemeiner Aufmerksamkeit geriet, und auch z. T. ältere Produkte indiziert wurden oder zu Strafanzeigen führten. Es kann aus dieser Sicht nicht beurteilt werden, welchen Anteil die sexistischen und gewaltverherrlichenden Songs an der Gesamtproduktion ausmachen und es ist auch festzuhalten, dass die meisten Rapper, insbesondere die über die Szene hinaus bekannten wie Sido oder Bushido, mehrere „Register" besitzen, Gewalt, pornographische und sexistische Inhalte nur Facetten ihrer künstlerischen Gesamtproduktion sind. Und gewiss ist sexistischer Gangsta-Rap auch nur ein geringer Teil der HipHop-Kultur(en). Demgegenüber bewirkt er allerdings ein großes mediengestütztes Spektakel, eine große Vermarktungsmaschine mit Skandalen und Indizierungen und viel Getöse. Und dieses Getöse führt nicht nur zur allgemeinen Aufmerksamkeit (bei Bevölkerungsgruppen, die ansonsten mit Rap nichts am Hut haben), sondern auch zu enormer Popularität der selbsternannten Gangster aus Großstadtghettos bei vielen Jugendlichen. Seit den 1990er Jahren haben sich in Deutschland die HipHop- und die Rap-Szenen zu populären Jugendkulturen mit millionenfachem Zuspruch entwickelt, trotz oder vielleicht auch aufgrund der „Hardcore-Produkte".

Nutzung von „Porno-Rap"

Untersuchungen von Herschelmann zur Nutzung von sexistischem deutschen Rap zeigen, dass vor allem 12- bis 15jährige pubertäre Jungen zu den Fans gehören, jüngere, aber auch ältere deutlich seltener, Hauptschüler häufiger als Gymnasiasten, Mädchen viel seltener als Jungen (vgl. Herschelmann 2009b: 76–78).[5]

---

[4] Quellen: Schulz-Spirohn 2009/pers. Mitteilung, BPjM 2008a, div. Internetforen.
[5] Es ist zu vermuten, dass sich die Gangsta-Rap-Fans vor allem in den sozialen Brennpunkten von Großstädten konzentrieren, dazu liegen aber bislang keine Daten vor. Herschelmann befragte Schüler in Oldenburg.

Tabelle 3   Wie viele Jugendliche hören sexistischen deutschen Gangsta-
Rap? (prozentuiert)[6]

SchülerInnen der	Hauptschule	Realschule	Gymnasium
5.–10. Klassen	(m=94, w=85)	(m=132, w=120)	(m=199, w=323)
Jungen	31	15	10
Mädchen	13	8	3

Wie schon weiter oben in Bezug auf den Pornokonsum, so soll auch hinsichtlich der
Nutzung des „Porno-Rap" die Frage nach den Nutzungsmotiven im Vordergrund
stehen. In den folgenden sieben synoptischen Thesen wird aus entwicklungs-
psychologischer und sexuologischer Perspektive der Frage nachgegangen, was
den sexistischen Gangsta-Rap vor allem für die sozial benachteiligten Jungen so
attraktiv macht, welche Funktionen er für sie ausübt:[7]

Erstens: Rap ist Musik

Musik hören ist jugendtypisch und allgegenwärtig. Die modernen Technologien
ermöglichen das Hören konservierter Musik zu jeder Zeit an jedem Ort. 86 % aller
Jugendlichen besitzen MP3-Player (JIM 2008: 20) und haben darauf im Durchschnitt
1.475 Titel gespeichert (Jungen: 2.176, Mädchen: 706). Musik ist das Medium der
Zusammengehörigkeit in einer konkreten Peer Group und der Zugehörigkeit zu
einer jugendlichen Subkultur. Die entsprechende Musik zu kennen, zu besitzen,
sie zu tauschen und das gemeinsame Hören gewährleisten die kommunikative
Integration in der Clique. Darüber hinaus ist Musik hören Unterhaltung und Mittel
gegen Langeweile bzw. zum Zeitvertreib und Spaß haben, wird zum „Mood-

---

[6] Quelle: Herschelmann 2009: 78 (gefragt wurde nach aktuellem Lieblingssong/aktueller Lieblings-
band bzw. LieblingssängerIn).
[7] Wenngleich in verschiedenen journalistischen Veröffentlichungen Pornographienutzung und
Porno-Rap-Konsum gern in einem Atemzug genannt werden (unter der Vermutung gleichartiger
Negativwirkungen), so kann doch an dieser Stelle unter Bezug auf die subtilen Untersuchungen von
Herschelmann (2009a, 2009b) im Hinblick auf Nutzungsmotive ein grundlegender Unterschied fest-
gehalten werden. Pornographie wird zwar auch, wie in der Untersuchung von Atwood (s. o.) festgestellt,
aus allen möglichen nichtsexuellen Motiven heraus genutzt, aber eben hauptsächlich aus sexuellen,
d. h. zur Befriedigung sexueller Neugier und zur sexuellen Erregung. Das ist beim Porno-Rap-Konsum
jedoch überhaupt nicht der Fall. Herschelmann hat eine ganze Palette von Motiven herausgearbeitet,
sexuelle Motive finden sich nicht.

Management", zur Stimmungsregulation eingesetzt, zum Aggressionsabbau, ermöglicht Wirklichkeitsflucht. Und die deutschen Texte des Rap lassen kognitive Identifikation und Orientierung zu (vgl. Herschelmann 2009a).

Zweitens: Rap ist Jugendkultur

Die Kultur Jugendlicher bedarf der Abgrenzung gegenüber Erwachsenen zum Aufbau eigener Identität. Diese Abgrenzung gelingt besonders gut durch coole und provokante Inszenierung, die Erwachsene mindestens zum Kopfschütteln, besser noch zu Verboten etc. herausfordert – was in einer liberalen und toleranten Gesellschaft gar nicht so einfach ist. Die Nutzung sexualisierter Sprache zur Abgrenzung und Provokation und zum Grenzen testen ist keine Erfindung des Porno-Rap, sie ist jugend- und jungentypisch. Obwohl es dazu keine umfassenden historischen Vergleichsuntersuchungen gibt, ist die fortschreitende Sexualisierung der Sprache offensichtlich. Aufgrund der allgemeinen gesellschaftlichen Sexualisierung und Enttabuisierung und der dadurch vonstatten gegangenen kulturellen Akzeleration in den letzten fünf Jahrzehnten hat sich die Sexualisierung der Sprache auch biografisch vorverlagert. Schon Kindergartenkinder finden heutzutage das eine oder andere „geil". Als Ben und Anna vor 20 Jahren in der Grundschule von den Gleichaltrigen beim Händchen halten erwischt wurden, hieß es: Ätsch, die sind verliebt! Heute: Iiiii, die wollen ficken! (Vgl. Millhoffer u. a. 1999) Die 12jährigen Jungen begrüßen sich mit einem fröhlichen „Hi Alter, heute schon gefickt"? (Vgl. Herrath 2001) Das Fluchen und Be-Schimpfen ist sexueller geworden und unterliegt auch einer Art Globalisierung (das anale deutsche Worttum wird durch genital-angloamerikanisches bereichert): Die deutsche Zunge und das deutsche Ohr haben sich an „fuck" gewöhnt (Who the fuck is Alice?) und gewöhnen sich gerade ans f***** in allen Varianten und Deutungsformen[8]. Und mittlerweile sind nicht nur strenge Lehrerinnen oder schnippische Mädchen, sondern auch die eigenen Kumpels (wenn sie denn Anlass zur Kritik geben) „blöde Fotzen".

Porno-Rap greift diese Entwicklungen auf und toppt sie, steht prototypisch für die zunehmend sexuelle/pornographische/sexistische Oberfläche, für den obercoolen Habitus, für die raue Schale, für die vor allem verbal inszenierte Jugendkultur. Mit dem Porno-Rap gelingt eine (nicht mehr für möglich gehaltene) Provokation der älteren Generation qua Sexualität.

---

[8] Die Veralltäglichung des Wortes „ficken" in seinen unmittelbar sexuellen wie übertragenen Bedeutungen verdiente eine eigene Untersuchung. Die zur Zeit noch gelegentlich aus öffentlich-rechtlicher Perspektive vorgenommene Zensierung mittels „*****" wird in wenigen Jahren jedoch ebenso anachronistisch anmuten wie die Sternchen in der Reclam-Schulausgabe des „Götz von Berlichingen" aus dem Jahre 1965.

Ein besonderes Stilelement des Rap ist der Humor, die humorvolle Übertreibung, die kalkulierte „Entgleisung" (ist ja alles nicht so ernst gemeint). Die
coolen „Punchlines" der Rapper sind expliziter und brachialer geworden. Wenn
die Fantastischen Vier zu Anfang der 1990er Jahre den „Austausch von Körper-
flüssigkeiten" besungen haben, heißt es heute „Ich schieb dir meinen Unterarm
korrekt in den Dickdarm…" (vgl. Klinger 2009: 28). „Wer über diese Scherze nicht
lachen kann, gilt schnell als humorlos, prüde und verkrampft. So herrscht gerade
bei obszönen Scherzen und dem Spiel überzogener Beleidigung ein gewisser Druck,
alles tolerieren zu müssen." (Thomas 2008; o. S.)

Herschelmann stellt in Interviews mit jugendlichen (Gangsta-)Rap-Fans fest,
dass sie die Texte, z. B. von „Frauenarzt" durchaus als „aasig" und frauenverachtend
einschätzen, aber gleichzeitig auch „superlustig" finden. Und die Begründung ist
auch ganz einfach: Das ist halt so im Rap. (Herschelmann 2009a: 179)

Wenngleich man der Nutzung pornographischer Sprache an sich eine eigenständige Funktion zuschreiben kann (i. S. der Abgrenzung, Provokation, Subversion),
so sind es doch vor allem die Rapper selbst, ihre Protagonisten und die durch sie
transportierten Inhalte, die die Faszination des sexistischen Gangsta-Rap, das
Identifikationspotenzial vor allem für pubertäre und sozial benachteiligte Jungen
ausmachen.

Drittens: Stereotypen von Männlichkeit: Härte und Überlegenheit im Kampf
gegen andere Männer

Nehmen wir das Flaggschiff des Porno-Rap, Sidos „Arschficksong": Er ist auf
den ersten flüchtigen und angeekelten Blick aus kinder- und jugendschützerischer
Perspektive die Geschichte von der analen Penetration eines Mädchens, die der
Protagonist ausübt, als er selbst noch ein Kind ist und die ihn prägt (einschließlich
sadistischer Phantasien). Wer es bis zur zweiten Strophe schafft, kann etwas anderes entdecken (da nimmt sich der Meister einen anderen Rapper vor): Hier geht
es um das Wesen des Rap, ums Battlen und Dissen, um den Kampf Mann gegen
Mann, nicht mehr mit Fäusten, sondern mit Worten, um das sich behaupten, sich
durchsetzen, um das männlich sein, das überlegen sein, das stärker sein als der
andere, auch um die Entmännlichung und Beleidigung des anderen, es geht um
sexualisierte Machtdemonstration. Die (verbale) sexuelle Gewalt ist hier Mittel
zum Zweck. Es geht vor allem um Gewaltphantasien, die sich sexueller Szenarien bedienen, es geht nicht so sehr um sexuelle (Lust-)phantasien, die auf Gewalt
bauen. Es geht um sexualisierte Gewalt als (Über-)Lebens-Strategie, als Strategie
des Siegens, als Inkarnation hegemonialer Männlichkeit.

Auch die Gewalt gegen Frauen ist häufig bloßes Instrument, um den männlichen
Gegner zu schädigen. Man beleidigt oder vergewaltigt seine Freundin, Schwester,

Mutter und trifft ihn. Zu Texten wie: „Das Make-up deiner Mutter macht mein Sack zum Regenbogen." oder „Tour zu Ende, ich bring dir dein Mädel zurück, Fotze ausgeleiert, Arsch zerfleddert, Schädel gefickt." bemerkt Tarek von der Gruppe K.I.Z.: „Es geht ums Battlen, um Gegnervernichtung. [...] Das ist Neandertaler-denken [...] Dumm und lächerlich, aber so ist das eben im Battle-Rap." (Gernert 2007: o. S.) Das letzte Beispiel ist gewiss eines der besonders krassen, aber es gibt viele Belege (z. B. Videos im Internet), in denen zu sehen und zu hören ist, dass Teenager auf Konzerten die harten Textpassagen frenetisch mitsingen (vgl. z. B. Polylux 2007). Was die Leitfiguren vorsingen wird mitgesungen, und wer mitsingt und Härte zeigt, der gehört zur Gang, der gehört zu den Siegern. Die für die Fans wichtige Authentizität der Leitfiguren, bemisst sich dabei durchaus auch an deren realen Konflikten mit Polizei und Strafverfolgung. „Überlegenheit durch Stärke, Durchsetzung mittels Gewalt und das Aushalten des Strafvollzugs sind Momente, die der Fan an seinem Idol bewundert." (Wegener 2007b: 56)

Viertens: Inszenierung von Männlichkeit durch Frauenfeindlichkeit

Die Beleidigung, Beschimpfung, Herabwürdigung von Frauen und die Kreation wüster sadistischer Phantasien („du bist geil Nutte und verlangst mehr als nur ein Schwanz, ich stoß meine Faust in dein Bauch bis du platzt" – King Orgasmus One) gehört zum Kerngeschäft des Porno-Rap. Allen voran die selbsternann-ten „Frauenfeinde" Frauenarzt (Vincente de Teba Költerhoff) und King Orgasmus One (Manuel Romeike: „du dreckige Schlampe, fick mich und halt dein Maul"). Richtige Männer sind keine „Fotzenknechte".

Diese sexistischen Potenz- und Allmachtsphantasien in den konkreten Pro-dukten des PornoRap – so unsäglich sie z. T. auch sind – mögen vor allem für in ihrer Männlichkeit verunsicherte, sexuell unerfahrene und ressourcenarme unterprivilegierte Jungen ein Faszinosum sein. Diese pornographisch inszenierte Frauenbeleidigung ist eine drastische Fortsetzung und Verstärkung des bekann-ten Modus, dass Jungen für sie unerreichbare und abweisende Mädchen verbal attackieren und anmachen, und das erleben wir in (fast) jeder 5. oder 6. oder 7. oder 8. Klasse: Die frustrierende Erfahrung des unattraktiv Seins für altersgleiche Mädchen und das durch sie ignoriert werden führt zu Aggressionen. Solange die Jungen nicht ihre ersten individuellen (und dann durchaus romantischen) sexuel-len Erfahrungen sammeln, sind sie aus der Geschlechtergruppe heraus gern grob drauf. Und die Mädchen sind heutzutage im Allgemeinen (zumindest verbal) gut gewappnet. In den Texten der dauerpubertierenden Rapper wird die Angst vor dem verbal überlegenen weiblichen Geschlecht („sie ficken unsre Köpfe mit sinnloser Kacke, von ihrem scheiß Gelaber krieg ich eine Macke" – Frauenarzt „Oh, mein

Schatz") aggressiv gewendet: ihr wird das Maul gestopft, am besten mit dem Penis. Geschlechterkampf als mutuelles „Schädelficken".

Fünftens: Inszenierung von Männlichkeit durch Schwulenfeindlichkeit

> „G-Hot, Rapper aus Berlin und einstig beim Label Aggro Berlin unter Vertrag, schrieb mit seinem Kumpel ‚Die Kralle' den Song Keine Toleranz. Er fordert darin, ‚Schwuchteln' die Schwänze abzuschneiden und will es nicht hinnehmen, dass Schwule Deutschland ‚regieren'. […] Zwar möchte weder ein Bushido ‚Tunten vergasen', so eine Zeile in einem Track, noch ein G-Hot ‚Schwänze abschneiden' […] (Aber) „Bushido gibt genauso selbstverständlich zu verstehen, dass Schwule nicht normal seien wie G-Hot unverblümt einräumt, dass es in seinen Kreisen normal wäre, Schwule scheiße zu finden." (Thomas 2008: o. S.)

Auch diese feindseligen Entgleisungen sind aus entwicklungssexuologischer Perspektive in ihrer suggestiven Wirkung auf pubertäre Jungen nachvollziehbar. Das Basteln an der männlichen Identität und diesbezügliche Unsicherheit geht einher mit strikter Abgrenzung gegenüber als unmännlich Empfundenem. Es gilt cool zu sein, und das heißt eben auch: nicht schwul sein. Arschficker, Schwuchtel oder Schwanzlutscher sind die Klassiker pubertärer Beschimpfung unter Jungen. Möglicherweise verstärkt die historisch angewachsene gesellschaftliche Akzeptanz gegenüber Homosexualität sogar in paradoxer Weise pubertäre Ängste vor Entmännlichung. Jugendsexuologische Befunde verweisen darauf, dass Jungen heutzutage auf die früher weit verbreitete Praxis gemeinsamen Masturbierens verzichten, dass sie also Handlungen unterlassen, die als „schwul" bezeichnet werden könnten (Schmidt 1993: 3). Und die im Internet leicht auffindbare Schwulenpornographie entsetzt und ekelt die große Mehrheit der (heterosexuellen) Jungen (vgl. Altstötter-Gleich 2006: 33). Unter diesem Blickwinkel wirken schwulenfeindliche Ausfälle im Rap möglicherweise als eine Art „Gegengift" gegen Homophobie.

Sechstens: Rap als Sprachrohr der sozial Benachteiligten

Im Rap wird das Leben auf der Straße, die schwere Kindheit, die Perspektivlosigkeit des „abgehängten Prekariats" in der großstädtischen Plattenbausiedlung thematisiert und ästhetisiert. Was zunächst als Import aus amerikanischen Ghettos daherkam, entwickelt sich seit der Jahrtausendwende zum „Soundtrack zu Hartz 4" (Thomas), beschreibt tatsächliche soziale Polarisierungsprozesse.

Die bislang beschriebenen Modi pubertären und jugendtypischen Geschlechter- und Geschlechtskampfes qua Frauen- und Schwulenfeindlichkeit sind durchaus generell und nicht schichttypisch (als Ausdruck einer generellen „Krise der Männlichkeit"), sie werden jedoch verstärkt durch soziale und auch durch kulturelle Diskriminierung.

> „Homophobe, sexistische und gewaltverherrlichende Texte sind Ausdruck von Spaltungstendenzen in der Gesellschaft. Geschlecht wird zu einer zentralen, identifikationsstiftenden und fixen Kategorie, auf die man sich bezieht, wenn Sicherheit beruflich nicht mehr garantiert werden kann. Das Geschlecht kann einem so schnell keiner nehmen." (Thomas 2008: o. S.)

Das Geschlecht nicht, die Männlichkeit schon. Soziale Benachteiligung entmännlicht. Der Angst vor Entmännlichung wird im Rap eine archaische Macho-Männlichkeit entgegen gesetzt. Die erfolgreichen Rapper zeigen, dass man es mit dieser Männlichkeit schaffen kann, sie stehen für sozialen Aufstieg („Vom Bordstein zur Skyline" – Bushido), vielleicht nicht immer legal, auf jeden Fall jedoch: ohne Abitur. Sozialer Aufstieg wiederum macht auch sexuell attraktiv und ermöglicht Erfolg bei Frauen.

Siebentens: Sexistischer Rap als Kulturkampf

Die meisten Porno-Rapper haben selbst einen Migrationshintergrund und sind damit insbesondere für migrantische Jugendliche Identifikationspersonen. Auch wenn es bislang keine Studie gibt, die den Fan-Anteil migrantischer Jugendlicher quantifiziert und damit eine besondere ethnische Affinität zu sexistischem Gangsta-Rap nachweist, so zeigen doch jugendsexuologische Studien, dass migrantische Jugendliche z. B. deutlich stärker homosexuellenfeindlich eingestellt sind (Simon 2008), was eine entsprechende Zuwendung zu einschlägigen Rap-Inhalten nahelegt.

Kulturelle Integration macht sich nicht zuletzt am Grad der Übereinstimmung von Sexualnormen, an der „Geschlechterfrage" und der Einstellung zu sexueller Vielfalt fest. Integrationsversäumnisse und damit einher gehender Kulturkampf entladen sich in diesem Themenfeld. Dieser sexistisch aufgeladene Kulturkampf ist möglicherweise in den letzten Jahren mit zu großer Zurückhaltung aufgrund des Gebots politischer Korrektheit in Sachen „Multikulti" betrachtet worden:

> „Pädagogen, Sozialarbeiter und Akteure der HipHop-Szene selbst haben migrantische Jugendliche jahrelang von rassistischen Topoi und verbalen Fehltritten freigesprochen. Wer ‚ausländisch' war, konnte nicht ‚ausländerfeindlich' sein. Über Sexismus redete man erst gar nicht, zu schnell wurde der Vorwurf erhoben, hier beschuldige eine Majorität die Außenseiter der Bundesrepublik, das sei dann rassistisch. Zudem wurde Sexismus im Gegensatz zu Rassismus immer als Bagatelle abgehandelt, schließlich

gab es die Forderung eines Ausschlusses des anderen Geschlechts aus einer nationalen Gemeinschaft nicht, vielmehr einen Einschluss unter männlichen Vorzeichen. Und wenn die Jugendlichen in den Jugendklubs die Mikros in die Hand nahmen und zum Rappen ansetzten, dann war das schon per se ein Beitrag zur Integration." (Thomas 2008; o. S.)

Kulturelle Integration migrantischer Jugendlicher bemisst sich auch daran, inwieweit diese die Grenzen ethnisch definierter „Fortpflanzungsgemeinschaften" überschreiten können. Sexuelle und partnerschaftliche Barrieren (die Frage: wer ist von wem zu haben oder auch nicht) beinhalten ein erhebliches Frustrations- und Aggressionspotenzial, das unter anderem im sexistischen Rap bedient wird.

Resümee: Raue Schale, romantischer Kern

Generelle Sexualisierung der Sprache als Oberflächenphänomen

Unsere Sprache im Allgemeinen und die Jugendsprache im Besonderen haben sich in den letzten Jahrzehnten zunehmend sexualisiert. Die biografisch frühe Sexualisierung der Sprache ist ein Ausdruck von „overscription". Mit diesem, vom Hamburger Sexualwissenschaftler Gunter Schmidt geprägten Begriff (Schmidt 2004: 117) wird beschrieben, dass die heute heranwachsende Generation insbesondere durch Medien aller Art frühzeitiger und mehr sexuelle Informationen erhält. Frühere Generationen waren eher „underscripted", handelten sexuell, erprobten sich, bevor sie dafür Begriffe hatten und die Handlungen in ein sexuelles Script, in Vorstellungen darüber, was Sexualität ist, einbauten. Heute ist frühzeitig Wissen da, vor allem diversifiziertes widersprüchliches (Halb-)Wissen, das erst später erprobt wird. Dieser „Theorievorlauf" kann späteres Handeln erleichtern oder irritieren, er kann zu altersunangemessenem „sexualisierten Handeln" veranlassen, aber auch ängstigen und hemmen. Für die Annahme einer generellen Wirkrichtung derart, dass pornographische Szenarien i. S. von „Sex ohne Liebe und Beziehung" tendenziell an Bedeutung gewinnen, gibt es keine Anhaltspunkte. Wenn Erwachsene feststellen, dass Jugendliche „nicht mehr küssen, aber Sex haben", liegt das möglicherweise daran, dass, angesichts der cooler und sexueller und rauer gewordenen Oberfläche, die viele Jugendliche Erwachsenen bieten, tatsächlich eine Diskrepanz zu sehen ist: die schmusen und küssen sich nicht (vor aller Augen – das wäre uncool), aber sie reden lauthals vom Ficken usw. Früher wurde auch nicht vor dem Sozialarbeiter geküsst, aber es wurde eben auch nicht so demonstrativ wie heutzutage vom Ficken geredet.

Wenngleich die empirischen Befunde auf Basis seriöser Studien rar sind (zumindest die aktuellen), sprechen jugendsexuologische Befunde für die These:

Wenn die Schale auch rau ist, der Kern ist weiterhin romantisch oder sogar romantischer, friedfertiger und vielleicht auch kontrollierter denn je. Die raue Schale ist das Oberflächenphänomen, darunter liegt – wie gesagt als Mainstream der Jugendsexualität – ein (im historischen Vergleich betrachtet) sehr gesittetes Verhalten.[9] Die raue Schale ist vielleicht sogar Beleg für die Pazifizierung – sexuelle Konflikte werden zunehmend verbal ausgetragen (i. S. des Battle), der verbale Sexismus ist provozierende Reaktion auf Sexual Correctness, hat eine Ventilfunktion angesichts ihrer Allgegenwärtigkeit.

Wir erleben eine Gleichzeitigkeit von Prozessen, die einander bedingen und durchdringen, Meine Generalthese ist, das wir gegenwärtig in unserer Gesellschaft – als Tendenz – mehr sexuell Übergriffiges wahrnehmen, dass das aber v. a. Ausdruck unserer zunehmenden Sensibilisierung ist, die wiederum Voraussetzung ist für die anhaltende Pazifizierung der sexuellen Verhältnisse.

Veralltäglichung ,normaler' Pornographie

Aufgrund der leichten Zugänglichkeit geraten heutzutage bereits Kinder mit Pornographie in Kontakt. Die systematische Nutzung von Pornographie erfolgt allerdings ganz überwiegend durch Jungen, weitgehend unabhängig von Bildungsgrad und sozialer Herkunft. Welche Inhalte pornographischen Materials wie häufig bzw. intensiv genutzt werden, ist bislang nicht systematisch erforscht. Da mit Gewalt und bizarren Praktiken einhergehende Pornographie jedoch nicht nur durch Mädchen, sondern auch Jungen ganz überwiegend negativ erlebt wird, lässt sich schlussfolgern, dass vor allem „einfache" Pornographie zum Zwecke des Lustgewinns und Erfahrungserwerbs genutzt wird. In der Summe der Befunde spricht einiges dafür, dass die allgemeine Pornographisierung weder zur allgemeinen Verwahrlosung noch zur allgemeinen Hemmung führt, sondern zum allgemein gelassenen Umgang mit ihr. Schmidt (2009) schlägt den Begriff der „Veralltäglichung" vor und resümiert: Wenn „Jugendliche heute ganz cool explizite Sexszenen im Fernsehen, Kino oder auf der DVD [...] (sehen und natürlich im Internet – K. W.) [...] kann man das durchaus als einen Ausdruck sexueller Zivilisierung begreifen" (S. 30).

---

[9] Seit Beginn der 1990er Jahre gibt es empirische Belege für eine historisch angewachsene Pazifizierung der Jugendsexualität (Schmidt 1993) und auch die aktuelle BRAVO-Studie aus dem Jahr 2009 belegt durch viele Details, dass Sexualität i. d. R. in Liebesbeziehungen eingebunden ist und sehr einvernehmlich und verantwortungsbewusst praktiziert wird (was z. B. am Verhütungsverhalten zu sehen ist). (Vgl. Weller 2009b)

Sexistischer Rap als Ausdruck sexualkultureller Polarisierung

HipHop ist eine äußerst populäre, wenn nicht die populärste aktuelle Jugendkultur. Besonders als eigenaktive kulturelle Praxis beinhaltet sie emanzipatorisches Potenzial. Auch Rap-Musik im Allgemeinen ist jugendgemäß systemkritisch, authentisch, solidarisch. Der seit der Jahrtausendwende v. a. in Berlin entstandene deutsche Gangsta-Rap steht allerdings für eine Entwicklung, in der sozialkritische Ausgangspunkte (die Beschreibung des rauen Lebens im „Großstand-Ghetto") nurmehr als fadenscheinige Legitimation für zunehmend sexistische, pornographische und gewalthaltige Texte dienen. Gleichwohl sind die Gangsta-Rapper und ihre krassen Botschaften gerade bei sozial benachteiligten Jungen äußerst populär. Wenngleich die Beliebtheit des Porno-Rap aus entwicklungssexuologischer Sicht ein pubertätsbegleitendes Durchgangsstadium zu sein scheint (unter 12-Jährige und über 17-Jährige sind in der Regel keine Fans), und wenngleich der Porno-Rap-Boom aus jugendsoziologischer Perspektive ein Phänomen des ersten Jahrzehnts im neuen Jahrtausend gewesen sein mag (z. B. Auflösung des Labels Aggro-Berlin im Jahre 2009), so stellt sich dennoch die Frage, ob Porno-Rap nicht als Symptom für gesellschaftliche Umbrüche begriffen werden muss, z. B. als Hinweis auf eine Verfestigung oder Neuetablierung hierarchischer Geschlechtsrollenmuster in sozial benachteiligten und/oder kulturell nicht integrierten Bevölkerungsgruppen. Man kann sexistischen Gangsta-Rap womöglich als Begleitmusik dieser Entwicklung betrachten, vielleicht auch bis zu einem gewissen Grade als ihren Motor oder Katalysator.

Gravierende Negativwirkungen (Rap als Theorie und Rape als Praxis) sind jedoch selbst von explizit gewaltverherrlichenden und frauenfeindlichen Produkten nicht systematisch zu erwarten, zumindest nicht, mit Blick auf die vielen sozial gut integrierten Jugendlichen im Lande, die gelegentlich krassen Rap hören, um sich zu gruseln, und die Klassenfahrten ins Märkische Viertel zu Berlin veranstalten um Sidos „Mein Block" in Augenschein zu nehmen.

Wenn wir hingegen die speziellen Nutzergruppen des sexistischen Porno-Rap ins Auge fassen, so stellt sich die Situation aus Sicht der Wirkungsforschung schon anders dar. Sozial benachteiligte und kulturell nicht integrierte Jugendliche sind stärker gefährdet durch inhumane mediale Botschaften. Natürlich führt nicht soziale und/oder kulturelle Diskriminierung unvermittelt zur Verrohung der sexuellen Verhältnisse, und die kulturelle Installation namens Porno-Rap ist auch allenfalls eine Begleiterscheinung, ein moderierender Faktor. Die Hauptursachen für sexuelle Gewalt unter Jugendlichen liegen in deren familiären Herkunftsbedingungen. Das hat die Potsdamer Professorin Barbara Krahé in einer Studie Ende der 1990er Jahre herausgearbeitet: Biografisch internalisierte Minderwertigkeitsgefühle und erlebte familiäre Gewalt führen bei Jungen zu einem erhöhten Maß an sexueller Aggression, bei Mädchen setzten diese Erlebnisse die Fähigkeit herab, „Angriffe gegen die sexuelle Selbstbestimmung abzuwehren" (Krahé 1999: 116). Durch diese Deutungsmuster auf der Basis wissenschaftlicher Befunde entsteht die im aktuellen medialen Diskurs kreierte Figur der Kinder und Jugendlichen, die „nicht mehr lernen, was Liebe ist". Diese Heranwachsenden gibt es, in einer sich sozial weiterhin polarisierenden Gesellschaft wahrscheinlich sogar zunehmend. Und es liegt auf der Hand, dass es defizitär sozialisierten Jugendlichen an sozialen Kompetenzen mangelt, die auch für sexuelles In-Beziehung-Treten nötig sind und dass sie womöglich auch pornographische Szenarien nicht in ihrer Künstlichkeit erkennen, sondern für bare Münze nehmen. Die Forschungen zu Auswirkungen von medialer Gewalt auf das reale Aggressionsverhalten legen nahe, dass auch sexistischer Rap bei entsprechend disponierten Konsumenten und in entsprechendem Kontext Wirkung zeigen könnte.[10] So wie für Pornographie generell ist auch für Porno-Rap festzustellen, dass er nicht ursächlich Gewalt induziert, sondern allenfalls bereits vorhandene Einstellungen (z. B. die, Frauen als Sexualobjekte wahrzunehmen) oder Handlungstendenzen (aggressive Phantasien) verstärkt.

Zum Schluss: Bislang wurde auf sexistischen Rap vor allem mit Indizierungen und Strafverfolgung reagiert. Zwar wird damit Imagepflege der selbsternannten Gangster befördert, aber Strafen wirken auch. Sowohl auf die Macher (bei Verurteilungen, Geld- oder Haftstrafen hört der Spaß auf) als auch auf die Konsumenten: Bei aller jugendtypischen Tendenz zum Griff nach dem jeweils Verbotenen gibt es doch immer auch die Suche nach Normativen, nach Orientierung. Wichtig aus sozial- und sexualpädagogischer, kinder- und jugendschützerischer Perspektive ist jedoch insbesondere, nicht beim restriktiven Jugendschutz stehen zu bleiben, sondern HipHop als kulturelle Praxis zu entwickeln und die dafür notwendigen Kompetenzen der Jugendlichen zu fördern.

---

[10] „Auswirkungen von Mediengewalt auf Aggressionsverhalten sind am ehesten bei jüngeren, männlichen Vielsehern zu erwarten, die in Familien mit hohem Fernseh(gewalt)konsum aufwachsen und in ihrem unmittelbaren sozialen Umfeld (d. h. in Familie, Schule und Peer-Groups) viel Gewalt erleben (sodass sie hierin einen ‚normalen' Problemlösungsmechanismus sehen), bereits eine violente Persönlichkeit besitzen und Medieninhalte konsumieren, in denen Gewalt auf realistische Weise und/oder in humorvollen Kontexten gezeigt wird, gerechtfertigt erscheint und von attraktiven, dem Rezipienten möglicherweise ähnlichen Protagonisten mit hohem Identifikationspotenzial ausgeht, die erfolgreich sind und für ihr Handeln belohnt bzw. zumindest nicht bestraft werden und dem Opfer keinen sichtbaren Schaden zufügen (‚saubere Gewalt'). Es ist allerdings zu berücksichtigen, dass die genannten Faktoren nicht unabhängig voneinander sind, sondern interagieren können (indem z. B. Eigenschaften des Rezipienten sowie dessen Erfahrungen in seinem sozialen Umfeld die Wahrnehmung von Gewaltdarstellungen beeinflussen usw.)." (Kunczik/Zipfel 2006: 398)

Literatur

Altstötter-Gleich, Christine (2006): Pornographie und neue Medien. Eine Studie zum Umgang Jugendlicher mit sexuellen Inhalten im Internet. Online-Quelle: http://www. profamilia.de/shop/download/248.pdf (Zugriff: 20.8.2008).

Androutsopoulos, Jannis (2003): HipHop: Globale Kultur – lokale Praktiken, Bielefeld: transcript-Verlag.

BPjM (Hg)(2008a): Hip-Hop-Musik in der Spruchpraxis der Bundesprüfstelle für jugend-gefährdende Medien (BPjM) – Rechtliche Bewertung und medienpädagogischer Umgang. Online-Quelle: http://www.bundespruefstelle.de/bmfsfj/generator/bpjm/ redaktion/PDF-Anlagen/bpjm-thema-hiphop-broschuere-2008,property=pdf,berei ch=bpjm,sprache=de,rwb=true.pdf (Zugriff: 1.12.2009).

BPjM (2008b): Kann „Porno-Rap" Kinder und Jugendliche gefährden? http://www.bundes-pruefstelle.de/bmfsfj/generator/bpjm/Jugendmedienschutz-Medienerziehung/lese-hoermedien,did=111818.html (Zugriff: 9.12.09).

Bravo (2009): Dr. Sommer-Studie 2009, München: iconkids & youth.

Der SPIEGEL 2002: Die unaufgeklärte Nation, Heft 39 (vom 21. 9. 2002).

EMMA (1987): PorNo. Die Kampagne. Das Gesetz. Die Debatte (Sonderheft 5).

Erdmann, Uta (2008): Popkultur, Sexualität und Emanzipation – Selbstbild und Rezeption der Musikerin Peaches. Unveröffentliche Bachelorarbeit HS Merseburg.

Gebhardt, Kathrin (2009): Pornorap hat einen ziemlich miesen Ruf. Ein Pornorapprojekt an der Hochschule Merseburg. pro familia magazin 1/2009, S. 16–18.

Gernert, Johannes (2007): Verbales Mutterficken. Taz.de. vom 9.7.2007. Online-Quelle: http://www.taz.de/index.php?id=465&art=1678&no_cache=1 (Zugriff: 5.12.2009)

George, Nelson. (2002): XXX – Drei Jahrzehnte HipHop, Freiburg: orange press.

Herrath, Frank (2001): Was machen Jugendliche sexuell miteinander und in der Öffent-lichkeit? Beobachtungen und Bewertungen jugendlichen Sexualverhaltens heute. Tagungsvortrag. Online-Quelle: http://www.isp-dortmund.de/downloadfiles/F._Her-rath_-_Jugendliches_Sexualverhalten.pdf(Zugriff: 10.2.2008).

Herschelmann, Michael (2009a): Jungen und deutscher (Gangsta)Rap – Sinnrealisation in (stereotypen) Bedeutungen. In: Pech, Detlef (Hg.): Jungen und Jungenarbeit – eine Bestandsaufnahme des Forschungs- und Diskussionsstandes, Baltmannsweiler: Schneider, S. 171–188.

Herschelmann, Michael (2009b): Sexistischer deutscher Gangsta-Rap: Provokation oder Ge-fährdung? In: Die Kinderschutz-Zentren (Hg.): Die Jugend(hilfe) von heute – Helfen mit Risiko. Dokumentation des 7. Kinderschutzforums 2008, Köln, Eigenverlag, S. 75–89.

JIM (2008): Medienpädagogischer Forschungsverbund Südwest (Hg.): Jugend, Information, (Multi-)Media. Basisstudie zum Medienumgang 12- bis 19-Jähriger in Deutschland, Stuttgart.

Kage, Jan (2004): American Rap: Explicit Lyrics – US HipHop und Identität, Mainz: Ventil Verlag.

Klein, Gabriele; Friedrich, Malte (2003): Ist this real? Die Kultur des HipHop, Frankfurt am Main: edition suhrkamp.

Klinger, Verena Katharina (2009): Zum Rollenverständnis von Frauen in der Pop-Musik. Am Beispiel HipHop, Unveröffentlichte Bachelorarbeit HS Merseburg.

Krahé, Barbara (1999): Sexuelle Aggression zwischen Jugendlichen: Prävalenz und Prädiktoren. In: BZgA 1999 Forschung und Praxis der Sexualaufklärung und Familienplanung. Band 13.2, Köln: BZgA.

Kunczik, Michael; Zipfel, Astrid (2006): Gewalt und Medien. Ein Studienbuch, Köln: UTB.

Lorenz, Jennifer (2008): Lady Bitch Ray – Sexsymbol oder Feministin, Unveröffentlichte Bachelorarbeit HS Merseburg.

Matthiesen, Silja; Schmidt, Gunter (2009): Sexuelle Erfahrungen und Beziehungen adoleszenter Frauen. Zeitschrift für Sexualforschung 22, S. 97–120.

Milhoffer, Petra; Gluszczynski, Andreas; Krettmann, Ulrike (1999): Selbstwahrnehmung, Sexualwissen und Körpergefühl von Mädchen und Jungen der 3. bis 6. Klasse. In: BZgA (Hg.): Wissenschaftliche Grundlagen. Teil 1 – Kinder. Forschung und Praxis der Sexualaufklärung und Familienplanung. Band 13.1, Köln: BZgA, S 7–40.

Müller, Daniel (2009): Die sexualisierte Sprache im HipHop, Unveröffentlichte Bachelorarbeit HS Merseburg.

Polylux (ARD-Magazin 10.4.07): Pornorap statt erster Liebe. Online-Quelle: http://polylog. tv/videothek/videocast/6480/ (Zugriff: 28.12.2009)

Schmidt, Gunter (2009): Fantasien der Jungen, Phantasmen der Alten. BZgA forum 1/2009 Köln; S. 27–32.

Schmidt, Gunter (2004): Das neue DER DIE DAS. Über die Modernisierung des Sexuellen, Gießen: psychosozial.

Schmidt, Gunter (Hg.) (1993): Jugendsexualität. Sozialer Wandel. Gruppenunterschiede. Konfliktfelder, Stuttgart: Enke.

Schulz-Spirohn, Thomas (2009): Hip-Hop in der strafrechtlichen Praxis oder: Was hat ein Staatsanwalt mit Hip-Hop zu tun? Redebeitrag auf der Jahrestagung der BPjM, Leipzig 2009, Online-Quelle: http://www.bundespruefstelle.de/bmfsfj/generator/bpjm/redaktion/ PDF-Anlagen/jahrestagung-2009-redebeitrag-schulz-spirohn,property=pdf,bereich= bpjm,sprache=de,rwb=true.pdf (Zugriff: 22. 12. 2009).

Simon, Bernd (2008): Einstellungen zur Homosexualität: Ausprägungen und psychologische Korrelate bei Jugendlichen ohne und mit Migrationshintergrund (ehemalige UdSSR und Türkei). Zeitschrift für Entwicklungspsychologie und Pädagogische Psychologie, 40 (2), S. 87–99.

Thomas, Jens (2008): Ich bin nicht schwul, und das ist auch cool so. Homophobie im deutschen HipHop: Sexismus in Reinform oder Fiktion nach Maß? Online-Quelle: http://www.oeko-net.de/kommune/kommune01-08/khiphop.htm (Zugriff: 2.12.2009).

Verlan, Sascha; Loh, Hannes (2006): 25 Jahre HipHop in Deutschland, Höfen, Hannibal-Verlag.

Wegener, Claudia (2007a): Rap im Kontext sozialer Benachteiligung. Teil 1. Alltagskultur und subjektive Deutung. tv diskurs 40, 2/2007, S. 74–79.

Wegener, Claudia (2007b): Rap im Kontext sozialer Benachteiligung. Teil 2. Zur Bedeutung von Gewalt und Indizierung. tv diskurs 41 (3), S. 54–59.

Weirauch, Wolfgang (2007): Wir arbeiten nur an der Spitze des Eisbergs. Interview mit Thomas Rüth. In: Jugend ohne Zukunft? Flensburger Hefte Nr. 98.

Weller, Konrad (2009a): Wie nutzen Jugendliche Pornografie und was bewirkt sie? Befunde – Theorien – Hypothesen. pro familia magazin 1/2009. Online-Quelle: http://www.profamilia.de/getpic/7163.pdf (Zugriff: 9.12.2009).

Weller, Konrad (2009b): Raue Schale – romantischer Kern. Gibt es eine generelle oder partielle Tendenz der „sexuellen Verwahrlosung" der Jugend? In: Stadtjugendamt München (Hg.): Sexualität und Sexualisierung. Eine Herausforderung für die Kinder- und Jugendhilfe. Tagungsband der Fachtagung vom 7.7. 2009, München: Eigenverlag.

Weller, Konrad (2003): Deutschland – eine „unaufgeklärte Nation"? In: BZgA Forum Sexualaufklärung und Familienplanung. Köln: BZgA.

Wüllenweber, Walter (2007): Voll Porno! Stern.de 14.7.2007, Online-Quelle: http://www.stern.de/politik/deutschland/sexuelle-verwahrlosung-voll-porno-581936.html (Zugriff: 5.2.2010).

III. Reflexionen

Verwahrlosung und die Legitimation sozialer Ungleichheit

Birgit Menzel

„Wenn Kinder nicht mehr lernen, was Liebe ist. Eltern schauen mit ihren Kindern Hardcore-Filme. 14-Jährige treffen sich zum Gruppensex. Ihre Idole singen von Vergewaltigung" – unter dieser Einleitung fasste Walter Wüllenberger (2007) in seinem Beitrag im Magazin „Stern" zusammen, was er als *soziales Problem* diagnostizierte: „Ein Teil der Gesellschaft driftet ab in die sexuelle Verwahrlosung". Ausgelöst wurde dadurch eine – fast ausschließlich massenmedial geführte – Debatte, die 2008 durch das Erscheinen des Buchs „Deutschlands sexuelle Tragödie" von Bernd Siggelkow und Wolfgang Büscher erneut angefacht wurde. Als Quelle des Übels identifizieren die Protagonisten dieser Debatte vor allem zwei Dinge: „Pornofilme" und „Porno-Rapper" wie Sido oder Bushido.

Das Thema ‚sexuelle Verwahrlosung' reiht sich damit ein in eine lange Tradition der Problematisierung jugendlicher Verhaltensweisen und jugendkultureller Stile. Insbesondere der Umgang Jugendlicher mit Medien verursacht regelmäßig Besorgnis: über die sog. Groschenhefte in den 1920er Jahren (die zum ‚Schmutz- und Schundgesetz' führte), über Comics und Rock'n Roll in den 1950er Jahren, über Video- und Computerspiele seit den 1980er Jahren. Sobald Jugendliche ein neues Medium für sich entdecken, beunruhigt sich die Generation der Erwachsenen über die drohende ‚Verdummung und Verrohung' des gesellschaftlichen Nachwuchses. Christian Pfeiffers These von der ‚Medienverwahrlosung' (z. B. Pfeiffer 2003) ist so gesehen ein sehr alter Hut.

Erklärt werden diese Tendenzen zur Beunruhigung mit der Unwissenheit und den fehlenden Kompetenzen der Erwachsenen zum Umgang mit dem jeweils neuen Medium. Bei der Rezeption medialer Gewaltdarstellungen z. B. wirken Waldemar Vogelgesang (2000) zufolge *asymmetrische Wahrnehmungsstile*: Den Erwachsenen fehle im Vergleich zu Jugendlichen „der passende Entschlüsselungscode, um hinter die dramaturgischen Kulissen zu schauen und die Spannungsinszenierung zu genießen" (S. 190). Diese „Wahrnehmungskluft zwischen den Generationen" (S. 189) dürfte umso größer werden, je schneller die technische Entwicklung neuer Medien voranschreitet; zu vermuten ist deshalb, dass die Abstände zwischen den Phasen der Beunruhigung im Zeitvergleich immer kürzer werden. Vogelgesang geht zudem davon aus, dass „sich der Generationen-Konflikt zukünftig viel stärker als Medien-Konflikt zeigen wird" (Vogelgesang o. J.).

Dieser Medien-Konflikt erhält einen zusätzlichen Schub durch die in Jugend-kulturen verwendeten Stilelemente: „Gangsta-Rapper-Mythen mit impliziter Gewaltverherrlichung, Selbststilisierungen als Zuhälter, deutscher ‚PornoRap‘, sexy bis sexistische Darstellung von zeitgenössischen R&B Queens und die Ab-schreckungsästhetik der frühen Punkbewegung, die mit Sicherheitsnadeln in der Backe, aber auch mit rechtsextremen Symbolen arbeitete, sind Teil der Jugend- und Musikkulturen" (Baer/Wiechmann 2005: 438–439; vgl. hierzu auch den Beitrag von Weller in diesem Band). Jugendkulturelle Stilelemente dienen dem Ausdruck von Protest, sollen die Abgrenzung gegenüber der Welt der Erwachsenen ver-deutlichen. Vogelgesang (2002: 185) etwa schreibt Gewaltvideos die Funktion von „Provokations- und Distinktionsmedien" zu und Heinz Bonfadelli (2000: 242) zufolge kann der Konsum solcher Videos „Protest und Abgrenzung gegenüber den Erwachsenen (Eltern und Lehrern)" ausdrücken. Stile und Verhaltensweisen werden also bewusst so gewählt, dass sie bei ‚den Erwachsenen‘ ein Höchstmaß an Entrüstung verursachen: „Für die szene-engagierten Jugendlichen stellen die ‚härtesten‘ Provokationen sozialer Normen sogar meist den größten Reiz dar." (Baer/Wiechmann 2005: 439)

Besonders intensiv wirken Provokationen dann, wenn sie auf ‚Gewalt‘ und/oder ‚Sexualität‘ verweisen. Die Fähigkeit zur Gewalt und die Fähigkeit zur Sexua-lität gehören zur anthropologischen Grundausstattung des Menschen. Sowohl unkontrollierte ‚Gewalt‘ als auch unkontrollierte ‚Sexualität‘ können die jeweils geltende soziale Ordnung – durch Gefährdungen von Herrschaft, Arbeitsteilung und Reproduktion – bedrohen: „Keine Gesellschaft kann bestehen ohne eine Kanalisierung der individuellen Triebe und Affekte, ohne eine ganz bestimmte Regelung des individuellen Verhaltens." (Elias 1979: 447) Diese Regelungen, also auch Regelungen zur Kontrolle von Gewalt und Sexualität sind, so Elias weiter, „unvermeidlich und unerläßlich, wo immer die Menschen in irgendeiner Form miteinander leben, wo immer Verlangen und Handlungen mehrerer Menschen ineinander greifen, sei es bei der Arbeit, sei es bei Geselligkeit oder Liebesspiel" (S. 447–448; zur gesellschaftlichen Normierung von Sexualität vgl. auch Schelsky 1955). Menschliches Verhalten wird also im Sinne des gesellschaftlichen Überbaus durch soziale Normen reguliert. Gesellschaftliche Veränderungen ziehen dem-zufolge Veränderungen der sozialen Normen nach sich.

Für die hier interessierende Regulierung von Sexualität und Gewalt ist der von Niklas Luhmann (1989) beschriebene Wandel von stratifikatorischer zu funk-tionaler Differenzierung von Bedeutung: Er begründet, so Luhmann (S. 158), eine Disposition zur Individualisierung, zur zunehmenden Bedeutung und Wertschätzung von Individuum und Individualität. Dieser Prozess, der sich Ulrich Beck (1986) zufolge seit den 1950er Jahren massiv verstärkt und beschleunigt hat, bringt u. a. eine Ausweitung des Selbstbestimmungsrechts der Individuen mit sich. Gefördert wird dadurch die Bereitschaft, Handeln anderer als Gefährdung der Individualität wahrzunehmen (vgl. dazu Menzel/Peters 2003: 17–19). „Individualitätsgefährdend" in diesem Sinne sind sowohl Einschränkungen sexueller Neigungen und Bedürfnisse als auch die Ausübung von (körperlicher) Gewalt, denn beides stellt die Subjekthaftigkeit des Individuums in Frage.

Die jüngere Geschichte des Sexualstrafrechts folgt dieser gesellschaftlichen Tendenz: Entkriminalisiert wurden in den 1970er Jahren z. B. Pornographie, männliche Homosexualität und Prostitution, neu geschaffen oder verschärft wurden seit den 1990er Jahren z. B. das Verbot der Vergewaltigung in der Ehe, des sexuellen Missbrauchs und des Menschenhandels.[1] Konnte also eine Jugendkultur in den 1950er und 1960er Jahren noch auf ‚Sexualität' als Protest- und Distinktionsmittel setzen – Elvis ‚the pelvis' (!) und die Körperlichkeit des Rock'n Roll oder die sexuellen Provokationen der Beatgeneration sind Beispiele dafür (vgl. Maase 2003) –, wird dies im Zuge der sexuellen Liberalisierung zunehmend schwierig. Gerd Stecklina (2008: 440) etwa verweist auf „die Tatsache, dass Sex-Shops, Sexspielzeuge, pornographische Produkte sowie sexualisierte Darstellungen in der Werbung von Erwachsenen und Heranwachsenden als normaler Bestandteil des alltäglichen Lebens erachtet werden". Provozieren kann man die individualisierte Gesellschaft aber mit ‚Gewalt' und ihren (symbolisierten) Folgen: mit der von Baer und Wiechmann so genannten „Abschreckungsästhetik" sowohl der Punks als auch der Gangsta- und Porno-Rapper – „Jugendkulturen sind nun mal nicht politisch korrekt" (Baer/Wiechmann 2005: 438).

Die mediale Entrüstung über die so genannte sexuelle Verwahrlosung ist so gesehen ein Indikator für das Gelingen der Provokation und Distinktion, stützt sie sich doch im Wesentlichen auf Symbole und skandalträchtige Einzelfälle, nicht jedoch auf eine ‚reale Bedrohung' der Gesellschaft durch das von Wüllenweber, Siggelkow u. a. diagnostizierte Problem. Auf die fehlende empirische Grundlage der Problemdiagnose wurde bereits mehrfach hingewiesen (zusammenfassend z. B. Klein 2009; vgl. dazu auch die Beiträge in Abschnitt II dieses Bandes). Diesen Mangel teilt sie mit anderen mehr oder weniger regelmäßig wiederkehrenden Problematisierungen jugendlichen Verhaltens (zur Jugendgewalt vgl. z. B. Heinz 2006: 62–71). Geoffrey Pearson weist in „Hooligan – The History Of Respectable Fears" mehr oder weniger regelmäßig wiederkehrende Problemdiskurse über Normabweichungen Jugendlicher nach. Der Autor bringt die jeweiligen Konjunkturen des Themas in Zusammenhang mit gesellschaftlichen Veränderungen und dadurch ausgelöste Verunsicherungen. Phasen, in denen die Gesellschaft jugendliches Verhalten problematisiert, sind Pearson zufolge charakterisiert

---

[1] Einen Überblick über die Entwicklung des Sexualstrafrechts bietet Dünkel 2005; zur Homosexualität vgl. Reuband 1989; zu Prostitution und Homosexualität Lautmann 2002: 489–510; siehe auch den Beitrag von Böllinger in diesem Band.

1. durch Veränderungen, die mehr Freiheiten für Jugendliche bedeuten, z. B.
    die Motorisierung der Unterschichtjugendlichen in den 1950er oder die sog.
    antiautoritäre Erziehung in den 1970er Jahren sowie die neuen Freiheiten be-
    züglich der sexuellen Identität und des Sexualverhaltens in beiden Jahrzehnten;
2. durch ausgeprägte politische, ökonomische und/oder soziale Veränderungen.

Beides findet man auch im Hintergrund der aktuellen Debatte um die angebliche
sexuelle Verwahrlosung: 1. verfügen Jugendliche über zunehmend mehr Freiheit
durch die und bei der Nutzung moderner Unterhaltungs- und Kommunikationsmedien; 2. sind die vergangenen Jahre gekennzeichnet durch die Auseinandersetzung um die richtige politische Antwort auf die ökonomische Entwicklung im
weiteren und um den mit dieser Entwicklung begründeten Umbau des Sozialstaats
im engeren Sinn.

Im unter 2. genannten Kontext bekommt auch die Verwendung der wert-
geladenen Diagnose *Verwahrlosung*[2] einen Sinn. Allen Problemdiskursen ist
die „Verwendung eines Vokabulars mit starker moralischer Aufladung" (Peters
1994: 66) gemeinsam, das Zustimmung zur Problematisierung erzeugen soll (ebd.;
vgl. auch Schetsche 1996: 93). Dieses Vokabular kann ,positiv' oder ,negativ' aufgeladen sein, wie Sighard Neckel und Ferdinand Sutterlüty (2008) unter der Überschrift „Negative Klassifikationen" am Beispiel der Armut ausführen: „So macht
es etwa einen bedeutenden Unterschied, ob materielle Armut mit Bewertungen
verbunden ist, die Solidarität einfordern, oder mit solchen, die Armut zum Anlass
von Diffamierungen werden lassen. Dieselbe Soziallage hat dann möglicherweise
ganz unterschiedliche Konsequenzen." (Neckel/Sutterlüty 2008: 16)

Der Begriff *Verwahrlosung* ist eine in diesem Sinne negative Klassifikation.
Schon im Deutschen Wörterbuch von Jacob und Wilhelm Grimm wird Verwahr-
losung mit *„unnöthiger, mutwilliger* selbstgefährdung" (Grimm/Grimm o. J.;
Hervorhebung B. M.) in Zusammenhang gebracht. „Das Verb ,verwarlosen' wird
seit dem 13. Jahrhundert verwendet – und zwar vor allem transitiv in der Bedeutung von ,die schuldige Sorge für eine Sache nicht haben'" (Kurzeja 1973: 19).
Thomas Müller (2008: 68) schreibt zur überwiegend transitiven Verwendung des
Begriffs: „Das bedeutet, dass Verwahrlosung als aktive Handlung immer einen
Akteur kennt und jemanden oder etwas, womit achtlos bzw. nicht achtsam um-
gegangen wird". Johannes Schilling und Susanne Zeller schließlich beschreiben in
ihrer Geschichte der Sozialen Arbeit und der Sozialpädagogik *Verwahrlosung* als
zentrale Kategorie, anhand derer im 19. Jahrhundert zwischen Erwachsenen- und
Jugendfürsorge unterschieden wurde. Hilfe für Erwachsene wurde angeboten „[b]ei
,Unangepasstheit' an die materiellen Lebensbedingungen, wirtschaftlichem Ver-

---

[2] Kritik an der Wertgebundenheit des Begriffs aus juristischer und erziehungswissenschaftlicher
Perspektive findet sich etwa bei Vent 1979 und 2000.

sagen, materieller Not" (Schilling/Zeller 2007: 18), die Kinderfürsorge dagegen war zuständig für „Unzulänglichkeiten gegenüber der moralischen Ordnung, Verwahrlosung" (ebd.). Armut und ihre Folgeprobleme wurden hier nicht als sozialstrukturelle und sozial strukturierende Erscheinungen begriffen, sondern als Ausdruck individuellen Unvermögens, wie Schilling und Zeller am Beispiel der Definition von Hans Scherpner zeigen: *Verwahrlosung* ist ihm zufolge „jedes individuelle Versagen gegenüber den moralischen Anforderungen, das aus einem Mangel an Erziehung [...] hervorgeht" (Scherpner 1962, zit. n. Schilling/Zeller 2007: 18). Als *verwahrlost* gilt also, wer nicht in der Lage ist, gesellschaftliche Verhaltens- und Leistungserwartungen zu erfüllen, *Verwahrlosung* ist Ausdruck individuellen Unvermögens – jemandem *Verwahrlosung* zu attestieren heißt vor allem, ihn für diese Lage (mit)verantwortlich zu machen.[3] Eva Gehltomholt und Sabine Hering (2006: 53) zufolge war diese diskriminierende Bedeutung des Begriffs einer der Gründe für seine Abschaffung Mitte der 1970er Jahre in der Sozialpädagogik/Sozialarbeit.

Der gleiche Grund, der den Begriff *Verwahrlosung* für seine Verwendung in der Wissenschaft und Praxis der Sozialpädagogik/Sozialarbeit ungeeignet werden lässt, macht ihn für die Verwendung in Problemdiskursen besonders geeignet: Er taugt zur Unterscheidung zwischen ‚gut' und ‚böse' und fügt sich damit nahtlos ein in die Debatte um die New Urban Underclass[4], in den an sie gerichteten Vorwurf (des Verharrens in) der angeblich selbst verschuldeten Armut (vgl. dazu ausführlich Klein 2009). Benachteiligte Jugendliche werden in diesem Diskurs ‚unversehens' von Opfern der Verhältnisse zu Schuldigen an ihrer eigenen sozialen Lage.

Damit erhält der Verwahrlosungsdiskurs eine legitimierende Funktion in der Auseinandersetzung um den Umbau des Sozialstaats alter Provenienz in den sog. aktivierenden Sozialstaat. Dieser Umbau ist Lutz (2009: 245) zufolge insbesondere gekennzeichnet durch eine

> „neue *Konstruktion und Definition von sozialen Problemen und ihren Ursachen.* Abweichung wird danach nicht mehr als Produkt oder Nebenwirkung gesellschaftlicher Verhältnisse und materieller Ungleichheit aufgefasst, sondern entweder *rational* – als mangelndes Selbstmanagement und inadäquate Selbstkontrolle – oder *individualisiert* – als unzureichende moralische Erziehung oder kulturalisiertes Defizit – thematisiert."

Die Wiederbelebung der *Verwahrlosung* im massenmedialen Diskurs entspricht den Anforderungen an dieses ‚neue' Verständnis von Abweichung bis ins Detail.

---

[3] Vgl. dazu z.B. die Verwendung des Begriffs in der Kriminologie Hans Göppingers, v.a. in den älteren Auflagen (etwa Göppinger 1971)

[4] Zu den Risiken der Verwendung des underclass-Begriffs vgl. Kronauer 1996.

Dass die öffentlichen Diskurse Wirkung zeigen, darauf deuten z. B. die Ergebnisse der Untersuchung von Jürgen Mansel und Kirsten Endrikat (2007) hin. Die Ablehnung oder Abwertung sozial schwacher Gruppen als „nutzlos" und „überflüssig" wird diskutabel, verbreitet sich in Teilen der Gesellschaft (vgl. dazu Heitmeyer/ Endrikat 2007). Die oben genannte Unterscheidung in ‚gut' und ‚böse', die der Verwahrlosungsbegriff ermöglicht, rechtfertigt den Zugang zu oder den Entzug von Privilegien und Rechten, auch zu denjenigen, die der Wohlfahrtsstaat gewährt. Dessen Ziel ist es schließlich, die „Kranken, die Abweichler und die Unfähigen [...] nach einer gewissen Zeit der Hospitalisierung, der Behandlung, der Beratung, der Übung oder der Rehabilitation der ‚Gesellschaft' wieder zurückzugeben" (Gouldner 1974: 100). Doch scheint dieses Ziel angesichts des Grades der Unfähigkeit, der den Betroffenen zusammen mit dem Etikett *Verwahrlosung* zugeschrieben wird, nicht erreichbar. Wer als *verwahrlost* gilt, darf getrost von den Reichtümern der Gesellschaft, auch von den mehr als bescheidenen Reichtümern, die der Wohlfahrtsstaat bereithält, ausgeschlossen werden. Diejenigen, die Mansel und Endrikat zufolge ablehnende Haltungen gegenüber armen Bevölkerungsgruppen (Langzeitarbeitslosen, Hartz-IV-EmpfängerInnen, Obdachlosen, Behinderten, Migrantinnen und Migranten) äußern, dürften jedenfalls deren Leben in Armut als ‚gerechtfertigt' ansehen: Wer wenig – oder gar nichts – zum Erfolg der Gesellschaft beiträgt, und von wem angenommen wird, dass er auch in Zukunft wenig bis gar nichts beitragen wird, dem können Rechte aberkannt oder vorenthalten werden (Mansel/ Endrikat 2007: 181). Die Zuschreibung von *Verwahrlosung* legitimiert somit starke Ausprägungen sozialer Ungleichheit in Form von Armut und delegitimiert Hilfen für die Betroffenen.

Zwar war die massenmediale Debatte um sexuelle Verwahrlosung nicht viel mehr als ein Strohfeuer. Man sollte jedoch nicht den Fehler machen, ihre Bedeutung deswegen gering zu schätzen, steht sie doch in einem größeren Kontext ähnlich gelagerter Diskurse über (vermeintliches) Fehlverhalten armer Bevölkerungsgruppen.[5] Mansel und Endrikat (2007: 181) fordern angesichts ihrer Erkenntnisse über die Ablehnung von Armen denn auch, dass in der Forschung „den Ursachen derartiger Einstellungen und Bewertungsmaßstäbe mehr Beachtung geschenkt werden" sollte. Dem ist nichts hinzuzufügen.

Literatur

Baer, Silke; Wiechmann, Peer (2005): „Culture on the road": Jugendkulturen als Ansatz politischer Bildungsarbeit. deutsche jugend 53, S. 435–442.
Beck, Ulrich (1986): Risikogesellschaft, Frankfurt am Main: Suhrkamp.

---

[5] Zur Kontinuität der sozialen Degradierung armer Bevölkerungsgruppen vgl. Cremer-Schäfer 2006.

Bonfadelli, Heinz (2000): Medienwirkungsforschung II. Anwendungen in Politik, Wirtschaft und Kultur, Konstanz: UVK.

Cremer-Schäfer, Helga (2006): Not macht erfinderisch. Widersprüche 26, Heft 99, S. 51–65.

Dünkel, Frieder (2005): Reformen des Sexualstrafrechts und Entwicklungen der Sexualdelinquenz in Deutschland. In: Schläfke, Detlef; Häßler, Frank; Fegert, Jörg M. (Hg.): Sexualstraftaten. Forensische Begutachtung, Diagnostik und Therapie, Stuttgart, New York: Schattauer, S. 1–31.

Elias, Norbert (1979): Über den Prozeß der Zivilisation. Soziogenetische und psychogenetische Untersuchungen. Band 2, Frankfurt am Main: Suhrkamp.

Gehltomholt, Eva; Hering, Sabine (2006): „Das verwahrloste Mädchen" – Diagnostik und Fürsorge in der Jugendhilfe zwischen Kriegsende und Reform (1945–1965), Opladen: Verlag Barbara Budrich.

Göppinger, Hans (1971): Kriminologie, München: Beck.

Gouldner, Alwin W. (1974): Die westliche Soziologie in der Krise, Band 1, Reinbek bei Hamburg: Rowohlt.

Grimm, Jacob; Grimm, Wilhelm (o. J.): Deutsches Wörterbuch. 16 Bände (in 32 Teilbänden), Leipzig: S. Hirzel. Online-Quelle, URL: http://germazope.uni-trier.de/Projects/WBB/WBB/woerterbuecher/dwb/wbgui?lemid=GV05608&mode=linking (Zugriff am 15.01.10).

Heinz, Wolfgang (2006): Kriminelle Jugendliche – gefährlich oder gefährdet? Konstanz: UVK.

Heitmeyer, Wilhelm; Endrikat, Kirsten (2007): Die Ökonomisierung des Sozialen. Folgen für „Überflüssige" und „Nutzlose", in: Heitmeyer, Wilhelm (Hg.): Deutsche Zustände, Band 6, Frankfurt am Main: Suhrkamp, S. 55–72.

Klein, Alexandra (2009): Die Wiederentdeckung der Moralpanik – „sexuelle Verwahrlosung" und die „neue Unterschicht". Soziale Passagen 1, S. 23–43.

Kronauer, Martin (1996): „Soziale Ausgrenzung" und „Underclass": Über neue Formen der gesellschaftlichen Spaltung. SOFI-Mitteilungen Nr. 24/1996, S. 53–69. Online-Quelle, URL: http://webdoc.sub.gwdg.de/edoc/le/sofi/1996_24/kronauer.pdf (Zugriff am 15.01.10).

Kurzeja, Dietmar (1973): Jugendkriminalität und Verwahrlosung: Zu den Ursachen der Dissozialität Jugendlicher, Gießen: Achenbach.

Lautmann, Rüdiger (2002): Soziologie der Sexualität. Erotischer Körper, intimes Handeln und Sexualkultur, Weinheim und München: Juventa.

Luhmann, Niklas (1989): Gesellschaftsstruktur und Semantik. Band 3, Frankfurt am Main: Suhrkamp.

Lutz, Tilman (2009): Soziale Arbeit und die Kultur der Kontrolle. Kriminologisches Journal 41, S. 243–260.

Maase, Kaspar (2003): Körper, Konsum, Genuss – Jugendkultur und mentaler Wandel in den beiden deutschen Gesellschaften. Aus Politik und Zeitgeschichte B45, S. 9–16.

Mansel, Jürgen; Endrikat, Kirsten (2007): Die Abwertung von „Überflüssigen" und „Nutzlosen" als Folge der Ökonomisierung der Lebenswelt. Soziale Probleme 18, S. 163–185.

Menzel, Birgit; Peters, Helge (2003): Sexuelle Gewalt. Eine definitionstheoretische Untersuchung, Konstanz: UVK.

Müller, Thomas (2008): Innere Armut. Kinder und Jugendliche zwischen Mangel und Überfluss, Wiesbaden: VS.

Neckel, Sighard; Sutterlüty, Ferdinand (2008): Negative Klassifikationen und die symbolische Ordnung sozialer Ungleichheit. In: Neckel, Sighard, Soeffner, Hans-Georg (Hg.): Mittendrin im Abseits. Ethnische Gruppenbeziehungen im lokalen Kontext, Wiesbaden: VS, S. 15–25.

Pearson, Geoffrey (1983): Hooligan. A History Of Respectable Fears, Houndsmills u. a.: Macmillan.

Peters, Bernhard (1994): Der Sinn von Öffentlichkeit. In: Neidhardt, Friedhelm (Hg.): Öffentlichkeit, öffentliche Meinung, soziale Bewegungen. Kölner Zeitschrift für Soziologie und Sozialpsychologie, Sonderheft 34, Opladen: Westdeutscher Verlag, S. 42–76.

Pfeiffer, Christian (2003): Bunt flimmert das Verderben. Zeit 39 (18.09.03). Online-Quelle, URL: http://pdf.zeit.de/2003/39/Essay_Pfeiffer_neu.pdf (Zugriff am 15.01.10).

Reuband, Karl-Heinz (1989): Über gesellschaftlichen Wandel, AIDS und die Beurteilung der Homosexualität als moralisches Vergehen. Eine Trendanalyse von Bevölkerungsumfragen der Jahre 1970 bis 1987. Zeitschrift für Soziologie 18, S. 65–73.

Schelsky, Helmut (1955): Soziologie der Sexualität. Über die Beziehungen zwischen Geschlecht, Moral und Gesellschaft, Reinbek bei Hamburg: Rowohlt.

Schetsche, Michael (1996): Die Karriere sozialer Probleme, München, Wien: Oldenbourg.

Schilling, Johannes; Zeller, Susanne (2007): Soziale Arbeit. Geschichte – Theorie – Profession. 3. Auflage, München: Reinhardt.

Siggelkow, Bernd; Büscher, Wolfgang (2008): Deutschlands sexuelle Tragödie, Asslar: Gerth Medien.

Stecklina, Gerd (2008): Grenzerfahrungen von Kids und Jugendlichen. Klosprüche, „sexuelle Verwahrlosung" und Peers. In: Schmidt, Renate-Berenike; Sielert, Uwe (Hg.): Handbuch: Sexualpädagogik und Sexuelle Bildung, Weinheim und München: Juventa, S. 437–446.

Wüllenweber, Walter (2007): Voll Porno! Stern 06/2007. Online-Quelle, URL: http://www.stern.de/politik/deutschland/sexuelle-verwahrlosung-voll-porno-581936.html (Zugriff am 15.01.10).

Vent, Helmut (1979): Verwahrlosung Minderjähriger. Die Verdeutlichung eines unbestimmten Rechtsbegriffes unter Berücksichtigung pädagogischer und soziologischer Kriterien, Frankfurt am Main: Haag + Herchen.

Vent, Helmut (2000): Der Begriff Verwahrlosung in der Erziehungswissenschaft – eine begriffsmethodologische Untersuchung – zugleich ein Beitrag zur Ersetzung des Begriffs. Dissertation, Johann Wolfgang Goethe-Universität zu Frankfurt.

Vogelgesang, Waldemar (2000): Asymmetrische Wahrnehmungsstile. Wie Jugendliche mit neuen Medien umgehen und warum Erwachsene sie so schwer verstehen. Zeitschrift für Soziologie der Erziehung und Sozialisation 20, S. 181–202.

Vogelgesang, Waldemar (2002): Publikumskulturen: Medienkompetenz von unten. In: Hausmanninger, Thomas; Bohrmann, Thomas (Hg.): Mediale Gewalt. Interdisziplinäre und ethische Perspektiven, München: Fink, S. 177–191.

Vogelgesang, Waldemar (o. J.): Jugendkulturen und Medien. Online-Quelle, URL: http://www.waldemar-vogelgesang.de/pdf/jugendkulturen.pdf (Zugriff am 15.01.10).

Sexuelle Verwahrlosung – Interventionsnotwendigkeiten und -möglichkeiten aus pädagogischer Perspektive

Uwe Sielert

Interventionsnotwendigkeiten

Sexualpolitische und -pädagogische Roll-back-Bewegungen

Medial skandalisierte vermeintliche oder tatsächlich dokumentierte Indikatoren für ‚sexuelle Verwahrlosung' wirken auf öffentliches Bewusstsein, befördern sexualpolitische Roll-back-Bewegungen und verunsichern Eltern sowie Erziehende in verschiedenen Bereichen der privaten und öffentlichen Erziehung.

Gezielt lancierte Angriffe auf die Broschüre „Körper, Liebe, Doktorspiele" der Bundeszentrale für gesundheitliche Aufklärung im Sommer 2007 in der rechtslastigen Wochenzeitung „Junge Freiheit" und im Kölner Express, die Berichterstattung über eine Strafanzeige gegen die Autorin und die herausgebende Behörde und die flankierende heftige Diskussion in fast allen Medien hat viele Eltern, Politiker und Erziehende zumindest irritiert. Die damalige Fachministerin Ursula von der Leyen ließ die Broschüre zurückziehen und diverse andere von der BZgA in Auftrag gegebene Medien für Kinder auf Eis legen.

Treibende Kraft gegen staatlich geförderte sexualfreundliche Aufklärungsmaterialien sind evangelikale Netzwerke: Lobbyisten aus diversen Berufen, Zeitschriften, in den USA auch Nachrichtenagenturen sowie Fernseh- und Radiostationen. In den USA hat es die religiöse Rechte in rund 15 Jahren geschafft, die Gesprächsregeln, also den Diskurs über Sexualpolitik und -pädagogik völlig umzukrempeln. Liberale Stimmen zu Fragen der Sexualität sind inzwischen in der Defensive und auch Barak Obama hatte schon im Wahlkampf seine ursprüngliche Ankündigung, in den Grundschulen Sexualerziehung einzuführen 2007 schnell zurückgezogen. Inzwischen meidet er das Thema Sexualität wie der Teufel das Weihwasser (vgl. Herzog 2005, 2008).

In Deutschland leben nach Schätzungen bis zu 2,5 Millionen Evangelikale – von Pietisten innerhalb der evangelischen Landeskirchen bis zu charismatischen und anderen Freikirchen oder Gruppierungen. Für Aufregung sorgte im Frühjahr 2008 das aus diesen Reihen organisierte und vom Familienministerium unterstützte „Christival" in Bremen. Proteste löste ein dort geplantes Seminar der „Offensive Junger Christen" mit dem Titel „Wege heraus aus homosexuellen Empfindungen" aus, das nach öffentlichen Protesten schließlich abgesagt wurde. Allerdings fand ein Seminar der radikalen Lebensschützer „Die Birke" statt, die Abtreibungen auch im Fall einer Vergewaltigung ablehnen.

Noch sind einem religiösen Roll-back in Deutschland, einer nicht gerade heiligen christlichen Nation, enge Grenzen gesetzt. Dennoch gelingt es sexualkonservativen Akteuren immer wieder, mit ihrer Verdichtungsformel der ‚sexuellen Verwahrlosung' alle Tendenzen sexueller Vielfalt zu geißeln und den Liberalisierungs- und Selbstbestimmungsdiskurs der letzten Jahrzehnte zu konterkarieren. Seitdem sowohl im Stern (Wüllenweber/Müller 2007) als auch in dem medial breit vermarkteten Buch mit dem Titel „Deutschlands sexuelle Tragödie" (Siggelkow/Büscher 2008) von kleinen Mädchen die Rede ist, die von 6-jährigen Jungen bedrängt werden, um Geschlechtsverkehr nachzuspielen, werden Erziehende in Kindertagesstätten mit für sie als Person und die Einrichtung folgenschweren Skandalisierungsversuchen konfrontiert. Aufgebrachte Eltern gehen gegen Kuschelecken und sogenannte Doktorspiele vor und diffamieren das erzieherische Personal.

Die Vehemenz der zeitgenössischen Reaktionen auf Broschüren und andere Medien der BZgA, welche die Enttabuisierung des Sexuellen auch in der Familie als sinnvoll und als positiven Nährboden für Aufklärung und Schutz ansehen, ist nicht allein durch den Wunsch nach Kinderschutz zu erklären, sondern auch als ein Bedürfnis nach Selbstschutz, der natürlich schambesetzt ist und daher nicht als solcher formuliert werden kann (Simon 1995: 113). Letzteres berührt besonders Pädagoginnen und Pädagogen, die als Lehrerinnen, Familienhelfer, Sexualpädagoginnen und Jugendberater mit der allgemeinen Verunsicherung konfrontiert sind und wissen sollten, was jeweils dahinter steht. Die Katastrophenrhetorik der rechtskonservativen Presse durchschauen noch viele als schäbige Instrumentalisierung von Ängsten. Aber angesichts der Berichterstattung zur sexuellen Verwahrlosung und der Angstthemen, die im Umfeld gestreut werden (Pädophilie, sexueller Missbrauch, sexuelle Grenzüberschreitungen unter Kindern und Jugendlichen), fragen sich auch viele professionell Erziehende, was noch normal ist und was die Abweichung nährt.

Angstthemen im Umkreis von Kindersexualität

Sexualpädagogen, die bei Elternabenden anwesend sind, werden des öfteren mit diffusen Befürchtungen wie den folgenden konfrontiert: Wenn Kindern Sexualität zugestanden wird, sich die Kinder in der Kuschelecke der Tagesstätte auch an den Genitalien berühren, mit Vätern zusammen baden, wenn auch der Großvater den Säugling wickelt und eincremt, wenn die Älteren nach dem Sport unter der Dusche Poklatschen spielen – weckt das nicht Begehrlichkeiten vor allem bei denen, die Kinderkörper erregend finden, bei Trainern, Erziehern, Großvätern, dem eigenen Papa?

Wenn Erzieherinnen die Lustorgane (z. B. die Klitoris) ganz spezifisch benennen und sogar zeigen, wo sie zu finden sind; wenn die Geschlechtsteile nicht mehr abgedeckt, versteckt, ins Intime gehörend aus der Öffentlichkeit ausgegrenzt werden – sind die Kinder dann noch vor sich selbst geschützt, vor ihren eigenen Begierden? Wird nicht gerade dadurch das Sexuelle seines Zaubers beraubt, wenn alles „,normal' wird und schon Kinder ihre Geschlechtsorgane wie die Füße benennen können? Liegt in alledem nicht die Ursache für die sexuelle Verwahrlosung, bei der alle Schranken sogar in der eigenen Familie fallen und Mütter vor ihren Kindern mit wechselnden Partnern schlafen und Pornos anschauen? Wenn alle traditionellen Haltepunkte und Tabus erodieren, bleiben dann nicht der blanke Konsum von Lust und das pure Erregungssammeln übrig?

Ängste sind wirklich und gestalten die Wirklichkeit – es wäre deshalb zu einfach, hinter allen diesen Vorbehalten gegen eine lustfreundliche Sexualerziehung nur fundamentalistische Verirrungen zu suchen. Ängste sind meist ambivalent: Sie haben eine wichtige Warnfunktion, können Gefahren abwenden und damit dem Leben dienen; und Ängste können Gefahren Vorschub leisten, sie geradezu herausfordern und damit lebensfeindlich wirken. Der Unterschied ist eine Frage der (auch sexuellen) Bildung! Nicht allein der formellen, auf Wissen und Schulabschlüsse bezogenen, sondern der non-formalen und informellen Bildung beim sich Zurechtfinden in unserer modernen Sexualkultur.

Die moderne Kleinfamilie: Zwischen Intimisierung und Inzestbedrohung

Es hilft die Aufregung und Verunsicherung zu verstehen, wenn wir näher betrachten, in welchem historischen Kontext, in welchem gesellschaftlichen Zustand von Familie solche Ängste öffentlich werden und Missbrauchsdebatten verschiedener Couleur geführt werden[1]: Eine erste „Inzest-Debatte" findet sich während der Wende vom 19. zum 20. Jahrhundert, als sich die bürgerliche Familie konsolidierte und der erste große Intimisierungsschub, die Emotionalisierung des Familienlebens, stattfand. „Von allen Familienmitgliedern wurde nun schier Unmögliches verlangt: innige emotionale, warme, intime Beziehungen zu haben, aber – Vater und Mutter ausgenommen – bei strengster sexueller Abgrenzung." (Schmidt 1996: 106) Parallel zu dieser Intimisierung des Familienlebens veröffentlichten Sexualforscher (z. B. Albert Moll 1909) erstmals Fakten über das Sexualleben der Kinder und Freud konzipierte das Bild des auch sexuell sinnlichen Kindes („polymorph-pervers").

---

[1] Gunter Schmidt beschrieb diese historischen Situationen schon 1996 in der Vorlesungsreihe: „Das Verschwinden der Sexualmoral" (Schmidt 1996: 106–108).

Gemeinsam führten diese beiden Phänomene, die Emotionalisierung, Versinn-
lichung des Familienlebens einerseits und die Konfrontation mit der Tatsache,
dass auch Kinder sinnlich sexuelle Bedürfnisse haben und sie auch gegenüber
den Erwachsenen zur Wirkung bringen andererseits, zu einem gesellschaftlichen
Klima, in dem besorgt und aufgeregt über Inzest geredet und geschrieben wurde.

Freud entdeckte damals, dass manche Neurosen von Frauen auf frühkindliche
sexuelle Traumen, also Missbrauch durch Männer zurückzuführen waren. Die bürgerliche Gesellschaft war empört, machte das Kind zum Träger der Inzestwünsche
(in der zweiten Hälfte des zwanzigsten Jahrhunderts sprach man vom „Lolita-
Phänomen") und zehn Jahre später korrigierte Freud seine Missbrauchsthese leicht,
indem er einräumte, noch nicht genügend über Erinnerungstäuschungen gewusst
zu haben, die neben den realen sexuellen Erfahrungen *auch* wirksam waren.
Solche Täuschungen ließen nämlich auf verdrängte erotisch-sexuelle Phantasien
schließen, die die Frauen schon als Kinder hatten und so abspeicherten, als seien
sie tatsächlich Realität gewesen. Seitdem wurden die Inzestwünsche immer hin
und her geschoben: mal nur beim Erwachsenen festgemacht, mal nur beim Kind.
Offenbar war und ist es immer noch kaum zu glauben, dass jede zwischenmensch-
liche beglückende Beziehung sinnlich-erotische Beigaben enthält, die in dichten
emotionalen Kontexten wie in der Familie unausweichlich virulent werden und
mit denen die Menschen umgehen müssen.

Die Inzestdebatte um die Jahrhundertwende ist also nicht nur der Tatsache
geschuldet, dass tatsächlich Missbrauchsfälle aufgedeckt wurden, sondern auch
der allgemeinen Verunsicherung über die emotionalen, auch erotisch-sexuellen
Wünsche, die in der affektiv dichten Familienatmosphäre ausgebrütet wurden.

Ähnliches wiederholt sich seit den 80er Jahren. Die Kinder- und Jugendsexualitätsstudien der BZgA (1980–2005) weisen aus, dass Sexualität heute viel stärker
familiarisiert ist als noch vor 50 Jahren. Nacktheit ist in den meisten Familien
kein Tabu mehr, Eltern erlauben ihren Jungen und Mädchen sehr viel häufiger,
mit Freund und Freundin zu Hause zu übernachten. Eltern sind viel mehr mit
dem Sexualleben ihrer Kinder konfrontiert und vermutlich verstecken auch sie
ihre sexuellen Beziehungen nicht mehr so sorgfältig wie früher vor den Kindern.

Die Offenheit und Intimität zwischen Eltern und Kindern hat derart zugenommen, dass – psychoanalytisch ausgedrückt – die Inzestbedrohung heute
stärker präsent ist als früher und besondere Abwehrleistungen erforderlich sind.
Oder, mehr pädagogisch ausgedrückt, der Umgang mit Sexualität ist offener, aber
auch real komplizierter geworden und verlangt von den Erwachsenen die Kompetenz, einerseits beziehungs- und entwicklungsförderliche sinnliche Gravitationen
zuzulassen, also die spontane Sinnlichkeit als „Erotik des Leibes und des Herzens"
(Sigusch 2005: 143), ohne andererseits die kindliche Erotik vorzeitig zu sexualisieren,
mit den Bedeutungen der Erwachsenensexualität zu deuten und zu missbrauchen.

Sexuelle Verwahrlosung als Zeichen kultureller Deprivation

Es kann nicht verwundern, wenn Menschen in verschiedenen sexuellen Milieus den Umgang mit den beschriebenen Ambivalenzen auch unterschiedlich bewältigen. Aus sozialpädagogischer Perspektive kann die Engführung des sexuellen Lernens bei Kindern und Jugendlichen auf rein körperliche Sensationen ohne Intimitätskontext als ein Zeichen kultureller Deprivation gedeutet werden und Anlass für gemeinsame sozial- und sexualpädagogische Bildungsbemühungen werden. Es ist plausibel, dass Erscheinungsformen einer deprivierten Sexualkultur und familiärer Bindungsprobleme oft mit anregungsarmen Umwelten, geringen materiellen, sozialen und kulturelle Kapitalien und kontinuierlicher psychosozialer Überlastung einhergehen. Verweigert wird Bildungsbenachteiligten heute vieles, was zu einem menschenwürdigen Leben existenziell wichtig ist: Wissen zum einen, die Modellierung der Affekte und damit die Chance zum eigensinnigen und moralischen Handeln zum anderen. Wenn wachsenden Teilen der Bevölkerung neben der materiellen Basis auch noch die zivilisatorischen Zwänge verweigert werden, aus denen heraus Autonomie und Erziehungskompetenz erarbeitet werden können, erodieren die Bedingungen praktisch gelebter Subjektivität.

Auch heute noch ist richtig, was René Spitz schon in den 50er Jahren zur sexuellen Sozialisation von Kindern schrieb: Entscheidend sei der zu erwartende Konflikt zwischen sexuellen Triebwünschen des Kindes und den Widerständen der Umwelt, mit denen sie auch eingeschränkt und kanalisiert werden. Wenn es keinen Konflikt gibt – sei es, weil die Lust durch eine sterile Erziehung erst gar nicht geweckt wurde oder sei es, weil sie sich ungebremst ausbreiten kann – gäbe es auch keine Probleme, die gelöst werden müssen, keine Hindernisse, die zu überwinden sind. Es existiere nur der Weg des geringsten Widerstandes, und das sei, ein „braves Kind" zu sein (vgl. Spitz in Kentler 1984: 95). Gemeint war damals überwiegend der ausbleibende Widerstand auf Seiten des Kindes als Folge einer repressiven Versagung aller sexuellen Triebregungen. Ein anderer Weg des geringsten Widerstandes – müssen wir heute hinzusetzen – besteht darin, dass Kindern und Jugendlichen durch unsichere und Konflikte vermeidende, selbst ichschwache Erwachsene jegliche Versagung erspart bleibt, wodurch ihnen der kontrollierte Umgang mit ihren Lüsten gar nicht erst abverlangt wird. Das kindlich gebliebene, triebgesteuerte „Ich" kann sich somit ungebremst ausbreiten, beschert kurzfristigen Selbstwertgewinn, der quasi palliativ andere emotionale, soziale und materielle Deprivationen vorübergehend kompensiert.

Dann entstehen Situationen, in denen mit Recht von Sexualisierung gesprochen werden kann. Gemeint ist die Konzentration auf überwiegend genitale Erregungssensationen innerhalb eines potenziell weiten Möglichkeitsfelds von nicht gelebten zärtlich-sinnlichen, im weitesten Sinne emotionalen, erotischen Begegnungsweisen. Das Leben wird dann auf eine Selbstwirksamkeitsquelle reduziert, die wegen der Suchtentwicklung und Abhängigkeitsneigung letztlich keine mehr sein kann. Den Kindern, die sonst keine Bestätigung, keine Zuwendung spüren, bleibt nur noch der Körper mit seinen erotischen Reizen, dem Anerkennung zuteil wird. Die wenigstens körperliche, sexuelle Zuwendung lässt sie manchmal ‚über die Runden kommen'. Nicht der Sex ist es also, der hier als Übel gebrandmarkt werden kann, sondern die insgesamt emotional und sozial desolate Situation. Und Linderung geschieht nicht dadurch, dass man den Menschen die Sexualität nimmt, sondern indem man dafür sorgt, dass die vielen anderen Möglichkeiten, Anerkennung zu geben, aktiviert werden. Dann wird auch der sexuelle, erotische Kontakt wieder zu dem, was er sein kann, nämlich eine Ausdrucksmöglichkeit als Sprache der Liebe.

Problematisch ist allerdings, dass wir außer journalistischen Berichten und dokumentierten Biografien von Sexualstraftätern keine verlässlichen Informationen darüber haben, wie sexualisierte Nähe- und Distanzverhältnisse in Familien tatsächlich aussehen. Das liegt zum Teil daran, dass wir die betroffenen Lebenswelten aus dem öffentlichen Bewusstsein ausgeklammert haben. Die heutigen Exklusionsverhältnisse zeichnen sich nämlich weniger durch Kontroll-, Disziplinar- und Strafstrukturen ab. Viel effektiver ist es, die Benachteiligten einfach sich selbst zu überlassen, so lange sie nicht in den Einkaufsstraßen oder bewachten Freizeitparks auftauchen. Die Ausgegrenzten sind mitten drin aber noch weniger als „sozial wertlos": Es sind eher Existenzen im Nichts. Die Konzentration in Heimen, Jugendzentren, in Hauptschulen oder an den Rand der Städte gedrängte Areale würden sie immerhin noch sichtbar machen und im Bewusstsein halten. Inzwischen besteht die Gefahr, dass sie einfach ruhig gestellt und unsichtbar sich selbst überlassen bleiben. Das heißt auch, dass sie nicht ins Blickfeld erziehungswissenschaftlicher Forschung rücken. Ganz abgesehen davon, dass es ohnehin schwer ist, in privaten und intimen Kontexten empirisch erhobene gültige Informationen zu gewinnen.

Sexuelle Bildung

Entwicklung des sexuellen Selbst durch Eigensinn und Grenzerfahrungen

Aus Kindern, die sich anfangs in diversen inneren und äußeren Abhängigkeiten befinden, sollen Heranwachsende, Erwachsene werden, die sich gelöst haben aus vorgegebenen, fremdbestimmten Mustern und Beziehungen. Die innere Instanz des Ichs, als Vermittlungsstelle zwischen Lust- und Realitätsprinzip soll sich entwickeln können. Es ist von Anfang an da, dieses Ich als Keimzelle der Mündigkeit. Es muss wachsen dürfen und sich abgrenzen können, sowohl von inneren Impulsen des Getriebenseins, von Lust und Aggression („Wo Es war, soll Ich werden.") als auch von äußeren Zwängen in Form von Erwartungen und Verboten und vorgegebenen Verhaltensmustern. Kinder müssen lernen, sich selbstbestimmt zu entscheiden für alte oder neue Bindungen, müssen Nein und Ja sagen können auf dem Hintergrund eines inneren Gespürs, eines Sensors für das Eigene, das selbstbestimmt Gewollte. Dieser Sensor wächst nur durch Erfahrung, durch Tun und Grenzerfahrungen. Schon Kinder entwickeln ein Spürbewusstsein zu dem, was Glück und Selbstwirksamkeit nährt, wenn es ihnen gelingt, Grenzen zu überschreiten und Folgen abzuschätzen, das dabei Erfahrene zu besprechen, Rat zu holen und alles in das neue Tun einfließen zu lassen. Der Kern des Ichs bleibt klein und unterentwickelt, wenn sich das Kind nur in ein Werte- und Normenkorsett fügt, körperlichen, sexuellen Erfahrungen aus dem Weg geht und sich von außen steuern lässt. Er bleibt aber auch unterentwickelt, wenn sich alles unmittelbar Aufdrängende grenzenlos ausweiten kann und keine Versagungen bewältigt werden müssen.

Wenn wir uns das alles vergegenwärtigen, wird sofort deutlich, wie untauglich Angstabwehrmechanismen sind, welche die Lösung für Identität schädigende Erfahrungen nach außen verlegen und die Aufmerksamkeit auf die Suche nach ‚Pädophilen' und die Einschränkung von Medienzugängen lenkt. Es wird auch einsichtig, wie kontraproduktiv Versuche sind, die diffuser gewordenen innerfamiliären Schranken – an falscher Stelle – wieder in der Familie aufzurichten, die Beziehungen zwischen Eltern und Kindern zu entsinnlichen und Sexualität generell wieder zu tabuisieren. Immer noch existiert die Vorstellung vom Dämon des sexuellen Triebs, der nur durch Einsperren und hohe Mauern vom sonstigen sozialen und kulturellen Leben gebändigt werden kann. Nicht genutzt wird angesichts einer solchen Vorstellung die im Zuge der sexuellen Liberalisierung auch feststellbare Entdramatisierung und Intellektualisierung der Sexualität im Erleben der meisten Menschen, die dadurch auch besprechbar und kultivierbar wird. Je nach kulturellem Kapital allerdings unterschiedlich.

Sexuelle Bildung zur Stärkung sexueller Identität

Aus diesem Grund bedarf sexuelle Lebenskunst der sexuellen Bildung zur Konfliktbewältigung mit den Zielen

- eines realistischen Selbstkonzepts
  („Ich weiß auch sexuell, was ich mag und kann und darf");
- eines angemessenen Selbstwertgefühls
  („Ich bin gut so wie ich bin – mit meinen Lüsten und Ängsten");
- einer realistischen Selbstwirksamkeit
  („Ich bin auch bei der Entfaltung meines Liebeslebens nicht ohnmächtig, nicht allmächtig, sehr wohl aber partiell mächtig").

Zum Selbstkonzept: Gegen Unwissenheit hilft Wissen. Aufklärung ist nach Kant der Auszug des Menschen aus seiner selbst verschuldeten Unmündigkeit. Nun ist bei Kindern bleibende Unmündigkeit nicht selbst-, sondern fremdverschuldet. Eltern und alle professionellen Erziehenden machen sich schuldig, wenn sie Kindern Wissen verweigern. Wissen meint hier nicht nur, Penis, Scheide, und sexuelle Aktivitäten, vielleicht auch Verletzungsgefahren und verbotene Aktivitäten benennen zu können. Gerade bei kleineren Kindern meint Wissen auch, zu wissen, was sie mögen, was sie können, was sie sich zutrauen und was eigentlich nichts für sie ist. In psychologischer Sprache heißt dieses Wissen über sich selbst das „Selbstkonzept". Es geht darum, ein Bild von sich selbst zu haben, auch von sich selbst als Sexualwesen – und der Prozess, in dem das erworben wird, heißt ‚sexuelle Bildung'. Und wenn das Kind noch so klein ist, sein Selbstkonzept stellt sich nicht plötzlich ein – nach der Pubertät etwa –, sondern es bildet sich von Anfang an. Das auch nicht von alleine, sondern im Kontakt mit Anderen. Und dazu gehört die Rückmeldung von den Eltern und anderen Kindern, dass jede und jeder mit der sinnlichen Erlebnisfähigkeit etwas sehr Wertvolles besitzt, das sich entfalten darf und das vor ungebetenem Kontakt geschützt werden muss.

Zum Selbstwertgefühl: Die zweite Komponente beim Aufbau des eigenen Ichs, der eigenen Identität, ist das Selbstwertgefühl. Und das wird gestärkt, wenn ein Kind von seiner Umgebung erfährt: „Du bist gut so, wie du bist – behalte und nähre deine Lebendigkeit, deine Empfindsamkeit, deinen Hauthunger, deine Zärtlichkeitssehnsucht, dein Lustempfinden und deine Vorsicht, auch Angst vor realistischen Gefahren." Gerade Babys sind ganzkörperlustempfänglich (Freud: „polymorph-pervers") und es gibt nichts Schlimmeres als diese Sinnlichkeit aus falscher Vorsicht abstumpfen zu lassen. Auch hier gilt wie bei der Intelligenz, der Motorik und allen anderen Dispositionen, die ein Kind mit auf die Welt bringt: Was nicht genährt wird, verkümmert. Deshalb sollte einem Kind von Anfang an das Gefühl vermittelt werden, dass es gut ist wie es fühlt, denkt, handelt – auch mit seinen Quellen der Beziehungs- und Lebenslust, auch der puren Lust an sich selbst. Libido als Lebensenergie macht stark gegen Frustrationen, die unausweichlich sind, die auch dazukommen müssen, um „mein eigen" zu werden, um „Ich" sagen zu können.

Zur Selbstwirksamkeit: Empowerment ist die Brücke zwischen Selbstwertgefühl und Selbstwirksamkeit. Kinder müssen in kleinen Schritten ermächtigt werden, müssen Eigenmacht entwickeln, sich selbst bestimmen lernen, Selbstbestimmung eben; nicht Allmacht entwickeln, nicht Ohnmacht erlernen sondern erfahren, dass sie partiell mächtig sind. Deshalb ist Trotz auch so wichtig als Durchgangsstadium. Deshalb müssen auch sinnvolle Grenzen erfahren werden, die sich aus den Gefühlen anderer und dem Recht auf Intimitätsschutz ergeben und die letztlich auch zur Kultivierung der Sinnlichkeit führen. Wenn Eltern den Trotz auch gegen sie selbst nicht verurteilen und ihren Kindern den Begrüßungskuss für Oma nicht abtrotzen, können ihre Kinder auch den ‚unsittlichen Angeboten' Anderer trotzen und sich gegen sexuelle

Übergriffe aus der eigenen Clique durchsetzen. Sie wissen auch, wie sie sich selbst Lust verschaffen können, wenn die Welt mal wieder so trübe aussieht, und wie sie Erregung aufschieben können, um sie an anderer Stelle umso heftiger zu genießen.

Interventionsmöglichkeiten

Die Verbindung zwischen der ‚sozialen Frage' und der ‚sexuellen Frage'

Selbst, wenn in sozialen Brennpunkten die sexuelle Verwahrlosung nicht das eigentliche Problem ist, sondern die ‚sozialen Fragen' der emotionalen und sozialen Deprivation, reichen Sozialpolitik und Sozialpädagogik als Antwort nicht aus. Sexualpädagogik muss hinzukommen. Freuds Kampf gegen sexuelle Repression und für sexuelle Aufklärung war immer auch Teil seines Kampfes für soziale Aufklärung – mit der Pointe, dass es schwer sei, ein „richtiges Leben im Falschen zu führen". Es ist also nicht so einfach, „Herr im eigenen Haus zu sein", sich selbst zu bestimmen, wenn die sozialen Umstände diese Möglichkeit vernebeln. Gerade die Klientinnen und Klienten der Sozialen Arbeit sind nicht allein durch materielle und soziale Besserstellung automatisch in der Lage, mit ihren Begierden und Sehnsüchten selbstbestimmt umzugehen. Hinzukommen muss die Befähigung zur Subjektivität im Bereich der eigenen sexuellen Identität als handlungskompetente und relativ autonome ‚Sorge um sich selbst'. Das kann angeregt werden durch aufklärende Gespräche, konfrontierende Fragen, das Aufzeigen von notwendigen Schamschranken, Angebote zur Selbstreflexion aber auch Alternativen zu den bisherigen Befriedigungsmöglichkeiten – und zwar nicht in alltagsfernen Seminarsituationen, sondern innerhalb der gegebenen Lebenswelt.

Die von Sozialer Arbeit Betroffenen bestehen keineswegs aus guten Menschen, denen die Zumutungen erspart werden könnten, die mit dem Prozess der Zivilisierung im Sozialisationsprozess einhergehen. Es geht dabei nicht um die Kultivierung eines Habitus der Dominanzkultur oder die Empfehlung einer bestimmten Sexualmoral, wohl aber um die Befähigung zur Subjektivität im Kontext der eigenen Lebensbedingungen. Eine ihren besonderen Interessen und Bedürfnissen sowie Ressourcen angemessene sexuelle Bildung muss gemeinsam mit den Menschen entwickelt werden. Es geht um jene Leitlinie, die für jede gute lebensweltorientierte Sozialpädagogik gilt, also auch für eine sozialpädagogische Haltung, in deren Kontext Sexualität bewusst integriert wird:

1. sexuelle Lebenswelten verstehen,
2. Menschen darin freundlich begleiten,
3. aus ihrem Kontext heraus Angebote machen und
4. strukturelle Hilfestellungen geben.

Um fremde Lebenswelten zu *verstehen (1),* ist die Reflexion des eigenen Milieus unabdingbar. Nur mit einer durch Selbstreflexion geschärfter Brille kann sexuelle Vielfalt und Fremdes angesehen und anerkannt werden. Umgang mit Verschiedenheit meint hier eine gewisse Interkulturalität, die nicht auf differenten Ethnien beruhen muss, sondern auf unterschiedlichen sexuellen Erfahrungen, Praktiken, Gewohnheiten und Wertmaßstäben. Nur so können Hintergründe verstanden und gegebenenfalls vorhandene Unbalancen erspürt werden: solche zwischen Lust und Beziehung, Schutzbedürfnis und Konflikt, Selbst- und Fremdbestimmung. Menschen in ihren (auch sexuellen) Lebenswelten *freundlich begleiten (2)* meint, sie nicht zu kolonisieren und ihnen die Moral der Dominanzkultur anzuempfehlen oder gar aufzudrücken. Freundlich wird ein Begleiten genannt, das konkretes Verhalten und dahinter stehende Einstellungen vielleicht kritisiert, die Person aber immer anerkennt und zu stärken versucht. Begleiten meint, im Alltag präsent zu sein, ein Stück Lebensalltag im Milieu mitzuerleben und *aus diesem Kontext heraus nach alternativen und weiterbringenden Lebensmöglichkeiten zu suchen (3).* Das ist gerade für Sexualpädagoginnen und -pädagogen nicht immer einfach, weil manches Verhalten ihnen vielleicht „die Haare zu Berge stehen lässt" oder eher ein mitleidendes als ein freundliches Begleiten abverlangt. Dennoch besteht die Kunst der pädagogischen Intervention darin, aus der Lebenswelt der Klienten heraus mit den ihnen zur Verfügung stehenden Mitteln Verhaltensalternativen zu finden. *Strukturelle Hilfestellungen (4)* bestehen z. B. darin, Zeit und Räume zur Verfügung zu stellen, in denen – vom Handlungsdruck der vielleicht desolaten Familiensituation entlastet – geredet werden kann. Sie bestehen auch darin, im Jugendzentrum das Equipment zu filmischen Dokumentationen der eigenen Liebeswünsche zur Verfügung zu stellen und den Zugang zu Beratern zu erleichtern, die nicht alles gleich dem Jugendamt melden.

In Analogie zur sozialpädagogischen Milieugestaltung: Gestaltung von Sexualkultur!

In der modernen Sozialpädagogik ist von Raumgestaltung, von Milieubildung, von Infrastrukturarbeit die Rede (Böhnisch 2001). Es geht darum, den Menschen die Ressourcen zurück zu geben oder auch erstmals zur Verfügung zu stellen, die sie brauchen, um sich lebenskompetent und sozialintegriert zurechtzufinden.

Ich plädiere entsprechend für eine Sexualpädagogik, die sich in *Sexualisation* einmischt mit dem Ziel, Sexualkultur mit zu gestalten. Nicht nur in sozialen Brennpunkten – aber dort beginnend, weil dort ein Klima (auch sexuell) beschädigter Subjektivität zum Handeln drängt. Damit begehen wir nicht den Fehler einer Sexualwissenschaft, die sich – medizinisch enggeführt – nur kalt auf die technologische Kompetenzsteigerung der Menschen beschränkt oder – als kritische

Sozialwissenschaft (Sigusch 2005) – analysierend die Entwicklung der Verhältnisse nur warm bejammert.

Als Sexualpädagogen gehört es zu unserer Profession, an der „ars erotika" zu arbeiten und zwar nicht nur durch ideologiekritische oder ethische Diskurse, sondern durch ,Gestaltung von Sexualkultur' im Sinne eines weiten Kulturbegriffs. Es geht dann auch noch um Orientierungsdiskurse, vor allem aber um handfeste Hilfestellungen, um die Gestaltung von Lebenswelt, um Milieubildung. Dazu ist erforderlich, den Schmusekurs mit den antipädagogischen Aussagen der kritischen Sexualwissenschaft aufzugeben und nicht länger mit dem Impetus der Nicht-Einmischung zu kokettieren (Müller 1992). Wenn die These von der doppelten Freisetzung (dass Menschen aus traditionellen Bindungen und von den gesellschaftlichen Ressourcen freigesetzt werden – manche sogar vom Erwerb der zivilisatorischen Bedingungen der Subjektwerdung) heute stimmt, kann die Nicht-Einmischung nur sarkastisch gemeint sein: Wie soll ein Mensch sich im Sexualrummel des Internets und seiner unmittelbaren Umgebung zurechtfinden, wenn Experimentierräume für Sinnlichkeit fehlen, Zumutungen für Bedürfnisaufschub ausbleiben, wenn dialektische Liebeserfahrungen fehlen und das ABC der kommunikativen Kompetenz nicht erworben werden konnte?

Milieu ist im pädagogischen Zusammenhang eine Ressource, ein biografisch verfügbarer sozialräumlicher und sozialemotionaler Kontext, in dem sich Lebenskompetenzen entwickeln und Normalitätshandeln begründet. Den sozialen Prozess der Entwicklung solcher Kontexte bezeichnen wir als Milieubildung,

> „einen Prozess, den die Pädagogik nur in geschlossenen Settings (z. B. geschlossene Unterbringung in der Heimerziehung) selbst initiieren, den sie aber in der sozial offenen Alltagswelt nur begleiten, stützen, aber auch mitstrukturieren kann. Dabei ist Pädagogik immer von der Perspektive der ,offenen Milieubildung' geleitet, denn [...] nur offene demokratische Milieus in der gelungenen Balance von Gemeinschaft und Individualität können erweiterte Handlungsfähigkeit und Bewältigungskompetenzen vermitteln." (Böhnisch 1994: 222)

Milieubildung kann analytisch in verschiedene Dimensionen aufgeteilt werden. Im Folgenden werden die sozialpädagogischen Entwicklungsdimensionen auf sexualpädagogische Milieubildung bezogen:

Die *personal-verstehende Dimension der Milieubildung* meint, dass das vorfindbare Milieu der Klientinnen oder Klienten nicht von vornherein als schädigend und defizitär verstanden werden darf, sondern als soziale und sexuelle Praxis, die um funktionale Äquivalente zu erweitern ist. Es ist sicher schwer, aber nötig, in den Lebenswelten von Strichjungen, Gang-bang-Peers, Missbrauchsfamilien und GangstaRap-Cliquen die für sie progressiven Elemente der Lebensbewältigung zu entdecken und zu würdigen. Dazu sind persönliche und professionelle Qualitäten notwendig, die nicht bei allen pädagogisch Tätigen vorausgesetzt werden können. Es ist nämlich didaktische Phantasie vonnöten, auch in fremden Milieus Spannungsbögen aufbauen zu können zwischen dem Bekannten und dem kleinen neuen Lernschritt. In jedem Fall sind Kulturpessimismus und Moralisieren angesichts – vom eigenen Verhaltensmuster – abweichender Sexualitäten unangebracht. Gefragt sind: Ansehen können, Hintergründe verstehen, das Faszinierende nachfühlen und schließlich Äquivalente suchen und finden

Die *aktivierende Dimension* meint, im vorgefundenen Milieu vorhandene oder realistisch anzubietende Ressourcen für ein befriedigendes Beziehungs- und Sexualleben der Menschen ausfindig zu machen. Es geht darum, sozial verträgliche Äquivalente für tendenziell destruktive, desintegrierende, ‚geschlossene Milieus‘ zu suchen. Möglich sind folgende Interventionen:

- In die Familienhilfe integrierte Sexualberatung, Informationsvermittlung und Stärkung der positiven Emotionen und Beziehungsmöglichkeiten;
- Erweiterung der Kontaktkompetenzen, der Beziehungskompetenzen, der erotischen Gestaltungsmöglichkeiten und der Sprachfähigkeit mit Hilfe von Schlüsselpersonen der jeweiligen Lebenswelt;
- Gesprächskreise für Jungen, Mädchen, Väter, Mütter, Paare zur Thematisierung der sexuellen Erfahrungen, Bedürfnisse und Befriedigungsmöglichkeiten im geschützten pädagogischen Rahmen eines Jugendzentrums, einer Familienbildungsstätte oder auch nur im Hinterzimmer einer Gaststätte;
- wo auch immer professionelle Kontakte möglich sind, sollten ‚Orientierungsdiskurse‘ integriert werden (dazu gehören die Fragen: „Was ist mir wichtig? Was tun andere? Was bedeutet mein Verhalten für andere? Was ist sonst noch möglich?) – möglich ist immer wieder mal, Erlebtes zu thematisieren, Fragen zu stellen, Herausforderungen anzubieten, Gesprächsanreize zugeben und Widersprüche zur Sprache zu bringen[2];
- Konfrontation mit anderen Milieus durch heterogene Zusammensetzung von Jugendcliquen, Familienfreizeiten, Mutter-Kind-Kuren, Besuche von Selbsthilfeinitiativen und Gestaltung von Kulturangeboten in Stadtteilcafés;
- Besuche von und bei potentiellen Hilfsinstitutionen (Ärzte, Beratungsstellen, Interessenorganisationen etc.).

---

[2] „Zu Selbstbestimmung und Selbstverantwortung braucht es Widerspruch. Jugendlichen bei abweichender Auffassung nicht zu widersprechen, entlarvt entweder Desinteresse an ihrem Geschick oder räumt ihnen, was ebenso kränken muss, die ‚Freiheit des Idioten‘ ein. Das moderne ‚Alles ist erlaubt‘ gewährt nur scheinbar Freiheit. In Wirklichkeit verrät es Denkfaulheit. Argumentativer Widerspruch ist Beweis von Anteilnahme und Respekt. An ihnen erst bilden sich Autonomie aus.“ (Bartholomäus 1993: 324)

Diese Aktivierung muss vorsichtig begonnen werden, mit Refugien, in die man sich immer wieder zurückziehen kann, wenn Neues ausprobiert worden ist. Was oft als Rückschlag interpretiert wird, ist ein solcher Rückzug des Kindes oder Jugendlichen, auch Erwachsenen, weil der kleine Schritt in die ungewohnte Richtung zunächst ausreichte. Die Erwachsenen werden den exzessiven Pornokonsum vielleicht nicht einschränken, die Kinder aber nicht mehr mit einbeziehen. Ein jugendlicher Ausreißer wird trotz gelegentlicher Beratungsgespräche und alternativer Kontaktmöglichkeiten sich vielleicht gelegentlich wieder prostituieren, wenn das Geld knapp geworden ist. Die Zahl der wechselnden Sexualkontakte einer Minderjährigen mag durch professionelle Hilfe zunächst nur reduziert werden können, ohne dass sie gleich in Liebesbeziehungen integriert werden.

Die *pädagogisch-interaktive Dimension der Milieubildung* meint die Stellung, die Rolle des Sexualpädagogen bzw. der Sexualpädagogin im Milieu selbst. Die Schlüsselbegriffe sind Vertrauen und Autorität. Vertrauen wächst durch Mittun und authentisch sein. Gemeint ist selbstverständlich selektive Authentizität. Es geht also nicht darum, alles (möglicherweise die spontan gefühlte Abneigung) offen auszuagieren, sondern nur jene Teile, die das Gegenüber weiterbringen. Es geht also darum, sich selbst als Beispiel zu zeigen, etwas für die Atmosphäre zu tun und die Stimmung zu beeinflussen, in der sich möglicherweise alle wohler fühlen. Autorität bietet Orientierung, zeigt Grenzen auf und gibt Alltagssicherheit, wenn es sich um eine milieuvermittelte Autorität handelt, die auf erfahrenen und damit verfügbaren Bindungen beruht. Es geht in deprivierten Milieus nicht immer darum, die ‚diskursive Autorität' zu betonen, mit der alles ausgehandelt werden muss, weil viele der Klientinnen und Klienten davon überfordert sind. Wohl geht es darum, Position zu beziehen, Grenzen zu setzen, zu konfrontieren, sich einzumischen und konstruktive Alternativen zu entwickeln. Die notwendigen Qualifikationen liegen auf der Hand. Gefordert sind biografische Selbstreflexion, Klarheit eigener Standpunkte, die Fähigkeit, das Gemeinsame mit dem Gegenüber zu sehen und Konflikten nicht aus dem Weg zu gehen.

Die *infrastrukturelle Dimension* meint, Ressourcenmanagement durch Netzwerkorientierung und Netzwerkbildung; es können also Informationsnetzwerke (Broschüren, Internetadressen, Notrufnummern) angeboten werden, durch die KlientInnen bei Bedarf Hilfreiches erfahren. Dazu gehört dann auch, dass Selbsthilfegruppen und Initiativen, die meist zugleich auch als Kontaktbörsen und Freundschaftsgruppen fungieren, Unterstützung erhalten, und ggf. auch, dass die materiellen, atmosphärischen und räumlichen Voraussetzungen für eine dichte offene Sexualkultur zu schaffen sind. Geeignet sind dazu sexualpädagogische Arbeitskreise, in denen Fachkräfte aus verschiedenen sexualitätsrelevanten Bereichen zusammenarbeiten. Die große Chance solcher infrastruktureller Netzwerke besteht in der bildungspolitischen Tendenz zu Ganztagsschulen und Bildungsnetzwerken:

Liebe und Sexualität im Kontext von Ganztagsschulen und Bildungslandschaften

Wer im Internet stöbert, Jugendzeitschriften durchblättert, sich durch TV-Musik-sender zappt oder Gespräche unter Jugendlichen in der Schule belauscht, merkt schnell, worum es Kindern und Jugendlichen vor allem geht: weniger um die Themen des Unterrichts, weniger um die schulische oder berufliche Karriere (ja, das ist auch wichtig), weniger um politische Einflussmöglichkeiten oder den Generationenkonflikt – vor allem geht es um emotionale Resonanz, soziale An-erkennung, um Liebe und Beziehungsthemen. Wesentliche, die psychosexuelle Sozialisation konstituierende Erfahrungen fallen lebensgeschichtlich in die Zeit des Schulbesuchs – in der Regel ohne dass die Schule als Lehrinstitution darauf angemessen eingeht. Auch die Erfahrungen der Kinder und Jugendlichen spiegeln die Situation wieder: Sexualwissen wird hochprozentig von der Schule erwartet, Vertrauenspersonen finden sie unter Lehrerinnen und Lehrern nicht (darauf verweist u. a. die Studie der BZgA 2006) und bei einer Aufteilung des Lebens in ‚Schule' und ‚Freizeit' ordnen sie Liebe und Sexualität dem letzteren Bereich zu (Schmidt/Schetsche 1998).

Forschung und Praxis haben sich beim Thema Kinder- und Jugendsexualität bisher vornehmlich um die problematischen Seiten (sexuelle Grenzüberschreitun-gen, HIV-Infektion, Teenagerschwangerschaften) gekümmert und entsprechende Präventionsprogramme entwickelt. Längst wissen wir aus der Präventionsforschung aber, dass Lebenskompetenzförderung wirksamer ist als Gefahrenabwehrpädago-gik. Und doch werden die positiven Möglichkeiten der pädagogischen Begleitung des Beziehungs- und Liebeslebens von Kindern und Jugendlichen durch Sexual-erziehung noch wenig beachtet. Ohne einer nostalgisch verklärten „Make-love-not-war"-Ideologie das Wort zu reden, sprechen plausible Argumente dafür, dass sich mit Sexualpädagogik und sexueller Bildung nicht nur die Beziehungs- und Bindungskompetenz der Kinder und Jugendlichen, sondern auch die Beziehungen zwischen ihnen und den Lehrenden sowie das Schulklima positiv beeinflussen lässt (Schmidt/Schetsche 1998, 2009; Wendt 2009).

Bisherige Barrieren und neue Chancen sexualpädagogischer Bildung im Ganztag: Viele phantasierte oder auch reale Barrieren gegen Sexualpädagogik in der Schule kennen wir inzwischen. Eine immer noch tradierte enge Definition von Sexualerziehung als Aufklärungsunterricht und geringe Ausbildung der Lehrenden, die Angst der Schuldidaktik vor störenden Emotionen, der Zeitdruck im Unterricht, die Angst der Schülerinnen und Schüler vor Fehlersuche und Zensurendruck oder Intimitätsmissbrauch im Klassenzimmer. Das sind alles verständliche, aber keine unüberbrückbaren und schon gar nicht stichhaltige Faktoren, die einer pädagogisch gebotenen Sexualerziehung im Wege stünden. Insbesondere die Öffnung der Schule nach innen (erweiterter Bildungsbegriff) und nach außen (in den Sozialraum hin-ein), die Entwicklung von Ganztagsschulen und Anfänge von Bildungsnetzwerken machen neue Konzepte möglich und erforderlich, den Zusammenhang von formaler, non-formaler und informeller Bildung zu stärken – auch im Bereich der sozialen, emotionalen und intimen Kommunikation. Vielfältige pädagogisch begleitete Settings sind denkbar, mit denen bisherige Barrieren gegen eine vertrauensvolle Kommunikation in den auch stärker intimitätsrelevanten Themenbereichen gemindert werden können.

Von der Sexualpädagogik zur Sexuellen Bildung: Auch auf Seiten der Sexualpädagogik haben sich in der letzten Zeit interessante Entwicklungen ergeben, die für eine Vernetzung von Akteuren im kommunalen Kontext von Bedeutung sind. Sie entwickelt sich von einer ,Gefahrenabwehrpädagogik' bzw. nur auf Kinder und Jugendliche bezogenen Disziplin zu einer Sexuellen Bildung (Schmidt/Sielert 2008), die sich auf alle Lebensalter bezieht und zur Ausbildung einer humanen Beziehungs- und Sexualkultur beitragen will. Sexuelle Bildung ist also nicht nur auf spezifische Informationsveranstaltungen oder Aufklärungsseminare bezogen, sondern bedient sich der didaktischen und methodischen Vielfalt der Pädagogik einschließlich der infrastrukturellen Netzwerkbildung im Sozialraum.

Bisherige Kooperationen spezifischer Akteure zur Sexualpädagogik in Jugendarbeit und Schule: Seit langem werden Erfahrungen mit einzelnen sexualpädagogischen Kooperationsprojekten gemacht, die angesichts der neuen Entwicklungen im Bildungsbereich – als Ganztagsschule wird Schule stärker als je zuvor eben auch Raum jugendkultureller Nutzung, und damit natürlich auch mehr als je zuvor Ort der Begegnung – systematisch ausgewertet wie auch ausgeweitet und ergänzt werden können.

So könnte – und erste Ansätze dafür gibt es auch – die von der Pro familia schon seit langem betriebene sexualpädagogische Arbeit auch auf den Nachmittagsbereich ausgedehnt werden. Projektwochen, die schon jetzt in einzelnen Schulen stattfinden, könnten mit Einrichtungen des Sozialraums noch stärker verbunden werden. Ein gutes Beispiel dafür wäre z. B. „Love talks", ein Projektnetzwerk, das in Österreich und Bayern erprobt wurde und bei dem Schüler, Lehrer und Eltern mit Hilfe sexualpädagogischer Fachkräfte miteinander kooperieren, Veranstaltungen gemeinsam planen und durchführen (vgl. BZgA 2002). Hinzuweisen wäre in diesem Zusammenhang aber auch auf die Entwicklung von Peer Education-Programmen. Hierbei werden Jugendliche durch Fortbildung in die Lage versetzt, andere Jugendliche im Bereich Liebe, Freundschaft und Sexualität zu beraten. Anregungen dafür finden sich z. B. in einem von der BZgA herausgegebenen Materialband (2001).

Ausblick und Weiterarbeit

Sexualpädagogik ist zum einen aufgrund der Schulgesetze und Richtlinien der Bundesländer Pflichtthema der Schule, zum anderen auf dem Hintergrund des

Kinder- und Jugendhilfegesetzes sowie des Jugendschutzgesetzes auch ein Thema der Jugendhilfe. Die meisten Fachkräfte, sowohl der Schule als auch der Jugendhilfe und Erwachsenenbildung, sind bisher ohne sexualpädagogische Qualifikationen ausgebildet worden, so dass eine gewisse Scheu existiert, das Thema intensiv aufzugreifen und die Kommunikation mit den Kindern und Jugendlichen aufzunehmen.

Aus diesem Grund haben diverse Ausbildungsstätten seit einigen Jahren mit der Qualifizierung von Pädagogen und Pädagoginnen sowie anderer Fachkräfte begonnen. In diese Aus- und Fortbildungen, aber auch in die Lehrerbildung muss die oben beschriebene Infrastrukturarbeit zu sexuellen Lebenswelten und das Handeln in verschiedenen sexuellen Milieus integriert werden.

Kurzfristige Vorschläge zur strategischen Weiterentwicklung der Sexuellen Bildung durch Forschungsförderung und Integration in die vorhandenen Netzwerke zur Förderung von Bildungslandschaften wären

- Zusammenstellung vorhandener sexualpädagogischer Modelle der Zusammenarbeit von Jugendhilfe und Schule in allen Bundesländern;
- Entwicklung von Konzepten und Modellen der vernetzen Arbeit vor Ort mit mehreren Akteuren (Eltern, Jugendhilfe, Erwachsenenbildung, Verbände, Initiativen, Familienbildung);
- Beratung bei der Durchführung und Evaluation von sexualpädagogischen Kooperationen;
- Erstellung und Verbreitung einer bundesweiten Liste von Sexualpädagoginnen und Sexualpädagogen, die als AnsprechpartnerInnen für konkrete Kooperationsprojekte in einzelnen Regionen zur Verfügung stehen.

Mittel- bzw. langfristig stünde Folgendes an:

- Durchführung einer Tagung auf Bundesebene sowie einzelnen Landestagungen zur sexuellen Bildung im Rahmen des Bundesprojekts „Ganztägig lernen" der Deutschen Kinder- und Jugendstiftung Berlin;
- Förderung eines Forschungsprojekts zur sexuellen Sozialisation in sozial benachteiligten Milieus;
- Förderung eines Modellprojekts zur sexualpädagogischen Arbeit in Bildungslandschaften.

Wenn zum Erwachsensein gehört, das „Lieben und Arbeiten" gelernt zu haben[3] dann wird beim Blick auf das Bildungssystem unmittelbar deutlich, wie ungleichgewichtig

---

[3] Dieses Ziel des Erwachsenseins wird Sigmund Freud zugeschrieben, der sich in einem Interview entsprechend geäußert haben soll. Unabhängig davon, ob es noch gelingt, die Quelle zu identifizieren, leuchtet die Aussage auch unabhängig von seiner Autorenschaft unmittelbar ein.

diese beiden Grundkompetenzen vermittelt werden. Sowohl die sozialwissenschaftliche Forschung als auch unser klassisches didaktisches Instrumentarium ist deutlich auf die Herstellung von Arbeitsfähigkeit zugeschnitten. Sicherlich handelt es sich dabei um zwei sehr differente Fähigkeiten, die nicht in gleicher Weise erworben werden. Liebe lässt sich weniger präzise operationalisieren und im Kern auch nicht pädagogisch ‚herstellen'. Dennoch kennen wir (trotz des immer noch unzureichenden Wissens) die Bedingungen, durch die Menschen befähigt werden, ihr Intimleben lust- und respektvoll zugleich zu gestalten. Sie können mit Begriffen wie ‚sexuelle Lebenskunst', ‚sexuelle Bildung' und der ‚Gestaltung von Sexualkultur' genauer gekennzeichnet und pädagogisch reflektiert werden.

Die in diesem Beitrag, aber auch in seriösen Medienberichten beschriebenen – von allen ideologischen Instrumentalisierungen gereinigten – Phänomene emotionaler, kultureller und auch sexueller Deprivation sind die deutlichsten Hinweise auf die Vernachlässigung jener ‚Humanressourcen', die nicht unmittelbar dem Produktionssektor dienen. Von Schulbildung, Gesundheit und Ernährung ist inzwischen die Rede, weil hier die Zusammenhänge zur Herstellung von Arbeitsfähigkeit auch der Wirtschaft unmittelbar einleuchten. Sexualität wird aus dieser Perspektive lieber als Absatzmarkt definiert und zur kommerziellen Vernutzung freigegeben – ein Anlass für religiös motivierte Eiferer, sie lieber wieder auf ihren Fortpflanzungsaspekt zu reduzieren. Die in ihr als menschlicher Lebensenergie auch enthaltenen Glücksmomente sollen offenbar auf Sparflamme gehalten werden. Sie könnten als Quelle von Eigensinn und Solidarität gleichermaßen einem auf Arbeitsfähigkeit ausgerichteten Bildungssystem im Wege stehen.

Literatur

Bartholomäus, Wolfgang (1993): Lust aus Liebe, München: Kösel.

Böhnisch, Lothar (1994): Gespaltene Normalität: Lebensbewältigung und Sozialpädagogik an den Grenzen der Wohlfahrtsgesellschaft, Weinheim und München: Juventa.

Böhnisch, Lothar (2001): Sozialpädagogik der Lebensalter, Weinheim und München: Juventa.

Bundeszentrale für gesundheitliche Aufklärung: Jugendsexualität. Repräsentative Wiederholungsbefragung von 14–17-Jährigen und ihren Eltern. (1980, 1994, 1996, 1998, 2002, 2006), Köln: BZgA.

Bundeszentrale für gesundheitliche Aufklärung (2001): Peer Education. Ein Handbuch für die Praxis, Köln: BZgA.

Bundeszentrale für gesundheitliche Aufklärung (2002): Love Talks. Dokumentation, Pressespiegel. Das Projekt, Köln: BZgA.

Herzog, Dagmar (2005): Die Politisierung der Lust: Sexualität in der deutschen Geschichte des 20. Jahrhundert, München: Siedler.

Herzog, Dagmar (2008): Sex in Crisis: The New Sexual Revolution and the Future of American Politics, New York: Basic Books.

Kentler, Helmut (Hg.) (1984): Sexualwesen Mensch. Texte zur Erforschung der Sexualität, Hamburg: Hoffmann und Campe.

Moll, Albert (1909): Das Sexualleben des Kindes, Berlin: Walther.

Müller, Walter (1992): Skeptische Sexualpädagogik. Möglichkeiten und Grenzen schulischer Sexualerziehung, Weinheim: Deutscher Studienverlag.

Schmidt, Gunter (1996): Das Verschwinden der Sexualmoral. Über sexuelle Verhältnisse, Hamburg: Klein-Verlag.

Schmidt, Renate-Berenike; Schetsche, Michael (1998): Jugendsexualität und Schulalltag, Opladen: Leske und Budrich.

Schmidt, Renate-Berenike; Schetsche, Michael (2009): Sexuelle Sozialisation. Sechs Annäherungen, Berlin: Logos.

Schmidt, Renate-Berenike; Sielert, Uwe (Hg.) (2008): Handbuch Sexualpädagogik und sexuelle Bildung, Weinheim und München: Juventa.

Siggelkow, Bernd; Büscher, Wolfgang (2008): Deutschlands sexuelle Tragödie. Wenn Kinder nicht mehr lernen, was Liebe ist, München: Gerth Medien.

Sigusch, Volkmar (2005); Neosexualitäten. Über den kulturellen Wandel von Liebe und Perversion, Frankfurt am Main: Campus.

Simon, William (1995): Devianz als Geschichte: Die Zukunft der Perversion. Zeitschrift für Sexualforschung 8, S. 101–121.

Spitz, René A. (1984): Lernziel „Sexualität". In: Kentler, Helmut (Hg.): Sexualwesen Mensch. Texte zur Erforschung der Sexualität, Hamburg: Hoffmann und Campe, S. 81–101.

Wüllenweber, Walter; Müller, Hardy (2007): Voll Porno. Wenn Kinder nicht mehr lernen, was Liebe ist. Stern, Heft 6/2007, S. 64–72.

Wendt, Eva-Verena (2009): Sexualität und Bindung, Weinheim und München: Juventa.

Der Topos ‚Sexuelle Verwahrlosung': Münze im Handel zwischen den Generationen, Geschlechtern und Milieus

Rüdiger Lautmann

Wer in diesem Buch liest, wird etwas über sexuelle Verwahrlosung erfahren wollen. Tatsächlich präsentiert werden empirische Befunde zu Geschichte und Gegenwart des Geschlechtsverhaltens und dessen öffentlicher Problematisierung. So lässt sich die verbreitete Rede über ‚Verwahrlosung' auf ihre Begründetheit einschätzen. In diesem Nachwort versuche ich in eine Art Synopsis aus den Buchbeiträgen (deren Mehrheit mir vorliegt). Um die Fülle der Aspekte zu bändigen, wird nach einem Analyseschema vorgegangen: ein soziales Problem wird nach Gehalt und Verlauf durchmustert.

Dimensionen des Problems

Das Thema macht es dem Betrachter nicht leicht; es setzt manche Vorverständnisse voraus. ‚Verwahrlosung' ist kein analytisches Konzept, sondern gehört der Umgangssprache an. Als ‚verwahrlost' gelten meist äußere Umstände (ein Stadtquartier, eine Wohnung, die Kleidung oder Körperpflege eines Menschen) oder auch Haustiere, wenn sie herumstreunen. ‚Sexuelle Verwahrlosung' aber trifft eine Person im Gesamten. Weit reichende Assoziationen werden aufgerufen, die eine individuelle Existenz umfassend entwerten. Das Vokabular der Verwahrlosung (vgl. dazu in diesem Band die Beiträge von Starke und Menzel) reißt eine Vorstellungswelt auf, die sich zwischen zwei Polen bewegt:

Tabelle 1   Vorstellungswelt des Begriffs

verwahrlost	unauffällig
verwildern	verhäuslichen
sich treiben lassen	zielgerichtet handeln
bindungslos	anständig
Libertinage	Konformität

Die Analysen dieses Bandes haften nicht am Wortsinn von ‚Verwahrlosung‘, sondern erfassen den gesamten Sinnkomplex eines als individuell aufgefassten Unvermögens und Versagens gegenüber den *geschlechtsmoralischen Anforderungen*. Der spürbare Appellgehalt der Bedeutungsfacetten macht ‚Verwahrlosung‘ zu einer Warnmetapher. Wir kennen sie aus den 1950/60er Jahren. Damals richtete sie sich gegen solche junge Frauen, die sich nicht für die Ehe aufsparten, sondern freizügig lebten („hwG“). Dieser Leitbegriff verschwand dann mit der so genannten sexuellen Revolution.

Dass vor allem die Lebensphase Jugend es ist, der gegenüber gefährliche Entwicklungen geahnt und geahndet werden, lässt sich verstehen; ihre Experimente und Erfindungen haben zu allen Zeiten die Gemüter erregt. Auch in Ostdeutschland wurde Problemsexualität lange mit Jugendverhalten verbunden (Starke[1]). So wird heute die ‚sexuelle Verwahrlosung‘ für Jugendliche diskutiert – nun allerdings primär für das männliche Geschlecht. Zwischenzeitlich war der Verwahrlosungsdiskurs zum Schweigen gekommen, aber nur um die Problemgruppe auszuwechseln.

Eine weitere Problemdimension ist hinzugekommen: Ökonomisch schwache und ethnisch-fremde Sozialmilieus gelten als belastet. Wenn Angehörige des Bildungsmilieus oder der Elite einer Abweichung vom normal-rechten Weg überführt werden (wie Jean Jacques Rousseau in seiner Autobiographie, dazu Niemeyer), dann ist zwar ihre Autorität angefochten, nicht aber die Gesamtperson ‚verwahrlost‘, geschweige denn dass die Sozialkategorie unter Verdacht geriete. Ferner wird den Migrantenmilieus vorgeworfen, im Geschlechterverhältnis krass rückständig zu verfahren. Junge Frauen, die einen Freund aus einer geschlechtertraditionellen Kultur haben, werden (unangenehm streng) zur Ausschließlichkeit selbst harmloser Kommunikation angehalten (Matthiesen/Schmidt).

Konjunkturen des Themas

Dass der Verwahrlosungstopos nicht neu ist und nun bereits zum x-ten Mal wiederkehrt, wird in mehreren Beiträgen belegt (insb. Niemeyer). Doch begegnet uns nicht jedes Mal der gleiche Diskurs mit ähnlichen Konsequenzen. Auch kann nicht angenommen werden, dass er eines Tages ‚von selbst‘ verschwinde wie eine Phase des Mondes. Daher gilt keine Prognose einer zyklischen Bewegung (Böllinger).

Aus den Abhandlungen dieses Bandes ergibt sich eine eindrucksvolle Zeitreihe der Problematisierungen. In den 1920er Jahren entstand eine Besorgnis über die so genannten Groschenhefte, was zum ‚Schmutz- und Schundgesetz‘ führte (Menzel). Der Nationalsozialismus erstrebte die ‚Reinheit des Volkskörpers‘ und

---

[1] Nur mit Namen gekennzeichnete Verweise beziehen sich auf Beiträge in diesem Band.

schickte sich an, ‚Gemeinschaftsfremde' auszuschließen (Schetsche/Schmidt). Mit der Entwertung ‚sittlich verwahrlost' gerieten Frauen in die Gefahr, in ein Konzentrationslager eingewiesen zu werden (Häftlingskategorie ‚asozial', mit dem schwarzem Winkel als Abzeichen).

Die Figur der sexuell verwahrlosten (weiblichen) Fürsorgezöglinge begegnet uns bereits 1938 bei dem Jugendpsychiater W. Villiger (Niemeyer). In der Adenauer-Ära stieg Villiger in führende Positionen auf, was ein weiteres Mal die ideengeschichtliche Kontinuität zur NS-Diktatur belegt. Nach der Redemokratisierung blieb das Thema sexueller Anpassung auf der Tagesordnung. Als Stein des Anstoßes fungierten Comics und Rock'n Roll. Der für das Klima der frühen Bundesrepublik repräsentative Helmut Schelsky konstatierte: „Die im Vergleich zur Generation um die Jahrhundertwende gegenwärtig erheblich gelockerte Sexualmoral" und „der revolutionäre Institutionszerfall der Moderne" haben dazu geführt, „dass der Trennungsstrich zwischen privatem Laster, sozialer Verwahrlosung und Prostitution in diesem Zustand kaum noch zu ziehen ist" (1955: 47).

Nach einer kurzen Beruhigung in den 1970er Jahren begannen in den 1980ern neue Aufregungen, diesmal über Video- und Computerspiele. Seitdem steigt das Maß an Problematisierung sexueller Verhaltensweisen stetig an. Warnungen vor einem Moralverfall der Jugend mystifizieren erneut das sexuelle Handeln (Schmidt/ Schetsche 2009: 12). Kürzlich kam nun die ‚sexuelle Verwahrlosung der Jugend' als Thema in Mode und drängte sich neben der ‚Sexualgewalt und -missbrauch' in die allgemeine Aufmerksamkeit.

Argumente zur Problematisierung

Der Radius sexueller Handlungen. Der Verwahrlosungsverdacht wird in vielerlei Hinsicht erhoben. Am häufigsten knüpft er am Medienkonsum an, wofür es auch den eigenen Topos der ‚Medienverwahrlosung' gibt. Die Auswahl an sexuellen Handlungen, die zur Problematisierung veranlassen, ist durchaus eingeschränkt, steht aber jederzeit zur Erweiterung offen, falls die Thematisierung anhalten sollte. Vermutlich sind die Ankläger insgesamt mit den derzeit bekannten, ausgeübten und nicht illegalisierten Möglichkeiten sexuellen Handelns unzufrieden; d. h. kritisiert werden die Geschlechter- und Sexualverhältnisse der Spätmoderne insgesamt. Doch dies bleibt im Hintergrund, wenn die Warnungen vor den Gefahren einer sich ausbreitenden Verwahrlosung formuliert werden. Der Topos artikuliert sich (bislang noch) an einzelnen konkreten Punkten. Dazu zählen insbesondere:

- Pornographie,
- früher Beginn mit Koitusaktivität,
- Zahl der Geschlechtspartner,

- Jugendschwangerschaften,
- Nacktheit,
- Intimität unter Kindern,
- Jugendliche auch als Täter,
- Kommodifizierung des Sexuellen.

Jugend und Medien. Im Mittelpunkt steht der Umgang Jugendlicher mit Medien, synchron zum rasanten Wandel der Informationstechnologie. Gegeißelt wird – außer dem exzessiven Zeitvertreib vor dem PC und den gewaltbenutzenden Spielen – auch das Aufsuchen sexualbezüglicher Seiten im Internet.

Die Problemgruppe hat sich verlagert: von den Mädchen zu den Jungen. Die zukünftigen Männer mit ihrer Potenz zur Übergriffigkeit zeigen früh die Merkmale ihres Diskursgeschlechts: Sie fragen nicht, sondern tun es; sie konsumieren Pornographie; sie ‚beweisen' ihre Maskulinität usw. Der Topos ‚Sexuelle Verwahrlosung' speist sich heute auch aus dem Gender-Dialog. Für erwachsene Männer gibt es andere Metaphern wie Sex-Sucht, Sexualisierung, Instabilität der Beziehungen usw.

Pornographie. Die aktuelle Verwahrlosungsdebatte ist in ihrem Kern bzw. Ausgangspunkt eine Pornographie- bzw. Pornographisierungsdebatte (Weller). Anstoß erregen die im Internet frei zugänglichen Obszönitäten und ihr Konsum durch Kinder und Jugendliche (Böllinger; Menzel). Verwiesen wird speziell auf die Texte der populären Porno-Rapper wie Sido oder Bushido mit ihren gewaltverherrlichenden, frauenverachtenden und homophoben Passagen (Weller; Menzel). Wie man meint, lernen Heranwachsende nicht mehr, was Liebe ist. Statt zärtlich zueinander zu sein, etwa durch Küssen, haben sie Sex – ganz wie im Porno. Bemängelt wird allgemein auch eine zunehmende Sexualisierung der Sprache (für den Porno-Rap: Weller).

Das Netz als wenig kontrollierbares Medium, auch von vielen Älteren noch gemieden, schürt die Ängste. Der auf Mobiltelefonen gehandelte ‚Hardcore' mit brutalen und pornographischen Inhalten ist in erster Linie eine *jungen*typische Mediennutzung, die indessen nicht im Dienste von Lust oder Neugier steht, sondern den männlichen Mut zur Grenzüberschreitung – in diesem Fall: die Gürtellinie – unter Beweis stellen will (Weller).

Eine Kenntnisnahme pornographischen Materials soll bei den Heranwachsenden eine Einstellung befördern, die Frauen zu Sexualobjekten stempelt. Bei niederländischen Jugendlichen fanden sich solche Korrelationen, sowohl für Jungen wie für Mädchen (Peter/Valkenburg 2007). Die Studien berücksichtigen die ganze Breite der Medien und Formate in Druck, Bild und Ton – Seifenopern und Comedy, Fernsehen und Musikvideo usw. –, also nicht bloß die kommerzielle Pornographie im engeren Sinne.

Die Kampagne gegen Kinderpornographie hat erneut die Frage aufgeworfen, welche Wirkungen solche Stoffe haben. Dazu werden mehrere Thesen diskutiert:

Der Konsum stifte zu Missbrauch an, weil er Phantasien entzünde; die Bilder würden potenziellen Opfern gezeigt, um diese die Normalität eines Übergriffs glauben zu machen; auch potenzielle Täter würden nach dem Konsum eher an die Legalität ihrer Tat glauben; die Kinder würden bereits bei der Herstellung des Materials missbraucht; kinderpornographische Stoffe wirkten ganz anders als die gewöhnlichen, nämlich weit gefährlicher. Einige Teile dieser Kausalannahmen sind plausibel bzw. wurden empirisch bestätigt.

Frühzeitige Koitusaktivität und Zahl der Geschlechtspartner. Startalter und Partnerfrequenz unterscheiden sich tatsächlich und in Zahlen messbar von den aus früheren Zeiten bekannten Werten. Während die Eltern sich damit abfinden, wirkt es auf Angehörige älterer Generationen, nicht nur die Moralwächter, befremdlich.

Nacktheit sowie *Intimität unter Kindern.* Man sieht heute viel Haut, nicht nur den freien Bauchstreifen. Was früher als ‚Doktorspiel' belächelt wurde, wird inzwischen eher als sexuelle Grenzüberschreitung unter Kindern und Jugendlichen gehandelt und ist damit zum Angstthema geworden (Sielert).

Kommodifizierung des Sexuellen. Eine Kommerzialisierung körperlicher Selbstdarstellung gilt als problematisch, und dies gewiss nicht nur, weil es den Einstieg in eine prostitutive Karriere befördern könnte. Ein sexualethisches Dilemma tut sich auf: hier die Warenförmigkeit des jugendlich Körperlichen, dort Sexualität als ein wichtiger, wenigstens teilautonomer Bereich jugendlicher Selbstdarstellung (Richard). Bei der Bilderflut der Fotogalerien könne unter Umständen von einer moralischen Verwahrlosung gesprochen werden, vor allem für die Gruppe erwachsener Männer, die in fotografischen Gruppen „betrunkene halbnackte Mädchen" voyeuristisch für ihre sexuelle Belustigung benutzen (Richard).

In der Addition bündeln sich die Themen des Unbehagens zu einem Szenario Angst machender Prognosen. Verwahrlosung gehört danach zur Vorgeschichte von Sexualstraftaten. Die Anklagen einer umfassenden ‚Pornographisierung unserer Gesellschaft' und ‚sexuellen Verwahrlosung der Jugend' werden von den immer wieder als Kronzeugen zitierten Publizisten Siggelkow und Büscher 2008 als „sexuelle Tragödie" stilisiert (für einen Steigerungsversuch mit dem Schlagwort „Generation Porno" vgl. Gernert 2010).

Positionen der Gelassenheit gegenüber den Problematisierungen

Gegen die Medienwelle zur ‚Verwahrlosung der Jugend' – sexuell, emotional, medial, sozial – wird generell vorgebracht, es fehle an den empirischen Nachweisen (z. B. Hoffmann 2008: 13). Tatsächlich wird ja die Jugendsexualität nur wenig intensiv erforscht, abgesehen von einigen Erhebungen wie den BzgA-Befragungen und den Hamburger Studien zu den Jungerwachsenen (siehe dazu Klein/Sager). Vielleicht sind Aufregungen über ‚die' Jugend etwas Normales und eignen sich schlecht dazu, ein bearbeitbares Sozialproblem zu konstituieren? Die gegenwärtige Schelte befindet sich in einer historischen Linie mit der Problematisierung jugendkultureller Stile. Wann immer Jugendliche ein neues Medium für sich entdecken, beunruhigen sich Erwachsene über die drohende ‚Verdummung und Verrohung' des Nachwuchses (Menzel). Gleichwohl muss man zu den erhobenen Verdächtigungen im Einzelnen Stellung nehmen.

Pornographie

Zugestanden wird der äußere Befund: Die meisten Jugendlichen haben die obszönen Stoffe schon betrachtet. Dies geschah vielleicht gelegentlich und nur für ein Mal, wohingegen ein regelmäßiger Konsum als selten gilt (Matthiesen/Schmidt). Sogar von einer ‚allgemeinen Pornographisierung' lässt sich sprechen, ganz ohne kulturkritische Untertöne. Auseinander gehen die Meinungen darüber, wie diese Befunde zu würdigen sind. Gunter Schmidt (2009: 30) hat hierfür den Begriff der „Veralltäglichung" vorgeschlagen; er sieht darin einen Ausdruck sexueller Zivilisierung. Die Begegnung mit Pornographie führt danach nicht zur allgemeinen Verwahrlosung, sondern zu einem gelassenen Umgang mit ihr (Weller). Wenn Jugendliche bei ihren Touren durch das Internet unbeabsichtigt einer Nackt- oder Sexszene begegnen, ruft das überwiegend keine negative Reaktion hervor – bei einem Viertel aber doch (so Mitchell u. a. 2003). Die Autoren – darunter David Finkelhor als maßstabsetzender Anreger aller Missbrauchsforschung seit 1977 – sehen in der unerwünschten Konfrontation mit Pornographie ein Hauptproblem, auch wenn die Frage der Schädlichkeit nicht geklärt sei (S. 333, 356).

In der DDR hatte ein „erotographisches Konsumdefizit" bestanden (Starke), das nach 1989 einen viel beachteten Nachholschub auslöste. Ein Dauerproblem ist daraus nicht erwachsen, ‚nur' die Angleichung an westdeutsche Gewohnheiten.

Zu einem fremdschädigenden Verhalten disponiert nun aber nicht der Konsum pornographischer Materialien allein. Vielmehr ist ein komplexer Interaktionsprozess anzunehmen, mit den Variablen und Dimensionen der primären Persönlichkeitsstruktur, Einstellungen und Sehgewohnheiten der Betrachter sowie etlicher Bedingungen der Situation (Böllinger). Nach einer europäischen Studie verändert früher und hoher Pornokonsum nicht das Skript des gewünschten Sexkontakts in Richtung pornographischer Vorgaben (Štulhofer u. a. 2009).

Bezüglich der ‚Porno-Rapper' liefert Weller eine Analyse, die das bei der ersten Begegnung als Skandalon anmutende Phänomen entspannt. Danach ist Rap primär Musik, ist eine Jugendkultur wie andere Musikszenen auch. Zwar transportieren die Texte unangenehme Stereotypien von Männlichkeit, dabei sich einer offensiv unkorrekten Frauen- und Schwulenfeindlichkeit bedienend. Aber hinter der rauen Schale verberge sich ein romantischer Kern zivilisierter Sexualität. Die

Sexualisierung der Sprache wird als ein Oberflächenphänomen eingeschätzt. Weller vermutet ein Paradox: Das brutale Äußere (Texte der Rap-Musik) kündige eher die Verfriedlichung der Sexualkultur an, wonach sexuelle Konflikte zunehmend verbal ausgetragen werden (i. S. des *Battle* der Rapszene).

Dass die im Internet so überaus reichlich erhältliche Pornographie als gefährlich eingestuft wird, beruht möglicherweise auf einem Missverständnis der Erwachsenen bzw. auf einer Asymmetrie der Wahrnehmungsstile. Wenn Jugendliche die medialen Sexualdarstellungen anders entschlüsseln als ihre Eltern, dann können diese nur abscheuliche Gewalt und Obszönität erblicken, wo ihre Kinder eine Spannungsinszenierung genießen (Menzel).

Zahl der Geschlechtspartner

Die, wie Starke sie nennt und damit den moralisch üblen Geruch des Worts Promiskuität tilgt, ‚Sexualpartnermobilität‘ lässt sich messen. Tatsächlich kommen innerhalb einer individuellen Sexualbiographie heute mehr Partner vor als ‚früher‘. Solche Quantitäten (Partner, Kontakte, Praktiken) taugen nicht für moralische Bewertungen, nach Maßstäben wie Glück, Leistungsfähigkeit o. ä. (Starke).

Für maßgebend wird die Qualität der jeweiligen Beziehungen gehalten. Innerhalb ihrer herrscht der Wert sexueller ‚Treue‘, wenn auch nicht unbedingt nach Maßstäben türkischer Gender-Kultur (Matthiesen/Schmidt). Die Herausforderung, dass man nicht „die ganze Jugend mit einem Typen verbringen kann", wird durch die so genannte seriell-monogame Beziehung bewältigt (Matthiesen/Schmidt). ‚Fremdgehen‘ kommt in Maßen und situationsgebunden vor.

Früher Beginn mit Koitusaktivität

Hier hat die DDR im Vergleich zur alten Bundesrepublik eine führende Position eingenommen; Unberührtsein galt nicht als Erfolg, nicht als Makel, eigentlich überhaupt nicht als etwas Besonderes (Starke). Daraus lässt sich schließen, dass Virginität keine notwendige Bedingung zivilisierter Sexualkultur ist. In der vorigen Jahrhunderthälfte bestand eine auffällige Tendenz, den Beginn der Koitusaktivität vorzuverlegen. Diese Akzeleranz hat sich inzwischen beruhigt, das ‚niedrige‘ Startalter in die Sexualität bleibt allerdings konstant (Matthiesen/Schmidt). Nach der neuen Potsdamer Studie zeitigt ein früher Einstieg in sexuelle Interaktionen keineswegs die befürchteten Probleme. Vielmehr berichten die befragten Jungerwachsenen, sofern sie früh sexuell aktiv geworden sind, über höhere Grade an sexueller Selbstbestimmtheit. Auch können sie ihre Wünsche an die Sexualität häufiger verwirklichen als die später aktiv Gewordenen (Klein u. a. 2008).

Jugendschwangerschaft

Als Belastung – für die Erziehungsleistung und Berufsbiographie der jugendlichen Eltern – werden die Teenagerschwangerschaften seit jeher gesehen. Sie sind kein neues Phänomen. Die Bundeszentrale für gesundheitliche Aufklärung hat hier ein Hauptbetätigungsfeld. Seit 2001 fallen die Zahlen der Schwangerschaften von Teenagern. Gut vier Fünftel schützen sich bereits beim ersten Geschlechtsverkehr, später sind es dann 95 % (Matthiesen/Schmidt).

Nacktheit

Vor anderen unbekleidet aufzutreten – kann das allein als schamlos, unzivilisiert usw. gelten? Allein das Beispiel der FKK-frohen DDR beweist das Gegenteil (Starke). Die Perhorreszenz vor dem Nacktsein ruft bei manchen Eltern diffuse Befürchtungen hervor: ob da nicht Begehrlichkeiten auf den Kindeskörper geweckt werden könnten, ob nicht in den Kindern das Sexuelle seines Zaubers beraubt werde? Solche Ängste sind ambivalent; einerseits haben sie eine Warnfunktion, andererseits können sie den beschworenen Gefahren unfreiwillig Vorschub leisten (Sielert). Aufklärung, Wissen und Bildung arbeiten solcher Zwiespältigkeit entgegen.

Angst machende Prognosen

Nicht nur ethische Desorientierung der Heranwachsenden, sondern auch massive Gefahren durch die späteren Erwachsenen werden beschworen. Dass die Sexualverbrecher von morgen sich aus den sexuell Verwahrlosten von heute rekrutieren sollen, wird als eine populistische Alltagstheorie bezeichnet (Böllinger). Für all die negativen Prognosen fehle es an empirischen Beweisen, wie in diesem Bande mehrfach festgestellt wird. Zu den Naturmetaphern, mit denen Katastrophen an die Wand gemalt werden, gehört der ‚Eisberg‘, von dem nur die Spitze zu sehen ist, der aber den ganzen Dampfer bedroht (Weller).

Mit derlei Zutaten schürt man bekanntlich eine ‚Moralpanik‘, wie jene Analysefigur anschaulich heißt, die Stanley Cohen vor fast fünf Jahrzehnten skizziert hat. Gerade im sexuellen Feld – mit seiner kruden Mixtur von Lüstern- und Befangenheiten – lässt sich publikumswirksam eine wachsende Erregung anstacheln. Noch ist es nicht soweit, aber die Ansätze sind erkennbar.

Sexuelle Anomie und Anarchie

Warnungen vor Moralverfall und Verwahrlosung der Jugend mystifizieren erneut das sexuelle Handeln (Schmidt/Schetsche 2009: 12). Die empirische Sexualforschung tritt solchen Botschaften entgegen. Das realsexuelle Handeln stellt sich als hochgradig regelgebunden dar. Die allermeisten Menschen leben die meiste Zeit in festen Partnerschaften, und hier finden etwa 95 % der sexuellen Kontakte statt (Matthiesen/Schmidt). Egal was dort geschieht, es wird bislang nicht vom Verwahrlosungsurteil erfasst. Speziell die Jugendsexualität stellt sich spätestens seit den 1990ern als familiarisiert und häuslich dar (Starke; Matthiesen/Schmidt; Sielert).

Sexuelle Aktivitäten außerhalb einer festen Beziehung allerdings stehen unter Verdacht. Der Bann gegen die Masturbation ist aufgehoben, doch in Verbindung mit Pornographie sind allerlei Thesen über Prägung, lästige Nachahmung und dergleichen in Umlauf, allerdings als bloße Behauptungen ohne empirischen Nachweis. Abenteuersex (bei Matthiesen/Schmidt: Singlesex) wird reichlich mit Phantasien belegt. Medien und Belletristik verkünden seine Reize. Viel davon geschieht während einer Partnersuche, nach Beendigung einer festen Beziehung, als kurze Affäre, zum Ausgleich von Gefühlslagen der Einsamkeit – insgesamt also nicht ‚wild'.

All dies ergibt kein Bild sexueller Anarchie. Die Bindung sexuellen Handelns an Liebe und Partnerschaft wird von den allermeisten Jugendlichen, zumal den weiblichen, auffallend ernst genommen. Was sich gegenüber ‚früher' verändert hat, ist vor allem die Beziehungsdichte: Die Jugendlichen möchten früh eine intime Freundschaft haben und darin auch viel erleben. Den Verlauf diktieren die jungen Männer nicht mehr allein, die jungen Frauen fordern Gleichheit und Gegenseitigkeit ein.

Jugend im Fokus

Die sexuellen Verhältnisse der jungen Generation generalisierend unter Verdacht zu stellen begegnet mehreren Bedenken. Das Sexuelle wird verdunkelt, als gäbe es hier etwas, was verwahrlosen kann und wogegen man sich verwahren muss oder was gut verwahrt werden muss (Starke). Jugendspezifische Stilelemente ziehen die Grenze zur Erwachsenenwelt und dienen dem Ausdruck von Protest; daher werden sie bewusst so gestaltet, dass sie ein Höchstmaß an Entrüstung verursachen (Menzel). Zur Provokation geeignet sind bekanntlich die Themen ‚Gewalt' und/ oder ‚Sexualität'.

Tatsächlich findet Jugendsexualität meist innerhalb einer festen Beziehung statt – und die festen Beziehungen Jugendlicher sind heute auch fast immer koitusaktiv (Matthiesen/Schmidt). Diese beiden Koppelungen widerlegen jede Verwahrlosungsrede gegenüber Jugendlichen. Ihre geschlechtliche Aktivität besiegelt und validiert Partnerschaftsverhalten.

Kommodifizierung des Sexuellen

Wird die jugendliche Körperlichkeit einer grenzenlosen Warenförmigkeit preisgegeben? Oder dient nicht vielmehr die Sexualität heute in relativ autonomer Weise der jugendlichen Selbstdarstellung? In ihrer Inhaltsanalyse der größten und meist genutzten Fotoplattform *flickr* findet Richard zwar eine ‚sexuelle' Gestaltung und Ästhetik in den von Jugendlichen aufgenommenen Bildern, aber keine explizite sexuelle Verwahrlosung, die ein Sonderfall bleibe. Die Jugendlichen inszenieren ihre Selbstbilder nicht mit laszivem oder ordinärem Akzent; vielmehr gilt eine Zartheit der Intimität als der ästhetische Leitwert.

Zum Verlauf des Problemprozesses

Als Initial-Jahr der deutschen Verwahrlosungsdebatte gilt 2007, als der sexistische Hardcore-Rap in den Fokus allgemeiner Aufmerksamkeit geriet und auch einige ältere Produkte indiziert wurden oder zu Strafanzeigen führten (Weller). Wer hat all dies als Missstand thematisiert und ein Problem daraus gemacht? Zu den Streitkräften und zum Verlauf der Thematisierung gibt es bislang erst Vermutungen. Öfter erwähnt werden evangelikale Netzwerke, die ihren Ursprung in den USA haben, international tätig werden und (nicht nur) in Deutschland Ableger bilden.

Die aktuelle Debatte wird fast ausschließlich massenmedial geführt (Menzel). Ein Illustriertenartikel (2007 im STERN) und die Streitschrift von Siggelkow und Büscher brachten die neue Verwahrlosungshysterie in Gang (so nach mehreren Beiträgen dieses Bandes). Offen bleibt, ob in den Medien nun die Ursache oder bloß so etwas wie ein Durchlauferhitzer für Problematisierung gesehen werden kann.

Die Medienwirkungsforschung kennt zwei Versionen: hier die traditionellen Ansätze, welche allgemein die Effekte medialer Botschaften analysieren; dort die problemgenerierten Studien, welche sich mit den möglichen Schäden missbilligter Medieninhalte wie Gewalt und Pornographie befassen (Vollbrecht). Beide Richtungen kommunizieren kaum miteinander. Die auf einen Missstand bezogenen Studien fixieren sich von vornherein auf den unerwünschten Zusammenhang, und sei dieser noch so schwach ausgebildet, sowie an das Vorliegen zahlreicher Kontextfaktoren gebunden. Deeskalierende Analysen, wie etwa die von Vollbrecht, werden seitens der probleminduzierten Forschung als „Beschwichtigung" beiseite geschoben (vgl. Kleimann u. a. 2008). Die beiden Seiten verdächtigen sich wechselseitig des „Tunnelblicks", und zwar einerseits auf mögliche Gefährdungen, andererseits auf Verharmlosung.

Die Bevölkerungsmeinung kann wohl nicht als Auslöser oder Verstärker gewertet werden. Die meisten Menschen teilen die Ansichten ihres jeweiligen Milieus über Jugendliche, ohne hieraus dramatische Folgen für den Zustand ihrer Gesellschaft abzuleiten. Die Medienberichte nisten sich nicht nachhaltig ein, solange keine hervorstechenden Ereignisse zu Gesprächen im Nahbereich und zur Meinungsbildung herausfordern.

Um die alarmierenden Meldungen zu würdigen, über die oben berichteten Stellungnahmen zu den Einzelmerkmalen hinaus, müssten mindestens drei Fragen brauchbar beantwortet werden:

1. Wie verbreitet sind die als negativ empfundenen Phänomene?
2. Wie beschaffen sind die Kausalbeziehungen zwischen beobachteten Verhaltensweisen und einer befürchteten Verwahrlosung?
3. Wie lässt sich ein allgemeingültiger Anspruch der sexualmoralischen Bewertungen begründen?

Zu 1) Tatsächlich haben sich in der Mediennutzung und im Sexualverhalten erhebliche Veränderungen ereignet, die nach Interpretation und Bewertung rufen. Das ist unbestreitbar – und das Geschäft mehrerer Wissenschaftsdisziplinen, nicht nur der Sexualwissenschaft.

Zu 2) So gut wie alle Aussagen über haupt- oder alleinursächliche Wirkungen des Pornographiekonsums sind – trotz jahrzehntelanger Testreihen der Sozialpsychologie – bislang bloße Behauptung geblieben. Sie beruhen auf Plausibilitätsannahmen des Alltagswissens. (Dieses skeptische Resümee ist allerdings umstritten.) Zuständig ist die Medienwirkungsforschung, die jeder einfachen Kausalität widerspricht und Wirkungen nur innerhalb komplexer Modelle ausmacht.

Zu 3) Eine einheitliche Sexualmoral besteht nicht; vielmehr zerfällt sie in mehrere weltanschauliche Lager. Jeder Teildiskurs zur Figur der ‚Verwahrlosung' lässt sich auf der sexualideologischen Landkarte platzieren, behauptet dort aber sein Existenzrecht.

Die gesellschaftlichen Reaktionen

Spürbare Konsequenzen zeitigt die Problematisierung im Staatssektor. Mit dem erklärten Ziel, der sexuellen Verwahrlosung der Kinder zu begegnen, werden von Politikern Forderungen nach einer Reglementierung des Internets erhoben. Die

Arbeit der Bundeszentrale für gesundheitliche Aufklärung wird von der Bundes-
regierung beschränkt (Sielert). Als besonders sichtbar stechen Bewegungen im
Bereich des Rechts hervor: Gesetze, Gerichtsurteile und Rechtsdogmatik artiku-
lieren Antworten auf ‚sexuelle Verwahrlosung'.

Im Rechtsbereich des Jugendmedienschutzes existieren viele unterschiedliche Gesetze, für die in den letzten Jahren die Regelungen verschärft worden sind.
Allerdings werden nur wenige Staatsanwaltschaften tätig; die Gesetzestexte gelten
als zu schwammig. Für die Indizierung von Internetseiten, um ein Beispiel anzuführen, sind die Zuständigkeiten so zersplittert und die Verfahren so langwierig,
dass bislang kein effizientes Vorgehen zu erwarten ist.

Das Sexualstrafrecht erlebt seit den 1990ern eine wahre Überschussproduk-
tion. Methodisch stellt sich hier allerdings die Frage, ob in diesem Nachwort die
sozialwissenschaftliche Beobachtung der Kriminalpolitik zu einer solch wertenden
Aussage legitimiert ist. Wertneutral sind zumindest Feststellungen

- zur Häufigkeit der Gesetzesänderungen (erstaunlicherweise erfolgt etwa
  einmal jährlich eine Neukodifikation),
- zur Tendenz der Gesetzesänderungen (ausnahmslos in verschärfender Richtung),
- zur pointierten Kritik der Strafrechts-Dogmatik an beinahe jeder dieser
  Änderungen.

Vor diesem norm-empirischen Hintergrund ist die Zuspitzung erlaubt, es han-
dele sich um eine fragwürdige Kriminalisierungswelle. Wegen der extendierten
Jugendphase wird die Interventionsgrenze nach oben geschoben – im deutschen
Sexualstrafrecht seit 2008 an die Altersgrenze von 18 Jahren heran. Hierbei ist der
deutsche Gesetzgeber über die Vorgaben der EU noch hinausgeschossen (kritisch:
Böllinger mit weiteren Nachweisen).

Für viele neue Änderungen im Sexualstrafrecht wird konstatiert, dass die
rechtsstaatlichen Gebote der Bestimmtheit, Verhältnismäßigkeit sowie der empirischen Begründetheit verletzt worden sind. Ein Moralschutz durch Strafrecht
ist in Deutschland ausgeschlossen. Für seine Kritik kann Böllinger auch Stellungnahmen der zuständigen StrafrechtsprofessorInnen anführen – damit (ein
andermal) erweisend, dass heute ein Expertenrat entweder überhört oder gar
nicht erst eingeholt wird.

Strafrecht legitimiert sich über den Schutz von Rechtsgütern (und eben
nicht der Moral). Welche rechtlich schützenswerten Güter werden benannt? Die
weitreichende Analyse und Kritik des aktuellen Sexualstrafrechts bei Böllinger
stößt hier auf viele bedauerliche Leerstellen. Gefährdungen werden behauptet und
unter Strafe gestellt, ohne dass empirisch der Kausalzusammenhang mit einer
Schädigung erwiesen wäre. Da mehr geschieht, als nötig und angemessen ist, wird
von ‚Überkriminalisierung' gesprochen und vor einem sich auflösenden Rechts-

gutsbegriff gewarnt. Gezeigt wird das exemplarisch an der neuen Pönalisierung des Pornographiebesitzes. Nach einem aktuellen, rechtskräftigen Urteil wird jetzt sogar das bloße Betrachten von Kinderpornographie bestraft.

Die zahlreichen Ausdehnungen von Strafdrohungen sollen die Kinder und Jugendlichen vor einer verfrühten Begegnung mit der Welt des Sexuellen behüten. Pornographie, Prostitution und Missbrauch werden als die Brandherde angesehen, und das Strafrecht soll das Feuer löschen. Immerhin mutet an der Pönalisierung als angenehm und neu an, dass nicht junge Leute als die ‚Verwahrlosten' in Haftung genommen werden, sondern eher die Erwachsenen, weil sie als Drahtzieher des Verrohungsprozesses angesehen werden. Dabei wurde kürzlich allerdings das mögliche Täteralter weit nach unten ausgedehnt.

Während auf die Rechts- und Kriminalpolitik der Löwenanteil gesellschaftlicher Reaktionen entfällt, halten sich die Wissenschaften und der Therapiebetrieb auffällig zurück – mit Ausnahme natürlich der in diesem Bande versammelten Autoren und Autorinnen. Sie scheinen auch einigermaßen machtlos zu sein, verglichen mit den parlamentarischen Anhörungen und ministeriell eingeholten Gutachten, wie das in den 1970ern Jahren noch üblich war. Wenn heute überhaupt noch Experten hinzugezogen werden, dann wirkt das meist wie bloß pro forma und nicht so, als hinge die Entscheidung vom Sachverständigenrat ab.

Wissenschaftler raten selten zu kriminal- und kontrollpolitischen Reaktionen, sie sparen diese für eine *ultima ratio* auf. Vielmehr wird Verwahrlosung zuvörderst als ökonomisch-kulturell verursacht begriffen und an sozialen Brennpunkten lokalisiert. Daher müssten zuerst die Mittel der Sozialpolitik und Sozialpädagogik eingesetzt werden, mit dem Ziel einer Befähigung zur Subjektivität im Kontext der eigenen Lebensbedingungen (Sielert). Nicht hinnehmbare Verhaltensweisen, mithilfe sexualmoralischer Kriterien zu isolieren und zum Gegenstand sozialer Intervention zu machen, läuft auf eine die Realität verkürzende Segmentierung hinaus (Böllinger).

Macht sich die Sexualwissenschaft eines Versäumnisses schuldig, wenn sie sich gegenüber den aktuellen Aufgeregtheiten beinahe demonstrativ zurückhält? Bedenkenswert für unsere Arbeit als Sexualwissenschaftler sind Sielerts Bemerkungen zu den beiden dominanten Strömungen, wie er sie sieht: Die eine beschränke sich kalt auf die technologische Kompetenzsteigerung (medizinisch, therapeutisch) der Menschen, die andere analysiere bloß und bejammere warm die Entwicklung der Verhältnisse. Positive Änderungen seien nicht zu erwarten, wenn der soziale Kontext jugendlichen Sexualhandelns nicht verbessert werde. Das sind harsche Worte, über die sich in der kleinen sexologischen Fachgemeinschaft manche Leute ärgern werden. Es geht um die für jede Grundlagenwissenschaft wichtige Frage nach dem Praxisbezug. Wenn Sielert hierzu weitreichende Vorschläge entwickelt (dazu unten mehr), dann wird damit nicht der gesamte Verwahrlosungsdiskurs – mitsamt seinen Dummheiten – anerkannt. Vielmehr werden bestimmte Missstände gesehen. Die Dekonstruktion eines Problemgetöses ist zwar notwendig, aber nicht alles. Wenn der Kokon entsponnen ist, kann auch eine kritische Wissenschaft sich dem realen Kern zuwenden.

Präventionen

An die Kritik von Sielert anknüpfend muss gefragt werden, was an Vorbeugung und Abhilfen gegenüber Tendenzen der ‚Verwahrlosung' angeboten wird. Wohlfeil ist der Rekurs auf die Religion: Verschiedentlich wird tatsächlich der Glaube als Sicherung empfohlen. Die praktische Theologie hat seit dem 19. Jahrhundert deutliche Warnungen vor der sexuellen Libertinage entwickelt, von Wichern über Pestalozzi bis zu den heutigen Evangelikalen. Zugrunde liegt das Axiom, ein erfolgreiches pädagogisches Handeln müsse im Glauben gründen (Niemeyer).

Darüber gehen die Psycho-, Sozial- und Erziehungswissenschaftler meist kommentarlos hinweg. Ihnen gelten die Aufwachsens- und Lebensbedingungen der Problemjugendlichen als Ansatzpunkt. Genannt werden unsichere, konfliktscheue und ichschwache Erwachsene, die einem Kind jegliche Versagung ersparen, die erst den kontrollierten Umgang mit den Lüsten ermöglichen würde (Sielert). Vernachlässigt würden in gefährlicher Weise die Hauptinteressen der Kinder und Jugendlichen: emotionale Resonanz, soziale Anerkennung, Liebe und Beziehungsthemen.

Anstelle wohlfeiler Empörung und Kontrolle wird die Sexualpädagogik als Mittel zur Intervention empfohlen. Zwar wird ‚Aufklärung' – die Vermittlung sexuellen Wissens – gelegentlich als Baustein einer individuellen Verwahrlosungskarriere angeklagt (Niemeyer); solche offensichtlich falschen Kausalzuschreibungen mögen weiterhin im Hinterkopf verquaster Elternrechtsfanatiker spuken. Sexualpädagogik bewirkt ohne jeden Zweifel etwas Anderes als die Legitimierung einer ‚Versuchung', also die kognitive Eröffnung von Gelegenheitsstrukturen.

Jugendschutz geschieht wirksam nicht durch Einschränkungen und Verschärfung gesetzlicher Verbote, vielmehr ist ein aktives Konzept emanzipatorischer Sexualpädagogik zu entwickeln. Darin sollen Argumente und Erklärungen angeboten werden, welche die intellektuelle Durchdringung des Phänomens Pornographie befördern, um so eine Distanz und Manipulationsresistenz ermöglichen (Starke). In der DDR verlief die Entfaltung einer Sexualpädagogik entspannter und weit weniger ideologisch gefesselt als in der alten Bundesrepublik (Starke).

Sielert, immerhin in Deutschland aktuell der Stimmführer des Faches Sexualpädagogik, sieht eine Population von in schwierigen Verhältnissen aufwachsenden Kindern und Jugendlichen. Auf sie zielt sein Programm mit den Entwicklungszielen: realistisches Selbstkonzept – angemessenes Selbstwertgefühl – realistische Selbstwirksamkeit. Statt hierbei bloß die kulturell dominante Moral zu vermitteln, sollte interkulturelle Sensibilität walten. Mit dieser Aufgabenstellung entwickelt sich Sexualpädagogik weiter zu einer ‚Sexuellen Bildung', von einer Pädagogik der Gefahrenabwehr zu einer Förderung von Lebenskompetenz (dazu Schmidt/ Sielert 2008).

Warum kommt es zur Themenkonjunktur ‚Sexuelle Verwahrlosung'?

Den Verlauf und die Schwerpunkte des ‚Verwahrlosungs'-Diskurses auszuleuchten ist die eine Aufgabe, um die Problematisierung erklärend zu verstehen. Eine zweite Herausforderung besteht darin, den Vorgang in einen umfassenden Zusammenhang einzuordnen (und dabei die Untiefen einer vordergründigen ‚Zeitdiagnose' zu meiden). Kräftige öffentliche Erregungen lassen sich kaum je aus einem einzigen Punkte erklären. Zu prüfen sind Faktoren und Abläufe auf drei analytischen Ebenen: *mikrostrukturell* (die intra-individuellen und interaktiven Prozesse) – *mesostrukturell* (Institutionen und Besonderheiten bezüglich von Teilgruppen der Bevölkerung) – *makrostrukturell* (die Sexualkultur insgesamt betreffend).

Mikrostrukturell arg reduziert wäre es, den Befund einer ‚Verwahrlosung' nur bei den davon befallenen Jugendlichen zu untersuchen und ihnen eine verweigerte Anpassung zu attestieren. Viele Alarmmeldungen – ‚Analysen' mag man sie nicht nennen – verharren bei diesem allzu einfachen Gedanken. Den Kontext der individuellen Pathologie berücksichtigen sie allenfalls, wenn sie ein Versagen von Eltern, Lehrern usw. anprangern (in der Terminologie unserer Mehrebenenanalyse: die Mesodimension einer Abschwächung der Bindungskraft von Institutionen).

Werden Verhaltensauffälligkeiten psychoanalytisch begutachtet, geht man üblicherweise auf die Interaktionsverhältnisse in den Primärgruppen zurück. Die Verwahrlosung wird dann als Sexualisierung von Konflikten in der Familie, Peer-Group, Schule usw. gesehen. Diese prominente Position ist im vorliegenden Bande nicht vertreten.

Intraindividuell, nunmehr aufseiten der Problematisierer, wirken althergebrachte Ideen über *das Böse* (Niemeyer). Der neue Verwahrlosungsdiskurs betreibt nicht selten eine Diabolisierung des Sexuellen. Er glaubt, zwischen ‚gut' und ‚böse' unterscheiden zu können. Anschließend werden Privilegien zugeteilt oder entzogen. Vor allem den sozioökonomisch ‚Erfolglosen' können Rechte aberkannt oder vorenthalten werden (Menzel). Sexualdämonische Bilder disponieren zu einigen Spielarten des Exorzismus.

Im Hintergrund stehen *ideologische Differenzen*, welche die individuelle Meinungsbildung nachhaltig steuern. Die folgende Tabelle skizziert einen kosmologisch grundierten Dualismus, der das Richtige vom Falschen, das Gute vom Bösen abtrennen zu können glaubt – um Verwahrlosung auszuschließen.

Tabelle 2   Polarisierende Weltanschauung

Verwahrlosung	Anpassung
Chaos	Ordnung
Anarchie	Regelsystem
Angst	Sicherheit
Anomie	Konformität
Exklusion	Inklusion
Böses	Gutes
Sünde	Gnade

Derartige Polaritäten herrschen im Sexualdenken mehr als in anderen Lebens-
bereichen. Sie entstammen meist der *Religion*. Und es ist ja auch die religiöse
Rechte, die es in den USA in den letzten 15 Jahren geschafft hat, die Gesprächsregeln über Sexualpolitik völlig umzukrempeln (Herzog 2008: 12). In Europa ist
eine solche Wende schwer vorstellbar, wenngleich auch hier manche Gruppen
(angestoßen aus den USA, teilweise vereint mit eingewanderten muslimischen
Strömungen) unterwegs sind und Enthaltsamkeit vor der Ehe u. ä. propagieren. Im
neuen Verwahrlosungsdiskurs dürfen wir einen Abklatsch der transatlantischen
Halluzinationen erkennen.

Auf der mesostrukturellen Ebene ist die Figur der *Jugend* zu untersuchen, die
im Verwahrlosungsdiskurs so auffällig betont wird. Ihre, wie es oft heißt, ‚Erfindung'
seit Ende des 19. Jahrhunderts. hat die Lebensphase Adoleszenz mit folgenreicher
Bedeutsamkeit ausgestattet. Seitdem begleitet uns ein Spannungsverhältnis zwischen
der Vorstellung von Jugend und deren Realität (dazu Savage 2008: 10 und passim).
Die Besorgnisse umkreisen den Verlauf der sexuellen Sozialisation, sodass die
permanente Problematisierung sämtlicher geschlechtsbezogener Vorgänge nicht
verwundern darf.

Sozialmilieus – als Nachfolgekonzept zu Klassen und Schichten – struktu-
rieren eine Gesellschaft im Ganzen. Immer wieder klingt der Versuch an, ein
soziales Milieu als Brutstätte von allerlei Missständen auszumachen. Dass damit
eine gesellschaftliche Gruppe als Ganze unter Verdacht gestellt wird, erregt dann
Kritik. Ist auch die Verwahrlosungsdebatte eine Unterschicht- bzw. Prekariatsdebatte (wie Weller vermutet)? Gewiss beklagen Kinder im ‚Prekariat' häufiger,
dass ihre Eltern zu wenig Zeit für sie hätten (Niemeyer). Sielert sieht Milieus,
die kulturell depriviert sind, die der materiellen Basis ermangeln und denen die
zivilisatorischen Zwänge vorenthalten bleiben, aus denen heraus Autonomie und
Erziehungskompetenz entstehen könnten. Und der inkriminierte Porno-Rap diene
als Sprachrohr der sozial Benachteiligten, als Kulturkampf für Jugendliche mit

einem Migrationshintergrund (Weller). Die hier dominierenden Männlichkeits-klischees betonen Härte und Überlegenheit im Kampf gegen andere Männer. All dies zielt in die Richtung der früher so bezeichneten Unterschichten. Die Kontroverse darum hält an.

Der Verwahrlosungsdiskurs kann zur Legitimation neuer sozialer Ungleichheit instrumentalisiert werden, diffamiert er doch bestimmte gesellschaftliche Gruppen. ‚Sexuelle Verwahrlosung' gehört zu den negativen Klassifikationen, mittels derer Menschen in schlechter sozialer Lage für ihre Situation verantwortlich gemacht werden. Denn sie werden so hingestellt, als seien sie nicht kompetent, gesellschaftliche Verhaltens- und Leistungserwartungen zu erfüllen. Damit wird dann die Debatte zur neuen städtischen Unterschicht kurzgeschlossen, der man vorwirft, Armut, Arbeitslosigkeit, Bildungsferne und Aggressivität selbst verschuldet zu haben (Menzel). Mit der Engführung der Diskurse ‚sexuelle Verwahrlosung' und ‚neue Unterschicht' werden soziale Ungleichheitsverhältnisse moralisiert und individualisiert; damit machen sie die Begleitmusik zum gegenwärtig sich vollziehenden Umbau des Sozialstaats (Klein 2009).

An eine der großen sozialwissenschaftlichen Debatten der Gegenwart anschließend kann gefragt werden: Ist das, was ‚sexuelle Verwahrlosung' herabsetzend meint, im Positiven vielleicht die Sexualität der *Risikogesellschaft*? Zum Kontrast denke man einmal an die durchkontrollierte Gesellschaft der DDR, wo es an Gelegenheiten fehlte, aus der Einbindung in das Kollektiv herauszutreten – sexuelle Verwahrlosung hatte hier keinen Boden und war kein Thema (Starke). Hingegen in der Multioptions- oder Erlebnisgesellschaft, in der Flüchtigen Moderne, mit ihren flexiblen Menschen – um nur einige der heute lebhaft diskutierten Konzepte zu anzuführen – schwindet der Halt an Institutionen, die Festigkeit der Regeln, die Verlässlichkeit der Verfahren, das Vertraute überkommener Sozialverhältnisse. Das Individuum wird zum ‚Unternehmer' bezüglich seiner Arbeitskraft und seiner persönlichen Existenz. Es ist dazu befreit (wenn man will: verdammt), die Gestaltung seiner Arbeits-, Familien- und Sexualbiographie selbst in die Hand zu nehmen. Die festen Muster von Normalverläufen und vorgegebenen Formen gehören der Erinnerung an. Am Wandel und an der Flexibilisierung der Geschlechterverhältnisse lässt sich der Umbruch ohne weiteres nachvollziehen; im Sexuellen verhält es sich nicht anders.

· *Individualisierung* lautet der Schlüsselbegriff für diese neue Gesellschaftsform. Individualisierung gewährt einerseits ein Mehr an Selbstbestimmungsrechten und Autonomie, stellt aber im Gegenzug erhöhte Anforderungen an ein verantwortliches Handeln, denn die Subjekthaftigkeit des Individuums gilt nun als höchstrangiges Gut (Menzel). Diese These könnte erklären, warum die gegenwärtigen Sicherheits- und Kriminalpolitiken am Sexuellen ansetzen. Die punitiven Reaktionen folgen ebenso wie weite Teile der Gesellschaftspolitik heute den Leitlinien von Risiko-Sicherheit-Prävention (Böllinger). Der Verwahrlosungsdiskurs fährt auf derselben Schiene: Die Menschen werden aufgeteilt in Gefährder und Gefährdete, in Außenseiter und Zugehörige. Diese Spaltungslinie trennt auch Inhumanität von Menschenwürde.

Schlussbemerkungen

Ein scharf zuspitzender Kommentar zum Thema dieses Buches hätte kurz so lauten können: ‚Der neue Verwahrlosungstopos – aus der Mottenkiste ins Schaufenster der Moral'. Eine derartige Bewertung bliebe allerdings beschränkt, bezieht sie sich doch nur auf die populistisch-aggressiv vorgebrachten Forderungen erneuter Sexualrepression. Viele Menschen nehmen nun einmal gegenwärtig mehr sexuell Übergriffiges wahr, worin sich vor allem eine gestiegene Sensibilisierung ausdrückt (Weller).

Eine verständnisvoll vermittelnde Position hingegen würde auf die vorgebrachten Befürchtungen geduldig eingehen und mit sorgfältig abwägenden Argumenten eine Gegenrede versuchen (wie es beispielsweise Matthiesen/Schmidt vorführen). In Fragen der Sexualmoral gelingt es erfahrungsgemäß selten, die aus tiefsitzenden Quellen gespeisten Überzeugungen zu beeinflussen bzw. Ängste zu besänftigen.

Am anspruchsvollsten wäre es wohl, nicht beim Kommentieren stehen zu bleiben, sondern ein konkretes Handlungskonzept zu praktizieren und so den gesellschaftspolitischen Rückenwind des Verwahrlosungsdiskurses zu nutzen. Als hierzu bedenkenswert erweist sich der Vorschlag von Sielert, der auf Änderungen des ‚Milieus' abzielt. Ein sozialpädagogisches Milieukonzept stützt sich auf die vorhandenen Ressourcen, nämlich das biografisch entwickelte Repertoire an Lebenskompetenzen und Normalitätshandeln, wie sie im sozialräumlichen und sozialemotionalen Kontext gegeben sind. Es sei, schätzt Sielert realistisch ein, alles andere als eine leichte Aufgabe, in den Lebenswelten von Strichjungen, Gangbang-Peers, Missbrauchsfamilien und GangstaRap-Cliquen die für sie brauchbaren Elemente der Lebensbewältigung zu entdecken. Solche Interventionen vollziehen sich auf mehreren Ebenen: personales Verstehen – aktivierend – pädagogisch-interaktiv – infrastrukturell mit der Schaffung von Ressourcen. Dieses Programm diskriminiert nicht, schiebt nicht alles auf die betroffenen Gruppen und bedarf nicht zuletzt einer wissenschaftlichen Vorbereitung.

Alle diese Positionen finden sich im vorliegenden Band. Mein eigener Ausgangspunkt war zunächst der Schauder vor dem Muff aus der Mottenkiste. Doch bei der Lektüre der einzelnen Beiträge vermittelt sich vielfache Plausibilität sowohl für ein argumentatives als für ein praxisveränderndes Vorgehen.

Literatur

Gernert, Johannes (2010): Generation Porno. Jugend, Sex, Internet, Köln: Fackelträger.

Herzog, Dagmar (2008): Illegitimes Kind der sexuellen Revolution. Die religiöse Rechte in den USA, Sex und Macht. Queer Lectures 1, S. 9–41.

Hoffmann, Dagmar (Hg.) (2008): Jahrbuch Jugendforschung 7, Wiesbaden: VS Verlag für Sozialwissenschaften.

Kleimann, Matthias; Mößle, Thomas; Rehbein, Florian (2008): Rezension. *www.kfn.de/ versions/kfn/assets/rezension.pdf.*

Klein, Alexandra (2009): Die Wiederentdeckung der Moralpanik. ‚Sexuelle Verwahrlosung' und die ‚neue Unterschicht'. Soziale Passagen 1, S. 23–34.

Klein, Alexandra; Zeiske, Anja; Oswald, Hans (2008): Früh übt sich … Sexuelle Handlungsfähigkeit und das Alter beim ‚ersten Mal'. In: Hoffmann, Dagmar (Hg.): Jahrbuch Jugendforschung 7, Wiesbaden: VS Verlag für Sozialwissenschaften, S. 93–112.

Mitchell, Kimberly J.; Finkelhor, David; Wolak, Janis (2003): The exposure of youth to unwanted sexual material on the Internet. Youth & Society 34, S. 330–358.

Peter, Jochen; Valkenburg, Patti M. (2007): Adolescents' Exposure to a Sexualized Media Environment and Their Notions of Women as Sex Objects. Sex Roles 56, S. 381–395.

Savage, Jon (2008): Teenage. Die Erfindung der Jugend (1875–1945), Frankfurt am Main: Campus.

Schelsky, Helmut (1955): Soziologie der Sexualität. Über die Beziehungen zwischen Geschlecht, Moral und Gesellschaft, Reinbek bei Hamburg: Rowohlt.

Schmidt, Gunter (2009): Fantasien der Jungen, Phantasmen der Alten. BZgA Forum 1, S. 27–32.

Schmidt, Renate-Berenike; Schetsche, Michael (2009): Sexuelle Sozialisation. Sechs Annäherungen, Berlin: Logos.

Schmidt, Renate-Berenike; Sielert, Uwe (Hg.) (2008): Handbuch Sexualpädagogik und sexuelle Bildung. Weinheim und München: Juventa.

Siggelkow, Bernd; Büscher, Wolfgang (2008): Deutschlands sexuelle Tragödie, Asslar: Gerth Medien.

Štulhofer, Aleksandar; Schmidt, Gunter; Landripet, Ivan (2009): Beeinflusst Pornografie in der Pubertät sexuelle Skripte, Intimität und sexuelle Zufriedenheit im jungen Erwachsenenalter? Zeitschrift für Sexualforschung 22, S. 13–23.

Autorinnen und Autoren

Lorenz Böllinger, Dr. jur., Prof. i. R., Dipl.-Psych. u. Psychoanalytiker (DPV), weiterhin tätig als Forscher und Lehrer in den Bereichen Strafrecht und Kriminologie; behandelt Straffällige und Opfer. Aktuelle Veröffentlichung: Kommentierung der §§ 61 ff. im Nomos-Kommentar zum StGB, 3. Aufl. (zusammen mit H. Pollähne; 2010).

Alexandra Klein, Dr. phil., Akademische Rätin am Institut für Erziehungswissenschaft (Abteilung Sozialpädagogik und Erwachsenenbildung) der Westfälischen Wilhelms-Universität Münster; Arbeitsschwerpunkte: Jugend, Sexualität und Medien; Handlungsbefähigung und soziale Ungleichheit; Nutzungsforschung in der Sozialen Arbeit. Aktuelle Veröffentlichungen: Die Wiederentdeckung der Moralpanik – „Sexuelle Verwahrlosung" und die „neue Unterschicht", in: Soziale Passagen (2009); Sexualität und Handlungsbefähigung, in: Zeitschrift für Soziologie der Erziehung und Sozialisation (2009).

Rüdiger Lautmann, Dr. phil. Dr. jur., war (o.) Professor für Soziologie an der Universität Bremen und lebt in Berlin. Arbeitet aktuell in den Soziologien von Geschlecht und Sexualität, Recht und Kriminalität. Aktuelle Buchpublikationen: Soziologie der Sexualität. Erotischer Körper, intimes Handeln und Sexualkultur (2002); Lexikon zur Soziologie (Mitherausgeber, 5. Aufl.; 2010); Fremde als Ordnungshüter? Die Polizei in der Zuwanderungsgesellschaft Deutschland (Mitautor; 2010). Homepage: www.lautmann.de

Silja Matthiesen, Dr. phil., wissenschaftliche Mitarbeiterin am Institut für Sexualforschung und Forensische Psychiatrie des Universitätsklinikums Hamburg-Eppendorf. Sie leitet dort das Forschungsprojekt „Sexuelle und soziale Beziehungen von 17- und 18-jährigen Frauen und Männern"; sie ist Herausgeberin und Redakteurin der Zeitschrift für Sexualforschung. Zuletzt veröffentlichte sie die Studie „Schwangerschaft und Schwangerschaftsabbruch bei minderjährigen Frauen" (zusammen mit K. Block, S. Mix und G. Schmidt; 2009).

Birgit Menzel, Dr. rer. pol., Professorin für Sozialwissenschaften am Department Public Management der Hochschule für angewandte Wissenschaften Hamburg; Arbeitsgebiete: Sozialwissenschaften mit dem Schwerpunkt Personal und Organisation, Soziologie sozialer Kontrolle. Aktuelle Veröffentlichungen: Der konstruierte Charakter sexueller Gewalt, in: Handbuch Sexualpädagogik und Sexuelle Bildung (2008); Prinzipien und Fallstricke der grafischen Darstellung von Daten (mit

R. Eggers; 2008); Soziologie sozialer Kontrolle (mit J. Wehrheim), in: Handbuch
Spezielle Soziologien (2010).

Christian Niemeyer, Dr. phil., Professor für Sozialpädagogik an der TU Dresden;
Forschungsschwerpunkte: Theorie und Geschichte der Sozialpädagogik, Heimerziehung, Jugendbewegung und Sozialpädagogik, Psychoanalyse und Sozialpädagogik, Pädagogische Nietzsche-Rezeption. Aktuelle Veröffentlichungen:
Nietzsche-Lexikon (Hg., 2009); Klassiker der Sozialpädagogik. Einführung in
die Theoriegeschichte einer Wissenschaft (Hg.; 2010).

Birgit Richard, Prof. Dr., lehrt Neue Medien in Theorie und Praxis an der Johann
Wolfgang Goethe-Universität Frankfurt am Main; Forschungs- und Lehrbereich:
Bildkulturen (insbesondere im Web 2.0,) Materielle und Visuelle Kulturen,
Medien- und Netzkulturen, Intersectional Gender Visual Studies, Ästhetik aktueller
Jugendkulturen. Aktuelle Veröffentlichungen: inter-cool 3.0. Jugend Bild Medien
(Hg., zusammen mit H.-H. Krüger; im Druck);. Konsumguerilla. Widerstand
gegen Massenkultur? (Hg., zusammen mit A. Ruhl; 2008); Hülle und Container.
Medizinische Weiblichkeitsbilder im Internet. (zusammen mit J. Zaremba; 2007).
Homepage: www.birgitrichard.de

Christin Sager, M. A., lehrt am Institut für Erziehungswissenschaft der Universität
Hildesheim, Forschungsschwerpunkte: 1968 und die Pädagogik, Kindheitsforschung,
Sexualpädagogik. Veröffentlichungen: ‚Kindheit' als Erfindung der Moderne oder
als anthropologische Konstante?, in: Sorge um die Kinder. Beiträge zur Geschichte
von Kindheit, Kindergarten und Kinderfürsorgen (2008); Das Ende der kindlichen
Unschuld. Die Sexualerziehung der 68er-Bewegung, in: „Seid realistisch, verlangt
das Unmögliche!" Wie 1968 die Pädagogik bewegte (2008).

Michael Schetsche, Dr. rer. pol., Privatdozent am Institut für Soziologie der Universität
Freiburg und Abteilungsleiter am IGPP Freiburg; Forschungsschwerpunkte: Wissens-
und Mediensoziologie, Soziologie sozialer Probleme. Aktuelle Veröffentlichungen:
Empirische Analyse sozialer Probleme (2008); Der andere Glaube. Europäische
Alternativreligionen zwischen heidnischer Spiritualität und christlicher Leitkultur
(Hg., zusammen mit R. Gründer und I. Schmied-Knittel; 2009).

Gunter Schmidt, Prof. Dr. phil., ist Psychotherapeut und Sozialpsychologe und
arbeitete bis zu seiner Pensionierung an der Abteilung für Sexualforschung des
Universitätsklinikums Hamburg-Eppendorf. Sein Forschungsschwerpunkt ist der
soziale Wandel der Sexualität, vor allem auch der Wandel der Jugendsexualität.
In den letzten Jahren publizierte er unter anderem „Das neue Der Die Das. Über
die Modernisierung des Sexuellen" (2004); „Spätmoderne Beziehungswelten"
(zusammen mit S. Matthiesen, A. Dekker und K. Starke; 2006).

Renate-Berenike Schmidt, Dr. phil., Privatdozentin, lehrt Erziehungswissenschaft an der Albert-Ludwigs-Universität Freiburg; Arbeitsgebiete: Sexualpädagogik, Sozialisationsforschung; Aktuelle Veröffentlichungen: Handbuch Sexualpädagogik und Sexuelle Bildung (Hg., zusammen mit U. Sielert; 2008); Sexuelle Sozialisation (zusammen mit M. Schetsche; 2009).

Uwe Sielert, Dr. paed., Professor für Sozialpädagogik an der Christian-Albrechts-Universität zu Kiel. Geschäftsführer der Gesellschaft für Sexualpädagogik, Wissenschaftlicher Beirat des Instituts für Sexualpädagogik Dortmund. Aktuelle Veröffentlichungen: Handbuch Sexualpädagogik und Sexuelle Bildung (Hg., zusammen mit R.-B. Schmidt; 2008); Kompetenztraining „Pädagogik der Vielfalt" (zus. mit K. Jaeneke, F. Lamp, U. Selle; 2009) E-learning und Sexualpädagogik (zus. mit J. Fritz; 2010)

Kurt Starke, Prof. Dr. habil., Sexualwissenschaftler, Soziologe; Leiter der Forschungsstelle Partner- und Sexualforschung Leipzig; vormals Forschungsdirektor am Zentralinstitut für Jugendforschung Leipzig. Aktuelle Veröffentlichungen: Pornografie und Jugend (http://www.huchmedien.de/expertisen/expertise_pornograhie.pdf); Last oder Lust? Sexualität in der Postmenopause (zusammen mit H. J. Ahrendt; 2009); Liebe, Partnerschaft, Sexualität: 1000 Fragen, in: Weltanschauung (2009); Was Liebe vermag, in: doppelbett. ost-west-paare (2010).

Ralf Vollbrecht, Dr. phil., Professor für Medienpädagogik an der TU Dresden; Lehr- und Forschungsschwerpunkte: Medienpädagogik, Kindheits- und Jugendforschung. Aktuelle Veröffentlichung: Handbuch Mediensozialisation (Hg., zusammen mit C. Wegener; 2010).

Konrad Weller, Dr. phil., Professor für Psychologie und Sexualwissenschaft an der Hochschule Merseburg; zu seinen Arbeitsschwerpunkten zählen Entwicklungs- und Medienpsychologie sowie angewandte Sexualwissenschaft. Aktuelle Veröffentlichungen: Sexualitätsbezogene Ausbildung im Hochschulstudium, in: Handbuch Sexualpädagogik und sexuelle Bildung (2008); Sexualitätsbezogene Ausbildung im Hochschulstudium – Teil II, in: Vielfalt wagen (2009); Kindheit, Sexualität und die Rolle der Medien, in: tv-diskurs 51, Heft 1 (2010).